| 博士生导师学术文库 |
A Library of Academics by
Ph.D.Supervisors

义符认知功能的
心理语言学探索

张积家 等 著

光明日报出版社

图书在版编目（CIP）数据

义符认知功能的心理语言学探索 / 张积家等著． --
北京：光明日报出版社，2021.9
ISBN 978-7-5194-6300-7

Ⅰ.①义… Ⅱ.①张… Ⅲ.①心理语言学—文集
Ⅳ.①H0-53

中国版本图书馆 CIP 数据核字（2021）第 178377 号

义符认知功能的心理语言学探索
YIFU RENZHI GONGNENG DE XINLIYUYANXUE TANSUO

著　　者：张积家 等 著	
责任编辑：杨　茹	责任校对：李小蒙
封面设计：一站出版网	责任印制：曹　净

出版发行：光明日报出版社
地　　址：北京市西城区永安路 106 号，100050
电　　话：010-63169890（咨询），010-63131930（邮购）
传　　真：010-63131930
网　　址：http://book.gmw.cn
E - mail：gmrbcbs@gmw.cn
法律顾问：北京市兰台律师事务所龚柳方律师
印　　刷：三河市华东印刷有限公司
装　　订：三河市华东印刷有限公司
本书如有破损、缺页、装订错误，请与本社联系调换，电话：010-63131930

开　　本：170mm×240mm			
字　　数：422 千字		印　张：25	
版　　次：2022 年 1 月第 1 版		印　次：2022 年 1 月第 1 次印刷	
书　　号：ISBN 978-7-5194-6300-7			
定　　价：99.00 元			

版权所有　翻印必究

目 录
CONTENTS

序 言 1

第一编 义符的语义提取功能 25
 分类过程中汉字的语义提取（Ⅰ）........................... 27
 分类过程中汉字的语义提取（Ⅱ）........................... 40
 汉字词特征语义提取的实验研究 48
 汉字义符在汉语动作动词意义认知中的作用 58

第二编 义符的字词识别功能 71
 义符熟悉性对高频形声字词汇通达的影响 73
 义符熟悉性对低频形声字词汇通达的影响 88
 义符和声符在形声字语音、语义提取中的作用 107
 形旁家族、声旁家族和高频同声旁字对形声字识别的影响 129
 义符的类别一致性和家族大小影响形声字的语义加工 151
 义符启动范式下家族大小和类别一致性对义符语义激活的影响 . 167
 部件启动范式下可成字部件的位置效应 185
 汉字形声字识别中义符和声符的家族效应 204
 具身模拟在汉语肢体动作动词理解中的作用 221
 形声字的语义透明度和结构类型对义符语音激活进程的影响 ... 242
 汉字词和图片命名与分类的比较 251
 义符、熟悉性和典型性对汉字词和图片命名与分类的影响 268

图—词干扰范式下义符、声符和语音对汉字产生的影响 …………… 280
　　小学生义符一致性意识的发展研究 ……………………………………… 288

第三编　义符的语法标记功能 …………………………………………… 297
　　义符在中文名词和动词分类中的作用 …………………………………… 299
　　义符的句法倾向性及对形声字词类判断的影响 ………………………… 315
　　义符启动范式下义符的语义和语法激活的时间进程 …………………… 331
　　任务性质、家族大小和词类一致性对义符语法信息激活的影响 ……… 349

参考文献 ……………………………………………………………………… 366

跋 ……………………………………………………………………………… 391

序　言

对义符认知功能的心理语言学探索
——三十年研究工作之回顾[①]

义符研究是汉字研究最具特色的领域之一。作为汉字特有的构字部件,义符在汉字认知中具有重要功能。三十年来,我们从亚词汇加工角度探究义符对汉字词的词汇识别、语义提取、语法分类、知觉加工和语音提取的影响,探讨义符的主观熟悉性、位置、频率、家族大小和一致性在汉字认知中的作用。在研究基础上,相继提出了6个义符参与汉字词认知加工的模型——汉字认知的"两个网络系统模型"、"汉字词和图片命名与分类的综合模型""义符在汉字词词汇通达中的表征和加工模型""义符影响汉字词语义加工的调节模型""义符影响汉字词语法加工的调节模型"和"义符句法倾向性在汉字语法判断中的表征模型"。这些模型统合了已有研究成果,为形声字认知理论注入了新的内容,为后续研究奠定了良好基础。未来研究应该就义符的产生对汉字发展的意义、义符与汉字的构造规律、义符系统、义符的类聚功能以及义符的表义度做进一步的研究。

一、引言

汉字是意音文字,具有见形知意的特点。形声字是汉字的主体。形声字由一个表义部件和一个表音部件组合而成,表义部件叫作"义符"或者"形符、意符",又称为"形旁",是与被构字有语义联系的部件;表音部件叫作"声符"或者"音

[①] 本篇作者:张积家、王斌。

符",又称为"声旁",是与被构字有语音联系的部件。从部件功能的角度划分,形声字的两个部件分别被称为"义符"和"声符";从部件构形的角度划分,这两个部件分别被称为"形旁"和"声旁"。长期以来,作为汉字的重要"一半",义符吸引了众多研究者关注,成为汉字研究中不可或缺的内容。义符不仅为汉字研究提供了重要素材,也为考察汉字认知提供了良好素材。

作为重要的亚词汇构件,义符是汉字认知研究领域中一道特殊的风景线。从记录语言的方式看,汉字的最小构形单元是笔画。汉字认知加工的基本单元也是笔画(张积家,王惠萍,张萌,张厚粲,2002;王惠萍,张积家,张厚粲,2003),但是,笔画并不记录语言的任何成分,更大的构形单元——部件通常与整字记录的语音和意义相联系。在拼音文字中,词根和词缀这些亚词汇单位只表征语音,即使它们在形态上对应于一个单词,这个词的语义也不会被激活(Andrews,1989)。在汉字中,亚词汇单位不仅可以表音,还可以表义。而且,在大多数情况下,义符只表征汉字的形和义,并无表音功能。对汉字形声字而言,字的自然切分首先指向了义符和声符。三十年来,我们对义符的认知功能做了诸多探索,主要从义符对词汇识别、语义提取、语法分类、汉字知觉的影响的角度展开,涉及的变量主要有义符的主观熟悉性、义符在汉字中的位置、义符频率、义符的家族大小、义符与整字的语义一致性以及义符家族的词类一致性,取得了丰硕的研究成果。

二、关于义符认知功能的研究

(一)义符影响形声字的词汇识别

研究发现,在汉字阅读中包含对汉字部件的加工。在汉字识别中,存在义符熟悉性效应。陈新葵和张积家(2008)采用启动词汇判断范式考察义符的主观熟悉性对高频形声字词汇通达的影响,发现义符熟悉性影响汉字形声字的词汇通达。义符熟悉性高,对汉字识别的词形启动作用发生得早,在整字语义激活发生后,义符仍具有明显的语义启动作用。义符熟悉性低,在词汇加工早期(SOA = 43ms),义符的词形启动作用不明显,但在加工中期(SOA = 72ms),义符有明显的语义启动作用。陈新葵和张积家(2012)进一步探讨义符熟悉性对低频形声字词汇通达的影响,发现义符熟悉性影响低频形声字的词汇通达。在词汇加工早期,高熟悉义符便出现语义启动,低熟悉义符启动作用不明显。在词汇加工晚期(SOA = 243ms),高、低熟悉义符均出现语义激活,义符的词形信息也激活了。

陈新葵和张积家(2008)发现,对高频形声字,义符加工与整字加工之间存在动态的交互作用:在词汇加工早期,整字语义出现激活,义符只表现出词形启动效应;在词汇加工中期,整字语义激活仍很明显,义符语义开始起作用;在词汇加工晚期,整字语义启动仍显著,义符语义启动作用消失,表明目标字的整合过程已完成。义符熟悉性高,对汉字识别的词形启动作用发生得早,在整字语义激活发生后,义符仍然有明显的语义启动作用。义符熟悉性低,在词汇加工早期,义符的词形启动作用不明显,在词汇加工中期,义符的语义启动作用明显。陈新葵和张积家(2012)发现,对低频形声字,义符加工与整字加工也存在动态的交互作用:在词汇加工早期,低频形声字的整字语义并未激活,高熟悉义符出现语义启动;在词汇加工晚期,低频形声字的整字语义得到激活,高、低熟悉义符均出现语义激活,但整字语义通达与义符语义通达之间存在竞争。在整字语义通达后,义符的词形信息也被激活。这两个研究均表明,义符熟悉性和整字频率是影响形声字加工的重要因素,不仅影响整字的语义通达速度,也影响亚词汇成分加工。

王斌、李智睿、伍丽梅和张积家(2019)考察具身模拟在汉语肢体动作动词理解中的作用,结果显示,在运动通道中,汉语肢体动作动词的具身方向影响对箭头方向判断;在视觉通道中,汉语肢体动作动词的具身方位影响对字母方位判断。这说明,在汉语肢体动作动词的理解中存在动作—汉字相容效应。研究同时采用义符启动范式考察义符的具身信息在整字识别中是否得到激活,并且考察义符语义在整字语义激活中的时间进程。结果发现,义符语义在汉字加工中期(SOA = 72ms)得到激活,并且一直持续到加工晚期(SOA = 243ms),说明理解汉语肢体动作动词不仅在整字层次存在具身模拟,在部件层次也存在具身模拟。以上实验表明,在汉字识别中,存在着自下而上的义符的词形和语义的激活,并且同自上而下的整字的语义激活相互作用。

研究显示,在形声字心理词典中包含有义符维度。崔占玲和张积家(2010)发现,义符对汉字词认知有重要影响,被试对有义符标记的汉字词的反应显著快于对无义符标记的汉字词,义符加速对有标记汉字词的反应。方燕红和张积家(2009)发现,义符对汉字词和图片的命名与分类具有不对称的影响:对汉字词命名有重要影响,对图片命名无影响;对汉字词分类有重要影响,对图片分类无影响。对有标示类别义符的词的分类显著快于对无标示类别义符的词的分类,甚至快于对图片的分类。

(二)义符影响形声字的语义提取

义符作为表义部件是汉字独特性的体现,是探讨汉字认知的切入点。表义是义符的首要功能,义符的语义功能是义符研究中探讨最深入、成果最丰富的领域。早在20世纪90年代初,张积家、张厚粲和彭聃龄(1990)考察义符在汉字词类别语义提取中的作用。结果发现,对汉字单字词,有、无标类属的义符对语义提取具有重要影响:当义符标明了词的类属时起促进作用,如"姐";当义符与词的类属不一致时起干扰作用,如"婿"。张积家、彭聃龄和张厚粲(1991)发现,对汉字双字词,有、无标类属的义符在类别语义提取中有重要作用,但在汉字词中义符的数目和位置并无显著影响。

张积家和彭聃龄(1993)发现,义符影响汉字词特征语义提取,不仅影响结构特征语义提取,也影响功能特征语义提取。但义符仅促进汉字词定义特征语义(如鸟类的"有羽毛"和植物的"有叶子")提取,对汉字词特有特征语义(如鸟类的"会唱歌")提取无显著影响。

张积家和陈新葵(2005)考察义符在汉语动作动词意义认知中的作用,汉语动作动词的词形用义符标记动作靠什么器官或工具完成的信息。义符或者标明动作是由什么器官发出的,或者标明动作是靠什么工具完成的,前者如"打、吃",后者如"割、培"。这是汉语动作动词区别于拼音语言动作动词的重要特点。但汉语动作动词这一结构特点也不十分规则。有一些汉语动作动词(如"笑、写")没有这种标记,还有一些汉语动作动词的义符标记与动作器官或动作工具不一致(如"听、嗅")。研究发现,当义符与动作动词的动作器官或工具一致时,促进对动作器官或动作工具语义的认知;当义符与动作动词的动作器官或动作工具无关或者义符不标示动作器官或动作工具时,不利于对动作器官或动作工具的意义的认知。

(三)义符影响形声字的语法分类

义符除具有表义功能外,还有一定的表示句法功能。汉字的一个重要特点是很多字在语法上兼类:如"花"既是名词,指植物的一部分;也是动词,如"花钱、花时间"。拼音文字在词形结构中往往具有词类标记。英文的名词和动词在结构上存在着明显的区分,存在着明显的"语法块",如"-tion、-sion、-ment"等名词后缀,"-ed、-ate"等动词后缀。汉字词虽然没有明显的语法标记而且语法兼类,却有一定的句法倾向性,要么在大部分情况下表示名词,要么在大部分情况下表示动词。中文的名词和动词也有一定的结构规律。中文名词大多用义符来标记事物属于某一类别(belongs to something),如表示与草有关的词大多从"艹",如"苗、芽",表示与土地有关的词大多从"土",如"地、坡";或者用义符来表示事物的物质组成(be made from something, or be made of something),如表征由金属做成的事物大多从"钅",如"铁、铜",表征由木头做成的事物大多从"木",如"板、柜",表征由水组成的事物大多从"氵",如"江、海"。中文动词大多用义符来表示动作完成的器官或工具,如表征用脚完成动作的动词大多从"足"或从"辶",如"跑、逃";表征用嘴完成动作的动词大多从"口",如"吃、叼";表征用手完成动作的动词大多从"扌",如"打、挠";表征用刀完成动作的动词大多用从"刂"或"刀",如"划、剪"。因此,义符不仅揭示了汉字词的语义,也蕴含着汉字词的句法信息,使读者能够"见字知类",不仅知语义的类,也知语法的类。

张积家、方燕红和陈新葵(2006)初步研究了义符的句法功能。他们从2500个常用汉字中统计了频率较高的义符及构成汉字的句法信息,将由标明事物物质组成的义符(如"氵、木、钅")构成的名词定义为义符与词类一致的名词,将由标明动作器官或动作工具的义符(如"扌、口、刂")构成的动词定义为义符与词类一致的动词,采用词类判断任务考察义符在中文名词和动词分类中的作用。结果发现:义符在中文名词和动词分类中具有重要作用:当义符与词类一致时,促进对词的句法意义的认知;当义符与词类相反时,干扰对词的句法意义的认知。义符对动词句法分类的影响大于对名词。这表明,义符不仅提供了汉字的语义信息,也提供了汉字的句法信息。

事实上,不仅中文词在语法上兼类,义符本身在语法上也兼类。许多由同一义符构成的汉字的词类不明确,很多义符既可表征动词,也可表征名词。例如,义符"亻"表征"人",既可形成名词,如"仆、仙",也可形成动词,如"依、作",还可形成量词,如"位、件",以至于形成数词,如"俩、仨";"扌"表示用手发出的动作,既可形成动词,如"打、扑",也可形成名词,如"技、拇",还可形成数词,如"捌、拾"。可见,义符在语法上也兼类。但仔细研究发现,有一些义符在大多数情况下表示名词,较少表示动词、形容词、副词或其他词类,如"艹、女、木、土"等;有一些义符在大多数情况下表示动词,较少表示名词、形容词、副词或其他词类,如"扌、辶、忄、目"等。张积家、王斌和刘红艳(2019)探讨了义符的句法倾向性及对形声字词类判断的影响。研究1统计《现代汉语常用字表》中2500个汉字中的形声字,考察具有不同义符的汉字的词类分布。结果表明,大多数义符具有明显的句法倾向性。在161个义符中,129个义符具有明显的表示词类的功能,占80.12%。可见,大部分义符均有比较明显的句法倾向性,说明义符在一定程度上可以预示汉字词的词类。研究2通过问卷调查义符句法倾向性的心理现实性,要求汉语母语者对

161个义符的句法倾向性赋值,并且考察主观评定结果与客观统计结果的一致程度。结果表明,汉语母语者对义符的表词类功能评定与对2500个常用字中形声字的客观统计结果相关高而且显著,说明义符的句法倾向性具有心理现实性。研究3通过实验考察义符的句法倾向性水平对中文动词和名词分类的影响,操纵义符的句法倾向性水平,发现义符的句法倾向性影响汉语母语者对动词与名词的分类,由句法倾向性高的义符构成的汉字词的词类判断反应时显著短于由句法倾向低的义符构成的汉字词,证实义符的句法倾向性影响汉字词的词类判断时间,表明义符的句法倾向性影响对汉字词的句法意义提取。以上研究表明,义符作为汉字的重要"一半",不仅是汉字词语义加工的单元,也是汉字词句法加工的单元。揭示这种加工单元的存在及其作用,对汉字研究有重要理论意义,对汉字词学习与运用也有重要的实践价值。

(四)义符影响形声字的知觉和语音提取

汉字通过笔画和部件在空间上的位置变化形成,线条简洁却信息丰富,具有一定的表音和表意功能,具有知觉整体性、平面型及结构的非线性特点(张积家,崔占玲,2008)。英文是拼音文字,拼音文字通过字母或字母组合的线性排列及顺序变化形成单词,属于线性结构,普遍存在着形—音对应规则(grapheme-phoneme correspondence rules,GPC),字母或字母组合与音位对应,汉字构件或构件组合却无此功能(Perfetti et al.,2007)。汉字是与意义匹配而非与声音匹配,因而不存在一致的字形—语音对应关系。但是,汉字的亚词汇单元却既可以表音,也可以表义。

张积家、王娟和印丛(2014)采用眼动技术记录汉语使用者在形声字语音和语义提取中对义符和声符的知觉规律。结果发现,在汉字视觉加工中,阅读者对部件空间位置的注意优势受声旁位置调节。对左形右声(SP)的汉字,被试更多地注意字的右边,对左声右形(PS)的汉字,被试更多地注意字的左边。这说明,在汉语阅读者掌握的正字法规则中,存在着"左侧释义,右侧释音"的形声字部件位置—功能联结。同时,在汉字的语音提取和语义提取中,声符比义符在注意加工方面占有优势,这种优势在语音提取任务中更明显:声符无须依赖义符的信息便可以相对独立地激活整字语音,但声符需要与义符的配合才能完成整字的语义通达。章玉祉和张积家(2018)采用启动命名任务考察形声字的语义透明度和结构类型对义符语音激活进程的影响。结果发现:透明汉字和不透明汉字的义符语音在SOA=50ms时都出现了激活;在SOA=100ms时,透明汉字的义符语音激活仍然显著,不透明汉字的义符语音激活消退了;到 SOA=300ms 时,两类汉字的义符的语音激活完全消退。左形右声汉字的义符语音在 SOA=50ms 和 SOA=100ms 时都出现了激活,右形左声汉字的义符语音只在 SOA=50ms 时出现了微弱的激活,说明汉字的语义透明度和结构类型影响义符的语音激活进程。

三、影响义符认知功能的变量

在探索义符认知功能同时,本研究团队也探查了影响义符认知功能发挥的变量。主要有以下几种:

(一)义符的主观熟悉性

在义符认知功能研究中,义符的熟悉性是一个重要变量。义符熟悉性以什么为指标?目前尚不统一。有的研究采用义符组字频率,义符组字频率是指在特定汉字集合中含有该义符的汉字的数量(Tan, Hoosain & Siok, 1996);有的研究采用义符结合度,将同一部件做义符、做声符的字数分开来计算,这样,每一个部件均会有义符结合度和声符结合度两个指标,或者只有其中一种(Feldman & Siok,1997);有的研究采用义符使用频率,义符使用频率是指在特定调查材料中含有该义符的汉字使用频率之和(韩布新,1996)。这三种测量指标都很客观,但均存在着待改进之处。理由有四:(1)义符分为成字义符与非成字义符,成字义符本身也是汉字,这些汉字大都表达汉字中最基本的意义,如"女、木、心、鸟"等,这一特性可能使成字义符的熟悉性偏高。一些成字义符如"子、见、身、鼠"等,虽然组字频率、结合度、使用频率均低,但由于学习者较早接触它们,而且自身的意义明确,读者一见就可知其义,所以熟悉性可能并不低。与之相对,一些不成字义符,如"彳(本义小步,所构字多与行走、行为和道路有关)、阝(在左时所构字多与地形、地势的高低上下有关,在右时所构字多与城郭和行政区域有关)、夂(本义是脚,所构字多与脚和行走有关)"等,虽然它们的组字频率、结合度、使用频率不一定低,但许多读者不知其义,熟悉性也不一定高,而且在读者心中也起不到表义作用。(2)汉字的总量虽多,常用汉字却不多。周有光(2005:343)提出汉字效用递减率,认为汉字的出现概率不均衡:最常用的 1000 个汉字占出现汉字总数的 90%,最常用的 2400 个汉字占出现汉字总数的 99%,最常用的 3800 个汉字占出现汉字总数的 99.9%。词典中的许多汉字读者根本不认识。因此,部件组字频率或部件结合度的效力就被大大削弱了。(3)义符使用频率有可能同整字频率混淆。在统计特定材料中含有某义符的汉字时,有某义符的某个汉字有可能在材料中出现多次,因而义符频率同整字频率混淆了,而且有的部件既可做义符,又可做声符(如"女"),这就更增加了统计难度。(4)上述义符熟悉性指标未考虑义符位置,而义符处于不同位置时(如"妈"与"婆"皆有"女"义符),熟悉度不同。有鉴于此,我们尝试使用更简单、更有心理现实性的义符熟悉性测量方法——让汉语使用者采用七点量表评定义符的熟悉性,这种熟悉性是一种主观熟悉性。陈新葵和张积家(2008,2012)研究表明,义符的主观熟悉性的确影响形声字识别。

(二)义符的部件位置和部件位置频率

王丹、王婷、秦松和张积家(2019)采用部件启动范式考察汉字识别中可成字部件在不同位置的功能,发现可成字部件处在声符位置时启动效应强于处在义符位置时,处在声符位置的可成字部件启动不仅促进对包含声符位置部件汉字的识别,还促进对包含主要义符位置部件汉字的识别,但阻碍对包含次要义符位置部件汉字的识别。可成字部件做义符时,启动作用只出现在处于主要义符位置时,当部件处于次要义符位置时,无启动作用。该研究表明,部件位置效应不仅包含部件位置对汉字识别的影响,还包含部件位置频率的影响。

(三)义符的家族效应

家族效应(family effect)是指在拼音文字中,字形邻近词多的词阅读速度快于字形邻近词少的词。受此启发,人们对义符的家族效应进行研究。义符家族是指由同一义符构成的汉字的集合,集合内成员多,义符家族就大,集合内成员少,义符家族就小。义符的家族大多描述义符的构字能力,即义符的构字频率。义符的构字频率越高,家族就越大,反之,家族就越小。研究表明,义符的家族大小影响对形声字加工,这被称为义符的家族效应,即在控制相关变量的前提下,大义符家族促进对形声字加工,小义符家族的形声字却不具有此优势。

张积家和姜敏敏(2008)考察在词汇判断任务中义符的家族效应。研究采用非字和假字作为干扰材料,非字由形声字经左右部件调换后得到,假字采用符合正字法的左形右声的假字。结果表明,当使用非字时,不管是高频字还是低频字,义符为大家族的汉字比义符为小家族的汉字更容易识别;当使用假字时,义符的家族大小和字频之间存在显著的交互作用。大义符家族促进高频字识别却阻碍对低频字识别。当使用非字时,大义符家族成员会激活同一义符家族的其他成员,这些家族字结点的激活会进一步激活与目标字共有的亚词汇结点,即相同义符,相同义符又把激活反馈到目标字结点上,促进对目标字识别。在使用假字时,大义符家族抑制对低频字识别很可能是由于受到目标字的高频同义符字影响。低频字频率低,有比目标字频率更高的高频同义符字。当低频字呈现时,高频同义符字也被激活,它们与目标字产生竞争,从而阻碍对低频字识别。大义符家族的低频字比小义符家族的低频字更可能拥有高频同义符字,因而抑制对大义符家族的低频字的识别。王娟(2012)采用语义类别一致性判断任务考察义符的家族大小和字频对形声字语义加工的影响,要求被试对先后呈现汉字的所属类别进行一致性判断。结果发现,小家族汉字和低频汉字诱发更为负性的 N1 成分。义符家族大小与字频在 N400 成分上有显著的交互作用,与高频、大家族汉字比,高频、小家族汉字诱发更负性的 N400,在低频字中,大、小家族汉字诱发的 N400 波幅无显著差异。这体现了义符构字频率和词频在语义加工任务中的综合作用。

(四)义符的类别一致性

类别一致性是义符的重要特征。类别一致性有两种含义:一是指义符类别与整字类别是否一致,可称之为字词水平的类别一致性;二是指义符家族成员的类别集中程度,即由同一义符构成汉字的语义集中程度,可称为范畴水平的类别一致性。这种类别一致性有高低之分,接近于义符的表义率。义符的类别一致性 = 与义符语义一致的义符家族成员数/义符家族成员总数。义符类别与整字类别是否一致,义符家族成员的类别一致性如何,均影响对形声字的语义加工,可以称为"类别一致性效应"(Category Consistency Effect)。

研究者常把义符的家族大小和类别一致性一起研究。例如,王娟和张积家(2016)考察义符的类别一致性和家族大小影响形声字的语义加工。结果发现,在一致性判断和视觉选择中均存在字词水平的类别一致性效应:当义符与整字类别一致时,共享义符促进对形声字加工;当义符与整字类别不一致时,共享义符干扰对形声字加工。该研究还同时考察义符与整字的类别一致性和义符家族的类别一致性对形声字语义加工的影响。结果发现:在反应时上,义符家族的类别一致性促进效应仅发生在义符与整字类别一致的字中。在错误率上,对义符与整字类别一致的字,家族的类别一致性越高,错误率就越低;对义符与整字类别不一致的字,家族的类别一致性越高,错误率就越高。整个研究说明,形声字的语义加工受义符与整字的类别一致性、义符家族的类别一致性和家族大小的共同影响,义符家族特征的作用要受义符与整字的类别一致性调节:当义符与整字类别一致时,出现义符家族大小和类别一致性的促进作用;当义符与整字类别不一致时,出现义符家族大小和类别一致性的抑制作用。章玉祉和张积家(2017)采用义符启动范式,考察在不同加工深度任务中家族大小和类别一致性对义符语义激活的影响。结果发现:在词汇判断中,家族大小影响义符的语义激活,大家族义符的语义不容易激活,小家族义符的语义容易激活。在语义相关判断中,类别一致性影响义符的语义激活,类别一致性高的义符的语义容易激活,并且在错误率上,这一影响受义符的家族大小调节。义符类别一致性影响义符家族效应的作用方向:当类别一致性低时,出现抑制的家族效应;当类别一致性高时,家族效应无影响或者表现为促进作用。

（五）义符的句法倾向性(词类一致性)

义符的句法倾向性是指义符在句法上的倾向性水平(张积家,王斌,刘红艳,2019),它反映由同一义符组成的汉字的词类一致程度,故又称为义符的词类一致性。义符的句法倾向性表征义符家族字的典型词类,典型词类可通过统计得到,由频次最高的词类来表征。义符的词类一致性的概念虽然不如义符的类别一致性的概念客观、明确,但基本上表征了义符家族汉字的词类分布状况。章玉祉和张积家(2019)采用义符启动范式考察任务性质、家族大小和词类一致性对义符语法信息激活的影响。实验1考察任务性质对义符启动范式下义符语法信息激活的影响,发现在词汇判断任务中,义符的语法信息未见有激活;在词类判断任务中,义符的语法信息获得了稳定激活,说明义符的语法信息需要配合有针对性的词类判断任务才能比较容易显现,义符语法信息的激活具有任务特定性。他们还考察了义符的家族大小和词类一致性对义符语法信息激活的影响。结果发现,大家族义符比小家族义符的语法信息更容易激活,词类一致性高的义符比词类一致性低的义符的语法信息更容易激活,说明家族大小和词类一致性是影响义符语法信息激活的重要变量。

（六）义符的成字与否

义符有成字与否的区别,如"扌"与"手","讠"与"言"。根据《现代常用字部件及部件名称规范》,在514个部件中,成字部件有312个,占60.7%(王汉卫,苏印霞,2012)。由于成字部件的优势地位,大部分汉字认知模型(如Ding, Peng & Taft, 2004;陈新葵,张积家,2012)和汉字亚词汇研究均建立在对成字部件研究的基础上。张积家和章玉祉(2016)采用义符启动范式探讨义符的语义、语法信息的激活进程。结果表明,就义符总体而言,义符的语义激活从启动早期一直持续到启动晚期,义符的语法信息未见有激活。然而,对不成字义符和成字义符分析发现,不成字义符和成字义符的语义、语法激活存在差异。不成字义符的语义激活只在启动中期出现,语法信息未见有激活;成字义符的语义信息一直处于激活状态,并且在启动晚期,语法信息也得到激活。根据 Ding 等(2004)的模型,成字义符不仅可激活类属概念,还可激活与之对应的独体字概念。例如,义符"手"不仅可以激活用手完成的动作,如"打",还可以激活手本身的含义;义符"扌"却只激活与手有关的动作;义符"言"不仅可以激活与言语有关的词汇,还可以激活言语本身的语义,而"讠"却只激活与言语有关的词汇。因此,成字义符的语义存在着类属义和本身义的双重激活,不成字义符却只有类属义的激活。所以,在义符启动下,成字义符的语义激活时间长,表现稳定;不成字义符的语义激活晚,持续时间短。相对于语义表征,义符的语法表征更为内隐、复杂,加工难度更大。采用义符启动下的词汇判断任务,虽然让义符的各种功能得到了凸显,但任务对语法表征并无明确的指向性,因为义符毕竟以表义为主。对成字义符而言,它具备部件和汉字的双重特征,在汉字水平上,成字义符与语法表征存在着直接关联。因此,成字义符的语法信息激活比不成字义符容易,但对比语义激活又显得困难得多。因此,只是在成字义符加工晚期,语法信息才激活。不成字义符主要承担语义功能,虽然有内隐的语法信息,但需要明确任务激活,这一点已经被后来研究(章玉祉,张积家,2019)所证实。因此,在整个词汇判断过程中都未显现出语法信息的激活。

(七)整字的频率(熟悉性)、具体性、典型性

张积家和陈新葵(2005)研究表明,义符在汉语动作动词认知中的作用受词频与具体性影响。当义符与动作器官一致时,对高频词和低频词的动作器官意义的认知不存在显著差异;当义符与动作器官不一致时,对高频词的动作器官意义的认知比对低频词快。当义符与动作器官一致时,对具体性高的词和具体性低的词的动作器官意义的认知不存在显著差异;当义符与动作器官不一致时,对具体性高的词的动作器官意义的认知比对具体性低的词快。所以如此,是因为当义符与动作器官一致时,被试直接采用字形分析的策略,因此无须通达整词语义就可直接通过部件得出相关意义,从而掩盖了词频的影响。只有在义符与动作器官不一致或无关时,字形分析不能得出有关意义,需要通达整词语义方能判断动作使用器官。所以,反应时就长,错误率也增加。同样,在义符与动作器官一致时,无论是具体性高的词还是具体性低的词,它们与动作器官相关的语义都能得到提前激活,所以具体性的影响就小;只有在义符与动作器官不一致或无关时,在提取整词语义之前不能激活动作器官语义,具体性才发生影响。方燕红和张积家(2012)发

现,熟悉性和典型性对汉字词和图片的命名与分类均有显著影响,熟悉度高的词和图片的命名与分类快于熟悉度低的词和图片,典型性高的词和图片的命名与分类也快于典型性低的词和图片。义符促进熟悉度低的字词和图片的分类,也促进典型性低的字词和图片的分类。张积家、方燕红和陈新葵(2007)发现,在中文名词和动词分类中,义符和词频交互作用显著,义符对低频词分类作用更大。所以如此,是因为频率掩盖了义符的作用。高频词认知阈限低,被试熟悉高频词的词形和语法意义,在词形和语法意义之间建立了较强联系,因此分类时采取了更有效的加工策略,即词形输入→语法意义输出。在快速加工情况下,义符虽有提示词类的作用,但已小多了。低频词认知阈限高,加工时更依赖于词形的清晰辨认。此时,义符的标示词类的作用就凸显出来。还有研究者认为,高频词和低频词有不同的提取机制。高频词更倾向于整词提取,低频词更倾向于特征分析(Seidenberg,1985)。因此,对高频词分类时,义符的作用就受到限制;对低频词分类时,由于更多地进行从部分到整体的加工,义符表征就被充分激活,从而促进或干扰了汉字词的分类。

(八)声符的家族大小

王娟、马雪梅、李兵兵和张积家(2019)在考察义符家庭效应的同时还考察了声符家族大小的影响。研究采用词汇判断任务和ERP技术,操纵义符和声符的家族大小,考察形声字识别中义符和声符的家族效应。结果表明:在大家族义符水平上,大家族声符字比小家族声符字诱发了更小的P200波幅;在小家族义符水平上,大、小家族声符字诱发的P200波幅无显著差异。这说明,在形声字加工早期,声符的家族效应受义符的家族大小调节。研究还发现,大家族声符字比小家族声符字诱发了更大的N400波幅,但在大家族义符水平上,声符家族大小引起的N400波幅差异比在小家族义符水平上更显著。这说明,在形声字加工晚期,声符的家族越大,汉字的语义激活就越强。总的来看,声符的家族大小稳定地影响着形声字的词汇通达,但声符家族大小效应受义符家族大小调节。

(九)年龄变量

王娟、张积家和胡鸿志(2015)采用类别一致性判断任务考察汉语儿童的义符类别一致性意识的发展。结果表明,儿童的义符类别一致性意识随着年级增长而提高。三年级儿童尚未获得义符类别一致性意识,四年级儿童初步具备了义符类别一致性意识,五年级儿童的义符类别一致性意识获得了长足的发展,六年级儿童获得了完善的义符类别一致性意识。整个研究表明,儿童的义符类别一致性意识的差异与认知发展水平、语言知识及认知策略有密切关系。

四、义符参与形声字加工的模型

在研究基础上,我们前后提出了 6 个义符参与汉字加工的模型,分别是汉字认知的"两个网络系统模型"、"汉字词和图片命名与分类的综合模型""义符在汉字词词汇通达中的表征和加工模型""义符影响形声字语义加工的调节模型""义符影响形声字语法加工的调节模型"和"义符句法倾向性在汉字语法判断中的表征模型"。

(一)汉字认知的"两个网络系统模型"

张积家和彭聃龄(1993)在对汉字词类别语义加工研究基础上,提出汉字认知的"两个网络系统模型",这一模型是其他有关义符参与汉字认知加工模型的滥觞。此模型以柯林斯和洛夫特斯(Collins & Loftus,1974)的"两个网络系统"模型为基本框架,适当吸收联结主义的"平行分布加工模型"的"平行激活扩散"的思想(McClelland & Rumelhart,1981),认为汉字词加工涉及两个网络系统:词汇网络系统和语义网络系统。词汇网络系统由许多加工单元组成,语义网络系统由许多概念结点组成。两个网络系统之间存在着以义符为中介的联结通路(见图1)。

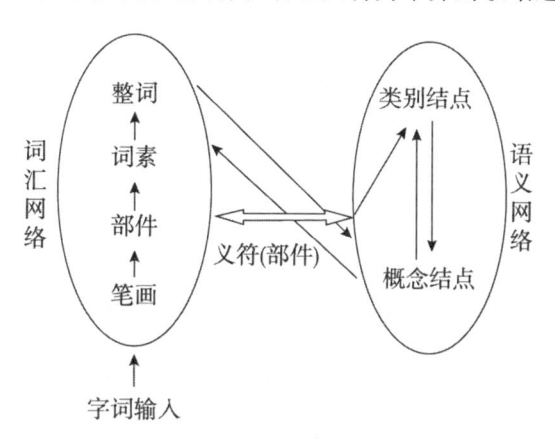

图 1 汉字认知的"两个网络系统模型"

当有义符的汉字呈现时,最先激活词汇网络里的笔画加工单元,然后激活部件加工单元,义符就是一种重要的部件加工单元。在汉字词的词汇网络系统和语义网络系统之间,存在着以义符为中介的联结。当汉字呈现时,一方面,来自义符加工单元的激活继续上行激活词汇加工单元,从而导致对词汇的识别;另一方面,激活沿着网络间联结通路激活语义网络中代表类别的概念结点,并启动自上而下的加工,激活与它联结的类别成员的概念结点和定义语义特征,降低它们的反应阈限。当词汇识别后再做语义判断时,由于类别结点、类别成员结点和定义语义特征都已处于激活状态,只需要少量的激活便可以打通语义通路,因而反应时便短。而在目标词无标明类属义符的情况下,由于在词汇识别前不能激活类别结点,也不能激活类别成员结点和定义语义特征,必须待词汇识别后再做语义判断,此时,类别结点、类别成员结点和定义语义特征的激活值便高,需要较多激活才能打通语义通路,决策就进行得缓慢,反应时就延长了。这一模型适合于解释义符对汉字词语义(包括类别语义、特征语义、动作器官或动作工具语义)提取的影响。

(二)汉字词和图片命名与分类的综合模型

方燕红和张积家(2009)发现,义符对汉字词和图片的命名与分类具有不对称性影响:义符影响汉字词命名,不影响图片命名;义符影响汉字词分类,不影响图片分类。他们根据研究结果,结合"两个网络系统模型",提出了汉字词和图片命名与分类的综合模型(图2)。

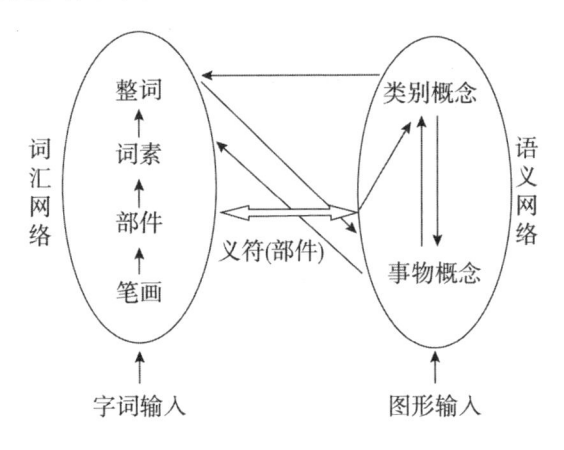

图2 汉字词和图片命名与分类的综合模型

在图2中,字词输入通达整词后产生的激活进入语义网络系统,产生分类反应;图片输入通达语义网络系统后产生的激活进入词汇网络系统,产生命名反应。与拼音文字不同,汉字词的词汇网络系统和语义网络系统之间存在着以义符为中介的联结。正是这种联结,体现了汉字词认知加工的特点,这种特点既有利于汉字词的语义提取,也有利于对汉字词的分类,使汉字词和图片的命名和分类体现出与拼音文字的图片和分类不同的特点。

(三)义符在汉字词词汇通达中的表征和加工模型

陈新葵和张积家(2012)在"两个网络系统模型"和 Ding 等(2004)的基于可独立成字部件加工模型基础上,提出了针对义符在汉字词词汇通达中表征和加工的模型(图3)。

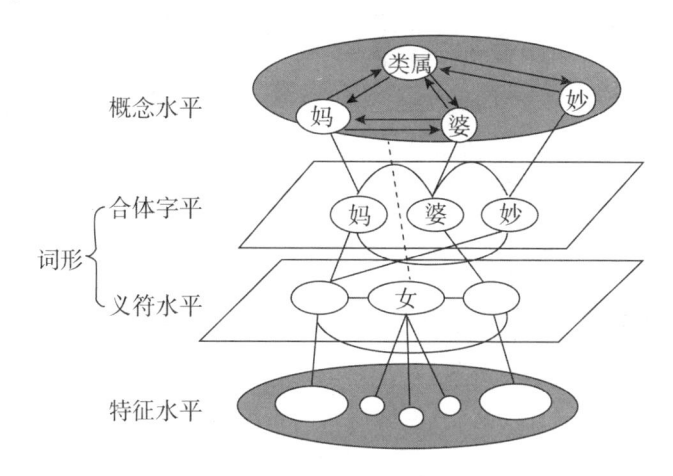

图3 义符在汉字词词汇通达中的表征和加工模型

这一模型将形声字识别分为四个水平:特征水平(笔画水平),义符水平(部件水平),合体字水平,概念水平。在这一模型中,特征水平、部件水平和合体字水平均属于词汇网络系统的变量,概念水平属于语义网络系统的变量。义符联结着词汇网络系统和语义网络系统,为整字语义通达提供了特殊通道。但是,由于义符语义只标明整字所代表的概念的类属、动作发出器官或动作工具、词类(动词或名词)等语义,所以,义符语义与整字语义具有关联却不完全等同。因此,在图3中以虚线示之。义符熟悉性越高,义符通达整字语义的通道就越顺畅。但是,义符只提供了相关义,要真正通达整字的意义,仍然需其他部件参与。整字频率越高,对义符通达整字语义的通道需求就越低。当义符语义与整字语义一致时,义符语义能够为整字语义通达提供帮助;当两者不一致时,义符通达语义的通道受阻,义符熟悉性越高,副作用就越大。这一模型适合于解释义符在形声字词汇通达中的作用。

(四)义符影响形声字语义加工的调节模型

王娟和张积家(2016)在"两个网络系统模型"基础上提出义符影响形声字语

义加工的调节模型(图4)。

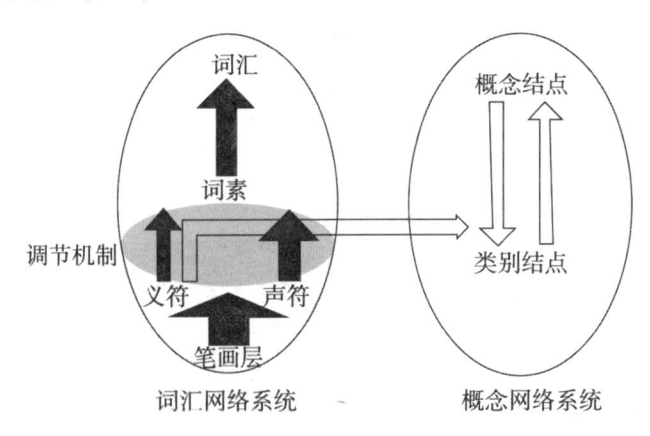

图4 义符影响形声字语义加工的调节模型

该模型假定,在形声字的部件层存在着调节机制,负责分配资源给不同的加工路径:(1)义符的跨系统路径;(2)声符的上行激活路径;(3)义符的上行激活路径。义符和声符的上行激活路径在词汇网络系统内实现整词通达,然后,激活进入概念网络系统,激活概念结点,再激活类别结点。义符的跨系统路径直接从词汇网络系统平行地扩散到概念网络系统,激活义符所示的类别结点。当概念结点被整字的激活流激活后,类别结点已经激活,就容易打通二者之间的语义通路,语义决定就容易了。有三方面个体因素影响调节机制运作:(1)读者的语言直觉。语言直觉取决于义符在汉字中的呈现率,义符家族的类别一致性和字频。义符的呈现率表征着义符的家族大小。(2)读者的语言知识。语言知识源于汉字的教学与学习。(3)读者的认知策略。例如,被试在长期阅读中形成的语义加工关注义符的策略(张积家,王娟,陈新葵,2014)。

在类别一致性判断中,义符与整字的类别一致性、义符家族的类别一致性和义符家族大小均影响着认知资源的分配,表现为义符的上行通路和跨系统通路之间的资源竞争。总的来看,义符家族越大,家族的类别一致性越高,调节机制就越倾向于将资源分配给加工更困难的整字路径;义符家族越小,家族的类别一致性越低,调节机制就将分配部分资源去关注跨系统的义符路径,整字路径分得的资源就少。但义符的家族特征作用受义符与整字的类别一致性调节。当义符与整字类别一致时,义符家族的类别一致性越高,义符的家族越大,跨系统的义符路径就越容易激活,整字路径获得的资源越多,整字路径通达就越快。反之,跨系统的义符路径将分配部分资源以实现激活,整字路径分配资源就减少,加工效率就降低。当义符与整字的类别不一致时,义符家族的类别一致性越高,义符的家族越大,跨系统的义符路径越容易自动激活,但将分配到较少资源,虽然整字路径获得了更多资源,快速地通达整字表征,但来自跨系统义符路径的判断与来自整字路径的判断冲突,这一博弈过程需要资源,在时间压力作用下,被试选择了不考虑加工路径较长的整字信息而贸然使用义符推理的策略,导致加工困难或者犯错误;义符的类别一致性越低,义符家族越小,跨系统的义符路径加工将耗费资源,整字路径分配的资源就少,被试不敢贸然地接受义符提示,宁愿信任整字路径的信息,犯错误的机会就少。因此,在考虑义符的家族特征时,必须同时考虑义符与整字的类别一致性。

(五)义符影响形声字语法加工的调节模型

章玉祉和张积家(2019)在已有研究基础上,结合王娟等(2016)提出的义符影响形声字语义加工的调节模型,提出义符影响形声字语法加工的调节模型(图5)。

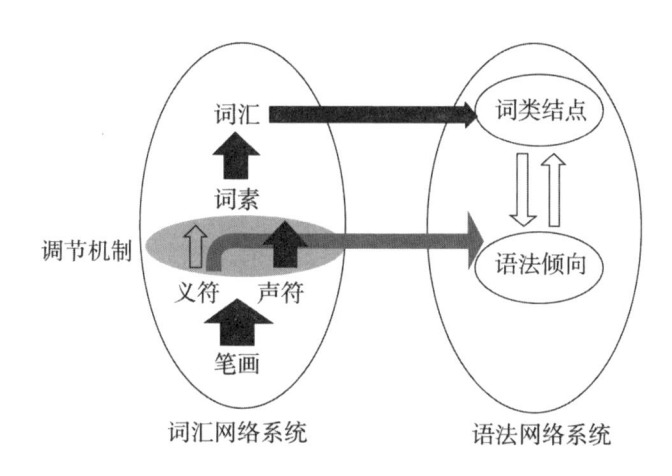

图5 义符影响形声字语法加工的调节模型

该模型认为,在针对形声字语法特征的任务中(词类判断任务或词类一致性判断任务等),形声字的词类信息被激活,激活扩散涉及两个网络系统。在词汇网络中,包括笔画、部件(义符和声符)、词素和词汇四个层级;在语法网络中,包括词类结点和语法倾向结点。形声字的语法加工既可以通过词汇网络中的笔画、部件、词素到词汇的逐层上升激活,最终通达语法网络的词类结点,也可以在部件层直接通过义符通达语法网络的语法倾向结点,通过自上而下和自下而上的双路径对接,最终实现对形声字词类的判定。义符的家族大小、词类一致性作为影响因素,调节着整词词类判断中整词路径和义符路径的作用:当义符家族大、词类一致性高时,义符路径容易通达,系统会将更多的资源运用于整词通达,而且在整词通达前,语法网络中的词类结点已经被来自义符语法倾向的结点激活,词类判定自然容易;当义符家族小、词类一致性低时,义符的语法倾向较难以激活,义符路径较难起作用,形声字的词类判定就主要依靠整词路径,反应自然就困难。总的来看,义符的家族大小和词类一致性共同作为汉字语法信息加工的重要调节因素在起作用,而二者均是汉语母语者在汉字使用中内隐地获得的关于汉字的重要知识。

(六)义符句法倾向性在汉字语法判断中的表征模型

综合地看,在"两个网络系统模型"中包含汉字的外部特征信息和语义信息,可以解释义符的语义功能。但是,这一模型未考虑义符的句法倾向性及水平,不能合理地解释义符的句法倾向性水平对形声字词类判断的影响。因此,在两个网络系统模型的基础上,张积家、王斌和刘红艳(2019)提出针对义符句法倾向性在汉字词词类判断中作用的"三个网络系统模型",见图6。

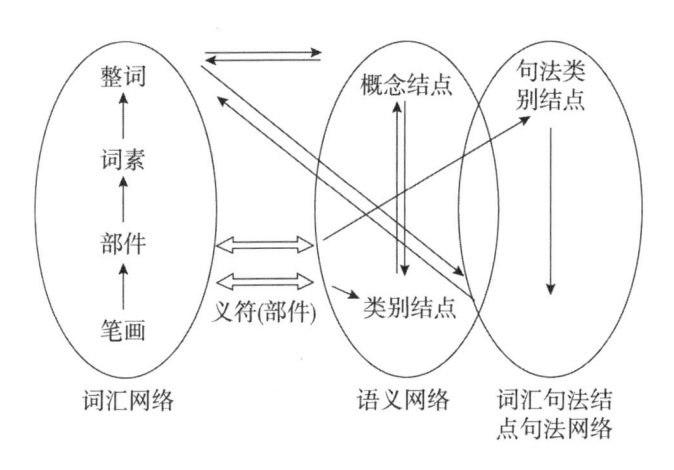

图6 义符句法倾向性在汉字语法判断中的表征模型

该模型认为,在汉语讲话者头脑中,存在着三个网络系统:词汇网络系统、语义网络系统和句法网络系统。句法网络系统贮存词的句法属性。由词汇呈现引起的激活进入词汇网络系统后,依次激活词汇网络系统中的笔画、部件、词素和整词的结点,到达语义网络系统和与之并行的句法网络系统。在词汇网络系统与语义网络系统、句法网络系统之间,均存在着以义符为中介的联结。由汉字词呈现引起的义符激活可以沿着网络系统间的联结通路到达语义网络系统和句法网络系统,在语义网络系统激活与义符有关的类别结点和概念结点,从而影响词汇的语义决定;在句法网络系统激活与义符有关的句法类别结点和词汇句法结点,从而影响词类判断。由于由句法倾向性高的名词性义符构成的汉字大多是名词,由句法倾向性高的动词性义符构成的汉字大多是动词,名词性义符和动词性义符便与句法网络系统中的句法类别结点建立了较强联系。因此,当句法倾向性高的义符激活从词汇网络系统平行扩散到句法网络系统时,就能够容易地激活义符的句法类别结点,进而激活具有该义符的词汇句法结点。当词汇句法结点被来自词汇网络系统的整字激活流激活后,句法网络系统中的句法类别结点、词汇句法结点均已处于激活状态,此时只需要少量的激活就可以打通句法通路,所以反应时便短;句法倾向性低的义符未与特定句法类别结点建立起联结或者建立的联结较弱,义符激活平行扩散到句法网络系统时,不能较快地激活义符的句法类别结点,或者激活众多的句法类别结点而且之间差异不显著,需要在词汇网络系统实现整词通达后再激活句法网络系统中的词汇句法结点和句法类别结点才能够进行判断,反应时因而便延长了。

综上所述,本研究团队对义符认知功能的探索多从义符对汉字认知加工的影响的层面进行,重在揭示义符在汉字认知中的作用,侧重于对义符功能的动态描述。6个义符参与汉字词认知加工的模型,涉及义符影响形声字的识别、语义提取、语法加工以及汉字词和图片命名与分类。总的看法是,义符是汉字重要的"块"(chunk),不仅是汉字结构的"块",还是汉字识别的"块",还是汉字语义提取的"块",还是汉字语法加工的"块"。正是义符的存在,使汉字词加工体现出与拼音文字加工不同的加工过程和加工策略,使汉字认知体现出不同于拼音文字认知不同的特点。

五、研究展望

虽然我们对义符研究涉及了多个方面并取得了丰硕成果,但这只是义符认知研究的开端。义符作为汉字形声字的重要"一半",代表了汉字的"半壁江山",它们集中了汉民族的三千年历史智慧,是汉民族从原始思维逐渐过渡到分析思维的反映。因此,目前研究可能只刚刚揭开了义符的神秘面纱,关于义符的心理语言学研究还存在许多值得进一步探索的问题。

(一)义符的产生对汉字发展的意义还有待于进一步揭示

义符的产生是汉字发展史上的大事变。从义符产生的那天起,汉字就开始告别了象形文字的窠臼,进入形声字蓬勃发展阶段。传统观点认为,文字发展是从图画文字到形意文字,再到意音文字,意音文字继续发展,形象性逐步削弱,符号性逐渐加强,以至于义符取消,声符简化,演变成音节文字,再简化为音素字母,最终演变为字母文字(周有光,1998)。由于义符和声符出现,形声字成为汉字的主体,汉字进入意音文字发展阶段。义符和声符的结合使得以形声字为主体的汉字完全能够适应社会发展需要,使得汉字显示出强大的生命力。这在世界文字发展史上是一个奇迹,它动摇了人们对文字发展是从图画文字到形意文字到意音文字到音节文字再到字母文字的"规律"的信仰,也预示着文字发展可以有不同的历史道路,质疑着拼音文字起源的已有结论。因为绝大多数的古形意文字已经死亡,包括古代西亚人使用的楔形文字("钉头文字")、古埃及人使用的圣书文字、拉丁美洲玛雅人创造的玛雅文字、中国殷商时期创造的甲骨文,仅有极少量的形意文字存活下来。例如,纳西先民创造的东巴文就是世界上唯一还在使用的形意文字,是形意文字和意音文字的中间环节。在东巴文中,就已经出现了标示类别和字义的"义符"和标示字音的"声符"(周有光,1994)。

陈宝亚(2002)指出,一个民族的特殊语言文化背景在很大程度上规定了自然文字的发生发展方向。决定意音文字存在的民族语言文化条件有四点:(1)该意音文字记录的方言很复杂;(2)用该意音文字书写的古代文本很丰富;(3)该意音文字是原生的;(4)该意音文字记录的是权威语言。汉字满足了上述条件,因此进入了一种超稳定的状态。因此,义符研究不仅关系到对文字发展规律的再认识,也关系到汉字的未来,即汉字最终能否发展成为拼音文字?汉字的简化是否可以置汉字的规律不顾,而一味地追求笔画的减少?类似于"听"(繁体字为"聽",从耳,简体字从口)、"叶"(繁体字为"葉",从草,简体字从口)、"猪"[繁体字为"豬",从豕(shǐ),简体字从犬]、"面"(繁体字为"麵",从麦从面)、"国"(繁体字为"國",从口从或,或兼表音义)之类的简化字是否具有合理性?简化字中的偏旁简化是否有利于认知?这些问题均值得进一步思考和研究。

(二)义符与汉字构造的规律有待于进一步研究

汉字虽然经历了数次重大变革,但是,昔日的甲骨文与今日的简体汉字在字形结构上还是有着清晰的继承和演进的关系,在汉字的形、音、义三者之间还是有明显的内在逻辑关系(王继红,2006)。汉字的形、音、义之间具有怎样的逻辑关系?义符在这种逻辑关系中起什么作用?义符可以从两个方面来界定:其一,是表意形式;其二,是表意功能。义符由独立字来充当,它必须是形、音、义的结合体,必须能够独立地在语言中使用,如"人、子、手、目、水、牛"等。但有一些义符,在上古时代是独立汉字,随着汉字的形体演变,逐渐被后期的形声字所替代,不再单独使用,只作为构字部件,如"扌、辶、忄"。这两种义符在汉字构造规律中所起作用是否一样?揭示义符在汉字构造规律中的作用,有利于义符参与汉字认知加工模型的构建。

(三)义符系统及义符的类聚功能值得进一步研究

各种义符集合在一起是一个有规律的系统。义符系统首先表现为一定数量的义符的集合,个体义符是义符系统的构成要素和存在基础。处在系统中的义符,不是零乱无序的符号堆积,而是处在一定的联系之中。李国英(1996)对72个高频义符做过义类分析,72个高频义符被分为人和物两大类。人又分为人自身(人、尸、女、疒)和人体,人体包括手(手)、足(足、彳、走)和其他器官(骨、肉、心、力、歹)。物又分为自然物与人造物,自然物包括动物(马、牛、羊、犬、鹿、鸟、虫、鱼、羽、角)、植物(艹、木、竹、禾)、矿物(金、石)、天象(日、雨)、地文(山、田、土、阜、水),人造物包括衣(衣、巾、糸)、食(食、米、酉)、住(邑、厂、广、宀、穴、门)、行(车)、用(示、刀、弓、贝、革、瓦、网、火、黑)。由此可见,义符之间具有意义类聚关系,属于同一意义类别的义符是同义类义符,比如,"艹、木、竹、禾"是植物义类,"马、牛、羊、犬、鹿、鸟、虫、鱼、羽、角"是动物义类,"金、石"是矿物义类等。从概念水平的角度来分析,义符表征的概念多属于基本水平概念(basic-level concept),这一类概念处于概念系统的中间水平,比基本水平概念更概括的是上属水平概念(superior-level concept,如"动物、植物、自然物、人造物"),比上属水平概念更高级的是超级上属水平概念(super superior level concept,如"生命物""非生命物"),比基本水平概念更具体的概念是下属水平概念(sub-level concept,如"狗、柳、岭、流")。现有的研究主要关注义符在基本水平概念和下属水平概念认知中的作用,义符对上属水平概念或者超上属水平概念认知中的作用如何?还有待于做进一步的研究。

形声字的义符系统在整体上具有很强的归纳性;在义符系统内部,义符与义符之间存在着形体和意义上的种种联系,在功能上存在着互补分布;义符之间在构字能力上存在很大的差异。在义符系统中,每一义符的地位并不相同。义符的这种种现象和特点,如果脱离开整个义符系统,仅仅进行孤立的个体义符研究就很难发现。

(四)义符的表义类型和表义度值得做进一步的研究

目前,语言学对义符的表义类型和表义度做了相关的研究。向多林(1987)根据形符在形声字中的表意功能,把形符分成标类形符(表明事物类别)、相关形符(只与形声字本义相关)、比况形符(起表比喻意义作用)和标义形符(形符义等于形声字之本义)四类。施正宇(1994)分析了2500个常用汉字中167个形符的表义特点。根据形符表义的直接性,将表义级类划分为直接表义、间接表义和不表义。形符与被构字有"见字而知义类"关系,称为直接表义。例如,用"艹"做形符的汉字:"草、菇"指植物与农作物;"芽、茎"表示植物的部分;"芬、芳"形容植物散发的气味;"荒、萌"描述植物的生长状态与生长行为;"芯"指草制品。这些均属于直接表义类型。形符与被构字不存在直接的意义联系,但可以通过中介对被构字意义有所提示,称为间接表义形符。例如,用"纟(糸)"做形符的字都与丝织物有关,"纸"不是丝织物,但"丝"与"纸"的原料"纤维"有联系,引起"纸"的意义联想。无论是直接表义还是间接表义,都可以看作有效表义。形符与被构字之间不存在任何直接或间接的意义联系,如"⺮"与"笑","虫"与"闽"等,均属于形符不表义类型。李国英(1996)认为,义符示意有三种类型:(1)义符与形声字同义,称为同义性义符,如"船、黢、眼"等。这一类义符与形声字的意义关系最密切,但缺乏概括性,难以通过类化形成构形系统。这一类义符数量少,是特殊现象。(2)义符是形声字的上位概念,称为类别性义符,如"桃、梅"等,义符提示的实质是形声字所记词的类义素。类义素提高了义符的类化程度,还使义符系统与词的义类、义场形成系统的对应关系,此为最理想的义符示意方式,在义符中占有很大的比例。(3)义符是形声字所记词的特征标记,称作标记性义符,又可以分为多种情况:①用形状、行为主体做标记,如"群、驰、精"等。②用行为工具做标记,如"输、剖、耕"等。③用物品材料做标记,如"桌、磨、镰"等。第三类标记性义符与形声字的相关往往带有文化性,如"群"以"羊"为义符,"精"以"米"为义符,都不属于必然、唯一的联系,是受特殊的文化生活、文化心理制约。这一类义符与形声字的意义关系具有较大的不确定性,只是类别性义符的补充。

研究者采用不同分析标准考察义符的表义度,结论也不尽相同。费锦昌和孙曼均(1988)采用赋值方式考察义符的表义度,发现义符只提供了笼统的、粗疏的语义,但在汉字学习和使用中仍有重要作用。李燕、康加深、魏迈和张书岩(1992)

将义符义与整字义的关系按照联系程度高低分为三级,计算出的义符表义度为43.4%。另一些研究者统计得出的义符表义度相对较高,如张翔(2010)考察现代汉语7000个通用字中的形声字,得出义符有表义功能的占全部形声字的89%。李蕊(2005)分析《高等学校外国留学生汉语教学大纲·汉字表》,得出义符表义字占所有形声字的62.3%。威廉姆斯和贝弗(Williams & Bever,2010)统计,通过义符推测整字的语义,正确率可以达到60%~80%。可见,研究者采用不同的材料和分类标准考察义符的表义度,结果也存在着较大的差异。那么,在心理层面,不同义符的表义度究竟如何?值得采用心理语言学方法进行探讨。

(五)义符在汉字词认知中的作用与汉民族思维方式的关系还有待于进一步揭示

在拼音文字的词形结构中,只存在少量的标语义语素,如标明否定意义的语素"a-、dis-、in-、il-、im-、non-、un-"等,标明数量的语素"bi-、tri-"等;在汉字词词形结构中,有标明语义的义符是一大特色。汉字是汉民族在长期实践中创造的,必然会打上实践的印记,必然会沉淀着汉民族的思维方式。可以说,汉字是古老汉民族的"活化石"。透过这些"活化石",结合语言与认知相互影响的观点,应当探讨:究竟是汉民族的何种思维方式导致义符出现并进而导致形声字产生?形声字的使用又对汉字使用者的思维方式产生了哪些影响?

总之,义符研究还存在着诸多尚未解决的问题。开展义符研究,拓宽对汉字义符功能的认知,深化对汉字认知过程的理解,是汉字认知研究者今后应致力解决的问题。

第一编 01
义符的语义提取功能

分类过程中汉字的语义提取(Ⅰ)[①]

语义提取是认知心理学研究的重要领域之一。从语词意义与概念统一的观点出发,运用快速分类方法,对汉字单字词范畴语义的提取做了初步探讨。结果表明,汉字形声字的义符在汉字单字词的语义提取中具有重要作用,这种作用在肯定和否定反应里都存在:在肯定反应里,当义符标明词的类属时起促进作用,当义符与词义不一致时起干扰作用;在否定反应里,义符对语义判断有干扰作用。研究还表明,语义距离与词频在语义提取中也有重要作用。

一、前言

任何一种文字都是形体、声音和语义的统一体。文字具有语义。但语义是什么?心理学家们有不同看法。克拉克(Clark,1973),瑞普斯、肖宾和史密斯(Rips, Shoben & Smith,1975)认为语义是语义特征的集合,而奎廉(Quillian)和柯林斯(1969)认为语义是词所代表的概念之间的联系。

由于对语义的理解不同,在语词的内部表征上也有争议。特丽斯曼(Treisman,1960)提出内部词典理论,认为成年阅读者头脑中有一个"内部词典",它由许多说明词的拼法、读音和语义的词条组成,词典以联想网络的形式组织。洛夫特斯(1974)提出"两个网络系统"理论,认为词汇认知涉及两个不同网络:词汇网络和概念网络。词汇网络贮存词的外部特征,包括词形结构的特征和词音的韵律特征,概念网络贮存语义,组成概念的表征系统。根据"内部词典"理论,语义提取仅达到内部词典就行了;根据"两个网络系统"理论,语义提取须先进入词汇网络,再进入概念网络。洛夫特斯的理论由于全面考虑了语义提取过程,已经被许多人

[①] 本文原载于《心理学报》1990年第4期,63–71页。
本篇作者:张积家、张厚粲、彭聃龄。

所接受。

近年来,语义提取研究进展较为迅速。许多研究表明字形在语义提取中有重要作用,表意文字尤其如此。但字形为什么、以什么方式起作用还不清楚。因此,为了探明字形起作用的机制,必须研究字形结构特征对语义提取的影响。汉字是表意文字,形声字是汉字的主体。形声字由义符(形符)和音符组成。义符又称义旁(形旁),是标明类属与词义的(如凡与"木"有关的词皆从"木",凡与金属有关的词皆从"钅"),这一类的形声字占全部形声字的绝大多数,因此可以"望文生义"和"见字知类"。这一点与拼音文字根本不同。但这一规律也有例外情况,如"婿"是男性,"鲸""鳄"不是鱼等。另外,随着社会与文字发展,某些词如"权""杯""奴""错"等已看不出与类属有什么关系了。义符在汉字语义提取中的作用值得探讨,因为它是汉字区别于拼音文字的一个很重要的特点,可以为汉字语义提取过程提供重要根据。在研究方法上,拟采用快速分类方法。如果被试能将词正确分类,就表明他已经提取了词的范畴语义。

本研究包含两个实验:实验1研究汉字形声字的义符在汉字单字词语义提取中的作用;实验2考察词频和语义距离在语义提取中的作用,以及被试是否采用了形旁推理的策略。

二、实验1 汉字义符在汉字单字词语义提取中的作用

(一)方法

1. 被试

26名大学本科生或研究生,视力正常,男女各半。

2. 实验材料

实验材料为汉字单字词,分别来自两个范畴,每个范畴又分为两个子范畴:1. 性别(男和女);2. 生物(动物和树木)。每个范畴包含14个词,每个子范畴包含7个词。在每个范畴的两个子范畴中,一个有一致的标明其上属的义符,它们都是形声字;另一个绝大多数词不是形声字,个别是形声字但无明确的(在本实验条件下)标上属的义符。为了防止被试采取专注意于义符的策略,采用了8个干扰词,干扰词或者无义符,或者义符与词的上属无关或相反。实验材料如下:

	目标词	干扰词
性别	娘 姨 姑 姐 嫂 奶 妹(有标上属的义符)	母 后
	父 伯 叔 哥 兄 弟 夫(无标上属的义符)	婿 侄

生物 ⎡松 柳 槐 柏 椿 枫 楠(有标上属的义符)　　芙 荆
　　 ⎣羊 虎 狼 象 鹿 豹 熊(无标上属的义符)　　枭 查

为了控制每个词与其上属的语义距离,实验前对每个词到其上属的语义距离做了评定(采用典型性评定法)。评定采用七点量表,最典型的范畴成员(词离其上属的语义距离最近)评价为7,最不典型的范畴成员(词离其上属的语义距离最远)评价为1。30名大学生参加了评定,求出语义距离的平均值。被试的评定相当一致。然后,对每一类词的语义距离做了平衡,使范畴内每一类词的平均语义距离分数大致相等。

为了排除字词熟悉性对分类的影响,选词时排除词频很高或很低的词。全部词的词频范围为53～587次/百万。全部词采用人们熟悉的印刷体呈现。每个范畴内18个词的呈现顺序随机化。一个范畴结束后再呈现另一范畴。

实验仪器为APPLE-Ⅱ型微机一台,幻灯机一台。

3. 实验程序

被试坐在离屏幕1.5米远处,视角1°54′。刺激单个呈现,单个反应。实验时主试提示"开始",然后幻灯机呈现一个刺激,光电管将信号送入计算机,计算机开始计时。被试通过按压两个反应键之一指出词的上属,计算机停止计时,并记下反应时和反应的正误。计时单位为毫秒,误差为±1毫秒。实验前被试用非实验词练习20次。

给被试的指示语:实验中要用幻灯机给你呈现一些汉字单字词,它们是关于性别(男或女)和生物(动物或树木)的。你要用按压反应键的方法指出词的上属。如你认为它们属于男性(或动物),你就按压下左手的键;如认为它们属于女性(或树木),你就按压下右手的键。(1/2的被试按此规定,1/2的被试用手规定与此相反。)反应得越快越正确越好。对于不认识的词,也应尽快猜出它的上属。

(二)结果

实验结果表明,汉字义符在语义提取中有重要影响。以反应时和错误率为指标,结果见表1和图1、图2。

表1 有、无标上属的义符的词的平均反应时与平均错误率

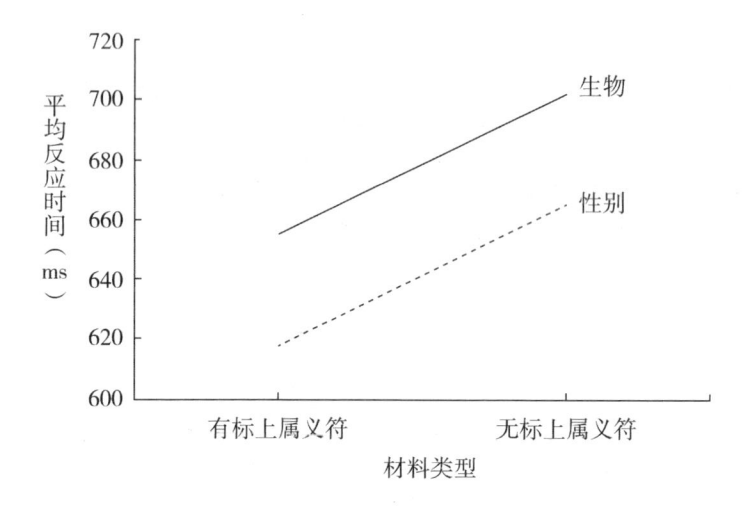

范畴		反应时(ms)	错误率(%)
性别	女(有标上属的义符)	619	2.2
	男(无标上属的义符)	666	5.5
生物	树木(有标上属的义符)	655	1.7
	动物(无标上属的义符)	702	10.0

图1 有、无标上属的义符的词的平均反应时间

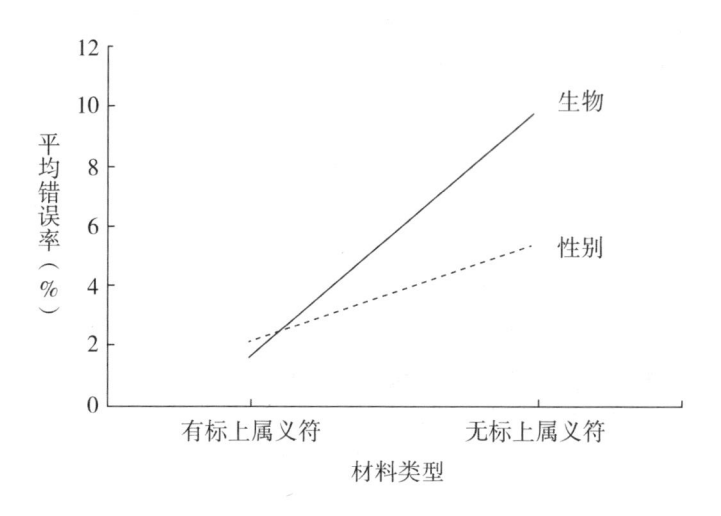

图2 有、无标上属的义符的词的平均错误率

对反应时结果进行了2(范畴)×2(有无标上属的义符)的方差分析。方差分析表明,范畴之间的差异是显著的,$F(1,24)=12.24, p<0.01$;有、无标上属的义符的词之间的差异也是显著的,$F(1,24)=8.8, p<0.01$。范畴与有无标上属的义符之间的交互作用不显著。范畴之间的差异可能是由于范畴大小不同。兰道尔和梅耶(Landauer & Meyer,1972)研究表明,范畴小者分类时间短。词有、无标明上属的义符,造成分类时间的差异。有一致的标明上属的义符的词其分类时间短于无一致的标明上属的义符的词。这一结果表明,在汉字的语义提取中,标明上属的义符起了积极作用。Spearman 等级相关分析表明,反应时与语义距离的相关:男性,$r_{RC}=-0.76, t=3.09, p<0.05$;女性,$r_{RC}=-0.33, t=0.93, p>0.05$;树木,$r_{RC}=-0.73, t=2.84, p<0.05$;动物,$r_{RC}=-0.79, t=3.43, p<0.05$。四个范畴中,只有女性范畴的相关较低,这可能是由于熟悉性的影响。例如,虽然"姐""妹"的语义距离分数比"娘""姨"低,但熟悉性却高得多。反应时与语义距离的负相关表明,语义距离分数越高,反应时越短。

干扰词的反应时与错误率见表2。

表2　干扰词的平均反应时与平均错误率

范畴	范畴	反应时(ms)	错误率(%)
性别	女(有标上属的义符)	780	23.2
性别	男(无标上属的义符)	849	28.5
生物	树木(有标上属的义符)	781	16.0
生物	动物(无标上属的义符)	853	39.5

将表1与表2比较,可以看出干扰词的反应时与错误率明显高于目标词。这表明被试对干扰词的加工有困难。造成这种困难的原因可能有二:其一是由于义符的干扰(如婿、姪),其二是由于熟悉性的影响。

(三)讨论

先前许多研究(如 Quillian 和 Collins,1969;Collins 和 Quilliun,1971;Rips, Shoben 和 Smith,1975;陈永明等,1985)都认为,语义距离在语义决定中是一个重要变量。本实验结果也表明,语义距离对语义提取有重要影响。在同一范畴内,反应时间同语义距离分数呈负相关,语义距离分数高(典型性高而离其上属语义距离近)的词反应时间短。根据扩散—激活理论,离上属概念语义距离近的概念向其上属概念的激活时间亦短。因此,这一结果是与国内外大多数研究的结果一致的。

但是,先前的研究没有说明词的结构特征在语义提取中的作用。本实验的结果表明,汉字的结构特征——有无标明上属的义符对汉字的语义提取具有重要影响。这种影响表现在两个方面:当义符与词所代表的概念一致时起促进作用,不一致时起干扰作用。如何解释义符的影响?笔者认为义符的存在有可能影响被试语义提取的方式。在提取词的范畴语义时,如果有规则的、标明上属的义符,被试便更有可能采用形—编码的方式,因而提取时间便短。义符起作用的机制可以用柯林斯和洛夫特斯(1975)的扩散—激活理论来解释。根据这种理论,义符的出现激活了词汇网络里与范畴有关的表征,如"女",这种激活沿词汇网络向概念网络扩散,激活概念网络里与范畴有关的概念结点(如女、姐、妹等),降低这些概念结点的反应阈限。因此,当整个词被识别后再做语义决定时,这些概念结点已处于高度激活状态,此时较少的激活便可以打通语义通路,建立语义联系,产生语义决定。而在无标明上属义符的情况下,不能产生有方向的激活,必须在词完全识别后才能提取词的范畴语义,反应时间相应就拖长了。在义符与词义不一致的情况下(如在某些干扰词的情况里),义符激活了与它有关的概念结点,但没有激活与词义有关的概念结点。这是反方向的激活。根据激活总容量有限的观点,反方向激活提高与词义有关的概念结点的反应阈限,因此这类词的反应时便显著增长,错误也明显增多。因此,义符与语义距离对语义提取时间和错误率的影响初步证实了语义提取涉及两个网络系统的变量的设想。

三、实验2 汉字单字词语义提取再探

实验1是在控制语义距离和词频情况下研究义符对语义提取的影响。除发现义符在语义提取中具有重要作用外,还发现语义距离对语义提取有影响,这种影响值得进一步探索。同时,先前许多研究只表明词频影响词汇识别而很少表明词频影响语义提取。例如,瑞普斯(1973)报告,词频与语义决定的相关接近于0,安德森和瑞德(Anderson & Reder,1974)仅发现词频与语义决定反应时的轻微相关。因此,实验2的目的是检查词频与语义距离在语义提取中的作用。此外,在实验1中,被试所做的都是二择一的肯定的反应,否定的反应情况又如何呢?是否有反应类型的差异?最后,被试对不认识的词又将如何反应,是否采用形旁推理的策略?

(一) 方法

1. 被试

24 名大学生或研究生,男女各半。

2. 实验材料

仍为汉字单字词。在肯定反应里,范畴为女性,分成四类:高高类(HH),语义距离分数与词频皆高(语义距离分数在 6.35 以上,词频为 160~1708 次/百万);高低类(HL),语义距离分数高但词频低(语义距离分数在 6.60 以上,词频为 27~80 次/百万);低高类(LH),语义距离分数低但词频高(语义距离分数为 6.40 以下,词频为 427~1121 次/百万);低低类(LL),语义距离分数与词频均低(语义距离分数 6.33 以下,词频为 27 次/百万以下)。每类 4 个词,共 16 个词。除个别词外,绝大多数词都是形声字。

否定反应也由 4 类词组成。C_1 是无女性义符的非女性词,对这类词的反应为比较对其他类型词的反应提供了基线;C_2 是被试熟悉的有女性义符但义符与词义已无类属关系的词,且与 C_1 同义或近义;C_3 是义符与词义不一致的词,义符给出的范畴信息是错误的;C_4 是被试不熟悉或不认识的有女性义符的非女性词。每类 4 词,构成 16 个否定判断。实验材料如下:

HH	HL	LH	LL		C_1	C_2	C_3	C_4
妈	姥	嫂	妃		优	妙	婿	妠
娘	姐	婆	嫔		仆	奴	娃	媻
奶	姨	媳	妾		怪	妖	嬖	嬗
妹	姑	婶	姊		乐	娱	婴	嫩

实验前对引起否定反应的词也做了语义评定。评定指示语强调主要从性别角度考虑,尽量排除联想因素。20 名大学生参加评定。C_1、C_2、C_3、C_4 距女性的平均语义距离大致相等。给被试的指示语:实验中给你呈现一些汉字单字词,如属于女性范畴,则按压右手的键,如不属于则按压左手的键。反应得越快越正确越好。对不熟悉的词,也应尽量猜出。被试在实验前用非实验词练习 20 次。本实验的仪器与其他程序均同于实验 1。

(二) 结果

按 Yes 反应与 No 反应分别统计。Yes 反应的结果见表 3 和图 3、图 4。从表 3 和图 3、图 4 可以看出,随着语义距离与词频的降低,反应时变长,错误也增多。两因素的方差分析表明,语义距离的作用十分显著,$F(1,12)=28.45,p<0.01$;词频的作用也十分显著,$F(1,12)=15.59,p<0.01$;语义距离与词频的交互作用不显著,$F(1,12)=2.87,p>0.05$。方差分析后的均数多重比较见表4。

表3　Yes 反应中各种类型词的平均反应时与平均错误率

反应	材料类型			
	HH	HL	LH	LL
反应时(ms)	598	648	675	750
错误率(%)	1	3	5	9

从表4中可以看出:HH 组与 LH 组差异非常显著,$p<0.01$;HL 组与 LL 差异非常显著,$p<0.01$,这表明语义距离是决定反应时间的重要变量,离其上属的语义距离越近,反应时越短。HH 组与 HL 组差异显著,$p<0.01$;LH 组与 LL 组差异非常显著,$p<0.01$,这表明词频对语义决定也有重要影响,高频词比低频词被更快地决定。

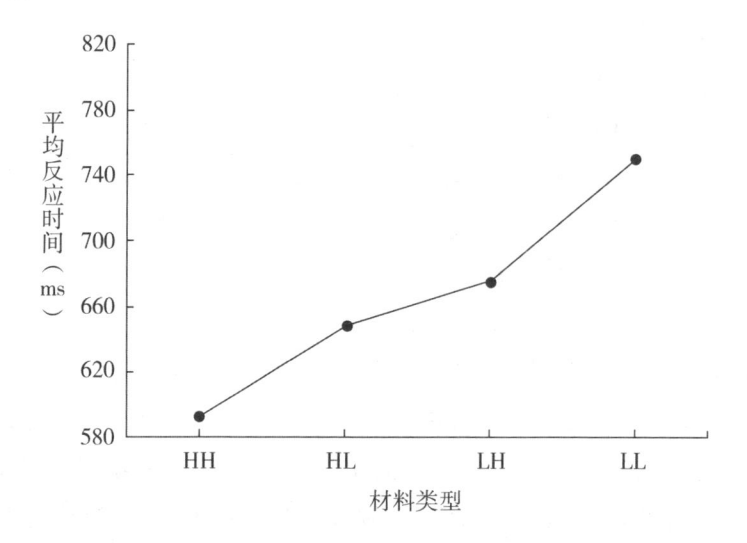

图3　Yes 反应中各种类型词的平均反应时间

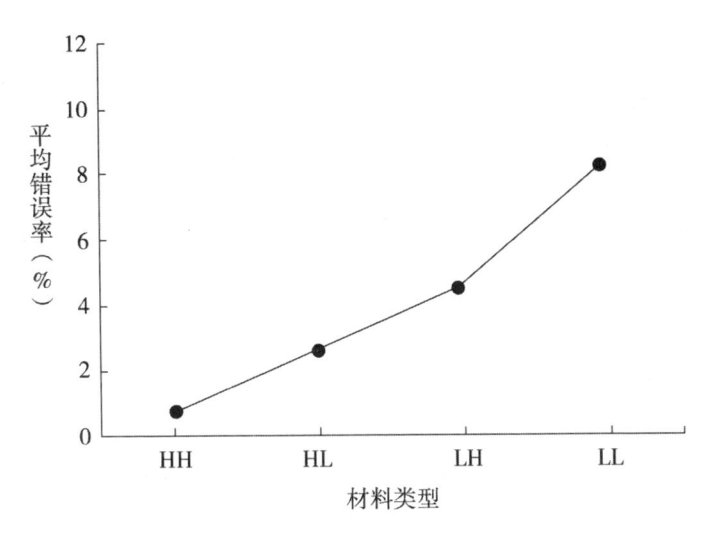

图4 Yes 反应中各种类型词的平均错误率

表4 Yes 反应中各种类型词反应时差异的均数多重比较（ms）

$\bar{x}$ \ $\bar{x}$	HH（592）	HL（648）	LH（675）
HH(648)	56*		
LH(675)	83**	27	
LL(750)	158***	102***	75**

注：***$p<0.010$，**$p<0.01$，*$p<0.05$，下同。

No 反应的结果见表5 和图5、图6。

表5 No 反应中各种类型词的平均反应时与平均错误率

反应	材料类型			
	C_1	C_2	C_3	C_4
反应时(ms)	728	845	930	955
错误率(%)	3	17	41	13

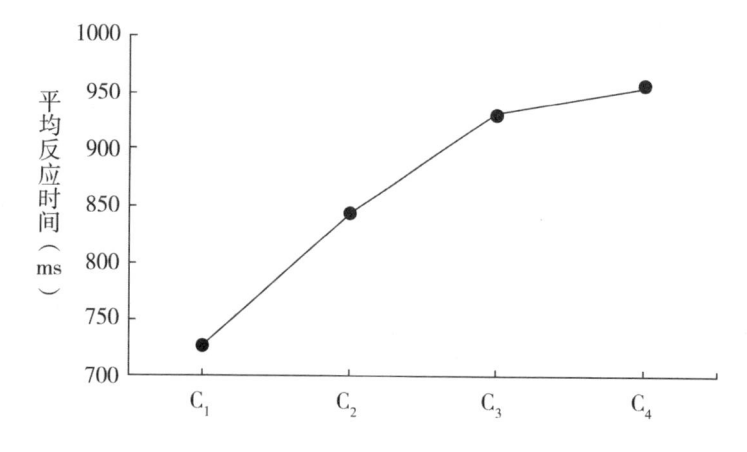

图 5 No 反应中各种类型词的平均反应时间

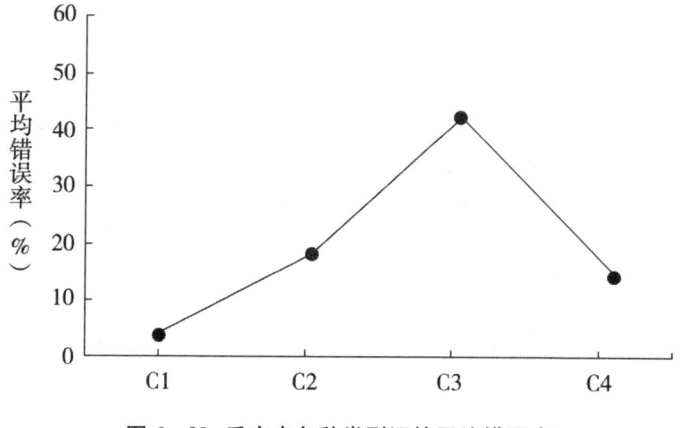

图 6 No 反应中各种类型词的平均错误率

方差分析表明,$F(3,12) = 10.78$,$p < 0.01$。方差分析后的各平均数比较见表 6。从表 6 中可以看出,C_1 与 C_2 差异显著,$p > 0.05$,C_1 与 C_2 同义或近义,且又都是被试熟悉的,因此差异可以归因于义符在语义决定中的干扰作用。C_1 与 C_2 的错误率差异也很显著,C_1 只有 3% 的错误,C_2 则有 17% 的错误。错误率的增加也可以归因于义符的干扰。C_4 的反应时相当长,与 C_1 差异非常显著,$p < 0.01$;与 C_2 差异显著,$p < 0.05$。这一过长的反应时部分可归于义符的干扰,部分可归于熟悉性的影响。被试在"词典"内的搜寻过程和语义决定的权衡过程占用了时间。这类词的错误率为 13%,表明被试有时在搜寻之后采用了形旁推理策略,或反其道而行之,在内部词典搜寻无结果的情况下猜透实验者的"诡计"将词判断为非女性词(这一点已为实验后对被试的访问证实。有一位被试说"这些词我不认识,但可能

是用来诱发错误的,所以我便将它们判断为非女性词")。不论采用哪种策略,对这类词的反应都是猜测的结果。

表6 No 反应中各种类型词反应时的均数比较

$\bar{x}$ \ $\bar{x}$	C_1 (728)	C_2 (845)	C_3 (930)
C_2(845)	117*		
C_3(930)	203**	85	
C_4(955)	227**	110*	25

值得注意的是被试对 C_3 的反应。C_3 的反应时与 C_4 无显著差异,$p>0.05$,但熟悉性却比 C_4 高得多。C_3 与 C_1 反应时差异非常显著,$p<0.01$。这类词的错误率为41%,与其他三类词相比,错误之多是惊人的。可能的原因有二:其一是义符的存在干扰了语义决定,其二是某些词的语义决定比较困难。如"娃"是中性词,有些娃是女性,但并非所有的娃都是女性,权衡过程占用了时间。但不应对第二种可能性估计过高,如"婿"的语义决定并不困难,但反应时却为858毫秒,错误率为45%。因此,义符的干扰作用的确是强有力的。

Spearman 等级相关的分析表明,在 Yes 反应中,语义距离与反应时的相关,$r_{RC}=-0.843$,$t=5.84$,$p<0.01$;与词频的相关,$r_{RC}=-0.605$,$t=3.15$,$p<0.01$,与方差分析的结果一致。在 No 反应里,反应时与语义距离的相关,$r_{RC}=-0.530$,$t=2.33$,$p<0.05$;与词频的相关,$r_{RC}=-0.571$,$t=2.60$,$p<0.05$,表明词频与语义距离在否定的反应里也有重要影响。

(三)讨论

本研究结果表明,义符在否定反应中起很大的干扰作用。这一发现与实验1的发现一起,表明义符的作用在肯定反应和否定反应中都存在。但是,对不同的反应类型,义符的作用不同:在肯定反应里,当义符与词义一致时起促进作用,不一致时起干扰作用;在否定反应中,与词义不一致的义符总是起干扰作用。义符的作用表明,词的结构特征对语义提取有重要影响,为汉字形态编码提供了证据。本实验也进一步证实了语义距离在语义提取中的作用。

更重要的是,本实验还表明了词频在语义决定中的重要影响。在 Yes 反应中,所有的词都是被试熟悉的,但即使这样,词频的作用也是显著的。并且,词频与语义距离无显著的交互作用。这表明,它们是决定语义提取时间的相对独立的变量。这一发现可以这样解释:词频与语义距离属于不同网络系统的变量,词频影响词汇认知,影响词汇网络表征的激活与提取;语义距离影响语义决定,影响概念网络表征的激活与提取。然而,词频影响的实质是什么呢? 莫顿(Morton,1969)将之归因于词的觉察阈限的高低,肖宾(1984)则归因于熟悉性的不同。笔者认为,这两种观点只是表述上的差异,本质上是一回事。熟悉性高的词易于认知,其觉察阈限必然低;熟悉性高的词不易认知,其觉察阈限必然高。根据总加工容量有限的观点,如果词汇网络里的加工占用了较多的容量,那么,所剩下的用于语义加工的容量必然少。对于高频词,熟悉性高,其觉察阈限低,只需要较少的容量便可激活,因此用于语义加工的容量便多,语义决定必然迅速;对于低频词,熟悉性低,觉察阈限高,需要较多的容量才能激活,用于语义加工的容量便少,语义决定的时间便长,错误也增多。对于极低频的词,如"媸",内部词典无相应词条,搜寻占用了很长时间但无结果,语义决定也只好诉诸形旁推理和猜测的策略了。这也正是词频影响语义决定的时间与正误的机制。

四、结论

(1)汉字的语义提取涉及两个网络系统:词汇网络系统和语义网络系统。

(2)在词汇网络系统中,汉字的结构特征——形声字的义符在语义提取中具有重要作用。这种作用在肯定反应和否定反应中都存在。这种作用可以分为促进作用和干扰作用;当义符与词义一致时就起促进作用,当义符与词义不一致时就起干扰作用。义符的作用为汉字形态编码提供了证据。

(3)词频对汉字的语义提取也有重要影响。在控制其他条件的情况下,高频词比低频词被更快地决定。语义距离也是决定反应时间的重要变量,在其他条件恒定时,离上属语义距离近的词被更快地决定。语义距离与词频是决定语义提取时间相对独立的变量。

(4)本研究的结果可以用扩散—激活理论加以解释。

附录1　实验1语义距离表

男性	女性	树木	动物
父 6.80	娘 6.90	松 6.87	羊 6.80
伯 6.80	姨 6.80	柳 6.83	虎 6.78

续表

男性	女性	树木	动物
叔 6.70	姑 6.60	槐 6.77	狼 6.73
哥 6.56	姐 6.63	柏 6.70	象 6.30
兄 6.49	嫂 6.40	椿 6.00	鹿 6.37
弟 6.37	奶 6.76	枫 6.43	豹 6.60
夫 6.42	妹 6.53	楠 6.27	熊 6.58
婿 5.90	母 6.83	芙 4.76	枭 5.25
侄 4.57	后 6.37	荆 4.50	蚕 4.34

附录2　实验2语义距离表

妈 6.93	姥 6.90	嫂 6.40	妃 6.27	优 4.56	妙 4.12	婿 5.84	奶 5.04
娘 6.90	姐 6.63	婆 6.33	嫔 6.87	仆 3.41	奴 3.40	娃 3.48	媸 3.12
奶 6.76	姨 6.80	媳 6.39	妾 6.33	忆 4.88	妖 3.20	嬖 2.80	嬗 4.40
妹 6.53	姑 6.60	妯 6.38	姊 6.10	乐 4.40	娱 3.88	婴 3.04	嫩 4.40

分类过程中汉字的语义提取(Ⅱ)①

本研究是对汉字分类过程中语义提取的进一步探索,主要研究汉字双字词的语义提取。本研究的结果表明:(1)义符的作用在双字词的语义提取中依然存在,其趋势与在单字词中的情形是一致的。(2)被试在加工双字词时所采用的是平行加工的方式。(3)在汉字的语义提取中,被试头脑中的高级信息也有重要作用。

一、前言

在上一项研究里(张积家,张厚粲,彭聃龄,1990),我们研究了汉字单字词的语义提取。研究发现,汉字形声字的义符、词频和语义距离是决定语义提取的重要变量。然而,在汉语中,许多词是双字词,双字词的语义提取情况又如何呢?

在双字词里,每一个汉字就有一个小小的语境或上下文(context)。根据鲁姆哈特(Rumelhart,1977)的相互作用加工模型,被试头脑中关于词的高级信息在词汇认知中有十分重要的作用。这些高级信息如正字法的知识、句法的知识和语义的知识等。关于汉字义符的知识(它既是正字法的知识又是语义的知识)和语境的预期均属于这些高级信息的范畴。因此,本研究的目的是检查这些高级信息在汉字语义提取中的作用,特别是汉字形声字的义符在双字词语义提取中发生作用的方式。

在加工双字词时,假定加工是系列的,那么,义符在左边词素上的双字词似乎应该比义符在右边词素上的双字词更早地显示出词的语义的(范畴的)信息。因此,对义符在左边词素上的词的语义加工应该比义符在右边词素上的词要快些。但是,假定加工是平行的,被试在加工双字词时的知觉单位是两个汉字,那么,义

---

① 本文原载于《心理学报》1991年第2期,29－34页。
本篇作者:张积家,张厚粲,彭聃龄。

符的位置似乎不应该产生影响。但是,根据前一研究的结果,有标上属的义符的双字词似乎应该比无标上属的义符的双字词在字形上提供更多的语义的信息,至少在范畴语义提取中是如此。同时,如果义符给出的是相反的范畴信息,如"女婿""姐夫"等,那么,这样的双字词的反应时间必然长,错误也会增多。因此,本实验的预期是,在控制其他因素的情况下,在肯定反应里,两个词素都有与词义一致的义符的双字词的反应时应该短于或等于义符在左边词素上的双字词的反应时;义符在左边词素上的双字词的反应时应该短于义符在右边词素上的双字词的反应时;有标上属的义符的双字词的反应时应短于无标上属的义符的双字词的反应时;而在否定反应里,与词义不一致的义符有阻碍作用。本实验仍采用快速分类,用反应键指出上属的方法。

二、方法

(一)被试

26 名大学生或研究生,男女各半。

(二)实验材料

采用两个范畴:(1)女性;(2)鸟类。实验前对材料进行了语义评定。评定仍采用七点量表,方法步骤同于实验研究 1。30 名大学生参加了评定。

在女性范畴中,包含 6 类词:(1)重叠词,两个词素相同,都有标上属的义符,用 T 表示;(2)左边词素上有标上属的义符,用 L 表示;(3)右边词素上有标上属的义符,用 R 表示;(4)两个词素皆无标上属的义符,用 N 表示。四组词的平均语义距离分数大致相等,词频控制排除了极高频与极低频的词。(5)义符与词义无关或相反,用 A 示之;(6)干扰词,是无女性义符的男性词,其与女性的语义距离(仅从性别考虑)与 A 类相当,也是被试熟悉的,用 C 示之。每类 4 个词,共 24 个词。实验材料如下:

T:	姐姐	妹妹	奶奶	姥姥
L:	妻子	嫂子	妹子	女儿
R:	大姨	二姐	小妹	表嫂
女性 N:	母亲	祖母	伯母	皇后
A:	姑夫	姐夫	女婿	娃娃
C:	叔父	哥哥	丈夫	儿子

在鸟类中,共有三类词:(1)R;(2)N;(3)C。其中,R与N的平均语义距离分数大致相等。实验材料如下:

鸟类 { R:喜鹊　海鸥　黄鹂　杜鹃
　　　N:麻雀　布谷　画眉　孔雀
　　　C:松树　狮子　鲤鱼　菊花

实验方式仍是单个呈现,单个反应,每一范畴内的单词呈现顺序随机化。一个范畴完毕后再进行另一个范畴。实验仪器仍为APPLE-Ⅱ型计算机一台,幻灯机一台。

给被试的指示语:实验中要用幻灯机给你呈现一些汉字双字词,如它们属于女性(或鸟类)的范畴,你就按压右手的键;如不属于,则按压左手的键。反应得越快越正确越好。

被试用非实验词练习20次以后,即开始实验。

三、结果

实验结果见表1和图1和图2。

表1　对女性和鸟类两个范畴的平均反应时间与错误率

范畴	女性						鸟类		
反应类型	Yes反应				No反应		Yes反应		No反应
刺激类型	T	L	R	N	A	C	R	N	C
反应时(ms)	611	583	585	682	826	642	650	703	650
错误率(%)	0	5	3	4	27	4	2	3	19

从表1可以看出,在肯定反应中,女性各类词的错误率都很低并且差异很小,故差异主要表现在反应时间上(见图1)。方差分析表明,各类词的反应时差异显著,$F(3,12)=4.29, p<0.05$。方差分析后的各均数比较见表2。

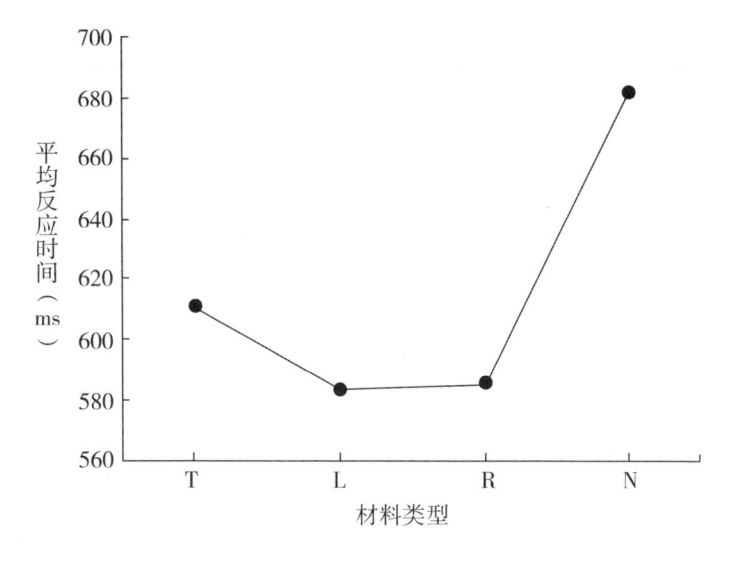

图1　对女性范畴各类词肯定反应的平均反应时

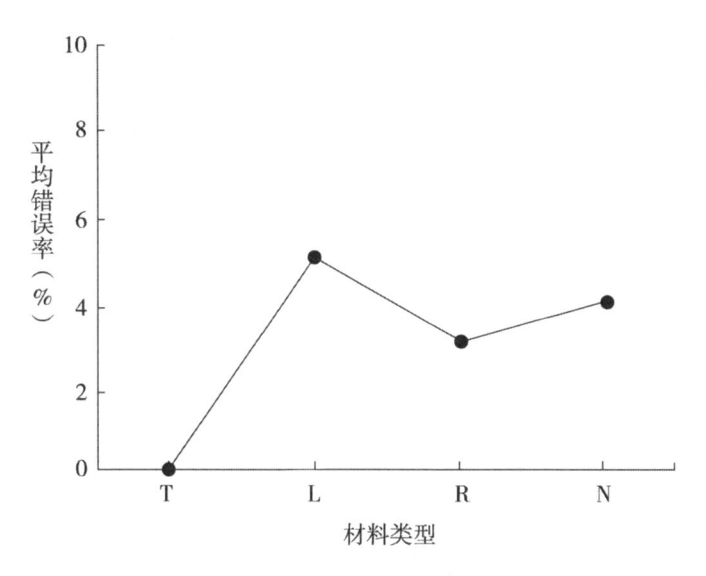

图2　对女性范畴各类词肯定反应的平均错误率

从表2中可以看出,在肯定反应中,T、L、R三类词与N类词的差异非常显著,$p<0.01$,而T、L、R三类词之间差异不显著,$p>0.05$。这表明,有、无标上属的义符的词之间的差异是显著的,但义符的数目与位置并无显著影响。

表2 女性范畴 Yes 反应中各种类型词反应时的均数多重比较（ms）

$\bar{x}$ \ $\bar{x}$	T(611)	L(583)	R(585)
L(583)	28		
R(585)	26	2	
N(682)	71**	99**	97**

注：** $p<0.01$。

在否定反应中，t 检验表明，A 类词与 C 类词的反应时差异显著，$t_{df=25}=7.36$，$p<0.001$。这表明，女性义符对 A 类词语义提出产生了显著的干扰作用。从表1中可以看出，A 类词与 C 类词的错误率差异也显著，A 类词的错误率为27%，而 C 类词的错误率仅为4%。

鸟类范畴的反应情况也见表1。将它绘在图3中。图3仅描绘了 R 类词与 N 类词的反应时，二者的错误率差异很少（仅为1%），故没有描绘。t 检验表明，R 类词与 N 类词之间差异显著，$t_{df=25}=2.42$，$p<0.05$。这表明，鸟类义符的存在对 R 类词语义提取起了促进作用。

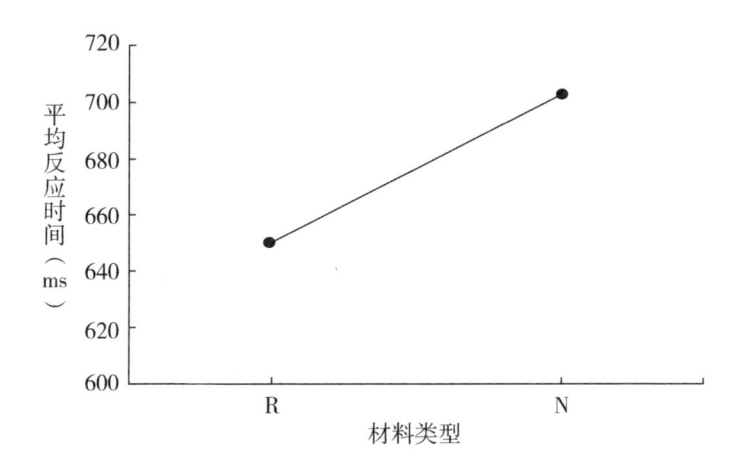

图3 鸟类范畴各类词的平均反应时间

四、讨论

本研究结果表明，被试对双字词的加工方式是平行的，被试将双字词作为一个整体知觉，并提取了它的范畴语义。其证据如下：(1) 被试对双字词的反应时间与对单字词的反应时间无显著差异(例如,在实验研究 1 中,被试对女性范畴的单字词的反应时平均为 619ms,而本实验则为 593ms,$t=0.82,p<0.05$)。T、L、R 三类词的反应时与错误率无显著差异。但 T、L、R 三类词与 N 类词之间有显著差异。这一事实显示了义符的作用。只要义符存在,在肯定反应里就起促进作用,而不管其数目和位置如何。因为平行加工使义符不论在什么位置上都会引起被试的知觉,从而有方向地激活与义符所代表的范畴有关的概念结点,降低有关概念结点的反应阈限,缩短分类时间,而义符的数目和位置是不重要的。

从语境的角度来看,T、L、R 三类词的两个词素在语义决定中的作用是不同的。T 类词是重叠词,两个词素互为背景;L 类词的左边词素在语义决定中起决定作用,右边词素为背景;R 类词的右边词素在语义决定中起决定作用,左边词素为背景。从背景性质上看,L 类词与 R 类词的背景与分类任务无关,T 类词的背景虽与分类任务有关,但只是同一词素的重复,没有提供更多的语义信息,故三类词的反应时没有差异,只有在 A 类词中,背景与分类任务有关却与词义相反,作用才是显著的。因此,本实验结果与布兰斯福德和约翰逊(Bransford & Johnson,1972)的结果一致,即当背景的性质与任务有关时才能对认知有影响。

此外,关于鸟类范畴的实验结果表明,义符的作用也表现在不同范畴中,这一结果与实验 1 的结果一致。例如,有"鸟"字义符的词被更快地判断为"鸟"。如果只从典型性和语义距离上看,"麻雀"是比"海鸥"更典型的鸟(其语义距离分数分别为 6.76 和 6.53),"布谷"是比"黄鹂"更典型的鸟(其语义距离分数分别为 6.76 和 6.37),但"麻雀"和"布谷"的反应时(分别为 695 毫秒和 685 毫秒),都比"海鸥"和"黄鹂"的反应时(分别为 637 毫秒和 604 毫秒)长。很明显,被试对范畴的不典型样例的反应反而比对典型样例快,这种现象只能解释为义符的影响。义符提供了给含有该义符的范畴成员一种"基础的范畴成员资格",这一线索对将词直接划入某一范畴有时是足够的,因而弥补了语义距离上的不足。相反,不具有标上属的义符的词的语义提取由于必须经由语音转录,所以削弱了语义距离上的优势。很可能,这是汉字区别于拼音文字的一个重要特点。

既然义符对语义提取有影响,那么,可以推论义符是先于整个词被识别的,这一结论似乎支持了部分先于整体被加工的假设。这一现象可以这样解释:

(1)在汉字形声字中,词的部分——义符通常是一个有意义的汉字或部件(如"氵")。因此,在意义性方面,它们与它们在其中作为构字部件的汉字等同,且又标示着词的所属范畴,在这种情况下,加工先从部分开始是可能的。

(2)在本实验中,任务是提取词的范畴语义,因此,具有指示范畴作用的义符就有可能得到优先的加工。

(3)塔夫脱和福斯特(Taft & Forster,1975)关于词汇认知的研究表明,被试对英文有前缀的词的加工方式是先将字母串拆成一个前缀和一个词干,然后再将二者整合。汉字形声字的结构与英文有前缀的词有些类似。在提取汉字的范畴语义时,被试可能先注意词的义符,然后将义符与声旁结合起来考察。而且,由于形声字是汉字的主体,长期的语言实践有可能使被试对义符形成认知的"块"。这种"块"与英文字母的"模板"不同,它不仅是结构的"块",而且是语义的"块"。"R"本身不具有任何意义,除了它是英文字母表上的字母外;但"女""木""氵"等则有意义,被试有可能对这些"块"更敏感,在决定词的范畴时尤其如此。

义符先于单词被加工和双字词的平行加工是否矛盾呢?我们认为这也不矛盾。我们说双字词是平行加工,其含义是指被试在加工双字词时是将双字词作为整体来知觉,而不是先知觉一个词素,提取它的语义,再知觉第二个词素,提取它的语义,最后进行语义整合。由于被试对双字词是平行加工(整体知觉),所以,有标上属的义符的词在被识别之前,义符激活了词汇网络里的表征,并进一步激活了语义网络里的表征,因而使语义决定的反应时变短。

最后,上一项研究和本实验的研究结果都表明,被试头脑中的高级信息在汉字语义提取中也有重要作用。这些高级信息包括:(1)关于汉字结构的知识。由于长期使用汉字,被试具有一定的关于汉字结构的知识。在被试中,没有一个是不会使用词典的。他们虽不一定知道"义符"是什么,但都知道汉字有偏旁部首,偏旁部首有表类属的作用。这就是关于汉字义符表意作用的知识。被试若无这方面知识,义符也不会发生作用。(2)被试在语义提取中采用了一定策略。例如,对低频词采用形旁推理策略,在搜寻无结果时采用猜测实验者目的的策略。在某种意义上,优先注意词的义符似乎也具有某种策略性质。这种策略很快起作用,以致被试在反应干扰词和义符与词义不一致的词时(如本实验中的 A 类词)出现了许多错误。高级信息在语义提取中的作用表明,语义决定同词汇认知一样,也包含了自下而上的加工和自上而下的加工的相互作用。

总之,一个完整的语义提取过程包含了两个网络系统的激活与加工。这两个网络系统中的各种变量都可能对语义提取发生影响。洛夫特斯(1974)提出了两个网络系统的设想,我们所做的两个实验研究用汉字的材料为这一设想提供了证据。

五、结论

(1) 汉字形声字的义符在汉字双字词的语义提取中具有重要作用。当义符与词义一致时起促进作用,与词义不一致时起干扰作用。

(2) 被试对双字词的加工是平行加工。被试将双字词作为一个整体来知觉,并提取它的语义。

(3) 被试头脑中的高级信息(如关于汉字结构的知识、各种策略)在汉字的语义提取中也有重要作用。

(4) 语义记忆的快速分类方法对于研究词的语义提取是十分有用的。

附录　语义距离表

女性范畴

T	L	R	N	A	C
姐姐 6.63	妻子 6.63	大姨 6.80	母亲 6.93	姑父 6.00	叔父 6.52
妹妹 6.53	嫂子 6.40	二姐 6.63	祖母 6.57	姐夫 5.72	哥哥 6.32
奶奶 6.67	妹子 6.53	小妹 6.53	伯母 6.57	女婿 6.38	丈夫 6.02
姥姥 6.73	女儿 6.73	表嫂 6.40	皇后 6.37	娃娃 4.30	儿子 6.25

注:A 与 C 的语义距离分数越高离女性范畴的距离越远。

鸟类范畴

喜鹊 6.69	海鸥 6.53	黄鹂 6.37	杜鹃 6.52
麻雀 6.78	布谷 6.76	画眉 6.34	孔雀 6.37

汉字词特征语义提取的实验研究[①]

本研究运用语义判断方法,对汉字词特征语义的提取做了初步探讨。结果表明,汉字形声字的义符在汉字词定义特征语义提取中有重要作用,在义符与词义一致时,能够加速词的定义特征语义提取。义符对词的特有特征语义提取无作用,而特有特征强度能够很好地预测提取时间。研究还发现,词的熟悉性和该词距其上属的语义距离对词的定义特征的语义提取亦有重要影响。

一、引言

汉字词语义提取是汉字认知研究的重要方面。在上一项研究里(张积家,张厚粲,彭聃龄,1990),我们运用快速分类方法研究了汉字词范畴语义的提取,发现汉字词的语义提取有不同于拼音文字的特点。汉字形声字的义符在汉字词范畴语义的提取中具有重要作用。这种作用可以分为促进作用和干扰作用:当义符与词义一致时起促进作用,不一致时起干扰作用。在汉字双字词的语义提取中,这种作用不受义符数目和位置的影响(张积家,彭聃龄,张厚粲,1991)。研究还发现,汉字词的词频和语义距离也是决定词的语义提取时间的重要因素。

然而,一个词的意义包括许多方面,范畴语义仅是其中一个方面。史密斯、肖宾和瑞普斯(1974)认为,一个词的意义并不是不可分析的单位,而是可以表征为一系列语义特征。他们区分了两类不同的特征:定义特征(defining features)和特有特征(characteristic features)。定义特征是指该词本质属性的特征,它是一个种类的成员所共有的;特有特征指词的偶然的和描述的特征,它一般为种类的个别

[①] 本文原载于《心理学报》1993年第2期,140-147。
本篇作者:张积家,彭聃龄。

成员所拥有。例如,"知更鸟"这个词的语义,可以根据下述语义特征来描述:有羽毛、有翅膀、双足、红胸脯、栖息在树上、响亮的叫声等。其中,有羽毛、有翅膀、会飞①是它的定义特征,它们对于知更鸟的意义说来是关键的、本质的和不可少的,是将知更鸟划入鸟类的主要依据;而红胸脯、响亮的叫声等则是描述或确认知更鸟的特有特征,它们为知更鸟所特有,是知更鸟区别于其他鸟的主要标志。除了定义特征和特有特征的区分外,词的语义特征还可以区分为结构特征与功能特征,前者如知更鸟意义中的"有羽毛",后者如知更鸟意义中的"会飞"等。汉字词特征语义的提取有什么特点?目前国内还很少有这方面研究。为此,进行了如下的实验研究。

二、实验1 汉字词结构特征语义的提取

(一)方法

1. 被试

28 名大学四年级学生,视力正常,男女各半。

2. 材料与仪器

实验材料为汉字双字词,分别来自两个范畴:(1)鸟类;(2)植物。鸟类范畴包含 32 个目标词,16 个有标明上属的义符(如"鸟"),16 个无标明上属的义符。植物范畴包含 28 个目标词,其中 14 个有标明上属的义符(如"艹"),14 个无标明上属的义符。鸟类范畴外加 16 个干扰词,植物范畴外加 14 个干扰词。干扰词与范畴无关,也无标示范畴的义符,目的是引起否定反应。干扰词与目标词之比为 1∶2。

为了控制词的熟悉性与词到其上属的语义距离,实验前对词的熟悉性与词到其上属的语义距离进行了评定。评备采用七点量表。在语义距离评定中,采用典型性评定法,将最典型的范畴成员(词距其上属的语义距离最近)评价为 7,将最不典型的范畴成员(词距其上属的语义距离最远)评价为 1。熟悉性的评定方法与语义距离评定类似,将最熟悉的词评价为 7,最不熟悉的词评价为 1。40 名大学生参加了评定,求出语义距离和熟悉性分数的平均值。

在评定基础上,对鸟类范畴的目标词采用了 2(有、无标上属的义符)×2

---

① 从严格的分类学意义上说,"会飞"并非鸟的定义特征,但是,被试头脑中的概念组织并不总是同分类学一致,绝大多数鸟都会飞,因此可以将它作为定义特征考虑。

(熟悉性高、低)的设计,使有、无义符两类目标词的语义距离和熟悉性分数的平均值大致相等,在两类目标词中,又进一步分为熟悉性高的(熟悉性分数在3.99 以上)和熟悉性低的(熟悉性分数在3.90 以下)两个子类。对植物范畴的目标词,采用了2(有、无标上属的义符)×2(语义距离分数高、低)的设计,在使有、无标上属的义符的词的语义距离和熟悉性分数的平均值大致相等的情况下,又将两类目标词分为语义距离分数高(语义距离分数在4.93 以上)和语义距离分数低的(语义距离分数在4.92 以下)两个子类。实验材料中的目标词如下:

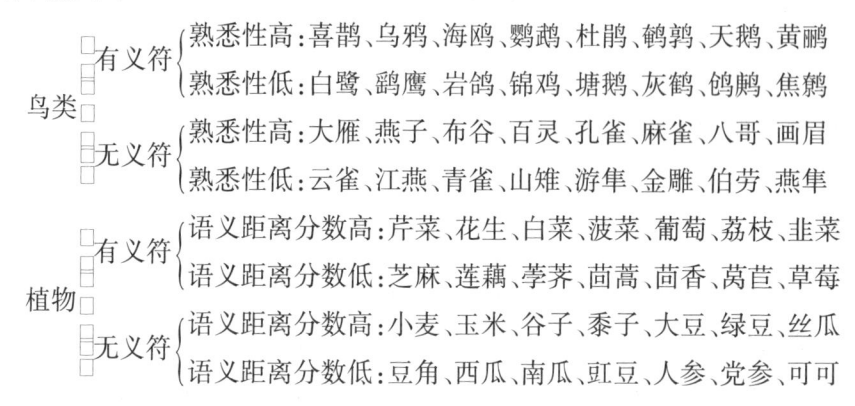

鸟类
- 有义符
  - 熟悉性高:喜鹊、乌鸦、海鸥、鹦鹉、杜鹃、鹌鹑、天鹅、黄鹂
  - 熟悉性低:白鹭、鸩鹰、岩鸽、锦鸡、塘鹅、灰鹤、鸽鹏、焦鹨
- 无义符
  - 熟悉性高:大雁、燕子、布谷、百灵、孔雀、麻雀、八哥、画眉
  - 熟悉性低:云雀、江燕、青雀、山雉、游隼、金雕、伯劳、燕隼

植物
- 有义符
  - 语义距离分数高:芹菜、花生、白菜、菠菜、葡萄、荔枝、韭菜
  - 语义距离分数低:芝麻、莲藕、荸荠、茼蒿、茴香、莴苣、草莓
- 无义符
  - 语义距离分数高:小麦、玉米、谷子、黍子、大豆、绿豆、丝瓜
  - 语义距离分数低:豆角、西瓜、南瓜、豇豆、人参、党参、可可

3. 程序

材料由计算机自动呈现,被试坐在计算机前,注视屏幕中心。实验开始时,计算机屏幕上呈现判断的要求(对鸟类范畴,要求被试判断"有无羽毛";对植物范畴,要求判断"有无叶子")。1 分钟后,计算机屏幕上呈现刺激词并开始计时,被试通过按压反应键做出反应(如判断为"有",就按下右手的 L 键;如判断为"无",就按下左手的 S 键),计算机停止计时记下反应的正误。一旦被试完成了上一个反应之后,计算机呈现下一个刺激。计时单位为毫秒,误差为 ±5 毫秒。全部材料采用与印刷体较为接近的字体呈现。实验时先呈现鸟类范畴,再呈现植物范畴,每一范畴内单词呈现顺序随机化,范畴间休息 2 分钟。要求被试反应力求准确、快速。正式实验前,让被试用非实验词练习 20 次,以便熟悉任务。

(二)结果

结果见表 1、表 2 和图 1、图 2。

第一编 义符的语义提取功能

表1 鸟类范畴词的结构特征语义的提取

目标词种类	熟悉性高 反应时(ms)	熟悉性高 错误率(%)	熟悉性低 反应时(ms)	熟悉性低 错误率(%)
有标上属的义符	570	3.6	601	6.7
无标上属的义符	643	6.3	701	11.6

表2 植物范畴词的结构特征语义的提取

目标词种类	语义距离分数高 反应时(ms)	语义距离分数高 错误率(%)	语义距离分数低 反应时(ms)	语义距离分数低 错误率(%)
有标上属的义符	643	11.2	711	11.6
无标上属的义符	725	8.5	756	13.4

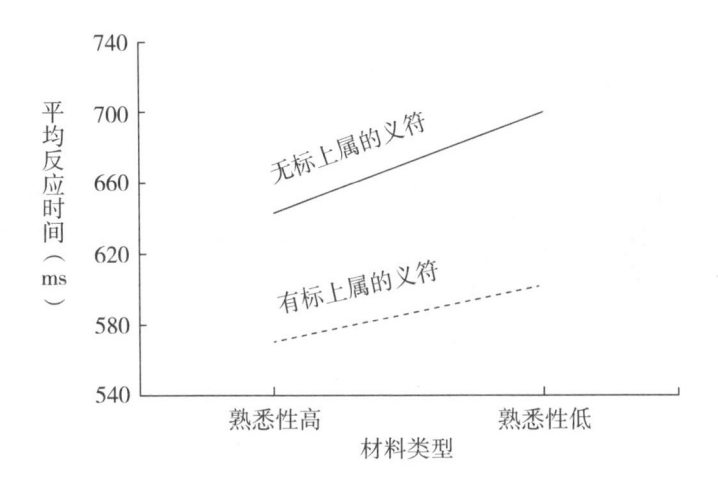

图1 鸟类范畴有、无标上属的义符的目标词的反应时间

从表1和表2中可以看出,无论是鸟类范畴还是在植物范畴,错误率的差异都很小,故差异主要表现在反应时上。双因素方差分析表明,有、无标上属的义符的词的反应时之间的差异是显著的,$F(1,108) = 10.29, p < 0.01$;熟悉性高的词与熟悉性低的词的反应时之间的差异也是显著的,$F(1,108) = 6.45, p < 0.05$;有、无标上属的义符与熟悉性高、低之间的交互作用不显著,$F(1,108) = 1.37, p > 0.05$。这表明,有标上属的义符和熟悉性在鸟类结构特征语义提取中有重要作用。从表1中可以看出,有标上属的义符的词比无标上属的义符的词的反应时短,熟悉性高的词比熟悉性低的词反应时短。Spearman 等级相关分析表明,反应时与语义距离的相关是 $r_{RC} = -0.450, p < 0.02$,表明语义距离也影响词的结构特征语义的提取。语义距离分数越高,词的结构特征语义的提取就越迅速。

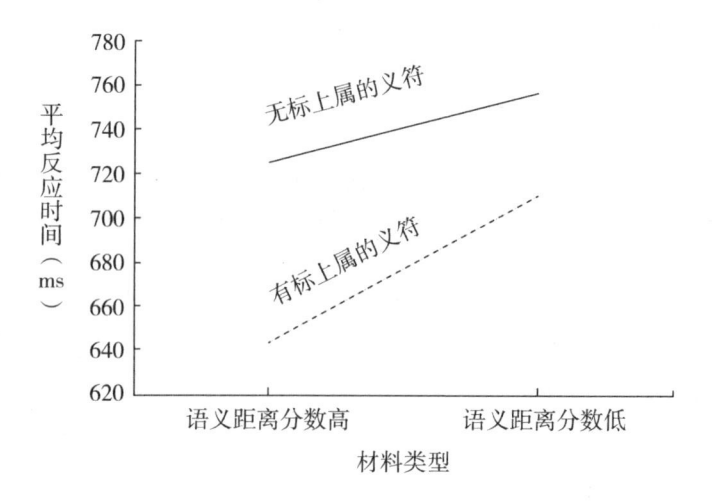

图2 植物范畴有、无标上属的义符的目标词的反应时间

在植物范畴中,双因素方差分析表明,有、无标上属的义符的词的反应时之间的差异是显著的,$F(1,108) = 8.40, p < 0.01$;语义距离分数高、低的词的反应时之间差异也是显著的,$F(1,108) = 5.23, p < 0.05$;有、无标上属的义符同语义距离分数高、低之间的交互作用不显著,$F(1,108) = 0.72, p > 0.05$。从表2中可以看出,有标上属的义符的词比无标上属的义符的词反应时短,语义距离分数高的词比语义距离分数低的词反应时短。等级相关分析表明,反应时与熟悉性分数的相关是 $r_{RC} = -0.42, p < 0.02$,表明在植物范畴词结构特征语义的提取中,熟悉性亦有重要的作用。词的熟悉性越高,结构特征语义的提取就越迅速。

鸟类的"有羽毛"和植物的"有叶子"既是它们的结构特征,又是它们的定义特征。因此,整个实验结果表确,有标上属的义符、词的熟悉性和词距其上属的语义距离在汉字词定义的结构特征语义提取中起着十分重要的作用。当目标词的义符与词义一致时,有标上属的义符会加速词的定义的结构特征语义的提取。

三、实验2 汉字词功能特征语义的提取

在实验2中,主要考察汉字词功能特征语义的提取。功能特征语义是词的语义的另一个重要的方面。任何事物都有自己的功能。然而,一个词的功能特征语

义又可分为两个方面:定义的功能特征语义和特有的功能特征语义。例如,"金丝雀"的定义的功能特征语义是"会飞",这一特征与它的上属"鸟"紧密联系;"金丝雀"的特有功能特征语义是"会唱歌",它是金丝雀擅长的本领,其鸣声婉转动听。因此,实验2的目的是探讨汉字义符、熟悉性、语义距离及特有特征的强度在词的功能特征语义提取中的作用,包括定义的功能特征语义提取和特有的功能特征语义提取两个方面。

(一)方法

1. 被试

同实验1。

2. 材料

主要来自鸟类范畴。

本实验包含两个子实验。子实验1主要探讨汉字词特有功能特征语义的提取。实验材料由14个目标词和7个干扰词组成,任务是要被试判断目标词所代表的事物"是否会唱歌"。在14个目标词当中,7个有标上属的义符,7个无标上属的义符,两部分词的平均语义距离分数和熟悉性分数大致相等。干扰词是与鸟类无关、无鸟字义符也不会"唱歌"的词,如"柳树"。实验材料中的目标词如下:

鸟类 { 有义符:杜鹃、黄鹂、鹦鹉、夜莺、白鹭、喜鹊、鹌鹑
      无义符:布谷、春雀、百灵、画眉、云雀、江燕、八哥

为了考察词的特有特征的强度对语义判断的影响,实验前也对词的特有特征的强度进行了评定。评定亦采用七点量表,要求被试将最会唱歌的鸟评价为7,最不会唱歌的鸟评价为1,求出特征强度的平均值。40名大学生参加了评定。

子实验2主要探讨汉字词定义功能特征语义的提取。实验材料由32个目标词和16个干扰词组成。实验任务是让被试判断目标词所代表的事物"是否会飞"。目标词与实验1中鸟类范畴的目标词相同,干扰词系新换的与鸟类无关亦无鸟类义符的词。它们也不具备"会飞"的特征。实验材料采用新的呈现顺序。实验时先进行子实验1,再进行子实验2。

本实验的仪器和其他方面均同于实验1。

(二)结果

对汉字词功能特征语义的提取情况见表3。

表3 鸟类范畴词的功能特征语义的提取

目标词种类	特有功能特征		定义功能特征	
	反应时(ms)	错误率(%)	反应时(ms)	错误率(%)
有标上属的义符	620.0	4.5	611.5	15.4
无标上属的义符	618.0	6.4	650.5	18.2

从表3中可以看出,无论是在特有功能特征语义提取中还是在定义功能特征语义提取中,错误率的差异都很小,故差异主要表现在反应时上。统计检验表明,有标上属的义符在汉字词特有功能特征语义的提取中无显著作用,有、无标上属的义符的词的反应时差异不显著,$t_{df=27}=0.09, p>0.05$。等级相关分析表明,反应时与特有特征强度的相关显著,$r_{RC}=-0.72, p<0.01$。反应时与特有特征强度的负相关表明,特有特征强度能很好地预测反应时间。特有特征强度越强,语义提取就越迅速。例如,"百灵"与"黄鹂"被评定为最会唱歌的鸟,其特征强度分数最高(分别为6.50和5.77),其反应在目标词中也是最短的(分别为490毫秒和504毫秒)。然而,在鸟类定义功能特征语义提取中,有标上属的义符却起了重要作用。统计分析表明,有、无标上属的义符的词的反应时差异显著,$F(1,108)=8.34, p<0.01$。不过,应当指出的是,义符在鸟类定义功能特征语义提取中起作用这一结论仅适用于具有"会飞"功能的大多数范畴成员(因为在我们所选定的目标词中所有的鸟都会飞),至于那些虽具有鸟类义符但不会飞的个别范畴成员(如"鸵鸟""企鹅"),这里没有讨论。在本实验中,也没有发现熟悉性的显著影响,p值均大于0.05。但语义距离分数与反应时之间仍存在较高的相关。对于子实验1,$r_{RC}=-0.56, p<0.05$;对于子实验2,$r_{RC}=-0.40, p<0.05$。

四、讨论

本研究的结果表明,汉字形声字的义符对汉字词结构特征语义和功能特征语义的提取有重要影响。但这种影响只表现在对汉字词定义特征语义的提取上,对特有特征语义的提取没有影响。在一般情况下,当提取词的定义特征语义时,有标上属的义符会加速词的语义提取过程,缩短语义提取时间。因此,汉字形声字的"望文生义"主要局限在类的意义上。

义符为什么会影响汉字词定义特征语义的提取?这种现象很难用一个单

一的现存理论模型来解释。在此,拟以柯林斯和洛夫特斯(1975)"两个网络系统"的模型为基本框架,适当吸收当代联结主义的"平行分布加工模型"(PDP,McClelland 和 Rumelhart,1981)的"平行激活扩散"思想,对上述发现加以解释。笔者认为,汉字词的语义加工涉及两个网络系统:词汇网络系统和语义网络系统。词汇网络系统由许多加工单元组成,语义网络系统由许多概念结点组成。不同的网络系统之间亦有一定的联结通路。因此,当有义符的刺激词呈现时,最先激活的是词汇网络里笔画的加工单元,然后激活部件的加工单元,汉字义符就是一种重要的部件加工单元。笔者还假定,汉字词的词汇网络系统同语义网络系统之间是以义符来联结的。此时,一方面,来自义符的加工单元的激活继续上行激活词的加工单元,从而导致对词的识别,另一方面,激活沿网络间的联结通路激活语义网络中代表范畴的概念结点,并进而激活与它相联结的范畴成员的结点和定义的语义特征,从而降低它们的反应阈限,并启动自动的自上而下的加工。因此,当词识别后再做语义判断时,由于范畴的概念结点、目标词的概念结点和定义的语义特征都已处于激活状态,所以只需较少的激活便可以打通语义通路,反应时便短;而在目标词无标上属的义符的情况下,由于在词识别之前不能激活范畴的概念结点,也不能激活范畴成员的概念结点和定义的语义特征,而必须待词识别后再进行语义判断,此时范畴的概念结点、范畴成员的概念结点和定义的语义特征的激活值便高,需要较多的激活才能打通语义通路,因此决策过程就进行得较为缓慢,反应时就延长了。这就是有标上属的义符影响词的定义特征语义提取的机制。

  那么,义符为什么没有影响词的特有特征语义的提取?笔者认为,这是由于特有特征的联结方式不同于定义特征所致。一般说来,在语义网络里,特有特征并不与范畴的概念结点相联结,而是与范畴成员本身的概念结点相联结。例如,金丝雀的"会唱歌"的特征,并不同"鸟"的概念结点相联结,而是与"金丝雀"的概念结点相联结。所以,词汇网络里有标上属的义符虽然也能激活代表范畴的概念结点和定义的语义特征,但是,这种激活却不能对词的特有特征的语义提取有所裨益。虽然代表范畴的概念结点亦能激活代表范畴成员的概念结点并进而激活与它联结的特有特征,但这种激活由于"扇面效应"(张积家,1991)(fan effect,即范畴的概念结点不仅激活目标词所代表的范畴成员结点,还激活同一范畴的其他范畴成员的结点)和激活穿行距离较长(由范畴结点到范畴成员结点再到特有特征)而显得十分微弱,因此,必须待词识别之后才能打通语义通路。此外,义符对定义特征的激活是一种反方向的激活,它也会对词的特有特征语义的提取产生一定的抑制作用,从而抵消义符激活特有特征的微弱的积极影响。本研究表明,影响词的特有特征语义提取时间的主要因素是特有特征的强度,亦即概念同特有特征联结的紧密程度。特有特征的强度愈强,其激活阈限愈低,因此愈容易激活,词的特有特征的语义提取就愈迅速。

本研究的结果还表明,词的熟悉性和词距其上属的语义距离也是影响汉字词特征语义提取的重要因素。但这两种因素起作用的机制是不同的。熟悉性影响词汇网络系统中的加工单元的激活值,熟悉的词容易激活,因此用于语义加工的激活容量便多,语义提取必然迅速;语义距离影响语义网络系统中概念结点的激活值,离上属语义距离近(联结强)的范畴成员的激活阈限低,因而容易激活,语义提取的时间必然短。但是,一旦被试对目标词较为熟悉了,熟悉性的作用就会减弱乃至消失。这也正是在实验 2 中熟悉性的作用不显著的原因。因为目标词在实验 1 中已经出现过。对比之下,语义距离的作用则相对稳定些。只要判断的任务不同,语义距离在词的定义特征语义的提取中就会起作用。但在特有特征语义的提取中,距上属的语义距离却不应显示出重要的影响。在实验 2 中,之所以出现反应时与语义距离分数之间较高的相关,可能是因为在所选择的目标词当中,某些典型的鸟同时"歌唱"得较好。

在上一项研究里,曾遇到过义符促进语义加工(支持部分先于整体知觉的假设)和词优效应(支持整体先于部分知觉的假设)的矛盾。当时主要是根据加工策略、义符的敏感性、任务的导向和被试头脑中的汉字知识来解释的。这些解释仅反映当时对这一问题的初步认识。如果确认汉字词的词汇网络系统和语义网络系统之间存在着以义符为中介的联结,义符促进汉字词语义加工的现象就可以得到更为合理的说明。这种联结是被试长期使用汉字和掌握汉字知识的结果,它能够在词识别之前就自动地激活语义网络中的概念结点和特征。这种联结在多数情况下(当义符与词义一致时)有利于汉字形声字的词义提取,但在少数情况下(当义符与词义不一致时)却会产生干扰作用。然而,正是这种联结,却使汉字词的语义提取显示出不同于拼音文字的特点。这也许是汉字词的形—义联结强于拼音文字的一个重要原因。

五、结论

(1)汉字形声字的义符在汉字词定义特征的语义提取中有重要作用。当义符与词义一致时,能够加速词的定义特征语义的提取。义符在词的特有特征语义的提取中无显著作用。

(2)词的熟悉性、词距上属的语义距离也影响词的定义特征语义的提取。特有特征的强度在词的特有特征的语义提取中有重要作用。

汉字义符在汉语动作动词意义认知中的作用[①]

本研究通过4个实验,探讨汉字义符在汉语动作动词意义认知中的作用。实验1探讨汉字义符对认知动作动词的动作器官意义的影响。结果表明:当义符与动作器官一致时,会促进对动作动词的动作器官意义的认知;当义符与动作器官不一致时,会抑制对动作动词的动作器官意义的认知。实验2探讨汉字义符对认知动作动词的动作工具意义的影响。结果表明:当义符与动作工具一致时,会促进对动作动词的动作工具意义的认知;当义符与动作工具不一致或无关时,会抑制对动作动词的动作工具意义的认知。实验3探讨汉字义符的作用是否随词频而变化。结果表明:当义符与动作器官一致时,对高频词和低频词动作器官意义的认知不存在显著差异;不一致时,对高频词动作器官意义的认知比对低频词快。实验4探讨汉字义符与动作器官是否一致对具体性不同的动作动词的动作器官意义认知的影响。结果表明:当义符与动作器官一致时,对具体性高的词和具体性低的词的动作器官意义的认知不存在显著差异;不一致时,对具体性高的词的动作器官意义的认知比对具体性低的词快。整个研究表明,汉语动词的结构特点影响对动作动词的动作器官或动作工具意义的认知。

一、引言

动词是语言中的重要词类,在语言结构和功能中扮演重要角色。近年来,动词研究已经成为语言认知研究中的热点。人们对动词与名词的认知加工差异(Kersten & Alan,1998;Deutsch & Forster,1998;Picketing & Ftisson,2001)、动词和名词表征的脑机制(Chiarello,Liu,Shears & Kacinik,2002;Federmeier,Segal,2002;

---

① 本文原载于《心理学报》2005年第4期,434-441页。
本篇作者:张积家,陈新葵。

Grossman, Koeing & Devita, 2003; Tyler, Russell, 2001)、动词的心理组织及发展 (Schwanenflugel, Henderson, 1998; Levey, Cruz, 2003; Tardif, 1996)等问题感兴趣。在动词认知的影响因素上,人们发现,词频、词长、词语获得年龄、语义具体性和情境可获得性是影响动词判断和命名反应时的主要因素(Schewanenflugel, Harnishfeger & Stowe, 1988; Mcdonald & Shillcock, 2001; Trueswell, Tanenhaus & Kello, 1993; Hank, Pulvermüller, 2004)。认知神经科学研究也发现,大量脑皮层区域参与了动词意义的加工(Druks, 2002; Pulvermuler, Lutzenberg & Preissl, 1999)。

动作动词(action verbs)是动词中的一个子类,它们表征各种具体动作。研究表明,动作动词的加工与大脑的相应区域相对应。豪克和普尔弗木勒(Hauk and Pulvermüller, 2004)发现,不同种类的动作动词在额叶一些皮层部位有不同的激活,这些部位包括大脑的主运动区域、前运动区域和前额叶部位。对动作动词认知和神经表征的研究,有助于揭示动词区别于其他词类的本质,对词汇认知与词汇心理和神经表征的理论发展有重要意义。

通过对汉语动作动词的结构进行分析,可以发现,这一类动词在结构上有一个十分重要的特点,即许多动词词形上都有动作靠什么器官或工具完成的标记("by…"),这就是汉字形声字的义符。汉字的主体是形声字。汉语动作动词如果用形声字来表示,则义符或者标明动作是由什么器官发出的,或者标明动作是靠什么工具完成的,前者如"打、吃、看、跑"等,后者如"割、刺、培、碰"等。这是汉语动作动词区别于拼音文字动作动词的一个十分重要的特点。在英语中,"beat"(打)在词形上看不出与"hand"(手)有什么关系,"eat"看不出与"mouth"(口)有什么关系;"look"(看)、"run"(跑)看不出与"eye"(眼)、"foot"(脚)有什么关系,"cut"(割)、"pierce"(刺)也看不出与"knife"(刀)有什么关系。但是,汉语动作动词的这一结构特点也并不十分规则。有些动作动词没有这种标记,如"笑、写、登、开"等。还有的汉语动作动词的义符标记与动作器官或工具不一致,如"听、嗅、取"等。

关于汉字义符对词汇认知和语义决定的影响,已经出现了许多研究。提取形声字的范畴语义和定义特征语义可以根据义符线索。义符既可以对词的语义提取起促进作用,如"姐、姑";也可以对词的语义提取起干扰作用,如"婿、娃"(张积家,张厚粲,彭聃龄,1990;张积家,张厚粲,彭聃龄,1991;张积家,彭聃龄,1993)。余贤君和张必隐(1997)发现,在汉语形声字中,义符线索比音符线索的作用更大;义符对低频字的影响比对高频字大;当义符与字义一致和不一致时,义符线索的作用不一样。周晓林等(2000)发现,在低频合体字上,当把整字的视觉刺激映射到心理词典的各种表征上时,能独立成字的形旁被分割出来,激活它们所对应的语音表征。可见,义符对汉字的语义和语音提取都有重要作用。但义符的作用受词频和词的具体性制约。义符对低频词语义提取的影响比对高频词大,对具体性低的词语义提取的影响比对具体性高的词大。具体性是指词所代表的事物的形象性,即能否容易地想起事物的形象,记忆表象是否鲜明。一般来说,具体性高的词容易认知。

汉字是表意文字。汉语动作动词用义符标明动作发出的器官或动作使用的工具。这一特点是否影响汉语使用者对词义的认知?大量研究表明,语言特点影响人的认知过程(Sera, Elieff, Forbes, et al., 2002; Levinson, Kita, Haun & Rasch, 2002; Emre, Davies, 2002)。那么可以预期,那些有动作发出器官或使用工具标记的义符的动词,有利于读者对动作器官或动作工具的认知,而无义符标记或标记与动作器官或工具不一致的动词,则不利于读者对动作器官或动作工具的认知。因为人在认知无标明动作发出器官或动作使用工具的义符的动词时,必须先认知词,达到词的意义,进而产生动作表象,然后再决定这种动作是由什么器官发出的或者通过什么工具完成的。有标明动作发出器官或使用工具的义符标记的动词,由于词形结构指明了动作器官或工具,所以对这个动作由何种器官发出或者通过何种工具完成的认知自然会快些。对义符同实际动作发出器官或使用工具不一致的动词,这种标记就起了相反的作用,它们会抑制对动词的动作器官或使用工具的认知。

因此,笔者假定,在汉语动作动词加工中,有标明动作发出器官或使用工具的义符的汉语动作动词的认知可能采取与无动作发出器官或使用工具标记的义符的动词不同的方式。当要求被试提取动作动词动作器官或工具的语义时,对有标明动作发出器官或使用工具的义符的动词意义提取就快,反之则慢。在本研究中,将通过4个实验来证实这一假设。

二、实验1 汉字义符在汉语动作动词的动作器官意义认知中的作用

当人们看到一个汉语动作动词时,会提取它的意义。在提取意义时,是否意识到这种动作通过什么器官完成?对汉语动作动词而言,有标明动作发出器官的义符的词占了相当大的比例。这种词形结构特点是否有利于人们对汉语动作动词的动作器官意义的认知,是本实验关心的问题。

（一）方法

1. 被试

28名大学本科生,其中男生12名,女生16名。视力正常或矫正视力正常。

2. 实验设计与材料

采用重复测量设计。实验材料由40个汉字单字动词组成,它们大部分为左右结构,义符位于字的左边。其中,义符标记与动作器官一致的动词20个,称为"一致条件";无义符或义符与动作器官无关的动词10个,义符与动作器官有关但与词义不一致的动词10个。由于后两种词都没有与动作发出器官一致的义符,因此合称为"不一致条件"。为了排除其他因素的影响,在正式实验前,由74名大学生采用七点量表对实验材料进行了具体性评定。如果被试认为动词的具体性很高,就评定为7;如果认为动词的具体性低,就评定为1,中间的分数代表中等的具体性。在评定基础上,对实验材料进行了词频(根据北京语言学院编《现代汉语频率词典》,下同)、具体性和笔画数的匹配。一致组的动作动词的平均词频为0.0199,平均具体性分数为4.62,平均笔画数为9.40;不一致组的动作动词平均词频为0.0214,平均具体性分数为4.39,平均笔画数为9.10。其中,义符与动作发出器官不一致的动作动词平均词频为0.0202,平均具体性分数为4.48,平均笔画数为9.30;词形结构中无义符或义符与动作发出器官无关的动作动词平均词频为0.0221,平均具体性分数为4.30,平均笔画数为8.90。统计检验表明,各组实验材料的各项指标无显著差异。实验材料的呈现顺序随机化。另有20个字作为练习材料,其组成与正式实验材料类似。

3. 实验仪器

E-Prime软件,PET-SRBOX反应盒,麦克风,计算机。

4. 实验程序

实验材料由E-Prime系统控制呈现。话筒通过PET-SRBOX反应盒与计算机相连。正式实验开始前,被试先进行预备实验,包括20个练习刺激,这些刺激在正式实验中不再呈现。练习阶段与正式实验做法相同,目的在于让被试熟悉实验流程。

在正式实验时,首先呈现注视点("＋"标记)500ms,空屏400ms,然后在注视点位置呈现刺激,刺激呈现时间最长为1000ms,要求被试对着话筒说出动词所表示的动作由什么器官完成。如"打"由手完成,被试需要对着话筒说出"手"。如果被试在1000ms以内做出反应,刺激自动消失,进入400ms的空屏缓冲,随后进入同样流程判断下一个刺激。被试必须在刺激呈现后 1500ms 内反应,否则算错。测验个别进行,主试在旁边监视。计算机自动记录从目标词开始呈现到被试做出反应的时间间隔。主试在事先准备好的记录纸上记录被试对目标词的反应正误。计时单位为 ms,误差为 ±1ms。

(二)结果和分析

错误反应及反应时超过平均数两个标准差之外的反应在实验中不纳入统计(约 8%)。结果见表 1。

表 1 义符和动作器官一致、不一致或无关词的平均反应时(ms)与平均错误率(%)

反应	一致条件	不一致条件	
	义符与动作器官一致	义符与动作器官不一致	无义符或义符与动作器官无关
反应时	898	998	
		1031	969
错误率	0.90	9.1	
		12.8	5.4

t 检验表明,一致组动词和不一致组动词的反应时差异显著,$t_1(27) = 4.52$,$p < 0.001$,$t_2(38) = 2.11$,$p < 0.05$。一致组动词的反应时短于不一致组动词。一致组动词和不一致组动词的错误率也差异显著,$t_1(27) = 4.60$,$p < 0.001$,$t_2(38) = 18.84$,$p < 0.001$。不一致组动词的错误率显著高于一致组动词。对不一致组的两个子组的动词(义符与动作器官不一致和无义符或义符与动作器官无关)的反应时也进行了 t 检验。结果表明,$t_1(27) = 3.10$,$p < 0.01$,$t_2(18) = 3.09$,$p < 0.05$。义符与动作器官不一致的动词的反应时显著长于无义符或义符与动作器官无关的动词。两组词的错误率差异也显著,$t_1(27) = 2.78$,$p < 0.01$,$t_2(18) = 2.22$,$p < 0.05$。义符与动作器官不一致的动词的错误率显著高于无义符或义符与动作器官无关的动词。

因此,实验 1 的结果表明,当汉语动作动词词形结构中的义符与实际的动作器官一致时,能够促进对动作动词的动作器官意义的认知;当义符与实际的动作器官不一致时,会抑制对动作动词的动作器官意义的认知,对这种词的反应时甚至慢于无义符或义符与动作器官无关的词。这说明,当人们在把整字的视觉刺激映射到心理词典的表征上时,会利用义符对词语的意义进行理解。如果词形结构中无义符标志或者义符标志与动作器官无关,读者就会跳过这一阶段,从整字意义的通达中来检索语义。而当词形结构中有与动作器官不一致的义符标志时,读者在利用义符检索词义后才发现义符与实际情况不符,因此再转向从整字来通达词义,因而需要更长时间。

三、实验 2 汉字义符在汉语动作动词的动作工具意义认知中的作用

本实验主要探讨标明动作使用工具的义符对汉语动作动词的动作工具意义认知的影响。

(一)方法

1. 被试

大学生 28 名,其中男生 10 名,女生 14 名,视力正常或矫正视力正常。

2. 设计与材料

实验设计同实验 1。由于实验材料的限制,将有标明动作工具的义符但与实际情况不符的词与义符与动作使用工具无关的词合并为一组,合称为"不一致条件"。实验材料共由 40 个汉语动作动词组成:义符标记与动作工具一致的动词 20 个,它们的平均词频为 0.01496,平均具体性分数为 4.64,平均笔画数为 9.50;无标明动作工具的义符或义符与动作工具不一致的动词 20 个,它们的平均词频为 0.01854,平均具体性分数为 4.64,平均笔画数为 9.35。两组动词的各项指标在统计上无显著差异,$p > 0.05$。

3. 程序

基本同实验 1。所不同的是,在实验 2 中,指导语要求被试说出动词表征的动作所使用的工具。

(二)结果与分析

错误反应以及反应时超过平均数三个标准差的反应在实验中不纳入统计(占 9.8%)。结果见表 2。

表 2 义符和动作工具一致、不一致或无关词的平均反应时(ms)和平均错误率(%)

反应	义符与完成动作的工具一致	义符与动作的工具不一致或无关
反应时	983	1108
错误率	3.70	9.30

t 检验表明,一致组动词与不一致或无关组动词的反应时差异显著,$t_1(27)$ = 4.85,$p<0.001$;$t_2(38)$ = 2.42,$p<0.05$。义符标记与词义一致的动词的反应时快于无标明工具的义符或义符标记与词义不一致的动词。两组词的错误率也存在显著差异,$t_1(27)$ = 3.98,$p<0.001$;$t_2(38)$ = 3.23,$p<0.01$,义符标记与词义一致的动词的错误率明显低于无标明工具的义符或义符标记与词义不一致的动词。因此,实验2与实验1的结果趋势一致,即当义符与动作工具一致时,会促进对汉语动作动词的动作工具意义的认知;当义符与动作工具无关或无标示动作工具的义符时,不利于对汉语动作动词的动作工具意义的认知,从而证实了我们的假设。

四、实验3 词频和义符对汉语动作动词的动作器官意义认知的影响

词频作为影响词汇认知的重要因素,是否会影响义符的作用?一些研究表明,词频影响字词认知的方式,高频词倾向于整词认知,低频词倾向于特征分析(Seidenberg,1985)。本实验通过变化义符与动作器官一致与否以及词频高低两个因素,对义符标记对动作动词意义认知的影响做进一步探讨。

(一)被试

32名大学生,男女各半,视力正常或矫正视力正常。

(二)设计与材料

采用2(义符与动作器官一致/义符与动作器官不一致或无关)×2(高频/低频)两因素重复测量设计。实验材料由80个汉语动词组成,其中,义符与动作器官一致、高频,义符与动作器官一致、低频,义符与动作器官不一致或无关、高频,义符与动作器官不一致或无关、低频的动作动词各20个。对动作动词的具体性和笔画数进行了匹配。义符与动作器官一致、高频的动作动词的平均词频 0.05192,平均具体性分数为4.66,平均笔画数为9.65;义符与动作器官一致、低频的动作动词的平均词频为0.00460,平均具体性分数为4.63,平均笔画数为9.85;义符与动作器官不一致或无关、高频的动作动词的平均词频为0.05374,平均具体性分数为4.46,平均笔画数为9.30;义符与动作器官不一致或无关、低频的动作动词的平均词频为0.00475,平均具体性分数为4.44,平均笔画数为9.30。义符与动作器官一致的动作动词的平均词频与义符与动作器官不一致的动作动词的平均词频差异显著,$p<0.001$;各组词的具体性和笔画数经统计检验差异不显著,$p>0.05$。

(三)程序

同实验1。

(四)结果与分析

错误反应和反应时超过平均数两个标准差的数据不计入统计(10.5%)。结果见表3。

表3 被试对不同类型动词的平均反应时(ms)和平均错误率(%)

实验条件	反应	高频词	低频词
一致条件	反应时	841	855
	错误率	3.20	2.10
不一致条件	反应时	1024	1095
	错误率	11.25	18.75

反应时的方差分析表明,义符与动作器官一致与否的主效应显著: $F_1(1,31)=107.31, p<0.001; F_2(1,79)=47.25, p<0.001$。从表3可见,义符与动作器官一致的词的反应时明显快于义符与动作器官不一致或无关的词。词频的主效应显著: $F_1(1,31)=5.95, p<0.05; F_2(1,79)=1.68, p<0.05$。被试对高频词的反应快于对低频词。义符与动作器官一致与否与词频高低存在显著的交互作用: $F_1(1,31)=7.09, p<0.05; F_2(1,79)=6.70, p<0.05$。简单效应分析表明,对义符与动作器官一致的词,词频效应不显著: $F_1(1,31)=0.70, p>0.05; F_2(1,39)=0.04, p>0.05$。对义符与动作器官不一致的词,词频效应显著: $F_1(1,31)=11.80, p<0.05; F_2(1,39)=5.90, p<0.05$。错误率的方差分析表明,义符与动作器官一致与否的主效应显著: $F_1(1,31)=90.13, p<0.000; F_2(1,79)=63.87, p<0.001$。义符与动作器官一致的词的错误率明显低于义符与动作器官不一致的词。词频的主效应也显著: $F_1(1,31)=7.44, p<0.01; F_2(1,79)=5.28, p<0.05$。高频词的错误率低。义符与动作器官一致与否与词频高低存在着显著的交互作用: $F_1(1,31)=21.05, p<0.001; F_2(1,79)=9.25, p<0.01$。简单效应分析表明,对义符与动作器官一致的词,词频效应不显著: $F_1(1,31)=4.31, p>0.05, F_2(1,39)=1.34, p>0.05$;对义符与动作器官不一致或无关的词,词频效应显著, $F_1(1,31)=15.72, p<0.001, F_2(1,39)=7.48, p<0.05$。低频词的错误率明显高。

因此,实验3进一步证实了实验1的发现,即义符与动作器官是否一致影响对动词的动作器官意义的认知。同时还表明,词频也是影响动词的动作器官意义认知的重要因素。一般说来,频率高的动词容易认知,自然会容易提取它的相应语义;频率低的动词不易认知,提取它们的相应语义会困难些。然而,实验3却表明,在动词义符同动作器官一致时,词频高低并未显示出重要影响。只有在动词义符同动作器官不一致或无关时,反应时和错误率差异才显著。所以如此,是因为义符与动作器官一致时,被试直接采用了字形分析策略,无须通达整词意义就直接通过部件得出与整字相关的意义。而在义符同动作器官不一致或无关时,字形分析并不能得出有关意义,需要通达整词意义方能判断动作发出的器官。所以,反应时就长,错误率也明显增加,两方面的一致变化显示出加工的困难。

五、实验4 具体性和义符对汉语动作动词的动作器官意义认知的影响

实验4通过变化义符与动作器官是否一致和词的具体性高低,探讨义符对动词意义认知的影响。

(一)方法

1. 被试

30名大学生参加了本实验,男女各半,视力与矫正视力正常。

2. 设计与材料

采用2(义符与动作器官一致/义符与动作器官不一致或无关)×2(具体性高/具体性低)两因素重复测量设计。实验材料由60个词组成,义符与动作器官一致、具体性高,义符与动作器官一致、具体性低,义符与动作器官不一致或无关、具体性高,义符与动作器官不一致或无关、具体性低的动作动词各15个。各组材料在词频和笔画数上进行了匹配,四种条件下词的平均频率分别为0.0373、0.0363、0.0434和0.0396,平均笔画数为7.87、8.20、8.33和7.13,平均具体性分数为5.05、3.27、5.08和3.30。统计检验表明,各组词平均词频和平均笔画数差异不显著,$ps>0.05$,具体性高的词和具体性低的词的平均具体性分数差异显著,$p<0.001$。

3. 程序

同实验1。

(二)结果与分析

错误反应及反应时超过平均数两个标准差的反应不统计(11.2%)。结果见

表4。

表4 被试对不同类型动词的平均反应时(ms)和平均错误率(%)

词的类型	反应	高具体性	低具体性
一致条件	反应时	865	872
	错误率	2.20	2.40
不一致条件	反应时	1000	1093
	错误率	8.30	16.70

反应时的方差分析表明,义符与动作器官是否一致主效应显著:$F_1(1,29)=47.21,p<0.001;F_2(1,59)=18.87,p<0.001$。义符与动作器官一致的动词反应时明显快于义符与动作器官不一致或无关的动词。具体性主效应显著:$F_1(1,29)=5.89,p<0.05;F_2(1,59)=5.63,p<0.05$。具体性高的动词反应时显著短于具体性低的动词。义符与动作器官是否一致与具体性高低存在显著的交互作用:$F_1(1,29)=7.10,p<0.01;F_2(1,59)=3.73,p<0.05$。简单效应分析表明:对义符与动作器官一致的动词而言,具体性高的词和具体性低的词反应时差异不显著:$F_1(1,29)=0.11,p>0.05;F_2(1,29)=0.018,p>0.05$。对义符与动作器官不一致或无关的词而言,具体性高的词和具体性低的词反应时差异显著:$F_1(1,29)=9.09,p<0.01;F_2(1,29)=1.36,p<0.05$。具体性低的词反应时明显长。

错误率的方差分析表明,义符与动作器官是否一致主效应显著:$F_1(1,29)=105.00,p<0.001;F_2(1,59)=39.58,p<0.001$。义符与动作器官一致的动词错误率明显低于义符与动作器官不一致或无关的动词。具体性的主效应显著:$F_1(1,29)=31.84,p<0.001;F_2(1,59)=11.03,p<0.01$。具体性高的动词错误率低。义符与动作器官是否一致与具体性高低存在显著的交互作用:$F_1(1,29)=22.00,p<0.001;F_2(1,59)=12.36,p<0.01$。简单效应分析表明:对一致词,具体性高的词和具体性低的词错误率差异不显著,$F_1(1,29)=0.09,p>0.05;F_2(1,29)=0.03,p>0.05$。对不一致词或无关的词,具体性高的词和具体性低的词错误率差异显著,$F_1(1,29)=28.56,p<0.001;F_2(1,29)=13.13,p<0.01$。

因此,实验4的结果表现了与实验1和实验3相同的趋势,即义符与动作器官一致的词比不一致或无关的词更容易通达词的动作器官的语义。同时也表明:对义符与动作器官一致的动词,具体性高低并不影响语义提取,而对义符与动作器官不一致或无关的词,具体性高低有重要影响。

六、讨论

汉语动作动词的一个重要特征是,大部分动词具有标志动作发出器官和动作完成工具的义符。实验 1 和实验 2 表明:当义符与动作器官或工具一致时,能够促进对动作动词的动作器官或动作工具语义的认知;当义符与动作器官或工具不一致时,对动作动词的动作器官或动作工具语义的认知会起干扰作用。实验 3 探讨了义符的作用是否随着词频的不同而变化。结果表明,词频高低影响对汉语动词的动作器官语义的提取,但词频和义符存在显著的交互作用:当义符与动作器官一致时,语义提取不受词频影响;当义符与动作器官不一致或无关时,词频高低有重要影响。实验 4 探讨了义符的作用是否受动词的具体性影响。结果表明,动词的具体性影响词的动作器官语义的提取,但具体性和义符存在显著的交互作用:当义符与动作发出器官一致时,语义提取不受具体性影响;当义符与动作发出器官不一致或无关时,具体性高低对词义提取有重要影响。

张积家和彭聃龄曾以柯林斯和洛夫特斯(1975)的"两个网络系统模型"为框架,结合川本(Kawamoto)、麦克利兰(Mcclelland)和鲁姆哈特(1988)"平行分布加工模型"(PDP)中"平行激活扩散"思想,对义符在汉字范畴语义和定义特征语义提取中的作用加以解释。这一解释同样适用于对汉语动作动词的动作器官或工具意义的认知。字词的语义加工,涉及两个网络系统:词汇网络系统和语义网络系统。词汇网络系统由许多加工单元组成,主要贮存词形的结构特征和词音的韵律特征。语义网络系统由概念结点组成,主要贮存词的语义。两个网络系统之间有一定的联结通路。在拼音文字中,语义提取须先进入词汇网络系统,再进入语义网络系统。但在汉字词中,词汇网络系统和语义网络系统之间存在着以义符为中介的联结。因此,当义符与动作器官一致的词呈现时,最先激活的是词汇网络系统中的加工单元,如汉字义符。此时,一方面,来自义符单元的激活继续上行激活词的加工单元,导致对词的识别;另一方面,激活沿着网络间的通路扩散,激活语义网络中代表动作、动作器官或动作工具的概念结点,降低它们的反应阈限,并启动自上而下的加工。因此,当词识别后再做语义决定时,动作、动作器官或动作工具的概念结点都处于激活状态,此时只需较少的激活就可以做出语义决定。因此,反应时便短,错误率亦低。而对于无标明动作器官或工具的义符的词,由于在词识别之前不能激活动作、动作器官或动作工具的概念结点,因此,必须待词识别后再做语义决定,此时,动作、动作器官或动作工具的概念结点激活阈限就高,需要较多的激活才能打通语义通路,因此反应时就长,错误率也有明显的增加。对义符与动作器官或工具不一致的词,来自词汇网络系统中的义符激活是一种反方向的激活,提高了有关概念结点的反应阈限,所以反应时就更长,错误率也陡然增加。

根据"两个网络系统模型"的理论,词频和具体性属于不同网络系统中的变量。词频影响词汇网络系统中加工单元的激活值,高频词容易激活,因此用于语义加工的激活便多,语义加工必然迅速;具体性是语义网络系统中的变量,具体性高的词,相关概念结点的激活阈限也低,语义提取也必然迅速。这是词频和具体性影响动作动词的动作器官意义认知的机制。但这种机制在义符同动作器官一致时,就发生了变化。当义符与动作器官一致时,被试直接采用了字形分析策略,因此无须通达整词语义就可直接通过部件得出相关意义,从而掩盖了词频的影响。只有在义符与动作器官不一致或无关时,字形分析不能得出有关的意义,需要通达整词语义方能判断动作所使用的器官。所以,反应时就长,错误率也明显增加。同样,在义符与动作器官一致时,无论是具体性高的词还是具体性低的词,它们与动作器官相关的语义都能得到提前激活,所以具体性高低的影响就小;只有在义符与动作器官不一致或无关时,在提取整词语义之前不能激活动作器官语义,具体性才发生重要影响。因此,本研究的结果证明,汉语动作动词的结构特点能够影响动作器官或动作工具意义的认知。

在本研究中,考查了汉语动词词形结构的一个重要特点,即大部分汉语动作动词都具有标志动作发出器官或动作使用工具的义符,对动作动词语义提取的影响。结果表明,这一特点对汉语动作动词的动作器官或动作工具的语义提取产生了重要影响。它影响汉语动作动词动作器官或工具语义提取的过程、速度和准确性。与汉语比较,拼音文字(如英语)从词形结构上并不能看出动作由何种器官发出或者通过何种工具完成。因此,提取英语动作动词动作器官或动作工具的语义就必须走先词汇通达再语义决定的道路。这样,可以预期,英语使用者对英语动词动作器官或工具的认知就可能比汉语使用者慢。对于未识多少汉字的年幼儿童而言,由于正字法意识尚未形成,义符与动作器官或工具一致与否可能对年幼儿童对汉语动词的动作器官或工具的语义的认知影响不大。这些问题还有待于今后进一步探讨。汉语动词的词形结构特点影响词义认知的研究对汉字和汉语教学具有重要的实践意义。在教学过程中,将汉语动词的词形结构特点和语义的关系传授给学生,无疑有助于学生对汉字和汉语的学习。

附　录

实验1材料

义符与动作动词的动作器官一致(20个)

挂　喊　跨　眨　挥　睁　咽　吼　抚　吸　按　跳　躲　爬　吻　逃　接　眯　迈　看

有义符标志但与实际使用器官不一致(10个)

脱　嗅　听　扛　逗　担　闻　饮　逮　聊

无义符或者有义符也与动作器官无关(10个)

卧　采　牵　站　寻　端　尝　顶　举　念

实验2材料

义符与动作动词的动作工具一致(20个)

缠　炒　刺　堵　涤　割　划　剪　浸　烤　刻　埋　骑　切　涂　洗　削　涌　游　注

义符与动作动词动作工具不一致或无工具标记(20个)

毙　抄　雕　吊　画　歼　砍　捆　描　碰　扫　杀　射　刷　算　系　写　演　宰　斩

第二编 02

义符的字词识别功能

义符熟悉性对高频形声字词汇通达的影响[①]

本研究采用启动词汇判断范式,考察义符熟悉性对高频汉字形声字认知的影响。结果表明,义符加工与整字加工存在动态的交互作用。在加工早期,高频汉字形声字的整字语义已经激活,但此时义符的语义并未激活。高熟悉性义符的词形启动比低熟悉性义符早。随着 SOA 增长,高、低熟悉性义符的语义都出现激活。到了加工晚期,汉字形声字整字的语义激活仍然显著,但义符的语义激活消失,表明字词认知的整合过程已经完成。这一结果支持汉字认知中整字加工和部件加工相结合的观点。

一、引言

义符是汉字的重要表义部件。据统计,在《现代汉语词典》的 7000 个常见汉字中,形声字的比例为 81%(Chen,1993)。从义符与整字意义相关的角度看,80%以上的汉字形声字的形旁与意义都有一定联系(Chen & Peng,2001)。因此,义符分析有助于汉字教学。研究义符在汉字认知中的作用能够加深人们对汉字认知过程的理解,为词汇加工理论提供进一步的证据。当前,义符在汉字认知中的作用已经引起认知心理学家、心理语言学家和认知神经科学家重视,取得了一系列研究成果。

在拼音文字中,词根和词缀这些亚词汇单位只表征语音,即使它们形态上对应于一个单词,这个词的语义也不会被激活(Andrews,1989)。在汉字中,亚词汇单位不仅可以表音,还可以表义。而且,在大多情况下,义符只表形和义,并无表音功能。汉字部件的认知神经机制研究表明,汉语单字词的语音加工和语义加工

[①] 本文原载于《心理学报》2008 年第 2 期,148–159。
本篇作者:陈新葵,张积家。

有不同的神经通路,不同汉字部件的认知神经基础不同(Dong et al.,2005)。已有研究表明,义符在汉字认知中有下述功能。

(一)表形功能

作为汉字形声字的构字部件,义符具有通达词形的功能。当前,词形表征的理论主要分为三种(陈传锋,黄希庭,1999;Feldman & Siok,1999),不同的理论对义符的词形通达功能有不同的看法:(1)整字加工假设。汉字在视觉结构上并不复杂。它没有词缀标示词的语法性、数、格,以及动词的时态。无论笔画多少,汉字在视觉上总是固定的方块结构。尽管汉字中有很多多音字,但大部分单字都能够作为一个单字词。汉字的这些特征使得一些研究者认为,汉字是基本的视觉识别和心理表征的单元。例如,Cheng 等发现了汉字识别的字优效应(Wydell,Butterworth & Patterson,1995)。(2)分离加工假设。这一假设认为,部件是心理词典表征的基本单元。词汇认知包括对词形结构的分解,包含复杂词形结构的词可以通过词形单元来识别(Taft & Forster,1995)。研究发现,笔画分析和部件分解是书面汉字辨认的初级阶段(沈模卫,李忠平,朱祖祥,1997;周新林,曾捷英,2003;彭聃龄,王春茂,1997)。具有同一部件或语义有联系的字之间存在启动效应(陈宝国,王立新,彭聃龄,2003)。(3)综合加工假设。一些研究者提出,要将整字加工假设和分离加工假设结合起来(Caramazza & Laudanna,1995;Caramazza,Laudanna & Romani,1988;郭小朝,2000)。词汇识别中既存在词形部件的激活,也存在整字的激活。词形部件是加工的基本单元,是心理词典组织的重要线索。词形部件的加工不仅可以出现在整字识别之前,而且在整字识别之后,部件的激活依然可以存在(Feldman & Anjelkovic,1992;管益杰,李燕芳,宋艳,2006;Schreuder & Baayen,1994)。如佘贤君等发现,在 SOA=224ms 时,对高频字,不管是义符启动还是音符启动,启动条件与控制条件在反应时和错误率上均无显著差异。对低频字,无论是义符启动还是音符启动,启动条件与控制条件在反应时和错误率上均无显著差异。对低频字,无论是义符启动还是音符启动,启动条件下的反应时和错误率都显著低于控制条件下的反应时和错误率(佘贤君,张必隐,1997)。重复知盲的研究也发现,当刺激的呈现时间高于50ms,在两个目标字之间有一个干扰字时,整字出现重复知盲;当刺激的呈现时间短于50ms,在两个目标字之间无干扰字时,汉字部件出现了重复知盲(Su & Jing,2004)。

(二)表意功能

大量研究支持义符对汉字形声字的语义提取有促进作用的看法。研究发现,义符可以促进汉字词范畴语义和定义特征语义的提取(张积家,张厚粲,彭聃龄,1990),促进汉语动作动词的动作器官和动作工具意义的提取(张积家,陈新葵,2005)。义符的自动分解和语义激活是一个从非自动化到自动化的过程,儿童的义符分解和语义激活的效应比成人弱(刘燕妮,舒华,轩月,2002)。杨(Yeung)等对一名书写和命名诵读困难的脑损伤患者研究发现,这名患者的书写错误主要表现为义符的替换、遗漏或增加,对音符则只观察到替换或删除(Yeung,Wong,Chiu,2005)。在对一些假字的反应中,替换或增加的义符与目标字存在语义关联。费尔德曼(Feldman)等采用启动技术,在 SOA = 243ms 条件下,研究启动字和目标字义符相同与否、意义相似与否、义符的构字能力高低对词汇识别的影响(Feldman & Siok,1999)。结果发现,当启动字与目标字意义不相关但义符相同(R+S-)时,与启动字和目标字义符和意义都不相关的控制条件(R-S-)比,出现了负启动效应。义符不同、语义相似(R-S+)和义符相同、语义相似(R+S+)出现了正启动效应。这表明,义符在词汇加工后期仍然起着重要的表征语义的作用。

(三)语法功能

研究表明,义符提供了汉字形声字重要的语法种类信息,在中文名词和动词分类中有重要作用(张积家,方燕红,陈新葵,2006)。当对中文的单字动词和单字名词分类时,当义符与词类一致时分类快,与词类相反时对分类起干扰作用。义符对低频词分类的作用更大。所以如此,与中文名词和动词的结构特点有关。中文单字名词大多用义符标记事物的类别或物质组成,单字动词大多用义符标记动作发出的器官或完成动作的工具。义符的语法功能的发现更新了人们关于汉字的知识,加深了人们对义符功能的认识。

综上所述,义符不仅是汉字的结构单元,也是汉字的语义单元,还是中文的语法单元。

义符加工的研究虽然已经取得了一系列重要成果,但是,仍然存在下述问题:

(1)对义符在汉字词语义提取中的作用研究得比较充分,对义符在汉字词词汇识别中的作用还有待于深入探讨。换言之,现有研究主要指向义符的表意功能,对义符的表形功能研究不够。并且,在义符的表意功能和表形功能研究中也存在着明显的分离。表意功能研究多采用语义决定的任务,较少关心义符的表形功能;表形功能研究主要采用字词识别任务,较少关心义符的表意功能。因此,综合义符的表义功能和表形功能的研究就显得十分必要。

(2)较多地采用分类反应范式探讨义符在语义通达中的作用,较少地采用过程研究范式(特别是控制SOA的启动范式)对义符的加工进行探讨。词汇通达是一个动态的加工过程,作为汉字的基本部件,在汉字词识别过程中,义符的词形通达功能和语义通达功能是一直并行还是存在一定阶段的分离?这些问题目前尚不甚清楚。

(3)在已有的研究义符词形通达功能的研究中,义符熟悉性是一个重要的变量。但是,义符熟悉性的指标是什么?目前尚不统一。有的研究采用义符组字频率作为义符熟悉性的指标,义符组字频率是指在特定汉字集中含有该义符的汉字的数量(Taft & Zhu,1997;Tan,Hoosain & Siok,1996),如有的研究采用义符结合度为指标,将同一部件做声符、做义符的字数分开来计算,这样,每个部件都会有声符结合度和义符结合度两个指标,或者只有其中一种(Feldman & Siok,1997);有的研究采用义符使用频率为指标,义符使用频率是指在特定调查材料中含有该义符的汉字使用频率之和(韩布新,1996)。无论是义符组字频率,还是义符结合度,抑或是义符使用频率,目的都是度量义符熟悉性对字词认知的影响。这三种义符熟悉性的测量指标都很客观,却都有需要改进之处。理由如下:①许多义符本身也是汉字,如"女、心、木"等,这些汉字大都表示汉语里最基本的意义。这一特性可能使汉字的多数义符的熟悉性偏高。据分析,我国对外汉语教学大纲中共出现了142个义符,其中在初等大纲中出现的比例就达73%。多数形声字的义符由初等字或变体充当(李蕊,2005)。因此,对于一些组字频率低、结合度低的义符,如"子、见、身"等,由于学习者很早接触,而且意义明确,其熟悉性可能并不低。②汉字的总量虽多,但常用汉字并不多。据统计,最常用的1000个汉字占在书面材料中出现汉字总次数的90%,最常用的2400个汉字占出现汉字总次数的99%,最常用的3800个汉字占出现汉字总次数的99.9%。词典中的许多汉字我们平时很少使用或根本不认识(周有光,2005)。因此,部件组字频率或义符结合度对汉字认知的影响就可能被削弱了。③部件使用频率在统计上易与整字频率混淆。在对特定材料中含有某义符的汉字进行统计时,有某种义符的某个汉字可能在调查材料中出现过多次,因而使义符频率与整字频率混淆。④未考虑义符位置的因素。同一义符,由于在汉字中出现的位置不同,熟悉性也可能不同。有研究表明,部件位置相同的启动字对目标字的认知起促进作用,当启动字与目标字部件相同但组合方式不同时(如"杏"和"呆")起抑制作用(Ding,Peng & Taft,2004)。这表明,在汉字的字形层里,除了部件表征外,部件位置的表征也应考虑。鉴于以上原因,我们尝试使用一种更简单也更具有心理现实性的义符熟悉性的测量方式——被试对义符熟悉性的主观评定,探讨义符熟悉性对汉字认知的影响。

(4)现有研究对字频与义符频率之间的交互作用考虑不够。一般来说,高频字的加工速度比低频字快。有研究者指出,这可能是因为高频字与低频字有不同的词汇通达通道。低频字比高频字更倾向于通过部件分析方式识别。但是,其他因素也可能起作用。有研究者认为,在整字加工中,高、低频字亚词汇成分同样能被分解出来,激活它们对应的语音、语义信息。只是高频字的整字信息激活快,词汇和亚词汇信息相互竞争使亚词汇信息的激活效应很难表现出来。部件频率虽然影响汉字识别,但部件频率的作用要受整字频率和字形结构类型影响。韩布新(1998)发现,整字频率对整字识别有易化作用,对部件识别有干扰作用;部件频率对部件识别有易化作用,对整字识别则可能是易化作用,也可能是干扰作用:部件和部件组合位于汉字左侧或上方时呈现易化作用,位于汉字右侧或下方时则起干扰作用。塔夫脱等(1997)却发现,右侧含有高频部件的汉字比右侧含有低频部件的汉字识别更快。塞克(Siok)和费尔德曼(1999)重复了高频部件的易化作用,但未考虑整字频率对义符作用的影响。他们采用的启动字频率偏低,而且启动字频率都比目标字频率低。因此,研究义符在高频字词汇通达中的作用就显得十分必要。

鉴于上述问题,本研究拟采用启动条件下的词汇判断范式,采用义符的主观熟悉性作为义符熟悉性的指标,探讨在不同SOA条件下,义符熟悉性高低对高频形声字认知的影响。旨在回答三个问题:(1)多层次的语义激活是否存在于高频形声字的识别过程中?(2)义符熟悉性高低是否影响形声字识别?(3)义符的表形功能和表意功能在汉字形声字的词汇通达中是一直并行还是存在着一定阶段的分离?

二、方法

(一)被试

60名大学本科生,男、女生各30人。视力正常或矫正后正常。

(二)材料与设计

首先,让被试评定不同义符的主观熟悉性。采用2500个常用汉字中出现过的129个义符。这129个义符在2500个常用字中的组字能力有很大不同。一些义符,如"骨、豕"等,在2500个常用字中构字数仅为1。另一些义符,如"氵、扌"等,构字数都在100以上。要求60名大学生用七点量表评定这些义符的主观熟悉性。1代表主观熟悉性非常低,7代表主观熟悉性非常高。结果表明,一些构字能力低的义符,如"氵、爪"等的主观熟悉性并不低;而另一些义符,如"罒、攵"等,由于汉字简化,意义并不明确,这些义符熟悉性相对低。总的说来,129个义符的主观熟悉性都较高,评定的平均值为5.08。这表明,人们可能更倾向于根据义符自身的意义明确程度来判断义符的熟悉性。

  实验材料为汉字单字词。其中,目标词为96对汉字形声字。根据启动字与目标字的义符是否一致、启动字与目标字的整字语义是否相关,将启动类型分为4种:(1)R+S+,启动字与目标字包含同一义符,语义相关,启动字的义符与整字的含义一致,如"凉—冷";(2)R+S-,启动字与目标字包含同一义符,语义不相关,启动字的义符与整字的含义不一致,如"演—涌";(3)R-S+,启动字与目标字不包含同一义符,语义相关,如"解—拆";(4)R-S-,启动字与目标字不包含同一义符,语义也不相似,如"晚—貌"。

  SOA有3种:43ms,72ms,243ms。根据前人的研究结果:SOA为43ms时,主要出现词形启动;SOA为72ms时,语义启动开始出现;SOA为243ms时,语义加工进一步完整。在选材上,做了如下控制:(1)四种启动类型的目标字不重复,目标字也未出现在启动字中。(2)各组材料的启动字和目标字只存在义符相同与否的差异,词形结构(左右或上下)上并无显著差异。如"鞋"与"靴"包含相同义符"革",它们都是左右结构;"袭"和"装"包含相同义符"衣",都为上下结构。(3)各启动字组无显著的语音相关。(4)由于8个材料组的目标字不同,匹配各组目标字的词频和笔画数。对启动字,在控制词频和笔画数的基础上,另找了30名大学生采用七点量表评定R+S+和R-S+两组材料中启动字与目标字的语义相似性。语义越相似,评分越高;语义越不相似,评分越低。统计表明,R+S+和R-S+两组材料启动字和目标字的语义相似性分数无显著差异,$p>0.05$。(5)为了确保8组实验材料中目标字词汇判断的差异是由启动字的差异所致,在正式实验前,由18名被试对96个目标字进行词汇判断。实验流程与正式实验相同,只是没有启动字出现。结果表明,8组目标字在单独进行词汇判断时无显著差异,$ps>0.05$。8组实验材料的各项指标见表1。各启动字组中义符的位置分布及各启动字组中不同义符的个数(相同义符只计为1)见表2。整个实验属于4(4种启动条件)×2(义符熟悉性高、低)×3(3种SOA)三因素重复测量设计。为了确保被试不读到重复的启动字对,采用拉丁方对96个启动字对的SOA进行分配,将材料分为3组。每组材料包括所有的启动字对,但每个启动字对只在一种SOA条件下出现。

3组材料各由20个被试完成。

表1　8组材料中启动字和目标字的各项指标(M)

启动字	义符熟悉性高				义符熟悉性低			
	R+S+	R+S−	R−S+	R−S−	R+S+	R+S−	R−S+	R−S−
义符熟悉性	6.17	6.17	6.01	6.17	4.03	3.90	4.04	4.08
笔画数	9.58	10.01	10.00	9.67	9.67	9.75	9.67	10.00
词频	0.049	0.048	0.046	0.051	0.051	0.045	0.052	0.048
语义相似度	4.89			4.78	4.67			4.60
目标字	义符熟悉性高				义符熟悉性低			
	R+S+	R+S−	R−S+	R−S−	R+S+	R+S−	R−S+	R−S−
笔画数	10.5	9.50	9.40	9.67	10.58	10.91	10.00	10.33
词频	0.0073	0.0079	0.0076	0.0078	0.0078	0.0074	0.0073	0.0076
词汇判断时间	620	619	619	620	622	618	619	617

注：词频单位为每百字中出现该字的次数，选自北京语言学院编《现代汉语频率词典》1988年版。

表2　各启动组中义符的位置分布及各组中义符的个数

启动条件		义符在启动字中的位置					义符个数
		左	右	上	下	包围	
R+S+	义符熟悉性低	3	5	2	1	1	12
R+S+	义符熟悉性高	6	1	2	1	2	10
R+S−	义符熟悉性低	4	4	2	2	0	12
R+S−	义符熟悉性高	11	0	1	0	0	8
R−S+	义符熟悉性低	4	4	3	1	0	12
R−S+	义符熟悉性高	11	0	0	0	1	10
R−S−	义符熟悉性低	6	2	3	1	0	12
R−S−	义符熟悉性高	10	1	1	0	0	11

注：义符在启动字中包围的位置既包括全包围，也包括半包围。

本研究的预期：如果义符的词形特征不影响汉字形声字识别，则R+S+与R−S+条件下目标字词汇判断的反应时应无差异，因为两组中启动字和目标字的整字语义相关已经平衡;R+S-和R-S-条件下目标字的反应时也应无差异,因为在这两个条件中启动字和目标字均无语义关联;义符熟悉性高低也不影响目标字的反应时。如果义符在汉字形声字识别中起作用,则根据是词形特征还是语义特征影响形声字的识别,可能出现如下的结果:若只有义符的词形特征影响词汇识别,则R+S+、R+S-组目标字的反应时与R-S-控制组目标字的反应时应差异显著,R+S+与R-S+组目标字的反应时差异也应显著;若只有义符的语义特征起作用,则R+S+和R-S+的反应时应无差异,而R+S-组的反应时可能慢于R-S-控制组。因为在R+S-组中,启动条件下意义不明确的义符起抑制作用,在启动字与目标字的整字意义不相关时,目标字的加工可能被抑制;如果义符的词形特征和语义特征在不同加工阶段起作用,则可能出现其他的反应模式。

(三)程序

采用E-prime程序。随机加入96对填充词对。填充词对的启动字均为真字,目标字均为假字。被试的任务是仔细、认真地看第一个刺激,然后又快又准地对目标字进行真、假字判断。指导语中告知被试真、假字的区别。真字是指有确定意义、在字典中能够查到的字,假字是无确定意义、在字典中查不到的字。假字是通过真字去掉某一笔画或将真字的左、右部件进行颠倒的方式形成。在正式实验前,被试进行了16次练习。如果被试仍然不明白实验的做法,可以再次练习。在正式实验中,被试可以休息两次,每次休息的时间不超过3min。

在正式实验时,被试坐在计算机前,左手食指放在键盘F键上,右手食指放在键盘J键上。对一半被试,如果目标刺激是真字,按下J键;如果目标刺激不是真字,按下F键。另一半被试的用手规定与此相反。首先呈现红色"+"注视点500ms,然后在注视点位置上呈现启动词,每个启动词的呈现时间采用拉丁方方式确定,随后立刻出现目标刺激。刺激呈现的时间最长为2000ms。如果被试在2000ms内还未做出反应,刺激自动消失,进入对下一刺激对的判断。计算机收集从刺激开始呈现到被试做出反应之间的时间间隔。计时单位为ms,误差为±1ms。

三、结果与分析

统计时只分析对真字的反应。反应时在$M±3SD$之外的反应不纳入统计。每种启动条件下目标字的反应时和错误率见表3。各种条件下的净启动效应见表4。

表3 目标字词汇判断的平均反应时和平均错误率

义符熟悉性	启动类型	SOA=43ms RT	SOA=43ms ER	SOA=72ms RT	SOA=72ms ER	SOA=243ms RT	SOA=243ms ER
低	R+S+	619	4.31	616	3.45	599	2.59
低	R+S-	670	7.76	667	3.45	634	6.03
低	R-S+	624	2.59	616	4.31	603	4.31
低	R-S-	664	4.31	648	2.59	635	4.31
高	R+S+	650	9.20	624	4.31	623	5.34
高	R+S-	666	12.50	679	10.34	655	3.45
高	R-S+	653	5.00	627	5.17	615	3.45
高	R-S-	687	8.30	658	12.07	665	5.17

4(启动类型)×2(义符熟悉性)×3(SOA)重复测量的方差分析表明:启动类型的主效应显著,$F_1(3,177)=20.13,p<0.001;F_2(3,33)=14.89,p<0.001$。义符熟悉性的主效应显著,$F_1(1,59)=7.96,p<0.01;F_2(1,11)=3.90,p<0.05$。启动字的义符熟悉性高时目标字的反应时快于启动字的义符熟悉性低时。SOA的主效应被试分析显著,$F_1(2,118)=5.80,p<0.01$;项目分析不显著,$F_2(2,22)<1,p>0.05$;启动类型和义符熟悉性、启动类型与SOA、义符熟悉性与SOA及三者的交互作用都不显著,$ps>0.05$。

表4 各类启动字的净启动效应

启动条件	义符熟悉性低 43ms	72ms	243ms	义符熟悉性高 43ms	72ms	243ms
R+S+	45***	32*	36*	37**	34**	42*
R+S-	-6	-19*	-1	21*	-21*	11
R-S-	40**	32*	32*	34*	31*	50**

注:***$p<0.001$,**$p<0.01$,*$p<0.05$。

事后的两两比较(LCD)表明,当启动字的义符熟悉性低时,在SOA=43ms时,R+S+条件和R-S+条件的反应时与控制条件比被试分析和项目分析都差异显著,$p<0.01$或0.001,出现了正启动效应,表明启动字的整字语义对目标字的

识别产生了促进作用;在 SOA = 72ms 时,R + S + 条件和 R - S + 条件的反应时与控制条件比被试分析和项目分析都差异显著,$p < 0.05$,也出现了正启动效应。R + S - 条件的反应时与控制条件比被试分析显著,$p < 0.05$,出现了一定的负启动效应,表明启动字义符的语义得到了一定激活;当 SOA = 243ms 时,R + S + 条件和 R - S + 条件的反应时与控制条件比无论被试分析还是项目分析都达到显著水平,$p < 0.05$,也出现了正启动效应。当启动字的义符熟悉性高时,在 SOA = 43ms 时,R + S + 条件和 R - S + 条件的反应时与控制条件比被试分析和项目分析均差异显著,$p < 0.05$ 或 0.01,出现了正启动效应,表明启动字的整字语义对目标词识别产生了促进作用;R + S - 条件与控制条件比被试分析差异显著,$p < 0.05$,也出现了正启动效应,表明启动字义符的词形也得到激活。当 SOA = 72ms 时,R + S + 条件和 R - S + 条件的反应时与控制条件比被试分析和项目分析均差异显著,$p < 0.05$ 或 0.01,出现了正启动效应;R + S - 条件的反应时与控制条件比被试分析显著,$p < 0.05$,也出现了一定的负启动效应,表明启动字义符的语义也得到了激活;当 SOA = 243ms 时,R + S + 条件和 R - S + 条件的反应时与控制条件比被试分析和项目分析均差异显著,$p < 0.05$ 或 0.01,也出现了正启动效应。

由此可见,不论义符的熟悉性高低,整字语义的启动效应都产生得很早。而对于义符,在启动的早期阶段,只有当义符熟悉性高时,才出现较弱的词形正启动效应。随着加工时间延长,义符的语义作用逐渐凸显,表现在 SOA = 72ms 时,无论是义符熟悉性高,还是义符熟悉性低,R + S - 条件下都出现了负启动效应。而当 SOA = 243ms 时,整字的语义加工占据了优势地位,义符的词形通达作用和语义通达作用都不再显著。

错误率的重复测量方差分析表明:启动字类型的主效应被试分析显著,$F(3,177) = 2.90, p < 0.05$;项目分析不显著,$F(3,33) = 2.00, p > 0.05$。启动字义符熟悉性的主效应被试分析显著,$F(1,59) = 20.27, p < 0.001$;项目分析边缘显著,$F(1,11) = 3.80, p = 0.07$。SOA 的主效应被试分析和项目分析都不显著,$ps > 0.05$;启动类型和义符熟悉性、启动类型与 SOA、义符熟悉性与 SOA 及三者的交互作用都不显著,$ps > 0.05$。

事后的两两比较(LCD)表明,当义符熟悉性高、SOA = 43ms 时,R + S - 条件比控制条件错误率高,$p < 0.05$,表明与整字语义无关的义符对整字的词汇通达起了抑制作用;在 SOA = 72ms 时,R + S + 条件和 R - S + 条件的错误率都比控制条件显著低,$p < 0.05$,表明整字语义对目标字的识别起了促进作用;其余的启动条

件与控制条件比,错误率的差异都不显著,$ps > 0.05$。

四、讨论

（一）义符在汉字形声字词形通达中的作用

有关合体汉字字形识别加工层次的划分有三种不同假设:整字假设、部件中介假设和整字与部件相结合的假设(管益杰,方富熹,2000)。整字假设认为,合体汉字的字形识别包括特征加工和整字加工两个层次。特征加工与特征觉察器的活动相联系。特征觉察器的输出直接成为字词觉察器的输入(沈模卫,朱祖祥,1995)。部件中介假设认为,合体汉字的字形识别必须以部件识别为基础,即在特征和整字之间存在一个部件加工水平。部件觉察器的活动是沟通特征与整字信息联系的中介(Ding, Peng & Taft, 2004)。这两种假设都有一定的证据支持。以合体汉字为材料的研究表明,在非速视条件下,整字知觉不受结构方式的影响,对整字的识别优于对整字中部件的识别(喻柏林,2000;喻柏林,冯玲,曹河圻等,1990)。这些结果倾向于支持整字假设。然而,采用速视条件的实验却发现,字形结构方式影响字形的整体知觉方式,对合体汉字中的部件识别存在着部件效应;当合体汉字呈现时间按递增序列反复呈现时,被试经常从先识别一个部件发展到知觉整字(黎红,陈烜之,1999)。这些研究结果又支持部件中介假设。当前,越来越多的研究者认为,在合体汉字的字形识别中,存在着整字和部件的结合。部件优先还是整字优先要视实验材料的性质(词频、具体性、字形复杂度等)、加工任务等因素而定。本研究表明,在汉字形声字的词汇通达中,义符熟悉性、词频是重要的影响因素。在词汇通达早期(SOA = 43ms),高频字整字的意义便已激活,但义符的熟悉性不同,义符词形通达的时间也不同。在词汇通达的早期阶段,在义符熟悉性高的条件下,同时存在着整字语义与义符的词形加工,表现为 R + S + 、R − S + 和 R + S − 条件下目标字的反应时均比控制条件下快。而在义符熟悉性低的条件下,义符的词形启动并未发生。此时,R + S − 条件下目标字的反应时与控制条件比无显著差异。因此,本研究的结果支持汉字形声字词形加工中整字与部件相结合的假设。这一结果也可以通过知觉加工的理论解释。在知觉中,不仅存在着从部分到整体的加工,也存在着从整体到部分的加工。高频字的熟悉性高,所以整体加工开展得更为顺畅。因此,整字的语义激活就出现得早;与此同时,部件加工也已开始,而且在义符熟悉性高的条件下,表现出一定的词形启动效果;当义符熟悉性低时,激活就出现了困难。此时,由于整字的熟悉性高,所以在加工早期,只有整字的语义激活,义符的词形启动效果不明显。

(二)义符在汉字形声字语义通达中的作用

关于汉字亚词汇加工的研究发现,合体字中的义符能自动分解激活并通达它的语义表征。根据合体字中义符的意义明确程度不同,义符加工可促进或抑制合体字的语义加工。义符的意义明确程度高,义符加工将对整字加工起促进作用;义符的意义明确程度低,义符加工将对整字加工起抑制作用(陈传锋,黄希庭,1999;Feldman & Siok,1999;Zhou & Marsen-Wilson,1999)。在本实验中,当 SOA = 72ms 时,无论义符熟悉性高低,都观察到在 R + S - 条件下出现了一定的负启动效应。这一结果与已有的证据一致。随着加工时间延长,在 SOA = 243ms 时,R + S - 的负启动效应消失。所以如此,与本研究中选用的高频字材料有关,也与义符的亚词汇加工有关。大量研究发现,高频字与低频字的词汇通达存在着差异,词频是对词汇认知有稳定影响的因素。根据联结主义模型,输入模式越是常见,被试对这种模型越是熟悉,辨认这种模式的阈限越低(Mcdonald & Shillocock,2001)。"两个网络系统模型"的观点也认为,由于总激活能量有限,如果词汇网络里的加工占用了较多容量,所剩下的用于语义加工的容量必然少。高频词熟悉性高,觉察阈限低,只需较少的容量便可激活,因此用于语义加工的容量便多,语义激活必然迅速(Collins & Loftus,1974)。在本研究中,由于采用了高频启动字,这就是在 SOA = 43ms 时也能观察到整字语义的正启动效应的主要原因。也正是由于这一原因,在加工中期,被试有足够的能量用于义符的语义激活。而在 SOA = 243ms 时,义符的语义与整字语义已完成整合,此时,义符的语义启动效应就不再显著。此外,对低频汉字的启动研究发现,当 SOA = 243ms 时,义符的语义激活仍然存在,但当启动项与目标项之间加入了 10 个干扰项以后,义符的语义激活就消失了。本研究的启动字为高频字,由于高频字词汇通达时间比低频字短,因此,义符语义激活的时间就相对提前。这一结果模式也可以用知觉加工的理论来解释。在知觉中,由部分到整体和由整体到部分的加工并存。所以,在加工中期,高频启动字的整字语义仍处于激活状态,而此时义符也已经被激活,并且提取了语义。所以,当义符语义与整字语义不一致时,就会表现出负启动效应;当 SOA = 243ms 时,启动字的意义整合过程已经完成。所以,只有启动词整字的语义仍处于激活状态,义符语义的激活作用就不再明显。

关于字词识别中语义启动效应出现的早晚,目前仍存在争论。一般认为,在 SOA = 43ms 时,只出现词形的激活。但是,也有研究观察到早期语义激活的存在。

佩尔费蒂(Perfetti)等(1995)采用掩蔽启动方法的研究表明,当启动字呈现时间为20ms,目标字呈现时间为35ms时,形似字、音同字和义近字均无启动效应。当启动字的呈现时间增加到50ms时,形似字、音同字和义近字的启动效应均产生了。周晓林等(2000)对汉字识别中语音、语义激活的相对时间进程的研究也表明,当SOA=57ms时,即出现了语义的启动效应。本研究结果支持字词识别中早期语义激活效应的存在。

(三)义符熟悉性的作用:促进还是抑制?

本研究表明,义符的熟悉性与义符的构字能力并不完全一致:构字能力高的义符,熟悉性评定一般都偏高。但是,一些构字能力低、意义却很明确的义符,如"见、身"等,主观熟悉度评定也很高。这说明,义符熟悉性与义符的意义明确程度有很大关联。在心理语言学中,有一个术语叫"语义透明度"(semantic transparency)。但义符熟悉性不等于语义透明度。语义透明度是指复合词的语义可从其所组成的各个词素的语义推知的程度,其操作定义为整词与词素的语义相关程度(王春茂,彭聃龄,1999)。语义透明度的概念一般仅适用于复合词。即使将语义透明度的概念扩展到汉字形声字,汉字形声字的语义透明度也只能指义符的语义和整字语义的相关程度或一致程度,即义符的表义度(廖才高,2004),而不能指义符本身的熟悉程度或意义明确程度。事实上,义符主观熟悉性的高低仅与义符的意义是否明确有关。

认知资源理论认为,人的认知资源有限。对刺激的识别需要占用认知资源。刺激越复杂或加工任务越复杂,占用的认知资源就越多。当认知资源完全被占用时,新的刺激将得不到加工。该理论还假设,输入刺激本身并不能自动地占用资源,认知系统中有一个机制负责资源分配。这一机制是灵活的,可以受人的意志控制,使人能把认知资源分配到重要刺激上(陈栩茜,张积家,2003)。根据这一理论,对义符熟悉性低的高频字,在加工早期,被试虽然也需要进行词形分析,但对于低熟悉性的义符并未分配给足够的资源,而是更多地将资源分配在整字或其他部件上,从而通达整字的意义。但是,随着加工时间的延长,认知资源也相对增加,被试不仅可以通达整字的语义表征,还可将部分资源分配到义符的语义特征上。因此,在SOA=72ms时,R+S−启动条件就发生了一定的干扰作用。而当义符熟悉性高时,在SOA=43ms时,既出现了整字的正启动效应,也出现了义符的正启动效应。这可能是由于在词形分析阶段,高熟悉义符的激活阈限较低,因此,较少的认知资源就可以将它们激活;高频字本身的激活阈限同样也较低,所以被试也能够在很短时间内通达整字的意义。

韩布新(1996)对部件位置的研究表明,部件和部件组合位于汉字左侧或上方时呈现易化作用,位于汉字右侧或下方时则起干扰作用。在本研究中,大学生对2500个常用汉字中的129个义符的主观熟悉性的评定表明,熟悉性高的义符多位于汉字左侧,熟悉性低的义符则多位于汉字右侧或其他部位。所以,本研究结果与韩布新等人的结果有类似之处。

拼音文字加工的研究发现,单语素词的词频和词素频率存在竞争,两者的相对关系决定词汇通达:词频＞词素频率时,高词频起促进作用,高词素频率起干扰作用;词频＜词素频率时,高词素频率起促进作用,高词频起干扰作用(Cole,Segui & Taft,1997;Taft,1979)。单语素词既有作为词的通达表征也有作为词素的通达表征,两种表征相互竞争,交互作用。杨晖等(2000)对汉字阅读时语音通达与表征的研究表明,在汉字加工早期,汉字的语音便得到显著的激活,这一激活发生在整字和声旁两个水平、高频和低频两种汉字中。整字和声旁的语音激活存在着交互作用,这种交互作用受到整字和声旁的相对频率影响。汉字整字和声旁的语音激活之间遵循"整字优先"和"高频优先"的原则的交互作用:当整字频率与声旁频率没有显著差异时,整字的语音激活为启动效应的主要成分;如果整字与声旁的频率差异很大,启动效应以频率高的语音激活为主。义符与声旁一样,都是汉字的重要部件。那么,在汉字形声字的识别中,义符的激活是否有和声旁激活类似的情况？义符熟悉性在汉字识别中作用如何？是起促进作用还是起抑制作用？我们认为,这与实验材料、实验任务以及考察指标等因素有关。在本研究中,采用启动条件下的词汇判断范式,考察指标为目标字的词汇判断的反应时和错误率。由于选用高频字作为启动字,因此,启动字的整字通达相对更快。在整字通达的同时,义符的亚词汇加工也发生了。此时,义符的熟悉性越高,占用的加工资源就越多。对于义符熟悉性低的条件,义符的激活量相对较低,此时整字意义更容易通达,义符语义通达的时间就较长,义符语义产生干扰作用的时间也较晚。有研究者指出,高频词与低频词可能存在不同的词汇通达通道。也有研究者指出,在对整字的加工中,高、低频的亚词汇成分同样能被分解,激活它们对应的语音、语义信息。对高频字来说,整字的信息激活快,词汇和亚词汇信息的相互竞争使亚词汇信息的激活效应很难表现出来。本研究的结果为后一假设提供了证据。

以往研究主要显示了义符对汉字形声字的语义决定有重要影响,鲜有研究揭示义符熟悉性对字词识别的影响。本研究表明,义符作为汉字的构字部件,不仅对汉字形声字的语义决定有影响,对汉字形声字的词汇通达也有重要影响。但这一影响受整字频率、义符熟悉性以及实验任务等因素制约。因此,义符不仅是汉字的结构单元,是汉字的语义单元,也是中文词的语法单元,还是汉字识别的基本单元。本研究的结果进一步充实了词汇加工的理论,增进了人们对汉字词认知过程的理解。在未来研究中,将在控制其他因素基础上,对低频字识别中义符熟悉性的作用进行探讨,以求充实并完善已有的发现。

五、结论

(1)在高频形声字识别中,义符激活与整字激活表现出动态的相互作用:在加工早期,整字的语义就出现了激活,义符却只表现出词形启动效应;在加工中期,整字的语义激活仍然很明显,义符的语义也开始起作用;在加工晚期,整字的语义启动仍然显著,但义符的语义启动作用消失,表明词汇通达的整合过程已经完成。

(2)义符熟悉性影响汉字形声字的词汇通达。义符的熟悉性高,对汉字识别的词形启动作用发生得早,在整字的语义激活发生后,义符仍然具有明显的语义启动作用。义符的熟悉性低,在词汇加工早期,义符的词形启动作用不明显,但在加工中期,义符也具有较明显的语义启动作用。

义符熟悉性对低频形声字词汇通达的影响[①]

本研究采用启动词汇判断范式,探讨义符熟悉性对低频形声字词汇通达的影响。结果表明,义符加工与整字加工存在动态的交互作用。在加工早期,低频形声字的整字语义并未得到激活,但此时高熟悉义符出现了语义启动,低熟悉义符的启动作用不明显。在加工晚期,低频形声字的整字语义得到了激活,高、低熟悉的义符均出现了语义激活,但整字通达与义符通达之间存在竞争。在整字语义通达之后,义符的词形信息也会激活。整个研究表明,义符熟悉性和整字频率是影响词汇加工的重要因素,不仅影响对整字语义通达的速度,也影响亚词汇成分的加工。根据研究结果,构建了义符在词汇通达中的作用的模型。

一、前言

20 世纪六七十年代以来,语言心理学家对单词识别进行了大量研究,并且取得了诸多重要成果,词频效应即是其中之一。多个研究均发现,高频字(或词)具有加工优势(Forster & Chambers,1973;高定国,钟毅平,曾铃娟,1995;Rayner & Duffy,1986)。认知神经科学研究还表明,不同频率的汉字的大脑皮层激活区域存在差异,加工低频汉字需要激活更多的脑区(Coney,2005;Kuo,Yeh & Yang,2009;Liu,Perfetti & Hart,2003)。近年来,频率效应在亚词汇水平的加工中也得到证实。但是,关于亚词汇成分频率与整字频率的作用机制是否相同,学术界并无一致意见。在汉字词认知方面,争论就更为激烈(高兵,高峰强,2005;Hsiao & Shillcock,2006)。原因在于:汉字是意音文字。在汉字中,形声字占了绝大多数,大部分形声字都有义符和声符来表征整字的语义和语音。在大多数情况下,义符只具有表

[①] 本文原载于《心理学报》2012 年第 7 期,882 – 895 页。
本篇作者:陈新葵,张积家。

形功能和表意功能,并无表音功能。另外,汉字是方块字,具有平面型结构,其亚词汇单元的位置相对于拼音文字的简单的串行的前后关系更为复杂。

目前,关于汉字的整字和亚词汇单位——部件(包括义符和声符)的关系主要有两种观点:(1)平行加工说:认为在加工合体汉字时,形旁和声旁被分离出来,激活所对应的语义表征和语音表征。字形分解和部件加工与整字的语音、语义激活平行地进行。部件水平的加工和整词水平的加工并无本质差异,都是利用视觉刺激输入激活心理词典中的语音信息和语义信息。整字和部件的激活存在相互竞争又相互融合的关系(Zhou & Marslen-Wilson,1999;周晓林,鲁学明,舒华,2000)。(2)层次加工说:认为整字加工与部件加工处于不同的地位,两者之间可能相互竞争,也可能相互促进。加工既可能先从整字开始,也可能先从部件开始。在这一方面,研究者的看法并不一致,存在三种不同的研究取向:(1)格式塔心理学取向。一些研究者强调字形结构的整体性,认为汉字认知本质上是整体加工,整字是汉字识别的基本单元。整体加工先于部分加工。字频效应(高定国等,1995)、字优效应(喻柏林,冯玲,曹河圻,李文玲,1990a,1990b)、语境对汉字认知的影响(谭力海,彭聃龄,1989)结构对称效应(陈传锋,黄希庭,1999)为这一看法提供了证据。(2)特征分析取向。另外一些研究者重视特征分析在汉字识别中的作用,认为汉字认知存在自下而上、由部分到整体的加工,部分在汉字识别中具有重要的作用。部分加工先于整字加工。支持这种观点的证据主要有部件数效应(彭聃龄,王春茂,1997;张武田,冯玲,1992)、部件频率效应和部件位置频率效应(韩布新,1998)、汉字的错觉结合(Lai & Huang,1988;Saito,Masuda & Kawakami,1998)等。(3)相互作用的取向。研究发现,影响部件加工的因素还包括部件位置(韩布新,1998;Taft & Zhu,1997)、部件性质(Ding,Taft & Zhu,2000)、整字频率(陈新葵,张积家,2008)、加工任务(Balota & Chumbley,1984)和年龄(刘燕妮,舒华,轩月,2002)。因此,在汉字认知中,存在着整体加工和部分加工的相互作用。塞登伯格(Seidenberg)认为,阅读者提取汉字的语音有两种加工方式:高频时以整字识别为主,低频时以特征分析为主。喻柏林(1998)认为,在汉字认知中存在整体—部件混合认知的方式,不仅部件影响整字加工,整字也影响部件加工。韩布新(1998)认为,在汉字识别中什么时候采用整体加工,什么时候采用局部加工,取决于整体频率和局部频率之间的关系。沈模卫、李忠平和朱祖祥(1997)认为,在人脑中存在对应于合体字的特征、部件和字三个结构层次的觉察器网络。相邻两个水平之间存在自下而上和自上而下的双向联系,在同一水平的觉察器之间也存在相互联系。杨珲、彭聃龄、佩尔费蒂和谭力海(2000)发现,在汉字加工早期,汉字的语音得到了显著的激活,激活发生在整字和声旁两个水平、高频和低频的两种汉字中。整字与声旁的语音激活存在交互作用,该交互作用受整字与声旁的相对频率影响。整字和声旁的语音激活遵循着"整字优先"和"高频优先"的原则。

总的来看,关于汉字的整字与部件关系的研究并未达成一致的结论。而且,对于亚词汇水平的语音表征研究较多,对于亚词汇水平的语义表征研究较少。在汉字的亚词汇成分中,义符是一道独特的风景线。在拼音文字中,词根和词缀这些亚词汇单位只表征语音,即使它们在形态上对应于一个单词,这个词的语义也不会被激活(Andrews,1989)。在汉字中,亚词汇单位不仅可以表音,还可以表义。而且,在大多数情况下,义符只表征汉字的形和义,并无表音功能。认知神经科学研究表明,汉字词的语音加工和语义加工具有不同的神经通路,表音与表义的汉字部件的认知神经基础也有不同(Dong et al.,2005)。

关于义符的研究已经取得了丰硕的成果,为义符具有表形、表义和表语法的功能提供了证据(佘贤君,张必隐,1997;Yeh & Li,2004;Law,Yeung,Wong & Chiu,2005;张积家,陈新葵,2005;张积家,方燕红,陈新葵,2006;张积家,彭聃龄,1993;张积家,张厚粲,彭聃龄,1990)。但是,已有研究对于整字频率与义符熟悉性的交互作用考虑得不够。多数研究都把频率作为平衡的因素加以处理,这有可能掩盖不同频率的汉字之间的加工差异。在即时加工的研究中,研究结果也不一致。争论主要在于:义符对于整字加工起促进作用还是起抑制作用? 义符在何时起作用? 例如,费尔德曼哈顿和塞克(1999a)采用启动技术,在 SOA = 243ms 时发现,当启动字与目标字的意义不相关但义符相同(R + S −)时,与启动字和目标字的义符和意义都不相关的控制条件(R − S −)比,出现了负启动效应。义符不同、语义相关(R − S +)和义符相同、语义相关(R + S +)出现了正启动效应。他们认为,义符在词汇加工后期仍然起着重要的表征语义的作用。陈新葵和张积家(2008)采用同样研究范式,探讨了在不同 SOA 条件下义符熟悉性对高频形声字认知的影响。结果却表明,在加工早期(SOA = 43ms),高频形声字的整字语义已经激活,此时义符的语义并未激活(R + S − 条件下的负启动效应不显著),但高熟悉义符的词形启动比低熟悉义符早;在加工中期(SOA = 72ms),高、低熟悉的义符的语义都出现了激活,R + S − 条件下出现了负启动效应;在加工晚期(SOA = 243ms),整字的语义仍然激活,义符的语义激活消失,R + S − 条件下无显著的负启动效应。

鉴于整字频率是影响词汇加工的重要因素,而目前关于义符的即时加工研究多采用整字为中频或高频的材料,因此,对比分析不同整字频率下义符在汉字认知中的作用,有利于对义符的作用及其认知机制进行深入探讨,对建立义符在中文词汇通达中的作用的模型、促进汉语阅读教学都具有重要意义。本研究参考陈新葵和张积家(2008)关于义符熟悉性影响高频形声字认知的研究,采用启动范式,在匹配目标字的词频、笔画数、具体性和情境获得性等指标后,以低频形声字作为启动字,研究义符熟悉性对低频形声字认知的影响,以便对义符熟悉性在形声字词汇通达中的作用进行全面的分析。

二、方法

（一）被试

60 名大学本科生,男、女各半。视力正常或矫正后正常。

（二）材料

为了与陈新葵和张积家(2008)对义符熟悉性对高频形声字认知影响的研究结果比较,目标字与陈新葵和张积家(2008)研究中的目标字在词频、具体性等 6 个指标、选材控制及实验任务上做了匹配。采用 43ms、72ms、243ms 三种 SOA 条件,对 4 种不同启动条件下的材料进行筛选。最后选出了启动字为低频形声字、目标字为中频形声字的启动字—目标字 96 对。4 种启动类型根据启动字与目标字的义符是否一致、启动字与目标字的整字语义是否相关进行了划分:(1) R + S + 条件:启动字与目标字包含了同一义符,语义相关,启动字的义符含义与整字含义一致,如"醉—酣";(2) R + S - 条件:启动字与目标字包含了同一义符,语义不相关,启动字的义符含义与整字含义不一致,如"敞—敏";(3) R - S + 条件:启动字与目标字不包含同一义符,语义相关,如"豹—狮";(4) R - S - 条件:启动字与目标字不包含同一义符,语义不相似,如"眯—拘"。在选材控制上,与陈新葵和张积家(2008)的研究类似:(1)四种启动类型的目标字不重复。(2)各组材料的启动字和目标字只存在义符相同与否的差异,在词形结构(左右或上下)上并无显著差异。如"鞋"与"靴"包含了相同的义符"革",都是左右结构;"袭"和"裂"包含了相同的义符"衣",都为上下结构。(3)各启动字组无显著的语音相关。(4)由于 8 个材料组的目标字不同,匹配各组目标字的词频和笔画数。对于启动字,在控制词频和笔画数的基础上,另外找了 30 名汉族大学生采用七点量表评定 R + S + 和 R - S + 两组材料中,启动字与目标字的语义相似性。语义越相似,评分越高;语义越不相似,评分越低。统计检验表明,在 R+S+ 和 R-S+ 两组材料中启动字和目标字的语义相似性分数无显著差异,$t(29)=1.17, p>0.05$。为了确保 8 组实验材料中目标字词汇判断的差异是由启动字的差异所致,在正式实验前,由 18 名被试对 96 个目标字进行词汇判断。实验流程与正式实验相同,只是没有启动字出现。结果表明,8 组目标字在单独进行词汇判断时并无显著差异,$F(17,119)=0.53, p>0.05$。义符的主观熟悉性根据陈新葵和张积家(2008)研究中已经完成的 2500 个常用汉字中出现的 129 个义符的评定结果来确定。8 组实验材料的各项指标见表1。各启动字组中义符的位置分布以及各启动字组中不同义符的个数(相同的义符只计为1)见表2。

表1 8组材料中启动字和目标字的各项指标(M)

启动字	义符熟悉性高				义符熟悉性低			
	R+S+	R+S-	R-S+	R-S-	R+S+	R+S-	R-S+	R-S-
义符熟悉性	6.02	5.93	5.89	5.92	3.88	4.01	3.78	3.88
笔画数	10.83	10.50	10.08	10.92	11.17	11.25	11.50	11.75
词频	0.0032	0.0033	0.0032	0.0027	0.0024	0.0031	0.0038	0.0026
语义相似度	4.56			4.80		4.37		4.54
目标字	义符熟悉性高				义符熟悉性低			
	R+S+	R+S-	R-S+	R-S-	R+S+	R+S-	R-S+	R-S-
笔画数	10.25	9.92	10.25	9.92	10.17	11.83	9.58	10.67
词频	0.0088	0.0082	0.0076	0.0074	0.0078	0.0075	0.0084	0.0071
词汇判断反应时	619	616	617	612	619	616	622	611

注:词频单位为每百字中出现该字的次数,选自北京语言学院编《现代汉语频率词典》1988年版。

表2 各启动组中义符的位置分布及各组中义符的个数

启动条件	义符在启动字中的位置					义符个数
	左	右	上	下	包围	
R+S+、义符熟悉性低	7	2	1	1	1	12
R+S+、义符熟悉性高	11	0	1	0	0	12
R+S-、义符熟悉性低	6	3	0	2	1	12

续表

启动条件	义符在启动字中的位置					义符个数
	左	右	上	下	包围	
R+S−、义符熟悉性高	10	0	2	0	0	9
R−S+、义符熟悉性低	5	6	0	1	0	11
R−S+、义符熟悉性高	11	1	0	0	0	12
R−S−、义符熟悉性低	8	2	0	1	1	10
R−S−、义符熟悉性高	10	1	1	0	0	10

注：义符在启动字中包围的位置既包括全包围，也包括半包围。

(三) 设计

4(启动条件)×2(义符熟悉性)×3(SOA)三因素重复测量设计。采用拉丁方方式对 96 个启动字对的 SOA 进行分配，将材料分为 3 组。每组材料包括所有启动字对，但每个启动字对只在一种 SOA 条件下出现。3 组材料各由 20 个被试完成。SOA 有 3 种：43ms，72ms，243ms。根据前人的研究结果，SOA 为 43ms 时主要出现词形启动；SOA 为 72ms 时，语义启动开始出现；SOA 为 243ms 时，语义加工进一步完整。

实验预期是，如果义符熟悉性不影响低频形声字的识别，则：(1)义符熟悉性的高低不会影响各种启动条件下目标字的反应时；(2)在 R+S+ 与 R−S+ 条件下目标字的词汇判断反应时差异应不显著，因为在这两个条件中启动字与目标字的整字语义相关性已经平衡了；(3)在 R+S− 和 R−S− 条件下目标字的反应时也应当无显著差异，因为在这两个条件中，启动字和目标字均无语义关联。如果义符熟悉性在低频形声字识别中起作用，那么，根据是义符的词形特征还是义符词形特征和语义特征均影响形声字识别的假设，则可能出现两种结果。如果只有义符的词形特征影响词汇识别，则：(1)在 R+S+ 与 R−S+ 条件下目标字的反应时应该有显著差异，因为两种条件的差异仅在于启动字与目标字的义符是否相同，启动字与目标字的整字语义相关无显著差异。(2)在 R+S− 与 R−S− 组条件下目标字的反应时也应当差异显著，因为在两种条件下的启动字与目标字的整字语义都不相关，仅只有启动字与目标字的义符是否相同的差异。应当指出的是，当启动字和目标字的义符相同时，既可能出现促进效应，又可能出现抑制效应，但义符熟悉性的高低不应该影响义符作用的方向。如果义符的词形特征和语义特征均影响低频形声字的识别,则:(1)在 R + S + 和 R - S + 条件下目标字的反应时差异可能不显著。(2)在 R + S - 与 R - S - 条件下目标字的反应时差异显著。因为在 R + S + 和 R - S + 条件下,启动字与目标字的整字语义关联性已经匹配,如果并非义符的词形特征单独起作用,两种条件下目标字的反应时差异可能不显著。而在 R + S - 条件下,启动字的义符语义不透明,义符("艹")语义与整字(如"荐")语义不一致,当包含相同义符的目标字(如"草")出现时,义符(如"艹")的语义特征如果启动,则与 R - S - 条件比,可能出现负启动效应。这一结果模式表明,仅用义符的词形特征起作用来解释是不充分的。

（四）程序

采用 E-prime 编程。随机加入 96 对填充词对。填充词对的启动字均为真字,目标字均为假字。要求被试认真仔细地看第一个刺激,然后又快又准地对目标字进行真、假字判断。在指导语中告知被试真字和假字的区别。真字是指有确定意义、在字典中能够查到的字,假字是指无确定意义、在字典中查不到的字,假字通过将真字去掉某一笔画或将真字的左、右部件进行颠倒的方式形成。在正式实验之前,被试进行了 16 次练习。在正式实验中,被试可以休息两次,每次休息时间不超过 3min。实验开始时,被试端坐在计算机前,要求通过按键盘的 F 键或 J 键来决定目标刺激的真假。对一半被试,如果目标刺激是真字,就按下 J 键;如果目标刺激不是真字,就按下 F 键。另一半被试的用手规定相反。在实验时,首先呈现红色"+"注视点 500ms,然后,在注视点位置上呈现启动字,每个启动字的呈现时间采用拉丁方方式确定,为了确保被试不读重复的启动字对,采用拉丁方方式对 96 个启动字对的 SOA 进行分配,将材料分为 3 组。每组材料包括所有的启动字对,但每个启动字对只在一种 SOA 条件下出现。3 组材料各由 20 个被试完成。目标刺激在启动词消失之后立即出现,刺激呈现时间最长为 2000ms。如果被试在 2000ms 内还未做出反应,刺激自动消失,进入对下一个刺激对的判断。计算机收集从刺激开始呈现到被试做出反应之间的时间间隔。计时单位为 ms,误差为 ±1ms。

三、结果与分析

统计时只分析对真字的反应。反应时在 $M ± 3SD$ 之外的反应不纳入统计。每种启动条件下目标字的反应时和错误率见表 7。各种条件下的净启动效应见表 8。

表7　目标字词汇判断的平均反应时(ms)和平均错误率(%)

义符熟悉性	启动类型	SOA=43ms RT	SOA=43ms ER	SOA=72ms RT	SOA=72ms ER	SOA=243ms RT	SOA=243ms ER
低	R+S+	718	12.50	691	11.25	669	8.33
	R+S-	698	9.58	702	7.50	692	6.25
	R-S+	690	4.17	708	5.83	646	5.83
	R-S-	704	10.00	695	10.00	673	10.42
高	R+S+	687	7.08	685	7.92	687	6.25
	R+S-	750	8.33	727	8.75	694	8.33
	R-S+	696	6.67	673	3.33	627	2.50
	R-S-	694	7.92	690	8.33	657	7.50

表8　各类启动字的净启动效应(ms)

启动条件	义符熟悉性低 43ms	72ms	243ms	义符熟悉性高 43ms	72ms	243ms
R+S+	-14	4	4	7	5	-30*
R+S-	6	-7	-19*	-56***	-37*	-37*
R-S+	14	-13	27*	-2	17	30*

注：***$p<0.001$，**$p<0.01$，*$p<0.05$。

4(启动条件)×2(义符熟悉性)×3(SOA)三因素重复测量的方差分析表明，启动类型的主效应显著，$F_1(3,177)=10.20,p<0.001,F_2(3,33)=13.91,p<0.001$。SOA的主效应显著，$F_1(2,118)=22.89,p<0.001,F_2(2,22)=81.32,p<0.001$。启动类型和义符熟悉性的交互作用显著，$F_1(3,177)=3.14,p<0.05,F_2(3,33)=13.91,p<0.001$。其余的主效应和交互作用都不显著，$p>0.05$。

对启动类型和SOA的主效应进行Bonferroni校正后的多重比较(下同)，发现R+S-条件的反应时($M=710.5ms$)显著长于R+S+条件($M=689.5ms$)、R-S+($M=673.3ms$)和R-S-条件($M=685.5ms$)，$p<0.01$或0.001；R+S+条件和R-S-条件的反应时显著长于R-S+条件，$p<0.01$；R+S+条件和R-S-条件的反应时差异不显著，$p>0.05$。当SOA为43ms、72ms和243ms时，平均反应时

分别为 704.6ms、696.4ms 和 668.1ms。即随着 SOA 的增长,目标字的加工呈现出逐步加快的趋势。多重比较表明:SOA = 43ms 和 SOA = 72ms 时的平均反应时显著长于 SOA = 243ms 时,$p < 0.001$;但 SOA = 43ms 和 SOA = 72ms 时的平均反应时差异不显著,$p > 0.05$。

为了进一步明晰义符熟悉性对目标字识别的影响,分别对义符熟悉性不同目标字的反应时进行了 4(启动类型)×3(SOA)重复测量的方差分析。结果表明,当启动字的义符熟悉性低时,启动类型的主效应被试分析不显著,$F_1(3,177) = 1.00, p > 0.05$,项目分析显著,$F_2(3,33) = 6.21, p < 0.05$。R + S - 条件($M = 692.6$ms)、R + S + 条件($M = 697.2$ms)、R - S + ($M = 681.0$ms)的反应时与 R - S - 条件($M = 690.6$ms)均无显著差异,$ps > 0.05$。SOA 的主效应显著,$F_1(2,118) = 7.47, p = 0.001, F_2(2,22) = 51.32, p < 0.001$。当 SOA 为 43ms、72ms 和 243ms 时,平均反应时分别为 702.5ms、699.1ms 和 670.0ms。均数比较表明,SOA = 43ms 和 SOA = 72ms 时的平均反应时显著长于 SOA = 243ms 时,$p < 0.001$;SOA = 43ms 和 SOA = 72ms 时的平均反应时差异不显著。启动类型和 SOA 的交互作用不显著,$F_1(6,354) = 1.54, p > 0.05, F_2(6,66) = 0.88, p > 0.05$。启动条件的主效应不显著,与不同 SOA 条件下义符的作用不同有关。多重比较表明,在不同 SOA 条件下,仅 SOA = 243ms 时 R + S -、R - S + 与 R - S - 条件比差异显著,$ps < 0.05$,R + S - 出现了显著的负启动效应,R - S + 出现了显著的正启动效应。这表明,此时既有整字语义的激活,也有义符语义的激活,由于义符与整字的意义不一致,因此,在 R + S - 条件下出现了负启动效应。

当启动字的义符熟悉性高时,启动类型的主效应显著,$F_1(3,177) = 10.20, p < 0.001, F_2(3,33) = 37.49, p < 0.001$。均数比较表明,R + S - 条件的反应时($M = 723.6$ms)显著长于 R - S - 条件($M = 680.3$ms),R + S + 条件的反应时($M = 686.3$ms)显著长于 R - S + 条件($M = 665.3$ms),R + S + 条件的反应时显著短于 R + S - 条件。SOA 的主效应显著,$F_1(2,118) = 14.20, p < 0.001, F_2(2,22) = 35.82, p < 0.001$。当 SOA 为 43ms、72ms 和 243ms 时,平均反应时分别为 706.8ms、693.8ms 和 666.3ms。均数比较表明:SOA = 43ms 和 SOA = 72ms 时平均反应时显著长于 SOA = 243ms 时,$p < 0.001$;SOA = 43ms 和 SOA = 72ms 时的平均反应时差异不显著。启动类型和 SOA 的交互作用不显著,$F_1(6,354) = 1.00, p > 0.05, F_2(6,66) = 1.91, p > 0.05$。进一步的多重比较表明,在 SOA = 43ms 时,R + S - 条件出现了负启动效应,$p < 0.01$。当 SOA = 72ms 时,R + S - 条件与 R - S -

条件比差异显著,$p<0.05$,出现了负启动效应;当 SOA = 243ms 时,R + S +、R + S -、R - S + 条件的反应时与 R - S - 条件比均差异显著,$ps<0.05$,其中 R + S +、R + S - 为负启动效应,R - S + 则为正启动效应。这说明,当义符的熟悉性高时,义符的语义作用很早便已经出现,随着加工时间的延长,整字的语义已经激活了,义符的词形特征也再次被分配到加工资源,出现了激活,表现为 R + S +、R + S - 条件下的反应时与 R - S - 条件下的反应时差异显著,R + S + 条件与 R - S + 条件的反应时差异也显著。

错误率的重复测量分析表明,义符熟悉性的主效应被试分析显著,$F_1(1,59)=4.52$,$p<0.05$,项目分析不显著,$F_2(3,33)=0.58$,$p>0.05$。义符熟悉性低时错误率(8.47%)显著高于义符熟悉性高时(6.91%)。启动类型的主效应显著,$F_1(3,177)=6.20$,$p<0.001$,$F_2(3,33)=2.12$,$p<0.05$。其余的主效应和交互作用都不显著,$ps>0.05$。均数比较表明,R - S + 条件的错误率($M=4.72\%$)显著低于 R + S + 条件($M=8.90\%$)、R + S - 条件($M=8.10\%$)和 R - S - 条件($M=9.03\%$),$p<0.001$。进一步的多重比较表明,当义符熟悉性低时,在 SOA = 43ms 时,R - S + 条件比 R - S - 条件的错误率显著低,$p<0.05$,R + S + 和 R + S - 条件的错误率显著高于 R - S + 条件,$p<0.05$。在 SOA = 243ms 时,R - S + 条件的错误率比控制条件显著低,$p<0.01$。当义符熟悉性高时,在 SOA = 72ms 和 243ms 时,R - S + 条件下的错误率显著低于 R - S - 条件,$p<0.05$。其他条件下的错误率与 R - S - 条件比均无显著差异,$p>0.05$。

四、讨论

众多的研究证实,整字频率、加工时间和亚词汇的熟悉性是影响词汇加工的重要因素(陈新葵,张积家,2008;Coney,2005;高定国等,1995;韩布新,1998;Kuo et al.,2009;Lai & Huang,1988;Liu et al.,2003;McDonald & Shillcock,2001;Saito et al.,1998;喻柏林等,1990a,1990b;Zhou et al.,1999;周晓林等,2000),但已有研究对亚词汇水平的语音表征研究多,对语义表征研究少。义符为研究汉字亚词汇水平的词形加工和语义加工提供了极佳的切入点,但关于义符的即时加工研究较少,且材料主要集中于中频字或高频字。本研究采用义符熟悉性指标,以低频启动字为材料,进一步考察了在不同整字频率下义符熟悉性的作用及其即时加工模式。下面,就对义符在低频形声字识别中的作用做些讨论,并整合相关的研究结果,提出专门针对义符在汉字词汇通达中的作用的模型。

(一)义符在低频形声字词形通达中的作用

已有的汉字识别模型对汉字字形的加工过程并未达成共识(Colé,Segui & Taft,1997;Freud,1986;Joordens & Merikle,1993;Williams & Bever,2010)。争论的焦点是在字形加工中究竟是特征分析占优势,还是整字加工占优势。多数研究者认为,在合体汉字的字形识别中,存在着整字加工和部件加工的结合。是部件加工优先,还是整字加工优先,要视材料的性质(词频、具体性、词形复杂度等)和加工任务等因素而定(陈传锋,黄希庭,1999;Feldman & Siok,1999a;沈模卫等,1997;Wydell,Butterworth & Patterson,1995)。

本研究表明,在汉字形声字通达中,当启动字为低频字时,义符的表形功能在加工早期并不明显。具体表现:当义符熟悉性低时,在SOA为43ms和72ms时,在各启动条件下的目标字的反应时与R-S-条件比差异并不显著;当SOA为243ms时,整字语义出现了激活,R-S+条件出现了正启动效应,此时在R+S-启动条件下出现了显著的负启动效应,R+S+条件与R-S-条件比则无显著差异,表明此时义符的语义出现了激活。当义符熟悉性高时,义符在词汇通达早期就出现了语义激活,而表形功能却并不明显;当SOA=243ms时,在整字语义激活的同时,R+S-条件、R+S+条件均出现了显著的负启动效应。这一结果与陈新葵和张积家(2008)的结果不同。在他们的研究中,在词汇通达早期(SOA=43ms),高频字的整字意义已经激活,但义符的熟悉性不同,义符词形通达的时间也不同。在词汇通达早期,在义符熟悉性高时,同时存在着整字的语义加工与义符的词形加工,表现为在R+S+、R-S+和R+S-条件下目标字的反应时均比在R-S-条件条件下显著快。在义符熟悉性低时,义符的词形启动并未发生。此时,R+S-条件下目标字的反应时与R-S-条件比并无显著的差异。

本研究和陈新葵和张积家(2008)的研究结果虽然不同,却从不同方面支持了在形声字词形通达中整字加工与部件加工相结合的假设。综合加工理论(Caramazza,Laudanna & Romani,1988;郭小朝,2000)认为,在词汇识别中,既存在着词形部件的激活,也存在着整字的激活。部件是汉字加工的基本单元。部件加工不仅可以在整字识别之前出现,在整字识别之后,部件的激活依然可以存在(Feldman & Andjelkovic,1992;管益杰,李燕芳,宋艳,2006;Schreuder & Baayen,1994)。这一假设得到了许多研究结果支持。例如,佘贤君和张必隐(1997)发现,在SOA=224ms时,对高频目标字,不管是义符启动还是音符启动,启动条件与控制条件在反应时和错误率上均无显著差异。对低频目标字,无论是义符启动还是音符启动,启动条件的反应时短于控制条件,错误率低于控制条件。在陈新葵和张积家(2008)的研究中,当 SOA = 43ms 时,高频形声字的整字语义出现了激活,此时高熟悉义符的词形激活仍然存在。在本研究中,目标字比启动字频率高,在整字未启动时,义符的词形启动作用并不明显。这一结果既为综合加工假设提供了支持,同时也表明,义符作为汉字的特殊构字部件,其词形表征作用可能不显著或者被语义特征所掩盖。认知神经科学研究表明,低频字加工需要激活更多的脑区(Coney,2005;Kuo et al.,2009;Liu et al.,2003)。启动范式的研究也发现,在词汇加工早期,当启动字为低频形声字时,可以独立成字的音符也可以启动相应的语义信息,即便启动字与目标字的整字之间没有语义关联(周晓林等,2000)。高兵和高峰强(2005)发现,在汉字词识别中,词频和语义透明度之间存在显著的交互作用,语义透明度对低频字的影响大于对高频字的影响。在本研究中,低频字的熟悉性低,整字语义的通达速度慢;与此同时,部件加工也已经开始,在词汇通达早期,在义符熟悉性高时,自下而上的加工需要分配更多的认知资源到义符的语义特征,用于通达整字的语义,而词形的启动效应不明显;当义符的熟悉性低时,激活同样出现了困难。随着加工时间延长,在 SOA = 243ms 时,整字的语义已经通达,在低频字启动下 R + S + 条件与 R – S + 条件却表现出显著差异。这说明,包含相同义符的目标字出现使得目标字的义符再次被激活,此时高熟悉义符的激活能量高于低熟悉义符,来自整字语义的促进和来自义符词形的抑制相抵使得高熟悉义符在 R + S + 条件下出现了负启动效应,而低熟悉义符则无显著的词形启动效应。

  词汇的语义加工涉及词汇网络和语义网络(Collins & Loftus,1974)。由于总的激活能量有限,如果词汇网络的加工占用了较多的容量,用于语义加工的容量必然少。低频字的熟悉性低,觉察阈限高,需要较大的容量才能够激活,用于语义加工的容量相对于高频字就少,语义激活必然慢。义符的熟悉性不同,激活时所需要占用的容量也不同。义符的熟悉性低,语义激活的速度慢,义符的熟悉性高,语义激活的速度快。在费尔德曼和塞克(1999a)的研究中,虽然启动字的词频低于目标字,但均为中等频率,启动字与目标字的词频差异小。在本研究中,启动字与目标字的频率相差大,被试辨认启动字的阈限高。当整字的语义通达后,由于义符熟悉性高的启动字仍然处于激活的状态,低频启动字的词形信息又出现了激活并且产生了抑制作用,因此 R + S + 和 R + S – 条件下均出现了负启动效应。这一现象也可以用义符的家族效应来解释。由于高熟悉义符的意义更为明确,更加常见,包含相同义符的形声字多。低频且义符熟悉性高的启动字在 SOA = 243ms 条件下已经处于整字通达阶段,当目标字出现时,加工资源有一部分需要用于激活庞大的家族成员,加工时间就相对较长,因而出现了负启动效应。

本研究的结果进一步证实了词频在词汇通达中的作用:词频不仅影响整字通达的速度,对亚词汇信息加工也具有重要影响。本研究采用与陈新葵和张积家(2008)对高频形声字研究中一致的义符熟悉性指标。义符熟悉性由大学生的主观评定来完成,义符熟悉性高低仅与义符意义的明确程度相关。义符的熟悉性越高,义符的意义就越明确。由于启动字的频率低,因此整字语义的通达就慢。此时,低频启动字的亚词汇成分的结合度就低,在加工时各个亚词汇成分都需要分配注意资源。虽然在整字认知之前亚词汇成分的词形和语义均可以激活,但熟悉性低的义符,语义信息相对模糊,通达速度也较慢。此外,低熟悉的义符在整字中所处位置也相对分散,虽然在研究中尽量对义符的位置做了平衡,但仍然有一部分低熟悉义符位于整字的右部、上部、下部或包围位置,而高熟悉义符则更多地位于整字的左边。因此,低熟悉的义符的词形信息的重要程度相对于其他亚词汇成分并不突出。而高熟悉的义符语义信息明确,亚词汇水平的语义通达快,在整字未通达前,亚词汇水平的语义特征突出,词形特征相对较弱,因此,在词汇通达的早期和中期并未发现义符词形信息的作用。而在词汇通达的晚期,自上而下的加工依据启动条件不同,义符的词形信息和语义信息均获得不同水平的激活。

(二)义符在低频形声字语义通达中的作用

在三种 SOA 条件下,当义符的熟悉性高时,R + S − 条件均出现了显著的负启动效应。当义符的熟悉性低时,R + S − 条件在 SOA = 243ms 时也出现了显著的负启动效应。这表明,形声字的义符能够自动分解激活并通达其亚词汇水平的语义特征,但义符熟悉性高低是影响其语义激活时间的重要因素。高熟悉的义符,语义更为明确,更加常见,意义通达也就更快。

张积家和彭聃龄(1993)为了解释义符在汉字语义提取中的作用,以科林斯和洛夫特斯的"两个网络系统"模型为基本框架,适当吸收了联结主义的"平行分布加工模型"中的"平行激活扩散"的思想,提出了一个义符在语义决定中起作用的模型。该模型认为,汉字认知涉及两个网络系统:词汇网络和语义网络系统。词汇网络系统由许多加工单元组成,语义网络系统由概念结点组成。不同的网络系统之间亦有一定的联结通路。汉字的词汇网络系统和语义网络系统之间存在着以义符为中介的联结。义符既是词汇网络系统中的加工单元,具有词汇网络系统加工单元的特征,又是语义网络系统中的加工单元,与概念网络系统中的概念结点具有重要的关联。正是这种以义符为中介的联结,使汉字词的语义加工具有不同于拼音文字的语义加工的特点。

用这一模型来分析义符在低频形声字识别中的作用,当有义符的刺激字呈现时,最先激活词汇网络系统里笔画的加工单元,然后激活部件的加工单元,义符就是一种重要的部件加工单元。此时,一方面,来自义符加工单元的激活继续上行激活整字的加工单元,从而导致对形声字的识别;另一方面,激活沿着网络之间的联结通路激活语义网络系统中代表范畴的概念结点,并激活与它相联结的范畴成员的结点和定义的语义特征,从而降低它们的反应阈限,并启动了自动的自上而下的加工。因此,在词汇通达早期,一般会出现义符的词形启动。但义符与一般的形旁又有差异。大部分义符都有明确的意义,甚至本身就是简单的汉字,其语义在词汇通达早期就可以激活。至于是否需要激活义符的语义,与加工任务和实验材料有关。在启动字为低频形声字时,整字的语义通达比较困难,更需要义符作为通达语义的中介。在词汇通达早期,高熟悉的义符的语义作用便已体现。而义符的熟悉性低时,义符的语义通达速度较慢,其语义作用只有到了词汇通达晚期才会出现。

一般认为,在亚词汇加工中,在控制了整字频率以后,词根频率越高,词汇决定的反应时就越短。但并非所有的研究结论都是如此。塔夫脱(2004)发现,在控制了整字频率以后,词根和词缀结合的阶段越迟,高频词根与词缀的结合比低频词根与词缀结合更为困难,而且这可以平衡掉高频词根词汇通达的优势。眼动研究的结果也支持整字频率效应出现在加工后期、词根频率效应出现在加工早期的观点。博维兰(Beauvillain)等(1996)以法语词为材料发现:早期的注视时间仅受词根频率影响,整词频率的作用不显著;晚期的注视时间受整词频率影响。即,词根频率越高,加工词根的速度就越快。整词频率越高,加工整词就更快。相似的结果在英文研究中也有发现(Niswander, Pollatsek & Rayner, 2000)。本研究表明,义符熟悉性的作用受整字频率及加工任务影响。义符的熟悉性越高,义符加工的速度越快,但当整字频率低时,高熟悉的义符与其他部件结合会更加困难,这在一定程度上平衡掉了高熟悉义符的加工优势。因此,义符的熟悉性与启动类型出现了交互作用,表现在词汇通达的早期和中期,在 R+S- 条件下,义符熟悉性高的目标字的反应时长于义符熟悉性低的目标字。

(三)义符在汉字词汇通达中作用的模型

目前,学术界对义符在语义决定中的作用研究较为充分。张积家等(1990,1991,1993)采用语义决定任务,证明了义符在汉字词的类别语义、定义特征语义提取中具有重要作用。张积家和陈新葵(2005)采用语义决定任务,证明义符在汉语动作动词的动作器官和动作工具的语义提取中具有重要作用。张积家等(2006)发现,义符在中文名词和动词的分类中具有重要作用。他们认为,义符不仅是汉字结构的"块",也是汉字语义的"块",还是汉字语法的"块"。

然而,对义符在汉字词词汇通达中的作用,研究却不如对义符在语义决定中的作用的研究充分,结果也不完全一致。费尔德曼和塞克(1999a)表明,义符在词汇通达后期起着重要的表意作用。陈新葵等(2008)表明,义符在高频汉字形声字词汇通达中起重要作用。方燕红和张积家(2009)对汉字词和图片的命名与分类研究发现,义符对汉字词和图片的命名与分类的影响具有不对称性:对汉字词加工有重要影响,对图片加工无影响;对汉字词分类有重要影响,对汉字词命名无影响。崔占玲和张积家(2010)发现,在亚词汇水平上,汉字义符和英文词后缀影响字词认知的过程。汉语教学及相关的研究也支持在汉字识别中义符具有重要作用的看法(Pine, Huang & Huang, 2003)。本研究表明,义符既具有汉字部件的共性,又具有表义的独特性。总的来看,义符对汉字词的词汇判断具有确定的影响。然而,迄今为止,尚无专门针对义符在汉字词汇通达中的作用的模型。

塔夫脱等提出一个基于可独立成字部件的加工模型(详见 Ding et al., 2000; Taft, Zhu & Ding, 2000)(图1)。在该模型中,汉字的整字(如"枢")通过激活独体字(如"区")和相应的位置信息(右边)来加工。对可以独立成字的部件,加工通过笔画的特征水平来激活,部件的位置信息(在图中用符号的箭头方向表示)仅当笔画组合在合体字的相应位置时才激活。当某个位置单元和其他相关特征的单元共同激活时,将激活一个特定位置的部件表征。即,相同部件位于不同位置时,会有不同的表征。

<<< 第二编 义符的字词识别功能

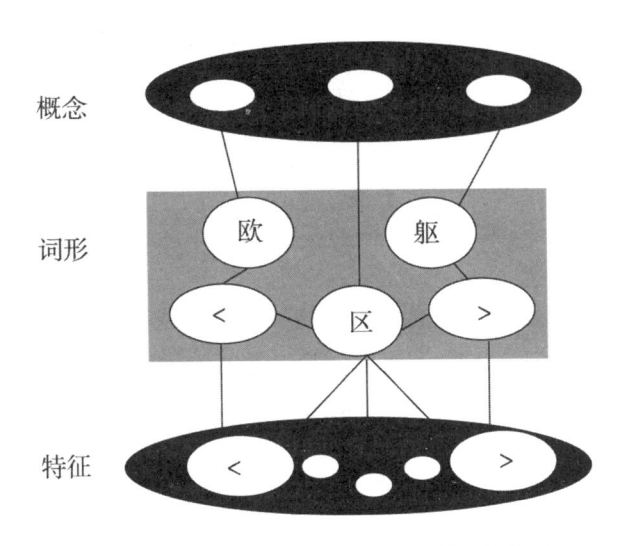

图1 早期的部件通过独体字表征激活的模型

丁(Ding)、彭(Peng)和塔夫脱(2004)采用启动范式发现：当目标字为低频字且将启动字作为部件包含时，出现了正启动效应；当启动字和目标字在相同部位包含了相同部件时，也出现了正启动效应；但当部件相同、部件位置不同时，出现了负启动效应。根据该研究，丁等对早期模型进行了修正(见图2)。在修正的模型中，独体字和合体字处于不同的表征水平，部件单元介于其间。在合体字单元之间存在一定的抑制联系，这种抑制联系受汉字和部件之间的相似性调节。例如，当合体字"枢"呈现时，首先激活了"区"这一独体字及基于位置的部件单元信息。这些激活将传递至所有包含"区"作为部件的合体字，如"躯"和"欧"，包含相同部件的汉字之间存在相互抑制的关系，但抑制作用又受合体字或部件之间的相似性调节。当启动字"乏"呈现时，激活了作为独体字的信息，"砭"包含有相同部件，因此出现了促进效应。包含相同部件的合体字之间的抑制作用和来自部件的促进作用使得结果模式表现出多变性。

103

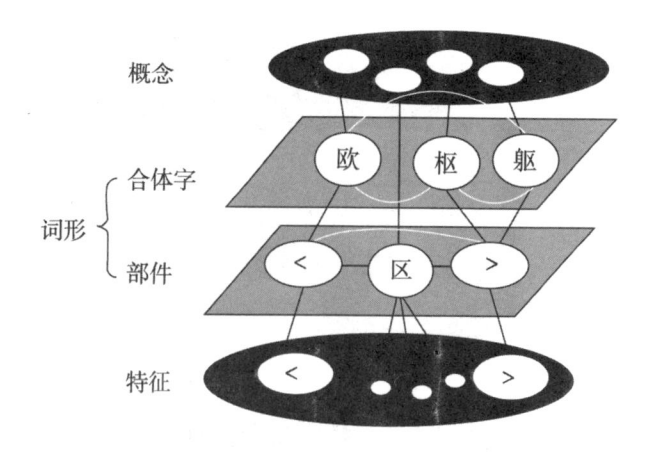

图2 晚期的部件通过独体字表征激活的模型

由于义符的特殊性,基于独立成字的部件加工模型并不完全适用于描述义符的加工。在丁等(2004)的模型中,启动字和目标字之间并无语义关联,部件与整字之间的语义关联也不紧密。而义符的语义大多与整字的语义具有紧密联系,而且许多义符不能独立成字。因此,有必要建立专门针对义符在词汇通达中的作用的模型。

综合地看,层次加工说中的相互作用观更能够解释义符在词汇通达中的作用。但是,相互作用观并未考虑义符的特殊性。因此,结合本研究和相关研究的结果,在两个网络系统模型、联结主义的"平行分布加工模型"以及丁等(2004)的基于可独立成字的部件的加工模型基础上,我们提出一个新的针对义符在汉字形声字词汇通达中的作用的模型(图3)。

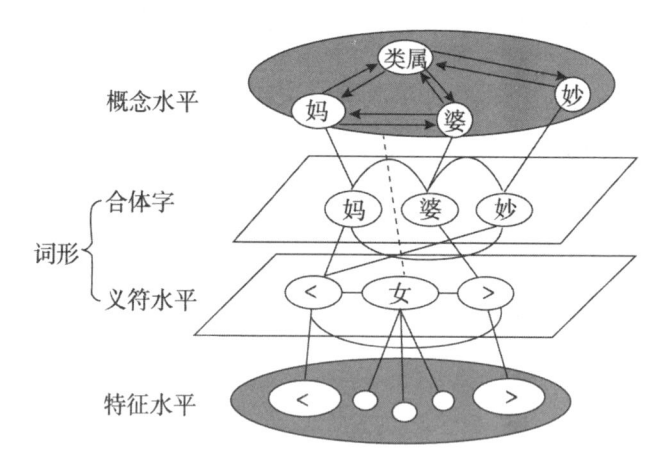

图3 义符在词汇通达中的表征模型

在这一模型中,特征水平、部件水平和合体字水平是属于词汇网络系统的变量,概念水平是属于语义网络系统的变量。义符联结着两个网络系统,为整字的语义通达提供了特殊通道。但是,由于义符的语义只标明了整字代表的概念的类属、动作发出的器官或动作工具、词类(动词或名词)等语义,义符的语义与整字的语义有关联却不完全等同,因此,在图3中以虚线标示之。义符的熟悉性越高,义符通达整字语义的通道就越顺畅。但是,义符只能提供了相关的意义,要真正通达整字的意义,仍然需要其他部件(如声符)参与。整字的频率越高,对义符通达整字语义的通道需求就越低。当义符语义与整字语义一致时,义符语义能够为整字语义通达提供帮助,但是,当两者不一致时,义符通达语义的通道受阻,义符的熟悉性越高,副作用就越大。这可以解释在本研究中,在R+S-条件下,启动字的整字频率低、义符熟悉性高时,负启动效应很早便已经出现,而在义符熟悉性低时,负启动效应在243ms才出现。这也可以解释当高频形声字为启动字时,义符的语义信息在整字通达的中期出现、后期作用消失的结果(陈新葵,张积家,2008)。

义符也具有部件的特性。义符介于特征水平和合体字水平之间,受位置影响。相同的义符,位置不同,表征也不同。在部件位置相同的形声字之间,存在着相互抑制或相互促进,这些作用受整字频率、义符频率、义符家族大小(即包含相同义符的形声字的多少)以及义符与整字语义的关系等多方面因素影响。在图3中,义符"女"的词形出现,对"妈、婆、妙"等的词形加工产生了一定的促进作用,但"女"的词形作用还要结合部件位置起作用,"妈、妙"的义符位置相同,"婆"的义符位置不同,后者的表征与前两者不同;在合体字层面,相同的义符家族成员之间会相互抑制,义符家族成员之间的抑制作用也受合体字和部件之间的相似性调节;在概念层面,一方面,义符"女"在词汇网络加工完成以后,迅速通达了语义网络,对与"女"的类属相关的概念进行了激活,进而产生了自上而下的加工,使得与"女"的类属相关的"妈、婆"能够得到更快的激活,而对"妙"的通达则产生了重要的抑制作用。

这一模型可以解释在诸多相关研究中出现的研究结果不一致的现象。例如,在费尔德曼和塞克(1999a)研究中,当SOA=243ms时,在R+S+条件下出现了正启动效应,在R+S-条件下出现了负启动效应。他们认为,部件在加工中扮演重要角色。进一步研究却发现,当SOA=43ms时,R+S-条件的负启动效应变成了正启动效应(Feldman & Siok,1999b)。他们提出,在加工早期,部件加工仅基于词形,在加工后期,部件的语义信息开始起作用(Weekes,Chen & Lin,1998)。但是,也有研究表明,在启动词汇命名中,部件的词形信息和语义信息会因为启动条件不同出现选择性的激活。周(Zhou)等(1999)发现,在 SOA=100ms 时,在 R+S+条件下,"狮—狼"由于义符相同,词形信息倾向于互相抑制。但此时语义相关起促进作用,两种作用相互抵消,使得启动效应不显著。在本研究中,启动字的整字频率低,整字语义启动效应发生得晚,此时,相同义符和包含相同义符的家族作用相对于高频字更加突出。义符的熟悉性高,语义通达更快,当 SOA=243ms,在整字语义通达之后,启动了自上而下的加工,义符的词形信息的抑制作用就更加明显,因此在 R+S+条件下出现了显著的负启动效应。这也可以解释当启动字为高频形声字时,在 SOA=43ms 时即已出现了整字的语义激活,此时义符的基于词形的加工在义符熟悉性高时作用显著,表现出 R+S+ 和 R+S− 的促进作用。当启动字词频低时,在 SOA=43ms 和 SOA=72ms 时,整字的语义并未通达,高熟悉的义符的语义却已经通达。总之,来自义符的促进作用、来自同一义符家族成员的抑制作用和来自概念水平的激活三种力量的对比与均衡受诸多因素(如 SOA、启动字和目标字的频率、启动和目标之间语义相关的高低以及加工任务)影响。在词汇加工时,一般是先进行笔画分析,后出现部件水平的词形激活,随着加工时间增加,后期才出现部件的语义信息或语音信息的激活,最后通达整字的语义信息。但在整字语义通达之后,义符的词形信息或语义信息也可能重新出现激活。

五、结论

义符熟悉性高低影响低频形声字的词汇通达。在加工早期,高熟悉的义符便出现了语义启动,低熟悉的义符的启动作用不明显。在加工晚期,高、低熟悉的义符均出现了语义激活,义符的词形信息也会激活。

义符和声符在形声字语音、语义提取中的作用
——来自部件知觉眼动研究的证据①

本研究采用眼动技术记录汉语阅读者在形声字的语音、语义提取中对声符和义符的注意规律,考察形声字部件的位置、功能和正字法意识对汉字认知的影响。结果表明:(1)在汉字的视觉加工中,阅读者对部件空间位置的注意加工优势受到声旁位置的调节。对左形右声结构的汉字,被试更多地注意字的右边,对右形左声结构的汉字,被试更多地注意字的左边;(2)在汉语阅读者的正字法规则中,存在着"左侧释义、右侧释音"的部件的位置—功能联结。(3)在通达形声字的语音、语义的过程中,与义符相比,声符具有注意资源的优势,这种优势在语音提取任务中更加明显;声符无须依赖义符的信息便可以相对独立地激活整字的语音,但声符需要义符的配合才能够提取整字的语义。

一、前言

人们在阅读时,如何利用视觉输入从心理词典中提取字词的语音、语义信息?亚词汇水平的加工在词汇通达中如何发挥作用?这些问题一直是心理语言学研究的热点。视觉词加工的脑机制研究发现,大脑的左半球(left hemisphere,LH)具有语音加工的优势,右半球(right hemisphere,RH)具有词形加工的优势(Hsiao, Shillcock & Lee,2007)。对英文等拼音文字的视觉加工存在着典型的 LH 偏侧化现象。fMRI 研究发现,左梭状回存在着仅对单词反应的区域(McCandliss,Cohen & Dehaene,2003);ERP 研究表明,与无意义的字母串相比,单词在 LH 引发了更大的 N170 成分(Maurer,Brandeis & McCandliss,2005)。然而,对汉字视觉加工的研究却表明,加工汉字引起的脑激活比加工英文呈现出更加双侧化的趋势(Liu &

---

① 本文原载于《心理学报》2004 年第 7 期,885 - 900。
本篇作者:张积家,王娟,印丛。

Perfetti,2003;Tan et al.,2001;Tan et al.,2000)。在汉字视觉加工中,存在 RH(负责字形加工)与 LH(负责语音加工)偏侧激活的交互作用。

汉字词与英文词在认知上的诸多差异源于汉字和英文的构形特点。汉字是用表意构件兼及示音和记号构件构成单字以记录汉语语素和音节的平面方块型符号系统(李运富,张素凤,2006)。汉字通过笔画和部件在空间上的位置变化形成,线条简洁却信息丰富,具有一定的表音和表意功能,具有知觉的整体性、平面型以及结构的非线性的特点(张积家,崔占玲,2008)。英文是拼音文字,拼音文字通过字母或字母组合的线性排列以及顺序变化形成单词,属于线性结构,普遍存在着形—音对应的规则(grapheme-phoneme correspondence rules,GPC),字母或字母组合与音位相对应,汉字的构件或构件组合却无此功能(Perfetti et al.,2007)。在拼音文字中,词根和词缀等亚词汇单元只表征语音,即使它们在形态上对应于一个单词,这个单词的语义也不会被激活(Andrews,1989)。汉字是与意义匹配而非与声音匹配,不存在一致的字形—语音的对应关系。但是,汉字的亚词汇单元却既可以表音,也可以表义。

文字学的研究显示,形声字在 7000 常用汉字中占 81%(Li & Kang,1993)。形声字由义符(semantic radical,又称"形符""形旁",用"S"表示)和声符(phonological radical,又称"声旁",用"P"表示)两个部件组成,义符表示形声字本义所属的类别,声符表示形声字的读音。左右结构的形声字占形声字总数的 2/3,其中 90% 为左形右声(用"SP"表示,如"校"),10% 为左声右形(用"PS"表示,如"效"),SP 汉字与 PS 汉字的数量之比约为 9∶1。考虑到不同结构的汉字的实际使用频率不同,在加权词频以后,SP 汉字和 PS 汉字在心理词典中的分布比例大约为 5.5∶1(Hsiao & Shillcock,2006)。因此,汉字基本上是以 SP 结构的形声字为主体的文字系统。汉字部件的认知神经机制的研究表明,不同的汉字部件的认知神经基础不同(Dong et al.,2005)。汉字的亚词汇水平加工与词汇水平加工并无本质差别(周晓林,鲁学明,舒华,2000)。这就为相对独立地探讨声符和义符在字词加工中的作用及其相互关系奠定了基础。

汉字部件具有位置与功能的两重属性。从部件位置来看,部件的信息具有位置确定性,汉字的位置部件不同,提供的信息不一样,在汉字识别中作用也不同(韩布新,1996)。罗艳琳等(2010)考察了空间位置对部件识别的影响,发现对下部件分辨最难,分辨时间最长,对左部件反应最快。但也有的研究发现了不同的证据。冯丽萍(1998)认为,右部件对汉字识别的作用大于左部件,左部件的频率与位置合法性受右部件的制约,而右部件则无此限制。塔夫脱等(1999)认为,右侧含有高频部件的汉字比右侧含有低频部件的汉字识别更快。在假字识别中,右部件的作用比左部件更加重要(Peng & Li,1995)。对欧美学生而言,右部件和下部件的作用较强(冯丽萍,卢华岩,徐彩华,2005)。那么,在合体形声字的视觉加工中,是左部件的作用更大,还是右部件的作用更大?是否存在着部件空间位置的视觉注意优势?还是因为在汉字中 SP 汉字分布的主导性,使得部件位置与部件类型存在着一定的联系?

从部件功能来看,义符作为语义线索有利于汉字的识别(陈新葵,张积家,2008,2012;崔占玲,张积家,2010),有助于汉字的类别语义(方燕红,张积家,2009;张积家,张厚粲,彭聃龄,1990;张积家,彭聃龄,张厚粲,1991)、特征语义(张积家,彭聃龄,1993)、动作器官和动作工具语义(张积家,陈新葵,2005)的提取,有助于中文的动词和名词的分类(张积家,方燕红,陈新葵,2006);声符作为语音线索在汉字认知中具有规则效应(舒华,张厚粲,1987)、一致性效应(Fang, Horng & Tzeng,1986;舒华,周晓林,武宁宁,2000)和声调效应(张积家,王惠萍,2001)。汉字虽然具有表义的性质,但形声字的声符在功能上与拼音文字的形—音对应相似(Hsiao & Liu,2010)。不仅义符具有表义的功能,声符具有表音的功能,两者还均具有表形的作用。词形部件的加工不仅可以出现在整字识别之前,在整字识别之后,部件的激活依然存在(Feldman & Andjelkovic,1992;管益杰,李燕芳,宋艳,2006;Schreuder & Baayen,1994)。在整字的语音提取中,义符具有表形功能,声符兼具有表音、表形的功能,由形可以达音;在整字的语义提取中,声符具有表形功能,义符兼具有表义、表形的功能,由形可以达义。然而,在形声字的语音、语义提取中,声符和义符哪一个会获得优先的注意?两者所起的作用大小如何?是否声符一定在语音提取中作用更大、义符一定在语义提取中作用更大?目前尚无一致的结论。

对汉语阅读者而言,随着识字经验增加,阅读者对汉字的造字规则会越来越敏感。使笔画和部件的组合符合于汉字构造的规则称为正字法(orthography)。与汉字部件具有的位置、功能信息相对应,汉字的正字法规则也包括部件位置规则与部件功能规则(Ho, Chan & Lee, Tsang & Luan,2004)。作为一种在长期语言学习与使用中所形成的经验,正字法规则通过自上而下的方式影响汉字的识别。在形声字中,SP 汉字与 PS 汉字的分布比例如此悬殊,是否会影响人脑对视觉词的加工?不同结构的形声字是否具有不同的加工模式?为了证实知觉学习能够影响汉字的语音加工,肖(Hsiao,2011)排除了大脑LH的语音优势这一因素,构建了左右半球对称的计算模型,训练模型学习不同结构的形声字,发现在学习材料中SP汉字与PS汉字的分布比例对模拟成绩具有重要影响,证明汉语阅读者长期接触汉字的构形信息能够在很大程度上影响对汉字的认知。在语音提取任务中,肖和刘(Liu)(2010)表明,相比起PS汉字,SP汉字在大脑加工上更加LH偏侧化。他们认为,由于SP汉字在汉字中占主导地位,而且和PS汉字相比,SP汉字中的规则形声字(整字与声符部件的发音相同)所占的比例更大(Hsiao & Shillcock,2006),使得人们更倾向于从汉字的右侧获取语音信息。因此,在SP汉字的加工中,存在着语音的自动激活,这使得SP汉字比PS汉字在语音提取中占有优势。研究同样证明了汉字部件的整体分布信息影响人脑对视觉词的认知。在语音提取中,"右侧索音"即为人们在长期接触汉字的构形信息中所形成的正字法意识,它是一种"声符居右,声符释音"的形声字的部件位置—功能联结。相应地,在语义提取中,人们还具有"义符居左,义符释义"的位置—功能联结,进而形成了"左侧寻义"的正字法意识。然而,"左侧寻义,右侧索音"这种自动化的心理倾向却鲜有实证研究的证实。

本研究试图解决3个问题:(1)对于不同结构的汉字,是否存在着左部件或右部件的空间位置的注意优势?(2)在熟练的汉语阅读者的正字法意识中,是否存在着部件的位置—功能联结?(3)在汉字的语音、语义提取中,声符和义符所起的作用如何?汉语阅读者的注意资源如何分配?在反应时实验中,由于反应指标单一,而且存在着信号提示、启动等实验情境的干扰,往往无法精确地考察在汉字认知中存在的自动加工和即时加工。相比之下,眼动研究具有特殊的优势。眼动研究通过眼动仪记录被试在完成任务时眼球运动的信息(如注视时间与频率、眼跳次数与角度、回扫次数、兴趣区、眼球运动轨迹等),研究相关的心理活动及其规律。眼球运动和认知活动具有基本的对应关系。任务难度越大,认知因素就越多地参与、塑造并决定低水平的、反射的眼球运动行为。将眼动技术应用于阅读加工的研究,其基本前提是眼球运动能够反映即时的阅读加工过程。一方面,眼动技术能够从时间和空间的角度提供高精度的指标;另一方面,眼动实验的情境更趋于自然,更具有生态效度。然而,迄今为止,尚无描述在形声字的语音、语义提取中人眼运动规律的研究。因此,运用眼动技术实时地记录汉语阅读者对声符、义符的知觉差异,不失为解决上述问题的有效方法。本研究采用的材料是不同结构的形声字,包含SP汉字与PS汉字两个水平。SP汉字符合阅读者对汉字部件的位置—功能意识;PS 汉字与阅读者的"左侧寻义,右侧索音"的正字法意识相悖。实验1和实验2分别使用语音判断任务和语义决定任务考察在形声字的语音、语义提取中部件参与加工的机制。针对问题1,如果 SP 汉字和 PS 汉字存在着一致的左部件或右部件的注意优势,就说明人眼对于汉字的空间位置存在着注意偏好;如果对 SP 汉字与 PS 汉字的空间位置的注意优势不一致,就说明部件位置的注意优势受部件型的调节。针对问题2,如果对不同结构的汉字,被试在实验1中倾向于优先关注偏右的位置,在实验2中优先关注偏左的位置,则证明汉语阅读者存在着"左侧释义、右侧释音"的部件位置—功能意识。为了解决问题3,就需要系统地分析比较声符、义符两种兴趣区的眼动指标的差异。

二、实验1 形声字语音提取中部件知觉的眼动规律探究

(一)方法

1. 被试

母语为汉语的本科生32名(男生14名,女生18名),视力或矫正视力正常,均为右利手。

2. 设计与材料

单因素被试内设计。自变量为形声字的结构,分为 SP 和 PS 两个水平。目标刺激为60个形声字,SP 汉字与 PS 汉字各有30个。目标字的声符符合如下三类字音的标准:(1)声符与被构字的声母、韵母、声调全部相同;(2)声符与被构字的声母、韵母相同;(3)声符与被构字的韵腹、韵尾、声调相同,即"韵"相同(王贵元,2005)。参考宁宁(2007)编制的"频度声符示音总表",在成字部件中挑选符合上述标准的目标字。根据《现代汉语频率词典》(北京语言学院语言教学研究所,1986)匹配目标字的词频和笔画数:SP 汉字的平均词频(每百万字中出现该字的字数,下同)为224,PS 汉字的平均词频为209,$t=0.81,p>0.05$,差异不显著;SP 汉字的平均笔画数为8.40,PS 汉字的平均笔画数为9.20,$t=1.82,p>0.05$,差异不显著。对 SP 汉字与 PS 汉字的部件笔画数进行统计。结果表明,SP 汉字的义符部件的平均笔画数为4.10,PS 汉字的义符的平均笔画数为3.80,$t=0.81,p>0.05$,差异不显著;SP 汉字的声符部件的平均笔画数为5.60,PS 汉字的声符有平均笔画数为6.00,$t=0.82,p>0.05$,差异不显著。另外加入了60个假字作为填充材料,构成了"否"反应。将同一水平下的真字两两配成一组,义符不变,交换声符,得到了同水平的两个假字;同组的真字需要保证交换声符以后得到的两个新

材料均不为真字。为了尽可能地降低真、假字在大小、形状、构字结构上的区别,材料均使用 Windows XP 自带的 TrueType 造字程序制作,再将它们做成宋体白底黑字的图片,图片大小为 450×450 像素。

3. 仪器

加拿大 SR Research Ltd 开发的 Eyelink 1000,由两台计算机组成,通过以太网连接。用一台 19 英寸的微机屏幕显示实验材料,另一台计算机负责记录眼动。屏幕的分辨率为 1024×768 像素。数据采样率为 1000 次/秒,眼动仪追踪分辨率的阈限值为瞳孔直径的 0.2%,被试眼睛的注视和运动通过头盔上两个微型红外摄像机输入计算机。被试用双眼观察刺激,对一半被试记录右眼的数据,对另一半被试记录左眼的数据。显示器屏幕与被试眼睛的距离约为 80cm,屏幕的刷新率为 150Hz。材料的呈现与眼动的记录由专用的软件完成。

4. 程序

在每段实验开始之前,都要进行校准以保证记录眼动轨迹的精确性。每次校准都包括刻度标示(calibration)、刻度确认(validation)和漂移修正(driftcorrect)。在刻度标示中,9 个校准点(白色小圆点)会依次随机地出现在屏幕的中心或四周。当校准点随机出现时,要求被试注视该点,直至该点消失。刻度标示后进行刻度确认,仍然出现 9 个校准点,程序和刻度标示一样。如果刻度确认成功,接着进行一次漂移修正,一个校准点会随机地出现在屏幕的中心或四周,要求被试注视它。校准成功之后,方可以进入正式实验。120 个汉字刺激随机呈现。在正式实验时,首先在屏幕的中央呈现红色注视点"+"500ms,然后是 400ms 的空屏,接着在屏幕中心呈现目标图片,直到被试做出反应。如果被试在 3s 内未反应,图片自动消失,然后进入下一次试验。两次试验之间的间隔为 1000ms。要求被试判断出现在屏幕中央的目标刺激的可读性;如果目标刺激可以发音,就按下 F 键;如果不可以发音,就按下 J 键。半数被试的按键按此规定,半数被试的按键规定相反。主试对被试进行头校正、眼校正。在正式实验之前,被试进行了练习。眼动仪自动记录被试的眼运动及按键反应。

(二)结果与分析

去除眼动数据不稳定(在经过 9 点校正后,头部有所运动,偏离校正位置,或注视点个数过少)的被试 2 名和判断正确率低于 75% 的被试 2 名,有效被试为 28 名,男、女各半。

1. 行为数据

只分析60个真字的数据,删除反应时在 $M \pm 3SD$ 之外的项目,被试的平均反应时和平均错误率见表1。

表1 语音任务中不同材料类型的平均反应时(ms)和错误率(%)

形声字结构	反应时(ms)	错误率(%)
SP	867(31)	11.30(3.50)
PS	897(29)	12.70(4.10)

注:括号内的数字为标准差,下同。

配对 t 检验表明,SP汉字的反应时显著短于PS汉字,$t_1(27) = -5.67, p < 0.001, t_2(29) = -5.33, p < 0.001$。SP汉字和PS汉字的错误率差异不显著,$t_1(27) = -1.40, p > 0.05, t_2(29) = -1.37, p > 0.05$。考虑到SP汉字的频率和笔画数均高于PS汉字,虽然差异不显著,也有可能影响到实验结果,将词频和笔画数作为协变量参与分析。结果表明,SP汉字的反应时仍然显著短于PS汉字,$p < 0.001$,说明实验结果可靠。

2. 左、右兴趣区的眼动数据

删除行为数据中反应错误的项目,将每个形声字按照义符部件、声符部件的实际大小比例(约为2:3)划分为左、右两个矩形兴趣区,见图1。

图1 兴趣区划分示意图

分析眼睛在两个兴趣区的总注视时长比(proportion of dwell-time)、注视点个数比(proportion of fixations)和首注视点序数(first-fixation-index)(见表2)。总注视时长比是指当前兴趣区的总注视时长占该次试验中总注视时长的百分比,注视点个数比是指当前兴趣区的注视点个数占该次试验中注视点个数的百分比。这两个指标能够在一定程度上反映出兴趣区的相对重要性。首注视点序数是指当前兴趣区的首注视点在该次试验的所有注视点中的排列序数,首注视点序数小者为被试优先关注的区域。

表2 在语音任务中不同兴趣区的眼动指标均值和标准差

形声字的结构	总注视时长比		注视点个数比		首注视点序数	
	左部件	右部件	左部件	右部件	左部件	右部件
SP	0.11(0.09)	0.89(0.10)	0.26(0.10)	0.74(0.09)	2.89(0.31)	1.05(0.11)
PS	0.59(0.13)	0.41(0.12)	0.55(0.16)	0.45(0.16)	1.63(0.31)	1.90(0.37)
平均值	0.35	0.65	0.40	0.60	2.26	1.48

配对 t 检验表明,左、右部件的兴趣区在三种眼动指标中的差异均非常显著。右部件区的总注视时长比显著大于左部件区, $t_1(27)=8.71, p<0.001, t_2(29)=8.44, p<0.001$;右部件区的注视点个数比显著大于左部件区, $t_1(27)=8.66, p<0.001, t_2(29)=-8.13, p<0.001$。右部件区的首注视点序数显著小于左部件区, $t_1(27)=9.69, p<0.001, t_2(29)=9.72, p<0.001$。

然而,比较 SP 汉字和 PS 汉字的眼动指标却发现,不同兴趣区的眼动指标却存在显著差异,但趋势不同。对 SP 汉字,右部件区的总注视时长比显著大于左部件区, $t_1(27)=21.94, p<0.001, t_2(29)=19.18, p<0.001$;右部件区的注视点个数比显著大于左部件区, $t_1(27)=15.62, p<0.001, t_2(29)=15.81$;右部件区的首注视点序数显著小于左部件区, $t_1(27)=11.08, p<0.001, t_2(29)=11.23, p<0.001$,表明右部件区是 SP 汉字的优先关注区域。对 PS 汉字,左部件区的总注视时长比显著大于右部件区, $t_1(27)=3.75, p<0.01, t_2(29)=3.82, p<0.01$;两个兴趣区的注视点个数比无显著差异, $t_1(27)=1.89, p>0.05, t_2(29)=1.77, p>0.05$;左部件区的首注视点序数显著小于右部件区, $t_1(27)=-2.55, p<0.05, t_2(29)=2.47, p<0.05$,表明左部件区是 PS 汉字的优先关注区域。

3. 优先关注区首次注视点的眼动数据

在确定了两类实验材料的优先关注区域以后,对落入其中的首注视点的时间信息和空间信息进行了精细比较。如果某个部件区在汉字形声字认知加工中比较重要,首注视点落入这一区域的时间必然短,首注视点位置也会在水平方向上与兴趣区的中心点发生更大的偏移。参考前人研究(MacKain, Studdert-Kennedy,

Spieker & Stern,1983),分析被试注视时的首点落入时间(first-fixation-time)以及首点水平偏移(first-fix-interest-area-x-offset)。首点落入时间是指以目标汉字呈现的时间点为0参照,首注视点所落入的时刻,数值越小,表明首注视点确定的时间越早;数值越大,表明首注视点确定的时间越晚。首点水平偏移是指以兴趣区的中心点为位置原点,注视点的位置在水平方向上的偏移;正、负代表方向,负值表示位于兴趣区中心点的左侧,正值表示位于兴趣区中心点的右侧,数值大小代表距离兴趣区中心点位置的远近,数值越小,代表距离兴趣区中心点越近,数值越大,代表距离兴趣区中心点越远。落入两类材料的优先关注区域的首注视点的统计信息见表3。

表3 语音任务中优先关注区首注视点的眼动指标均值与标准差

形声字结构	首点落入时间(ms)	首点水平偏移(像素)
SP	15(4)	+73(13)
PS	90(6)	+68(12)

t检验表明,SP汉字的首注视点落入时间明显地早于PS汉字,$p<0.001$。SP汉字和PS汉字的首注视点均位于优先关注区域的中心偏右处,两者差异不显著,$p>0.05$。

(三)讨论

从行为数据来看,SP汉字的反应时显著短于PS汉字,说明SP汉字在语音任务中存在着反应优势,表明形声字的结构(声符、义符的左右位置)影响汉字的语音提取。从眼动数据来看,被试倾向于更多地、更早地关注右部件,存在着右部件的注意优势。然而,不同类型的汉字在不同兴趣区的眼动指标的差异趋势并不相同:SP汉字的右部件获取的注视时间更长,注视点数更多,首注视点更多地落在右部件区域(声符部件的区域);PS汉字的左部件获取注视的时间更长,首注视点更多地落在左部件区域(声符部件的区域)。这说明,在汉字的语音提取中,被试倾向于对声符部件给予更多的、优先的关注。

虽然声符在两类材料中均为优先关注的区域,但是,SP汉字很早(15ms)就确定了首注视点的位置,落在了声符部件的中心偏右处;PS汉字在较晚的时候(90ms)才确定了首注视点的位置,同样落在了声符部件的中心偏右处。在时间上,两类汉字的首注视点确定的早晚与反应时的长短差异相符;在空间上,两类材料的首注视点位置在相应兴趣区的水平方向偏移趋势一致,与汉语阅读者的"右侧表音"的正字法意识相符。

实验1表明,基于形声字的声符表音、义符表意的构造特点,在形声字的语音提取中,存在着"右侧索音"的部件位置—功能联结。那么,在形声字的语义提取中,是否也存在着"左侧寻义"的部件位置—功能联结?在形声字的语义提取中,义符是否会比声符起着更大的作用?实验2将探索部件知觉在形声字语义提取中的眼动规律。

三、实验2 形声字词义通达中部件知觉的眼动规律探究

(一)方法

1. 被试

母语为汉语的本科生30名(男生14名,女生16名),视力或矫正视力正常,均为右利手。

2. 设计与材料

设计同实验1。目标刺激为48个形声字,SP汉字与PS汉字各有24个,涉及4个合成的语义类别:(1)人称(汉字具有"亻"义符)或地名(汉字具有"阝"义符);(2)女性(汉字具有"女"义符)或鸟类(汉字具有"鸟"义符);(3)以火或刀为工具的动作(汉字具有"火"义符或"刂"义符);(4)由眼或嘴发出的动作(汉字具有"目"义符或"口"义符)。所以采用合成的语义类别,是由于需要安排PS汉字,由于在形声字中PS汉字的数量很少,如果采用单纯的语义类别,在选材上有很大困难。每个合成的语义类别包含SP汉字与PS汉字各有6个。实验材料还包括48个填充字,SP汉字与PS汉字各占一半,构成了语义决定中的"否"反应。将它们平均分配到上述4个合成的语义类别中,并保证不是该语义类别的成员,匹配目标字的词频和笔画数:SP汉字的平均词频为172,PS汉字的平均词频为151,$t = 1.03, p > 0.05$,差异不显著;SP汉字的平均笔画数为8.70,PS汉字的平均笔画数为9.30,$t = 1.33, p > 0.05$,差异不显著。目标字与填充字的词频与笔画数的差异也均不显著,$t_{词频} = 0.25, p > 0.05, t_{笔画数} = 0.91, p > 0.05$。统计SP汉字与PS汉字的部件的笔画数。结果表明,SP汉字的义符的平均笔画数为3.00,PS汉字的义符的平均笔画数为3.30,$t = 0.74, p > 0.05$,差异不显著。SP汉字的声符的平均笔画数为4.90,PS汉字的声符的平均笔画数为6.40,$t = 2.44, p < 0.05$,差异显著。在实验前,让50名以汉语为母语大学生采用7点量表根据最常用的语义评定96个

汉字的典型性和语义透明度,目标刺激与填充刺激按照语义类别分为4组呈现。典型性是指汉字的语义在多大程度上符合该组的语义类别;语义透明度是指汉字的语义在多大程度上能够由义符来表示,如"枝"的意思是植物的茎条,"校"的意思是教育机构,义符"木"代表树类植物,"枝"的透明度高而"校"的透明度低。7表示汉字所代表的事物是对应语义类别的典型成员,义符能够很好地标示整字的语义类别;1代表汉字所代表的事物不是对应语义类别的成员,义符不能够标示整字的语义类别。t检验表明,两种目标词的平均典型性分数差异不显著,$t=0.82$,$p>0.05$;两种目标词的平均语义透明度分数差异不显著,$t=0.33$,$p>0.05$。目标汉字和填充汉字的平均语义透明度分数差异不显著,$t=1.89$,$p>0.05$;目标汉字和填充汉字的平均典型性分数差异显著,$t=47.22$,$p<0.001$。目标汉字与填充汉字的统计信息见表4。材料均做成宋体白底黑字的图片,大小为450×450像素。

3. 仪器和程序

眼动仪的调试同实验1。4个合成语义类别以4个区组先后呈现,区组顺序由计算机随机安排,试验序列的顺序进行了伪随机化,保证不会连续出现4个同样类型的判断。在正式实验时,首先在屏幕的中央呈现红色注视点"+"500ms,然后是400ms的空屏,接着在屏幕的中心呈现目标图片,直到被试做出反应。如果被试在3s内未做出反应,图片自动消失,进入下一次试验。两次试验之间的间隔为1000ms。要求被试判断出现在屏幕中央的汉字的语义类别,如果属于某个语义类别,就按下F键;如果不属于,就按下J键。每个区组的实验开始前都在被试间平衡左右手按键。主试对被试进行了头校正、眼校正。在正式实验之前,被试进行了练习。眼动仪自动记录被试的眼运动及按键反应。

表4 语义任务中实验材料的统计信息表(M)

材料类型	材料举例	词频	笔画数	熟悉性	典型性	透明度
SP目标字	侍、妓、焊、吮	172	8.70	4.28	6.31	6.14
PS目标字	郢、鸪、割、观	151	9.30	3.96	6.17	6.22
SP填充字	猞、蚝、涉、押	159	9.30	4.20	1.21	6.28
PS填充字	敞、颅、欺、劫	163	9.60	4.24	1.30	5.05

(二)结果与分析

去除眼动数据不稳定(被试在经过9点校正后,头部有所运动,偏离校正位置,或者注视点个数过少)的被试 2 名,有效被试为 28 名(男女各半)。

3.2.1 行为数据

只分析 48 个目标字的数据,删除反应时在 $M \pm 3SD$ 之外的项目,被试的平均反应时和平均错误率见表5。

表 5 语义任务中不同材料类型的平均反应时(ms)和错误率(%)

形声字结构	反应时(ms)	错误率(%)
SP	916(138)	8.30(3.10)
PS	991(156)	12.20(4.60)

配对 t 检验表明,SP 汉字的反应时显著短于 PS 汉字,$t_1(27) = -3.82, p < 0.001, t_2(23) = -3.11, p < 0.01$。SP 汉字的错误率显著低于 PS 汉字,$t_1(27) = 2.66, p < 0.05, t_2(23) = -3.01, p < 0.01$。将词频和笔画数作为协变量参与分析,结果表明,SP 汉字的反应时仍然显著短于 PS 汉字,SP 汉字的错误率明显低于 PS 汉字,$p < 0.001$。

3.2.2 左、右兴趣区的眼动数据

删除错误反应的数据,兴趣区的划分与眼动指标分析与实验 1 相同,结果见表 6。

表 6 语义任务中不同兴趣区的眼动指标均值与标准差

形声字结构	总注视时长		注视点个数比		首注视点序数	
	左部件	右部件	左部件	右部件	左部件	右部件
SP	0.15(0.11)	0.85(0.11)	0.14(0.11)	0.86(0.11)	3.06(0.77)	1.08(0.15)
PS	0.60(0.10)	0.40(0.12)	0.60(0.10)	0.40(0.11)	1.58(0.23)	2.38(0.52)
平均值	0.38	0.62	0.37	0.63	2.32	1.73

配对 t 检验表明:右部件区的总注视时长比显著大于左部件区,$t_1(27) = 8.32, p < 0.001, t_2(23) = 7.98, p < 0.001$;右部件区的注视点个数比显著大于左部件区,$t_1(27) = 8.37, p < 0.001, t_2(23) = 8.21, p < 0.001$;右部件区首注视点序数显著小于左部件区,$t_1(27) = 4.97, p < 0.001, t_2(23) = 4.88, p < 0.001$。比较 SP 汉字和 PS 汉字的眼动指标,发现不同兴趣区的眼动指标差异显著,但趋势不同。

对 SP 汉字,右部件区的总注视时长比显著大于左部件区,$t_1(27) = 16.38, p < 0.001, t_2(23) = 15.48, p < 0.001$;右部件区的注视点个数比显著大于左部件区,$t_1(27) = 15.98, p < 0.001, t_2(23) = 16.19, p < 0.001$;右部件区的首注视点序数显著小于左部件区,$t_1(27) = 11.84, p < 0.001, t_2(23) = 12.23, p < 0.001$。这表明,右部件区是 SP 汉字的优先关注区域。对 PS 汉字,左部件区的总注视时长比显著大于右部件区,$t_1(27) = 4.89, p < 0.001, t_2(23) = 4.76, p < 0.001$;左部件区的注视点个数比显著大于右部件区,$t_1(27) = 4.89, p < 0.001, t_2(23) = 4.81, p < 0.001$;左部件区的首注视点序数显著小于右部件区,$t_1(27) = -7.42, p < 0.01, t_2(23) = 7.65, p < 0.01$。这表明,左部件区是 PS 材料的优先关注区域。

3.2.3 优先关注区首注视点的眼动数据

将首注视点落入 SP 汉字右部件区和 PS 汉字左部件区的试验进行统计,以确定在语义任务中对两种类型的汉字的首点落入时间和首点水平偏移,结果见表 7。

表 7 语义任务中优先关注区首注视点的眼动指标均值与标准差

部件位置类型	首点落入时间(ms)	首点水平偏移(像素)
SP	16(5)	−79(13)
PS	89(7)	−81(13)

t 检验表明,SP 汉字的首注视点落入时间显著早于 PS 汉字,$p < 0.001$。两种类型的汉字的首注视点均位于优先关注区域的中心偏左处,而且差异不显著,$p > 0.05$。

(三)讨论

从反应时和错误率来看,SP 汉字的反应时短于 PS 汉字,错误率更低,SP 汉字在语义提取中存在着反应优势。这表明,义符、声符的位置能够影响汉字的语义提取。从眼动的数据来看,被试倾向于更多、更早地关注右部件,存在着右部件的注意优势。然而,不同类型的汉字在不同兴趣区的眼动指标的差异趋势并不相同:SP 汉字的右部件获取的注视时间更长,注视点数更多,首注视点更多地落在右部件区域;PS 汉字的左部件获取注视的时间更长,注视点数更多,首注视点更多地落在左部件区域。这说明,在形声字的语义提取中,与语音提取相似,被试均倾向于对声符部件给予更多的、优先的关注。

对语义提取中首注视点的时间信息和空间信息进行比较,发现 SP 汉字比 PS

汉字更早地确定了首注视点位置,和反应时的长短差异一致;对两种类型汉字的首注视点都落在声符部件区中心的左侧,与被试的"左侧释义"的正字法意识相符。结合实验1的数据,发现不论是在语音提取任务中,还是在语义提取任务中,SP汉字均比PS汉字更早地确定了首注视点位置。但是,在语音提取任务中,首注视点都位于中心偏右处;在语义提取任务中,首注视点都落在中心偏左的位置,这是在两种任务中最为明显的差异。见图2。

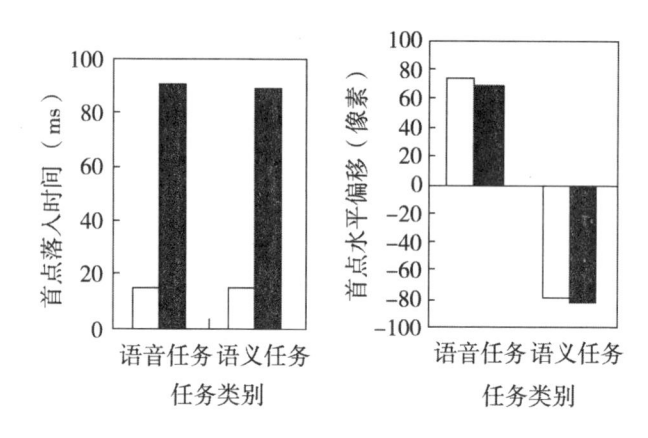

图2 SP汉字和PS汉字的首注视点指标在不同人物类型中的比较

四、综合讨论

反应时和错误率的分析表明,在形声字中,在数量上占有绝对优势的SP汉字,在反应指标上也优于PS汉字。但是,利用眼动记录法却发现,不管是在语音提取任务中,还是在语义提取任务中,汉语阅读者总是倾向于对形声字的声符给予了更多的、优先的关注,存在着声符的注意资源分配优势。这说明,被试对部件空间位置的注意加工优势受到声符位置的调节。两类汉字在首注视点落入时间的差异,反映了汉语阅读者在长期接触汉字的构形信息过程中所形成的心理倾向。在形声字的语音提取和语义提取中,首注视点水平位置偏移的差异验证了汉语阅读者对形声字具有"左侧寻义,右侧索音"的正字法意识。研究还表明,声符在语音提取中的作用更加独立。在语义提取中,声符需要与义符的相互配合才能够激活整字的语义。下面,就研究结果做一些讨论。

(一)关于形声字加工中部件位置与部件类型的注意优势

汉字的不同位置的部件所提供的信息不同,在汉字识别中的作用也不同。但是,部件的空间位置如何影响汉字形声字的认知?汉字形声字的左、右部件在认知中的作用如何?研究结论并不一致。与注意加工的空间位置效应密切相关的一个现象是视野差异(visual field difference)。人的双眼分为左右两个视野,对呈现在屏幕中央的形声字,左部件位于左视野(left visual field,LVF),右部件位于右视野(right visual field,RVF)。在英文词阅读中,存在着右视野的优势效应(Bryden & Rainey,1963;Brysbaert & de'Ydewalle,1990;Faust,Babkoff & Kravetz,1995)。与英文词不同,在汉字的速视实验中发现:当控制了两个备选汉字的字形相似性以后,出现了 LVF 优势效应;当控制了两个备选汉字的语音相似性之后,出现了 RVF 优势效应(Yang & Cheng,1999)。根据大脑半球优势理论,英文词以及汉字语音加工的 RVF 优势与左半球(LH)的语音加工功能相联系,汉字字形加工的 LVF 优势则与右半球(RH)在图形处理方面的优势相对应。那么,在两个实验中所发现的汉字形声字的左、右部件的注意优势是否源自被试对于空间位置的注意偏好?能否用汉字的语音加工、语义加工中的视野差异来解释?

事实上,如果不考虑汉字形声字的结构差异,那么,在两个实验中均发现被试倾向于更多地、更早地关注右部件,存在着右部件的注意优势。然而,不同类型的汉字在不同兴趣区的眼动指标的差异趋势并不相同:SP 汉字的右部件获取的注视时间更长,注视点数更多,首注视点更多地落在右部件区域;PS 汉字的左部件获取注视的时间更长,首注视点更多地落在左部件区域也即声符部件的区域。这说明,在汉字的语音提取和语义提取中,被试都倾向于对声符部件给予更多的、优先的关注。这意味着,被试对部件空间位置的注意受声符位置的调节。

一般说来,形声字的部件包含声符与义符两大类,部件具有位置与功能的两重属性。形声字部件的功能属性比较独立,而位置属性则更具有依赖性。因此,在已往研究中,不区分部件的类型或功能,单纯地考察部件位置效应的做法是缺乏心理现实性的。例如,塔夫脱等(1997)发现,右部件的结合度影响汉字的识别时间,左部件的结合度则不然。费尔德曼和塞克(1999a)认为,汉字部件的功能可能混淆部件位置的结合度效应。在区分了部件的类型以后,费尔德曼(1999b)等得到了与塔夫脱等相反的结果——当部件位于左侧时,大的义符结合度促进汉字识别,而部件位于右侧则不然。类似地,针对陈和威克斯(Chen & Weekes,2004)的研究未控制义符位置的不足,肖、谢尔克(Shillcock)和拉维奥(Lavidor)(2007)仅使用义符在左的 SP 汉字为材料,发现和右侧的信号提示(提示汉字的右部件)相比,小家族义符的汉字在左侧信号提示时反应得更快、更准。因此,欲考察汉字形声字的部件位置效应,应该首先确定部件的类型。汉字基本上是以 SP 结构的形声字为主的文字系统,研究者采用的材料也多为 SP 结构,因此,很容易将义符与声符的功能关系归结为左部件与右部件的位置关系,不能够充分地反映部件类型(部件功能)的作用。

从半球加工关系角度来看,实验 1 和实验 2 的结果与肖等的系列研究结果有一致之处。肖等(2007)采用同音判断任务考察 SP 汉字和 PS 汉字的半球优势,发现在 N170 成分上,存在着汉字类型与左右半球的交互作用:与 PS 汉字相比,SP 汉字在左半球诱发了更为负性的 N170 成分;与 SP 汉字相比,PS 汉字在右半球诱发了更为负性的 N170 成分。肖和刘(2010)分析了 SP 汉字与 PS 汉字在左右脑诱发的波幅差异,发现与右半球相比,SP 汉字在左半球诱发的波幅更负,PS 汉字在左右脑诱发的波幅却无显著的差异。这一结果得到了行为研究结果的支持。肖和刘(2010)要求被试命名随机呈现在屏幕的左右两侧(LVF/RVF)的 SP 汉字或 PS 汉字,反应时和错误率同样验证了 ERP 研究的结论,SP 汉字表现出右视野的偏侧化优势,PS 汉字表现出左右视野均衡的特点。研究者认为,这是由于 SP 汉字在心理词典中的优势地位所引起的,它促使阅读者更习惯于从汉字的右侧部件来获取语音信息。综合地看,在视野中的汉字部件将对侧投射到大脑并获得了加工,SP 汉字的声符对侧投射到左半球,因此,SP 汉字的声符信息的加工将更多地需要左半球来调节;PS 汉字的声符对侧投射到右半球,所以,PS 汉字的声符信息的加工将更多地需要右半球来调节。这与实验 1 和实验 2 的部分结果一致。首先,在肖等的研究中,声符的位置决定了大脑加工的优势半球,说明在汉字加工中,汉字部件所处的位置是关键因素之一。这也反映了在视觉加工中部件位置—功能的联结。其次,肖等发现了 SP 汉字的左脑偏侧化优势,PS 汉字则未发现左右脑的显著差异。这种不对称体现了 SP 汉字与 PS 汉字在心理词典中的比例差异。在实验 1 中,无论是反应时指标还是眼动指标,SP 汉字均表现出声符在吸引注意资源方面的绝对优势(如在总注视时长比上,声符表现出 89∶11 的绝对优势)。在 PS 汉字中,声符仅表现出吸引注意资源的微弱优势(如在总注视时长比上,声符仅表现出 59∶41 的优势)。这些均可以证明阅读经验对阅读者的汉字加工的影响。

(二)关于形声字的部件位置—功能联结

在两个实验中,SP 汉字的反应时均比 PS 汉字更短,首注视点的确定时间更早。两个任务的最明显的差异是首注视点位置偏移的方向:在语音提取中,SP 汉字与 PS 汉字的首注视点都位于中心偏右处；在语义提取中，SP 汉字与 PS 汉字的首注视点都落在中心偏左处。为什么不同的加工任务会造成首注视点位置偏移的方向不同？

事实上，在首注视点确定之前，汉语阅读者对于目标字的整体形态结构已经有所表征。在实验 1 中，由于在被试头脑中存在着"右侧表音"的形声字部件的位置—功能联结，对于符合正字法规则的 SP 汉字，汉语阅读者会毫不犹豫地将首注视点快速地定位在右部件区域，而且在远离义符干扰的偏右的位置。然而，PS 汉字的整体结构与"右侧表音"的正字法规则相悖，被试需要努力地克服"右侧索音"的倾向，导致首注视点的落入时间显著地慢于声符在右的 SP 汉字。当被试重新确立了声符在左的意识以后，才将首注视点落在左部件区域，但仍然保留了偏右的倾向。可以认为，确定首注视点所用的时间长短直接导致了反应时和错误率的差异。在实验 2 中，由于 SP 汉字符合汉语阅读者在靠近义符偏左处提取语义信息的正字法意识，同样能够很快地将首注视点准确地定位在声符的中心偏左处。PS 汉字因为违背了汉字的正字法知识，被试需要努力地去克服"左侧寻义"的倾向，导致首注视点的落入时间明显得晚。即便如此，当被试重新确立了 PS 汉字的义符在右的意识以后，仍然不可避免地将首注视点锁定在中心偏左处。因此，在眼动指标中首点注视点确定的早晚可以解释对 SP 汉字和 PS 汉字的反应时和错误率的差异。首注视点的位置在语音提取时向右偏移，在语义提取时向左偏移，清晰地将汉语阅读者的"左侧寻义，右侧索音"的正字法意识勾画出来。

研究者认为，汉字的正字法意识不是一种单一的意识或者能力，而是由几个不同方面组合起来的一种复杂的能力，主要包括对汉字的结构单元（部件）及其位置、功能以及组合规律等方面的意识（冯丽萍，2006；鹿士义，2002；王建勤，2005）。不管是汉语儿童，还是学习汉语的外国留学生，在学习汉字时都会逐渐地发展出汉字的正字法意识，并且将之用于随后的字词学习和阅读发展。肖（2011）强调影响形声字认知的"知觉学习"，指的就是汉语阅读者因为长期接触汉字的构形信息而形成的正字法意识。关于形声字的部件位置意识的研究发现，小学生即具有"声符居右"的正字法意识，表现为无论形旁是否可以命名，被试都有强烈的命名形声字右边部件的倾向（陈俊，张积家，2005；李娟，傅小兰，林仲贤，2000；孟祥芝，舒华，周晓林，2000；舒华，曾红梅，1996）。汉语被试从小就习得了"读字读半边"的启发式规则，在对整字命名时更倾向于利用声符的信息。相应地，人们还具有"形旁居左"的部件位置规则意识。对形声字部件功能规则的研究表明，被试在加工中有可能采取了策略,在加工汉字词的语音时,倾向于注意声符;在加工汉字词的语义时,倾向于注意义符(张积家,张厚粲,2001)。简言之,汉语阅读者具有义符可以作为语义线索、声符作为语音线索的部件功能意识。

由于汉语阅读者具有"形旁居左,声旁居右"的部件位置意识,再结合"形旁释义,声旁释音"的部件功能意识,于是,在汉语阅读者的正字法意识中,自然而然地就形成了一定的"左侧释义,右侧释音"的联结。实验1和实验2使用眼动技术对形声字部件的位置—功能意识进行了验证,证明在汉语阅读者的正字法意识中,存在着强有力的"左侧释义,右侧释音"的部件位置—功能联结。

(三)在形声字语音、语义提取中声符和义符的关系

眼动数据显示,无论是SP汉字还是PS汉字,与义符相比,声符均得到了更长的注视时间,获得了更多的注视点,首注视点也更多地锁定在声符区域。这表明,不论是语音提取任务,还是语义提取任务,声符在吸引阅读者的注意加工资源方面均占有优势。

虽然在两类任务中,被试的首注视点大多都锁定在声符区域,但是,停留的具体位置还是存在着差异。实验1的首注视点位于兴趣区的右侧,实验2的首注视点位于兴趣区的左侧。前已述及,SP汉字与PS汉字在首点落入时间上的差异源于汉语阅读者的正字法意识;因此,分析部件作用的大小应该从符合正字法规则的SP汉字入手。在实验1中,SP汉字的首注视点落在声符部件区的右侧,即远离义符的一侧;在实验2中,SP汉字的首注视点落在声符部件区的左侧,即靠近义符的一侧。这表明,虽然在语音提取和语义提取过程中,声符均占有注意加工的资源优势,但是,声符的优势在两种加工任务中的大小并不相同:在语音提取任务中,声符无须依赖义符的信息便可以相对独立地激活整字的语音信息,为了避免与义符产生拮抗作用,将首注视点定位在距离义符较远的地方;而在语义提取任务中,声符需要与义符的配合才能够共同完成整字语义的提取,为了保证声符和义符的协同作用,首注视点定位在距离义符较近的地方。换言之,声符的注意资源优势在语音提取任务中更加明显,作用也更加独立。

(四)声符具有注意资源优势的原因

汉字的主体是形声字,在形声字中,SP结构的汉字占有绝对优势。汉字是以SP结构为主的文字系统,对声符的优先注意并不符合人们在阅读时从左到右的视觉习惯。如果遵循从左到右的阅读习惯,人们应该优先关注义符才对。而且,

声符的注意资源优势不仅出现在语音提取任务中,在语义提取任务中也同样存在。为什么会如此?主要有4个方面的原因:

(1)声符比义符在视觉上占有优势。在一般情况下,在视野中占有较大面积的刺激更容易吸引个体的注意。首先,除了少量的义符以外,多数义符的笔画数很少,如"亻、丫"等;许多义符具有简化的形式,如"刂、忄、扌和氵"等。根据对2500常用汉字的统计,在所涉及的145个义符中,80%的义符的笔画数小于7,平均笔画数为3.79。其次,考虑到汉字的方块字特性,当一个汉字充当另一个左右结构的汉字的义符时,往往采取了"窄化"的形式,如"木"窄化为"木","山"窄化为"山","火"窄化为"火","土"窄化为"土"。因此,义符在左右结构汉字中往往只占据了较小的空间和比例。声符的笔画往往较多,在构字时也较少采用"窄化"的形式。因此,声符在左右结构的汉字中往往占据了较大的空间和比例。在实验结束后,由两名未参与实验的研究生计算实验材料的左、右部件的相对面积(部件面积占整字面积的比值)。结果表明,在实验1中,部件的相对面积为:SP汉字的左部件为37%,右部件为63%;PS汉字的左部件为47%,右部件为53%。t检验表明,SP汉字和PS汉字的相对面积差异显著,$t = -4.99, p < 0.001$。在实验2中,部件的相对面积为:SP汉字的左部件为32%,右部件为68%;PS汉字的左部件为52%,右部件为48%。t检验表明,SP汉字和PS汉字的相对面积差异显著,$t = -7.98, p < 0.001$。因此,与义符相比,声符在视觉上占有优势。然而,将相对面积作为协变量纳入统计分析,发现在眼动的诸指标(总注视时长比、注视点个数、首注视点序数)上,相对面积的影响并不显著,表明部件的相对面积并未显著地影响对部件的知觉。这说明,声符的注意资源优势主要是由于其部件功能引起的。

(2)声符的变异性大于义符。首先,在7000常用汉字中,在所有的SP汉字与PS汉字中,声符的数量要远多于义符的数量,其比例大致为10∶1(Harbaugh,1998)。汉字的部首约有200个左右(《康熙字典》《辞源》采用240部首,《现代汉语词典》《新华字典》采用189个部首),义符的数量要小于部首。据调查,在2500个常用字中,涉及的义符只有145个(张积家等,2006)。声符的数量却要多得多。周有光(1980)指出,汉字的声旁分为基本声旁和滋生声旁,基本声旁有545个,占47%,滋生声旁有627个,占53%。因此,义符的构字能力要远大于声符;义符提示字义类别的功能比声符的表音功能更具有规律性。其次,声符表音的情况也比较复杂。声符按照它在含旁字中的表音功能可以分为同音声旁(如"爱"在所有以它为声旁的汉字中读音相同)、多音声旁(如"般"在"搬"和"槃"中读音不同)和异音声旁(如"罢"在"摆"中读音与自身不同)。汉字声符的有效表音率只有39%(周有光,1980)。最后,声符在汉字中的地位也高于义符。周有光(1980)指出,全部汉字可以分为两部分:声旁(17%)和含旁字(81%),另有少数孤独字(2%)。由于上述原因,使声符携带的信息具有更大的变异性,对声符加工需要更多的认知资源,因而声符能够在更大程度上对汉字的加工产生影响(Hsiao,2011)。因此,在汉字认知中,使用少量的资源就能够充分地激活义符信息,以便留下更多的注意资源用来加工声符信息。有研究者认为,学生的汉语水平提高、形声字意识增强的重要标志就是能够自觉地利用声符提供的信息(高立群,2001;江新,2001;肖奚强,2002)。实验1和实验2的被试均是大学生,他们具有较强的形声字意识,能够有效地利用声符信息,因此倾向于将更多的注意资源分配给声符。季益静(2003)在汉字教学研究中也发现,将构字能力强又能够作为独体字使用的声符教给学习者,以点带片,会提高学习效率,采取声符—形声字—词/词组的串联记忆法可以作为汉字教学重要的辅助手段。

(3)实验任务的要求。在实验1中,实验任务是判断目标刺激的可发音性。汉字的语音提取本来就存在着亚词汇通路,即由声符激活整字的语音。因此,实验任务会激活被试对形声字的"左侧释义,右侧释音"的正字法意识,在目标刺激呈现时,被试会更多地采取关注声符的认知策略。在实验2中,要求被试确定汉字表征的概念是否是某一类别的成员,属于语义决定任务。在语义决定中,认知加工需要经过两个网络:词汇网络和语义网络。虽然在汉字词的两个网络之间存在着以义符为中介的联结,义符在激活整字语义之前可以沿着词汇网络和概念网络的平行联结激活概念网络中类别的概念结点,但义符毕竟还要和声符一起上行激活整字的语义,进而激活概念网络中代表类别成员的概念结点(方燕红,张积家,2009;张积家,彭聃龄,1993)。要达到这一点,声符的作用显然要更大一些。在实验2中,上述过程对应于一定的眼动指标:注视点优先地落在声符区域偏向义符一侧,此时是要激活词汇网络中的义符表征和声符表征,包括词形表征和语义表征;为了完成分类,需要进一步激活字词表征的类别成员和类别。此时,一方面,义符表征和声符表征一起继续上行激活形声字的词形表征和语义表征,然后,激活进入语义网络,激活语义网络中形声字所表征的类别成员的概念结点;另一方面,义符的语义表征的激活平行地扩散到语义网络,激活与义符相对应的类别结点。这两个方向的激活最终会易化判断类别成员和类别之间关系的语义决定,义符的作用才得以相对独立地体现。另外,张积家、王娟和刘鸣(2011)发现,命名任务对符号的外形特征敏感,分类任务对符号的区别性特征敏感。声符的笔画多,在形状上占据了较大的空间,因此在外形特征上占有较大的优势;而在实验2的语义决定任务中,每6个目标字共享一个义符,而它们的声符却各不相同。因此,被试就对具有区别性的声符更加敏感。在实验2中,目标字的义符多为大家族义符,大家族义符为很多汉字共同拥有;大家族义符在生成整个汉字的语义时没有小家族义符的作用大,相对来说声符的作用就更加重要了。

(4)汉字表意性的必然结果。汉字是表意文字。形声字的产生,不是为了表音,而是为了别义;形声字的发展,是汉字"以形别义"的必然结果,是对汉字构义特点的不断强化的过程。声符是形声字形体的主要构件之一,仅从"见形知义"的角度看,声符也绝对不可忽视。张积家(2007)发现,当SP结构的形声字为启动字时,可以激活与其声符有语义联系的目标字,如"娘"可以激活"优","梧"可以激活"我","好"可以激活"儿"等。这说明,声符的激活不仅包含了语音激活,也包含了一定程度的语义激活。因此,陈殿玺(1995)就把"根据形声字的形旁探求词义"和"根据形声字的声旁探求词义"并列作为"以形说义的方式"的两个部分。唐兰(1979)指出,从理论上说,每一个形声字的声符,原来总是有意义的。董性茂(2002)通过对三类形声字(通过"表意字形声化"形成的形声字、通过"同源通用分化"形成的形声字、通过"同音假借分化"形成的形声字)的声符调查发现,不管是哪一种形声字,不管形声字的意义和声符的意义之间是相等、直接引申还是间接引申的关系,声符的表意作用都是不可抹杀的,形声字的声符表义的确是一条规律。然而,形声字的声符"表义"与义符"表义"具有不同的特点:声符表示的是事物的隐含的、具体的、特异的词源意义,义符表示的是事物的类属的、一般的意义,或者只表明与什么事物有关的相关义(如"婿""娃"等)。隐含的、具体的、特异的意义比类属的、一般的、相关的意义自然需要花费更多的注意资源来进行加工。

(五)声符具有注意资源优势与"右文说"

在形声字加工中,声符具有注意资源的优势,这一发现为"右文说"提供了一定的认知证据。"右文说"是对汉字形声字"声中兼义"现象加以概括而形成的学说,其倡导者是宋代的王圣美(周晓飞,2009)。右文说强调,声符相同的一组汉字具有共同的语义。如"戋",小也,水之小者曰"浅",金之小者曰"钱",丝之小者曰"线",歹而小者曰"残",贝之小者曰"贱"。因此,"右文说"的核心是形声字的

"声兼义"(苏振华,2009;党怀兴,2007)。

"右文说"对后世的影响颇大。清代黄承吉就力挺"右文说",指出"谐声之字,其右旁之声必兼有义"。在近代,杨树达更是明确地提出了"形声字中声旁往往有义"的观点(党怀兴,2007)。"右文说"把形声字"声中兼义"现象进行了归纳,在文字训诂学史上具有枢纽作用,在现代亦是判定同源词时的重要辅助手段。但是,"右文说"亦具有一定的局限性:(1)将声符表义的情况看得过分简单。形声字的声符表义具有不同的情况,同一声符表示同一意义、同一声符表示不同的意义和不同的声符表示同一意义。"右文说"侧重于描述第一种情况。(2)一刀切地认为声符皆表义,有以偏概全之嫌。(3)过分地囿于形体(苏振华,2009)。

实验1和实验2的结果既为"右文说"提供了一定的认知证据,又为纠正其局限性提供了理据。因为形声字以SP结构为主体,在SP结构的形声字中,声符在右。所以,研究结果在总体上是支持"右文说"的,因为无论是在语音提取任务中,还是在语义提取任务中,就实验材料的总体而言,汉字的右半部分都吸引了阅读者的更多注意。被试在认知中往往采用启发式的策略,在对形声字认知中,关注右半部符合形声字结构的分布比率。但是,具体到不同类型的汉字,情况就不同,对PS结构的汉字而言,反倒是左半部吸引了阅读者的更多注意。因此,强调"右文"的确有以偏概全之嫌,而且淡化了声符在吸引阅读者的更多注意资源方面的作用。此外,形声字表义也存在着复杂情况,它是义符与声符的共同作用,义符提供了类别义、一般义或相关义,声符提供了隐含义、具体义和特异义,这种相互作用在实验2的结果中得到了很好的反映。

五、结论

(1)在汉字的视觉加工中,阅读者对部件空间位置的注意优势受声旁位置调节:对左形右声(SP)的汉字,被试更多地注意字的右边;对左声右形(PS)的汉字,被试更多地注意字的左边。

(2)在汉语阅读者掌握的正字法规则中,存在着"左侧释义,右侧释音"的形声字部件位置—功能联结。

(3)在汉字的语音提取和语义提取中,声符比义符在注意加工方面占有优势,这种优势在语音提取任务中更加明显:声符无须依赖义符的信息便可以相对独立地激活整字的语音,但声符需要与义符的配合才能够完成整字的语义通达。

形旁家族、声旁家族和高频同声旁字
对形声字识别的影响[1]

本研究通过3个实验考察形旁家族、声旁家族和高频同声旁字对汉字形声字识别的影响。实验1考察形旁家族大小及声旁语音信息的作用。实验2和实验3考察声旁家族大小和高频同声旁字的作用。结果发现:形旁家族和声旁家族大对形声字识别起促进作用;高频同声旁字在使用假字时起抑制作用,在使用非字时无作用;在使用假字时,形旁家族小时识别声旁不可发音的字快于识别声旁可发音的字。研究结果支持字词识别的交互激活模型。

一、问题提出

在拼音文字中,字形相近词(orthographic neighborhood)是指改变原词一个字母得到的词(Colthear,Davelaa,Jonasson & Besner,1977),如 bake 的字形相近词有 cake、lake、bare 等。字形相近词是否影响词汇识别业已出现了一些研究,主要关心字形相近词的数量和比目标词频率更高的字形相近词的影响。

国外的研究发现,字形相近词对词汇识别的影响具有语言差异(Andrews, 1997)。在英语中,字形相近词的数量多促进词汇识别,这种促进效应只发生在低频词上(Chateau & Jared,2000;Huntsman & Lima,2002)。对于比目标词频率更高的字形相近词对词汇识别的影响,研究结果不一致:有的发现抑制效应,有的发现促进效应(Forster & Shen,1996;Sears,Campbell & Lupker,2006)。在法语、西班牙语和荷兰语中,字形相近词数量的研究结果不一致,有时起促进作用,有时起抑制作用(Carreiras,Perea & Grainger,1997),比目标词频率更高的字形相近词在多数情况下起抑制作用(Grainger,O'Regan,Jacobs & Segui,1989;Mathey & Zagar,2006;

---

[1] 本文原载于《心理学报》2008年第9期,947-960页。
本篇作者:张积家,姜敏敏。

De Moor & Verguts,2006;Wagenmakers & Raaijmakers,2006)。

许多视觉词识别模型都认为,激活目标词的同时也激活字形相近词。但是,不同模型对字形相近词数量和比目标词频率更高的字形相近词的作用做出了不同的预测。串行搜索模型(Serial Search Model)认为,字形相近词越多,搜索就越慢。字形相近词数量并非是最关键的因素。字形相近词数量多的词通常有比它频率更高的字形相近词,这些频率更高的字形相近词是延迟单词再认的关键因素。高频词激活快,因此不受字形相近词影响,字形相近词只对低频词起作用(Foster,1976)。平行分布加工模型(Parallel Distribution Processing Model)认为,字形相近词数量和比目标词频率更高的字形相近词均起促进作用(Sears,Christopher,Hino,Lupker & Stephen,1999)。交互激活模型认为,字形相近词数量越多,目标词词汇结点获得的激活越多。字形相近词中比目标词频率更高的词激活高,会通过共有亚词汇结点为目标词传输更多激活,因此对单词识别有启动作用。由于词汇结点之间存在着抑制和竞争,这一模型也可以解释字形相近词的数量以及比目标词频率更高的字形相近词的抑制作用。当字形相近词被目标词激活时,抑制也在词汇结点之间发生,目标词结点会抑制字形相近词的激活。当字形相近词数量多时,需要更多的能量去抑制。抑制高频字形相近词需要更多的能量。因此,比目标词频率更高的字形相近词会延迟目标词的识别。由于高频词比低频词具有更高的激活能量,能够对字形相近词施加更多的抑制,因此高频词不受字形相近词影响,低频词更容易受字形相近词影响(McClelland & Rumelhart,1981)。

多重标准识别模型的预测更加具体。多重标准识别模型(The Multiple Read - Out Model)以交互激活模型(The Interactive - Activation Model)为基础,认为词汇判断使用三种决定标准。标准不同,词汇判断的速度也不同。一是 M 标准,即词汇选择标准。M 标准对单个词汇结点的激活敏感。当激活达到 M 标准时,词汇选择就发生了,特定的词就被识别。二是 Σ 标准,即累积标准。Σ 标准对词汇总体的激活敏感。字形相近词能够促进词汇总体的激活。当目标词呈现时,字形相近词也被激活,把激活传递到亚词汇结点,共有的亚词汇结点再把激活传递给目标词,进而促进目标词的总体激活。如果目标词的总体激活超过了 Σ 标准,"是词"反应将在词汇选择前做出。三是 T 标准,它是一个时间底线,用来产生"不是词"的反应。当目标词呈现时,M 标准或 Σ 标准在一定时间(T 标准)内达到,就做出"是词"的反应,超过 T 标准规定的时间,就做出"不是词"的反应。在这一模型中,M 标准固定,Σ 标准和 T 标准根据策略调整:如果强调反应速度,Σ

标准就会定得较低,T标准时间就定得较短;如果强调反应准确率,Σ标准会定得较高,T标准时间就定得较长。Σ标准设定决定词汇判断是更多地基于词汇选择标准还是更多地基于累积标准。如果Σ标准定得高,M标准将会先达到,更多的真词反应建立在词汇选择的基础上;如果Σ标准定得低,更多的真词反应将在M标准未达到时获得,不需要词汇选择就可做出"是词"的反应。该模型预测,采用Σ标准时,字形相近词的数量有启动作用,数量越大,词汇判断越快。由于高频词能够获得很高的激活,能够很快地到达Σ标准,因此,字形相近词数量的促进作用只表现在低频词上;采用M标准时,词汇判断更多地基于词汇选择,字形相近词数量的启动效应就不会出现,比目标词频率更高的字形相近词会因为要与目标词竞争而对目标词的识别起抑制作用(Grainger & Jacobs,1996)。

多重标准识别模型认为,字形相近词的影响不一致是由于不同实验使用不同的假词。假词的性质与Σ标准的高低有关。如果假词的字形相近词少,总体激活就小,真词就比假词产生更多的词汇总体激活,后者将成为词汇判断的可靠线索。通过比较词汇总体激活的大小,字形相近词多的真词就能够容易地和字形相近词少的假词区别开来。此时,Σ标准比M标准低,因而采用Σ标准。当假词的字形相近词数量多,真词的字形相近词数量少时,假词的总体激活就大,真词的总体激活小,此时就不能通过词汇总体的激活区别真假词,Σ标准定得很高,高于M标准。此时,被试就会使用M标准,等到词汇选择后再做出判断,字形相近词数量的启动效应就不会出现,比目标词频率更高的字形相近词会产生抑制效应。当真词和假词的字形相近词数量均少时,此时根据词汇总体的激活很难做真假词判断,也会使用M标准。使用M标准时,高频词比低频词具有更高的激活水平,在加工中能够更快地超过M标准,因此会出现词频效应。比目标词频率更高的字形相近词会出现抑制效应。词频效应越大,比目标词频率更高的字形相近词的抑制效应也越大。当更多地使用Σ标准时,就会出现字形相近词数量的促进效应,词频效应不明显。字形相近词数量的启动效应大小与词频效应的大小成反比,词频效应越小,字形相近词数量的启动效应就越大。多重标准识别模型得到了认知神经科学研究的支持。霍尔库姆(Holcomb)等(2002)发现,字形相近词多的词有更大的N400,表明获得的总体激活更大。泰勒和菲利普斯(Taler & Phillips,2007)使用ERP技术发现,字形相近词多的词在150ms~300ms时出现正波,表明它们获得了更大的总体激活,这种激活是自动的,独立于句子背景。

安德鲁斯(Andrews,1997)认为,字形相近词对词汇认知的影响与不同语言的形—音对应规则有关。英文词的读音需要根据元音和辅音的不同位置,词形对发音很重要;法文词则是最后一个字母重要,容易只重视最后一个字母而忽略词形。拼音文字可以见形知音,汉字不仅通过声旁传递语音信息,还通过形旁传递语义信息。因此,字形信息对汉字认知很重要。鉴于不同语言中字形相近词对目标词识别的影响不同,本研究将致力探讨字形相近字对汉字形声字识别的影响。然而,如何界定汉字的字形相近字?根据汉字的特点,笔者把那些和目标字结构相同、和目标字拥有相同形旁或声旁的字称为字形相近字。在这些字形相近字中,同一形旁的汉字构成形旁家族,同一声旁的汉字构成声旁家族。形旁家族或声旁家族的大小反映同一形旁或同一声旁字形相近字的数量。如果一个汉字是形旁家族或声旁大家族的成员,与这个字同形旁或同声旁的字形相近字数量就多,反之就少。这样,汉字字形相近字对识别的影响就转变成与目标字同属于一个形旁家族或者一个声旁家族的成员对目标字识别的影响。汉字形旁家族或声旁家族的大小与部件组字次数既相似又不完全相同。同形旁家族或同声旁家族的字的结构相同(如同为左右结构),具有相同的形旁或声旁;部件组字次数是指特定汉字集中含有某个部件的汉字的个数(韩布新,1996),它不考虑部件位置,也不考虑部件的形旁和声旁的区分。

对形旁和声旁家族大小对汉字认知的影响,业已出现了一些研究。研究发现,形旁构字能力强的汉字在语义归类和语义透明度判断中具有优势(Chen & Weekes, 2004; Hsiaoc, Shillcocka & Lavidor, 2006; Hsiaoc, Shillcocka & Lavidor, 2007)。在词汇识别中,形旁构字能力的研究结果不一致。一些研究发现,形旁构字能力强的汉字识别更快(Chen & Weekes, 2004; Feldman & Siok, 1999; Su & Weekes, 2007);另一些研究发现,形旁构字数少的汉字容易识别(Zheng, 2006)。对于声旁家族大小的影响,研究结果也不一致。塔夫脱等(1997)慢速呈现刺激,发现右侧有高频部件的汉字比右侧有低频部件的汉字识别更快。张喆、韩布新和陈天勇(2003)发现,声旁组字频率和使用频率对整字命名具有易化作用。毕鸿燕、胡伟和翁旭初(2006)发现,声旁家族大小对汉字命名具有抑制作用,家族越大,反应时越长。由于以往声旁家族的研究都集中在声旁家族大小上,未研究高频同声旁字的作用,因此,有必要将高频同声旁家族字作为单独的变量来研究,把声旁家族大小和高频同声旁家族字的作用分离开来。本研究使用两种词汇判断任务,一种任务使用非字,另一种任务使用假字。非字不符合汉字的正字法,字形相近字少,获得的总体激活低;假字符合汉字的正字法,字形更接近于真字,字形相近字多,获得的总体激活高。根据多重标准识别模型,采用非字时使用 Σ 标准,采用假字时使用 M 标准。另外,研究表明,声旁的语音信息影响汉字发音(Glushko,1979;Shu & Anderson,2000),假字的右边部件可发音看起来更像真字(章睿健,高定国,丁玉珑,曲折,2005)。声旁语音信息的作用是否受形旁家族大小影响? 也是本研究关心的问题。

二、实验 1 形旁家族大小和声旁语音信息对汉字形声字识别的影响

实验 1 分为 a、b 两个子实验。两个子实验的真字相同,实验 1a 使用非字,非字由形声字经左右部件调换得到,实验 1b 用左形右声的假字。研究表明,部件位置频率影响假字判断,位置频率高的部件组成的假字更难于被拒绝(彭聃龄,1997),右部件有语音信息的假字看起来更像真字(章睿健等,2005)。因此,实验 1 的假字由大家族形旁和大家族声旁构成,右侧声旁可发音。形旁家族和声旁家族大小(构字数)分别参考《现代汉语常用字表》(国家语言文字工作委员会汉字处,1988)和《汉字声旁读音便查》(周有光,1980)。实验目的是探讨使用非字或假字时形旁家族大小和声旁语音信息对形声字识别的影响。

(一)方法

1. 设计

2(形旁家族大小:大,小)×2(声旁语音信息:可发音,不可发音)×2(字频:高,低)重复测量设计。

2. 被试

实验 1a 和 1b 分别使用本科生 20 人,男女比例平衡,视力或矫正视力正常。

3. 材料

统计《现代汉语常用字表》中 2500 常用字及 1000 次常用字,得出大家族形旁和小家族形旁。大家族形旁的构字数≥32,有扌、阝、氵、月、亻、火、纟、石、土、女、口、讠、足、忄、木、虫 17 个;小家族形旁的构字数≤11,有立、山、巾、缶、工、舟、申、釆、方、弓、歹、十、又、片、鱼、革、耳、角、骨、韦、子、牛、矢、青、耒、豸、田、黑、齿、香、身、麦 33 个。目标字为左形右声的形声字。高频字和低频字的选取参考《社会科学自然科学综合汉字频度表》,高频字的平均字频为 0.016378,低频字的平均字频为 0.000375。真字有 8 组,每组有 15 个,共有 120 个。8 组字的笔画数差异不显著,$F(7,112)=1.54,p>0.05$;4 组高频字的字频差异不显著,$F(3,56)=0.49,p>0.05$;4 组低频字的字频差异不显著,$F(3,56)=0.85,p>0.05$。非字和

假字用 Windows 2000 造字程序制作。人造字和真字做成宋体白底黑字图片,大小为 60×62 像素。

4. 程序

使用 E-Prime 编程。首先,在屏幕中央呈现注视点"+"500ms,然后空屏 200ms,接着呈现刺激,直到被试反应。如果被试在 4s 内未反应,刺激自动消失,给被试反馈。1000ms 的空屏后,进行下一次试验。被试作词汇判断,真字按 J 键,非字或假字按 F 键。一半被试的用手按此规定,另一半被试的用手规定相反。正式实验分成 3 组,中间有休息。每组包含 80 次试验,真、假字各半,每种水平有 5 个真字。区组顺序随机安排,试验顺序假随机安排,保证不连续出现四个人造字或四个真字。程序自动记录反应时,计时单位为 ms,误差为 ±1ms。实验前有 10 次练习。

(二)结果与分析

1. 实验 1a 结果与分析

反应时分析时去掉错误反应和反应时在 $M±3SD$ 之外的数据,结果见表 1。

表 1 实验 1a 真字的平均反应时(ms)和平均错误率(%)

词频	大声旁家族		小声旁家族	
	声旁可发音	声旁不可发音	声旁可发音	声旁不可发音
高频字	544(39,2.0)	562(61,2.0)	586(80,1.3)	575(54,0.6)
低频字	582(62,4.3)	591(63,4.6)	642(82,7.3)	616(59,5.3)

注:括号中数据分别是标准差和错误率,下同。

反应时的方差分析表明,形旁家族大小的主效应显著,$F_1(1,19)=34.38, p<0.001, F_2(1,112)=20.62, p<0.001$。形旁家族大的目标字容易识别,比形旁家族小的字快 35ms。字频的主效应显著,$F_1(1,19)=34.59, p<0.001, F_2(1,112)=28.46, p<0.001$。高频字的识别比低频字的识别快 41ms。声旁语音信息的主效应不显著,$F_1(1,19)=0.22, p>0.05, F_2(1,112)=0.07, p>0.05$。形旁家族大小与字频的交互作用不显著,$F_1(1,19)=1.00, p>0.05, F_2(1,112)=1.11, p>0.05$。形旁家族大小和声旁语音信息的交互作用显著,$F_1(1,19)=6.25, p<0.05, F_2(1,112)=4.01, p<0.05$。简单效应分析表明,声旁语音信息对形旁家族大的字的影响边缘显著,$F(1,19)=4.32, p=0.05$;对形旁家族小的字的影响边缘显著,$F(1,19)=3.72, p=0.07$。

但是,声旁语音信息对形旁家族大、小的字的影响趋势不同:形旁家族大时,声旁可发音的字的反应快于声旁不可发音的字;形旁家族小时,声旁不可发音的字的反应快于声旁可发音的字。形旁家族大小、字频和声旁语音信息三者的交互作用不显著,$F_1(1,19)=0.06, F_2(1,112)=0.01, p>0.05$。

错误率的方差分析表明,只有字频的主效应显著,$F_1(1,19)=19.49, p<0.001$, $F_2(1,112)=13.81, p<0.001$。识别低频字的错误率更高。

2. 实验1b结果与分析

反应时分析时去掉错误反应和反应时在 $M±3SD$ 之外的数据,结果见表2。

表2 实验1b真字的平均反应时(ms)和平均错误率(%)

词频	大声旁家族		小声旁家族	
	声旁可发音	声旁不可发音	声旁可发音	声旁不可发音
高频字	617(71,2.9)	625(77,2.1)	658(87,2.5)	635(89,2.1)
低频字	803(157,15.8)	797(134,17.1)	766(107,19.6)	736(104,20.0)

反应时的方差分析表明,形旁家族大小的主效应被试分析显著,$F_1(1,19)=4.38, p<0.05$,项目分析不显著,$F_2(1,112)=0.02, p>0.05$。字频的主效应显著,$F_1(1,19)=210.04, F_2(1,112)=140.19, p<0.001$。高频字比低频字容易识别。声旁语音信息的主效应被试分析显著,$F_1(1,19)=4.79, p<0.05$,项目分析不显著,$F_2(1,112)=1.58, p>0.05$。形旁家族大小和字频的交互作用显著,$F_1(1,19)=26.23, p<0.001, F_2(1,112)=4.12, p<0.05$。简单效应分析表明,形旁家族大加速高频字的识别,$F(1,19)=16.51, p<0.001$;形旁家族大阻碍低频字的识别,$F(1,19)=18.05, p<0.001$。形旁家族大小和声旁语音信息的交互作用被试分析显著,$F_1(1,19)=5.66, p<0.05$,项目分析不显著,$F_2(1,112)=1.86, p>0.05$。简单效应分析表明,形旁家族大时,声旁语音信息的作用不显著,$F(1,19)=0.01, p>0.05$;形旁家族小时,声旁语音信息的作用显著,$F(1,19)=9.60, p<0.01$。识别声旁不可发音的字快于识别声旁可发音的字。形旁家族大小、字频和声旁语音信息三者的交互作用不显著,$F_1(1,19)=0.08, F_2(1,112)=0.07, p>0.05$。

错误率的方差分析表明,只有字频的主效应显著,$F_1(1,19)=187.15, F_2(1,112)=43.79, p<0.001$。低频字的错误率比高频字高。

(三)讨论

实验1表明,当使用非字时,不管是高频字还是低频字,形旁家族大的字都比形旁家族小的字更容易识别;当使用假字时,形旁家族大小和字频有显著的交互作用,形旁家族大促进高频字识别却阻碍低频字识别。形旁家族大的促进作用可以这样解释:当使用非字时,形旁家族大的字的呈现会激活同一形旁家族的其他成员,这些家族字结点的激活会进一步激活和目标字共有的亚词汇结点,即相同形旁,相同形旁又把激活反馈到目标字结点上,从而促进对目标字的识别。当使用假字时,形旁家族大抑制低频字的识别很可能是由于目标字的高频同形旁字造成的。低频字的频率低,具有频率更高的高频同形旁字。低频字呈现时,高频同形旁字也被激活,它们与目标字竞争,从而阻碍了对低频字的识别。形旁家族大的低频字比形旁家族小的低频字更可能拥有高频同形旁字,因而抑制对形旁家族大的低频字的识别。另外,实验1只考虑同形旁字的影响,在汉字识别中,与目标字同声旁的字形相近字也可能起作用。相对于小家族形旁,大家族形旁在整字中所占的笔画少。在本实验中,家族大的17个形旁平均只有3.65画,家族小的33个形旁平均却有5.70画,二者差异显著,$t = 3.83$,$p < 0.001$。因此,大家族形旁字与它们的同声旁字看起来会更像。比大家族形旁字频率更高的同声旁字很容易被激活并进而影响词汇识别。因此,对低频字的识别,形旁家族大就表现出抑制作用。高频字很少有比它频率更高的家族成员,即使有个别频率更高的家族成员,对高频目标字识别的抑制作用也较小,所以仍然表现出大形旁家族的促进作用。

实验1表明,虽然使用非字和假字都出现了字频效应,但使用非字时,字频效应弱于使用假字时:在使用非字时,识别高频字比识别低频字快41ms;在使用假字时,识别高频字比识别低频字快142ms。同时,声旁语音信息的作用既与形旁的家族大小有关,又受非字和假字影响。在使用非字时,未发现明显的声旁语音信息的作用;在使用假字时,形旁家族大时,语音信息的作用不明显,形旁家族小时,对声旁可发音的字的反应慢于对声旁不可发音的字。所以如此,是由于在使用非字时词汇判断简单,在使用假字时,假字的声旁可发音,词汇判断难,真字声旁的语音信息就对识别起阻碍作用。另一方面,分析实验1的真字后发现,声旁可否发音与声旁的家族大小有关。可发音的声旁往往是大家族声旁,不可发音的声旁往往是小家族声旁。在声旁不可发音的60个汉字中,声旁构字数≥10的有5个,≥6的有19个,≤5的有36个。在声旁可发音的60个汉字中,声旁构字数≥10的有13个,≥6的有21个,≤5的有26个。声旁家族大,声旁引起的字形相近字的激活多,和目标字竞争就更加激烈。那么,实验1b发现的声旁语音信息的作用是否是由于声旁家族大小造成？实验 2 试图解决这一问题。

三、实验 2 声旁家族大小和高频同声旁字对形声字识别的影响

一般来说，在大形旁家族汉字中，声旁的笔画要多于形旁，同声旁汉字比同形旁汉字看起来会更像。实验 2 以大家族形旁的形声字为目标字，考察声旁家族大小和高频同声旁字对识别的影响。实验 2 包括两个子实验，两个子实验的真字相同，但实验 2a 使用非字，实验 2b 使用假字。使用的非字和假字与实验 1 相同。

(一) 方法

1. 被试

实验 2a 和 2b 分别使用本科生 20 人，男女比例平衡，视力或矫正视力正常。

2. 设计

2(声旁家族大小：大，小)×2(比目标字频率更高的高频同声旁字：有，无)×2(字频：高，低)重复测量设计。

3. 材料

统计《汉字声旁读音便查》(周有光,1980)中的声旁,得到大家族声旁和小家族声旁。大家族声旁的构字数大于 10,如斤、兆、包、可、皮、且、肖、支、夋、昜等。小家族声旁的构字数小于 5,如产、丹、布、丸、式、户、未、充、旡、亼等。8 组真字,每组 15 个,共有 120 个,都是左形右声的形声字。8 组字笔画数差异不显著, $F(7,112)=1.80, p>0.05$ ；4 组高频字字频差异不显著, $F(3,56)=2.35, p>0.05$ ；4 组低频字字频差异不显著, $F(3,56)=2.10, p>0.05$ 。高频字和低频字的选取参考《社会科学自然科学综合汉字频度表》(国家语言文字工作委员会国家标准局,1992),高频字的平均字频为 0.033022,低频字的平均字频为 0.000440。高频同声旁字选取范围是《现代汉语常用字表》中 2500 个常用字,频率均大于 0.001800。

4. 程序

同实验 1。

(二) 结果与分析

1. 实验 2a 结果与分析

反应时分析时去掉错误反应和反应时在 $M\pm3SD$ 之外的数据,结果见表 3。

表3 实验2a真字的平均反应时(ms)和平均错误率(%)

词频	大声旁家族		小声旁家族	
	声旁可发音	声旁不可发音	声旁可发音	声旁不可发音
高频字	538(80,2.1)	515(59,3.0)	539(62,3.7)	549(87,2.4)
低频字	583(92,3.3)	568(85,4.0)	598(81,7.3)	596(96,6.4)

反应时的方差分析表明,声旁家族大小的主效应非常显著,$F_1(1,19)$ = 14.82,$F_2(1,112)$ = 9.44,$p < 0.01$,大家族声旁字的反应时短。字频的主效应非常显著,$F_1(1,19)$ = 38.12,$F_2(1,112)$ = 64.60,$p < 0.001$,高频字的反应时短。有、无高频同声旁字的主效应不显著,$F_1(1,19)$ = 2.51,$F_2(1,112)$ = 1.42,$p > 0.05$。各种交互作用都不显著,$ps > 0.05$。

错误率的方差分析表明,声旁家族大小的主效应显著,$F_1(1,19)$ = 13.28,$p < 0.01$,$F_2(1,112)$ = 4.64,$p < 0.05$,大家族声旁字的错误率低。字频的主效应显著,$F_1(1,19)$ = 8.14,$p < 0.05$,$F_2(1,112)$ = 7.25,$p < 0.01$,高频字的错误率低。声旁家族大小和字频的交互作用显著,$F_1(1,19)$ = 8.55,$p < 0.01$,$F_2(1,112)$ = 3.90,$p = 0.05$。简单效应分析表明,声旁家族大小对高频字识别的影响不显著,$F(1,19) = 0.11$,$p > 0.05$;声旁家族大小对低频字识别的影响非常显著,$F(1,19) = 13.04$,$p < 0.01$,小家族声旁字的错误率高。

2. 实验2b结果与分析

反应时分析时删除错误反应及反应时在 $M \pm 3SD$ 之外的数据,结果见表4。

表4 实验2b真字的平均反应时(ms)和平均错误率(%)

词频	大声旁家族		小声旁家族	
	有高频同声旁字	无高频同声旁字	有高频同声旁字	无高频同声旁字
高频字	630(87,7.5)	613(77,5.4)	613(83,3.3)	595(79,2.9)
低频字	747(112,19.6)	728(109,14.6)	802(153,34.0)	788(114,22.1)

反应时的方差分析表明,声旁家族大小的主效应被试分析显著,$F_1(1,19)$ = 8.17,$p < 0.01$,项目分析不显著,$F_2(1,112)$ = 2.10,$p > 0.05$。字频的主效应非常显著,$F_1(1,19)$ = 216.66,$F_2(1,112)$ = 204.33,$p < 0.001$。高频字识别的反应时短。高频同声旁字的主效应显著,$F_1(1,19)$ = 7.54,$p = 0.01$,$F_2(1,112)$ = 3.76,

$p=0.055$。有高频同声旁字的目标字反应时长。声旁家族大小和字频的交互作用非常显著,$F_1(1,19)=26.92$,$p<0.001$,$F_2(1,112)=11.15$,$p<0.01$。简单效应分析表明,声旁家族大抑制对高频字的识别,$F(1,19)=4.73$,$p<0.05$;声旁家族大促进对低频字的识别,$F(1,19)=24.93$,$p<0.001$。其他的交互作用都不显著,$ps>0.05$。

错误率的方差分析表明,声旁家族大小的主效应被试分析显著,$F_1(1,19)=14.01$,$p<0.01$,项目分析不显著,$F_2(1,112)=3.01$,$p>0.05$。字频的主效应非常显著,$F_1(1,19)=199.29$,$F_2(1,112)=65.64$,$p<0.001$。低频字错误率高。有、无高频同声旁字的主效应显著,$F_1(1,19)=32.64$,$p<0.001$,$F_2(1,112)=4.88$,$p<0.05$。有高频同声旁字的目标字的错误率更高。声旁家族大小和字频的交互作用非常显著,$F_1(1,19)=57.45$,$p<0.001$,$F_2(1,112)=10.60$,$p<0.01$。简单效应分析表明,声旁家族大抑制对高频字的识别,$F(1,19)=13.05$,$p<0.01$;声旁家族大促进对低频字的识别,$F(1,19)=40.09$,$p<0.001$。有、无高频同声旁字和字频的交互作用被试分析显著,$F_1(1,19)=3.02$,$p<0.01$,项目分析不显著,$F_2(1,112)=2.69$,$p>0.05$。简单效应分析表明,高频同声旁字对高频字的识别无显著影响,$F(1,19)=1.30$,$p>0.05$;高频同声旁字抑制对低频字的识别,$F(1,19)=32.10$,$p<0.001$。

(三)讨论

在使用非字时,高频同声旁字对目标字的识别无显著影响;在使用假字时,高频同声旁字抑制对目标字的识别。这一发现和实验1b中使用假字时形旁家族大抑制对低频字的识别的发现一起,反映了高频家族字对汉字识别的抑制作用。在使用非字时,声旁家族大有助于词汇识别,这与实验1a中使用非字时形旁家族的促进作用一致。在使用假字时,声旁家族大小和字频的交互作用显著,声旁家族大抑制对高频字的识别,却促进对低频字的识别。实验2b使用的假字全部含有构字数多的声旁,当这些假字呈现时,会激活很多具有同一声旁的真字,这使得假字获得的激活水平高,和真字难以区分。同时,大声旁家族的真字中有相当数量的字的声旁和假字使用的声旁相同:大声旁家族30个高频字中有17个字的声旁是假字的声旁;大声旁家族的30个低频字中有16个字的声旁是假字的声旁。所以,被试有可能对有很高激活水平的高频字采取了更为谨慎的策略,进行了额外的检查加工。那些大声旁家族的高频字比小声旁家族的高频字更可能受到检查,所以表现出声旁家族大对高频字识别的抑制作用。低频字的激活水平低,大声旁家族的低频字较少受到额外的检查,所以在低频字识别中仍然表现出与实验2a类似的声旁家族大的促进作用。如果以上解释是正确的,那么,当假字使用小家族声旁时,声旁家族大对高频字识别的抑制作用会消失。为了验证这种可能性,进行了实验3。

四、实验3 声旁家族大小和高频同声旁字对形声字识别影响再探

(一)方法

1. 被试

20名大学本科生,男女比例平衡,视力或矫正视力正常。

2. 设计

同实验2。

3. 材料

假字全部使用小家族声旁,声旁不可发音。为了避免被试加工策略的影响,假字的声旁尽量不和真字的声旁相同。其他方面皆同于实验2b。

4. 程序

同实验2b。

(二)结果与分析

反应时分析时删除错误反应及反应时在 $M \pm 3SD$ 之外的数据,结果见表5。

表5 实验3真字的平均反应时(ms)和平均错误率(%)

词频	大声旁家族		小声旁家族	
	有高频同声旁字	无高频同声旁字	有高频同声旁字	无高频同声旁字
高频字	561(62,3.0)	531(65,3.7)	551(67,3.3)	550(77,4.4)
低频字	645(91,17.0)	654(59,10.7)	691(89,27.8)	684(89,22.6)

反应时的方差分析表明,声旁家族大小的主效应非常显著,$F_1(1,19) = 19.15$,$p < 0.001$,$F_2(1,112) = 4.69$,$p < 0.05$。字频的主效应非常显著,$F_1(1,19) = 302.63$,$p < 0.001$,$F_2(1,112) = 155.56$,$p < 0.001$。高频字的反应时短。有、无高频同声旁字的主效应不显著,$F_1(1,19) = 1.61$,$p > 0.05$,$F_2(1,112) = 1.24$,$p > 0.05$。声旁家族大小和字频的交互作用显著,$F_1(1,19) = 18.00$,$p < 0.001$,$F_2(1,112) = 3.79$,$p < 0.05$。简单效应分析表明,声旁家族大小对高频字识别的影响不显著,$F(1,19) = 0.52$,$p > 0.05$;对低频字识别的影响显著,$F(1,19) = 39.33$,$p < 0.001$。声旁家族大

的低频字的反应时短。其他的交互作用都不显著,$ps>0.05$。

错误率的方差分析表明,声旁家族大小的主效应非常显著,$F_1(1,19)=14.74,p<0.01,F_2(1,112)=7.05,p<0.001$。字频的主效应非常显著,$F_1(1,19)=50.39,p<0.001,F_2(1,112)=50.95,p<0.001$。低频字的错误率高。有、无高频同声旁字的主效应被试分析显著,$F_1(1,19)=4.67,p<0.05$,项目分析不显著,$F_2(1,112)=1.16,p>0.05$。有高频同声旁字的目标字的错误率高。声旁家族大小和字频的交互作用非常显著,$F_1(1,19)=11.38,p<0.01,F_2(1,112)=5.79,p=0.01$。简单效应分析表明,声旁家族大小对高频字的错误率影响不显著,$F(1,19)=0.28,p>0.05$;对低频字的错误率影响显著,$F(1,19)=14.63,p<0.01$。声旁家族大的目标字的错误率低。有、无高频同声旁字和字频的交互作用显著,$F_1(1,19)=4.89,p<0.05,F_2(1,112)=2.23,p>0.05$。简单效应分析表明,高频同声旁字对高频字的错误率影响不显著,$F(1,19)=0.48,p>0.05$,对低频字的错误率影响显著,$F(1,19)=5.62,p<0.05$。有高频同声旁字的目标字的错误率显著高。其他的交互作用都不显著,$ps>0.05$。

(三)讨论

正如所预期的,在实验3中,在高频字的识别中,声旁家族大的抑制作用消失了。声旁家族大小对高频字识别未产生显著的影响,但在低频字的识别中,仍然表现出了声旁家族大的促进作用。声旁家族大对低频字识别的促进作用,在实验2a和2b中也观察到了。目标字的高频同声旁字对反应时的影响不显著,但在错误率上,对低频字识别仍然表现出显著的抑制作用,有高频同声旁字的低频目标字的错误率显著高。由于实验2a、实验2b和实验3所使用的真字相同,只是使用了不同的非字和假字,所以,对三个实验的反应时和错误率进行了比较,结果见表6。

表6 实验2a、实验2b和实验3真字的平均反应时(ms)和平均错误率(%)

实验	高频字	低频字	非字或假字
实验2a(使用非字)	535(2.8)	586(5.3)	607(3.3)
实验2b(使用大家族可发音声旁构成的假字)	613(4.8)	766(22.6)	815(25.9)
实验3(使用小家族不可发音声旁构成的假字)	548(3.6)	669(19.5)	669(14.3)

对三种条件下的高频字和低频字的反应时进行混合设计的方差分析。结果

表明,实验条件的主效应非常显著,$F_1(2,57) = 12.40, p < 0.001, F_2(2,177) = 151.56, p < 0.001$。字频的主效应非常显著,$F_1(1,57) = 322.69, p < 0.001, F_2(1,177) = 410.91, p < 0.001$。对低频字识别的反应时长。字频和实验条件的交互作用非常显著,$F_1(2,57) = 25.05, F_2(2,177) = 34.70, p < 0.001$。简单效应分析表明,在三种实验条件下,高频字的反应时差异非常显著,$F(2,57) = 5.84, p < 0.01$。使用大家族可发音的声旁构成的假字时,高频字的反应时不仅显著高于使用非字时,$p < 0.01$,也显著高于使用小家族不可发音的声旁构成的假字时,$p < 0.01$,但后两种条件下高频字的反应时差异不显著,$p > 0.05$。在三种实验条件下,低频字的反应时差异非常显著,$F(2,57) = 17.73, p < 0.001$。在不同的实验条件下,低频字的反应时两两差异均显著,$p < 0.05$,使用大家族可发音声旁构成的假字反应时最长,其次是使用小家族不可发音声旁构成的假字,使用非字时反应时最短。

对错误率进行了类似的方差分析。结果表明,实验条件的主效应非常显著,$F_1(2,57) = 51.87, p < 0.001, F_2(2,177) = 43.05, p < 0.001$。字频的主效应非常显著,$F_1(1,57) = 186.45, p < 0.001, F_2(1,177) = 94.57, p < 0.001$。高频字的错误率低。字频和实验条件的交互作用非常显著,$F_1(2,57) = 29.92, p < 0.001, F_2(2,177) = 14.85, p < 0.001$。简单效应分析表明,在三种实验条件下,高频字的错误率差异显著,$F(2,57) = 7.15, p < 0.01$。使用非字时的错误率显著低于使用大家族可以发音声旁构成的假字时,$p < 0.01$,但与使用小家族不可以发音声旁的构成的假字时相比差异不显著,$p > 0.05$。两种假字条件下高频字的错误率差异也不显著,$p > 0.05$。低频字的错误率的差异非常显著,$F(2,57) = 50.70, p < 0.001$。使用两种假字时错误率显著高于使用非字时,$p < 0.001$,但使用两种假字的错误率的差异不显著,$p > 0.05$。

对三种实验条件下使用的非字和假字的反应时和错误率进行单因素方差分析。结果表明,反应时的差异非常显著,$F(2,357) = 492.01, p < 0.001$。均数多重比较发现,不同实验条件的两两差异显著,$p < 0.001$。错误率差异也非常显著,$F(2,357) = 140.32, p < 0.001$。均数多重比较发现,不同实验条件的两两差异显著,$p < 0.001$。从表6可见,在否定反应中:非字的反应时最短,错误率最低;声旁构字数少且不可发音的假字的反应时和错误率居中;声旁构字数多且可发音的假字的反应时最长,错误率最高。

因此,实验2和实验3表明,在不同条件下,声旁家族大小在字词识别中的作用不同:在使用非字时,声旁家族大对高、低频字的识别都表现出促进作用;在使用假字时,声旁家族大只促进了低频字的识别。在不同的条件下,高频同声旁字的作用也不同:在使用非字时,未发现高频同声旁字的作用;在使用声旁构字数少且不可发音的假字时,仅在错误率上显示了高频同声旁字对低频字识别的抑制;在使用声旁构字数多且声旁可发音的假字时,高频同声旁字除了在错误率上显示出对低频字识别的抑制外,在高、低频字的反应时上也显示了抑制作用。这说明,随着识别难度增加,高频同声旁字的抑制作用经历了从无到有、从弱到强的发展过程。字频效应在实验2和实验3中都显著,但大小不同:在使用非字时,高频字比低频字快51ms;在使用判断难度较低的假字时,高频字比低频字快121ms;在使用判断难度较高的假字时,高频字比低频字快153ms。即,随着判断难度增大,字频效应越来越明显。这与实验1中的趋势相同。

五、综合讨论

(一)关于声旁语音信息在汉字识别中的作用

实验1b表明,在使用假字时,当形旁家族小时,识别声旁不可发音的字快于识别声旁可发音的字。这一方面是因为假字的声旁可发音导致被试对声旁可发音的字采用了更为严格的标准,另一方面则与形旁的语音激活有关。研究发现,形旁的语音信息可以自动激活,低频字的形旁语音激活比高频字更加明显(周晓林,鲁学明,舒华,2000)。形旁的语音激活除了受字频影响外,还可能受形旁家族大小影响,小家族形旁比大家族形旁的语音信息更容易被激活。因为经过长期的学习和使用,汉语使用者已经形成了把合体字自动分解为形旁和声旁的加工策略,并且认为形旁表义,声旁表音。当看到大家族形旁时,汉语使用者常会激活它们标记的语义信息,语音信息相对不容易激活。小家族形旁作为单字出现的机会大,即使作为形旁出现也与声旁结合得不甚紧密,语音信息自然容易激活。如果此时声旁也可以发音,那么,两个部件的语音信息都会被激活,这就产生了语音信息之间的竞争,从而延长了反应时。此外,左右结构的汉字很多只有一边部件的语音信息容易激活(如形旁不可发音的字)或两边部件的语音信息都不容易激活(如左、右两个部件都不可以发音的字)。受这种汉字构成知识和阅读经验影响,被试在判断两个部件的语音信息都容易激活的字就更慢。

对实验1的真字分析以后发现,声旁可否发音与声旁家族大小有关。可发音的声旁构字数多,因而家族大;不可发音的声旁构字数少,因而家族小。虽然声旁可否发音与声旁的家族大小有关,但形旁家族和声旁语音信息之间的交互作用可能不存在声旁家族大小的混淆。理由是,实验 2 中的真字全部使用了构字数多的形旁,发现声旁家族大有助于识别。既然形旁家族大时存在着声旁家族的促进效应,那么,在实验 1b 中,当形旁家族大时,也应该存在着声旁家族的促进效应。但是,在实验 1b 中,当形旁家族大时,却未发现声旁语音信息的任何效应。在实验 1b 中,当形旁家族小时,识别声旁不可发音的字快于识别声旁可发音的字。如果以上结果是由声旁家族大小造成的,那么,声旁家族大在这里应该起抑制作用。因为不可发音的声旁往往是小家族声旁,可发音的声旁往往是大家族声旁。可是,在实验 2 和实验 3 中,却都发现了声旁家族大的促进作用。鉴于以上两个理由,实验 1b 发现的形旁家族和声旁语音信息之间的交互作用的确是由于声旁语音信息的作用,与声旁的家族大小无关。

(二)关于使用非字和不同难度的假字时对真字的反应

由表 6 可见,在使用非字时,真字的反应时和错误率最小;在使用构字数多且可发音的声旁构成的假字时,真字的反应时和错误率最大。使用非字和不同难度的假字时对真字的反应时和错误率的影响可以用扩散模型(Diffusion Model)来解释(Ratcliff, Gomez & McKoon, 2004)。扩散模型认为,词汇判断本质上是信号检测的过程。刺激不一定要经过词汇选择之后才可以识别,只要累积信息达到反应标准就可以做出判断。信息累积逐渐达到反应标准的快慢由漂移率(drift rate)决定。词汇信息有两个维度,一是词汇的正字法信息或字形信息,二是词汇强度(lexical strength),包括语音信息和语义信息。非字和假字以及高频字和低频字在这两个维度上所处的位置是不同的,见图 1。

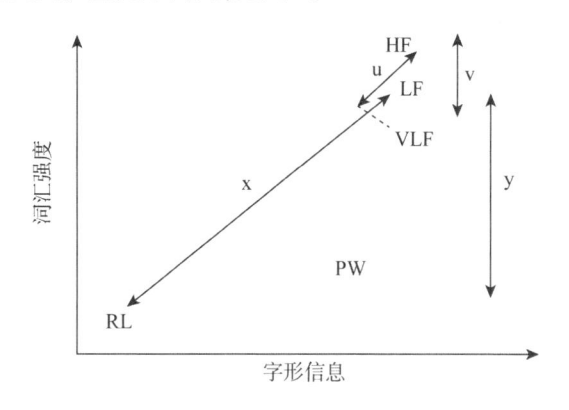

图 1 扩散模型中不同项目在两维空间上的位置和距离

注:RL - 随机字母串,PW - 假词,HF - 高频词,LF - 低频词,VLF - 极低频词,XYUV - 距离

扩散模型认为,在两维空间中不同类型项目之间的距离决定漂移率。当使用不合正字法的非字时,字形、语音和语义信息在词汇判断时都有效。此时,如果刺激在字形上符合正字法,又有语音信息和语义信息,这些信息共同作用就会产生很高的漂移率,能够很快地到达真字的反应标准并且做出判断。如果使用合乎正字法的假字,字形信息在决定漂移率上权重就低,漂移率相对较小,达到真字的反应标准的时间就长。当假字的声旁构字数多且可发音时,字形信息和语音信息在决定漂移率上权重都很低,此时,只有语义信息决定漂移率,漂移率最低,所以对真字的反应最慢。随着词汇判断的难度加大,字频的作用越来越明显,这一效应也可以用漂移率来解释。在使用非字时,虽然总漂移率较高,但高频字和低频字的漂移率仍然存在差异,因此字频效应仍然显著。在使用非字时,高频字和低频字在二维空间中距离小于在使用假字时,因此,使用非字时高频字和低频字的漂移率差异小于使用假字条件下的漂移率差异,导致使用非字时的字频效应弱。

(三)关于形旁家族、声旁家族以及高频同声旁字的作用

本研究表明,高频同声旁字对目标字的识别起抑制作用。而且,随着词汇判断的难度加大,比目标字频率更高的高频同声旁字的抑制作用也越来越明显。当使用非字时,未发现高频同声旁字的作用;当使用假字时,高频同声旁字的抑制作用出现,并且随着假字辨别的难度增大,比目标字频率更高的高频同声旁字抑制作用逐渐加强。高频同声旁字抑制目标字识别的发现同前人的研究结果一致。马泰和扎加尔(Mathey & Zagar,2006)、摩尔等(De Moor & Verguts,2006)分别使用go/no-go 词汇判断任务和启动范式都发现了高频邻近词的抑制作用。罗伯特(Robert)等发现,高频邻近词的抑制只表现在年轻人身上,老年人的词汇之间的抑制机制衰退(Robert & Mathey,2006;Robert,Mathey & Zagar,2007a)。鲍尔斯,戴维斯和汉利(Bowers,Davis & Hanley,2005)发现,在语义归类任务中,多次给被试呈现人造新词,被试对人造新词的字形相近的语义归类更难,结果支持词汇之间竞争的看法。本研究在不同难度的词汇判断条件下,都发现了形旁家族大和声旁家族大的启动效应,这与前人研究的结果相似。西亚鲁克,西尔斯等(SiaKaluk,Sears & Lupker,2002)系统地变换假词的邻近词数量,发现目标词的邻近词数量大对词汇识别具有启动作用。费里尔(Friel,2004)使用邻近词数量多的假词,并且在词汇判断中强调准确率,也发现了邻近词数量的启动作用。西尔斯等(Sears,

Hino & Lupker,1995),弗斯特等(Forster & Shen,1996)创造了不同难度的假字,发现不管假字的难度如何,都出现了邻近词数量的启动效应,只是在假字的难度小时,邻近词数量的启动效应更加明显。本研究发现,形旁家族和声旁家族的促进作用随着任务难度的加大而变化:在使用非字时,形旁家庭或声旁家族大促进高、低频字的识别;在使用假字时,声旁家族大只促进对低频字的识别,形旁家族大只促进对高频字的识别。形旁家族和声旁家族的这种区别很可能是因为形旁在词汇判断上比声旁有更强的指示作用。

上述研究结果对于汉字的教学和学习具有重要意义:教学中应当重视形旁家族和声旁家族的教学,一方面,使学生对汉字形声字形成必要的形旁家族意识和声旁家族意识,利用家族效应促进汉字的学习和记忆,同时也要加强对形旁家族字和声旁家族字的内部分化教学,防止高频同形旁字或高频同声旁字的消极影响,避免学生出现同形旁或同声旁的错别字。

(四)对词汇识别模型的检验

串行搜索模型预测,形旁家族大、声旁家族大以及高频同声旁字都对目标字识别起抑制作用。平行分布加工模型预测,形旁家族大、声旁家族大和高频同声旁字对目标字识别起促进作用。本研究的结果与它们的预测不完全一致。形旁家族大和声旁家族大促进目标字识别,高频同声旁字抑制目标字识别。这一结果可以用交互激活模型和以交互激活模型为基础的多重标准识别模型解释。这两个模型都认为,词汇和亚词汇结点之间可以相互激活,同一层面的加工单元在识别某一刺激时却必须相互竞争(McClelland & Rumelhart,1981)。当形旁家族大或声旁家族大的字呈现时,在目标字获得激活同时,与它同形旁或同声旁的家族成员也被激活。这些字形相近字的激活又会进一步激活它们和目标字共有的亚词汇结点,即相同的形旁或声旁,相同的亚词汇结点又把激活反馈到目标字上,从而促进目标字的识别。这两个模型都认为,同一层面的词汇结点之间会发生竞争,这可以解释高频同声旁字对目标字识别的抑制作用。

多重标准识别模型预测,当使用累积标准时,词汇判断对词汇总体的激活敏感,因为形旁家族大或声旁家族大有助于词汇总体的激活,因此会对目标词识别起促进作用。当使用词汇选择标准时,形旁家族大和声旁家族大的促进作用消失,由于词汇结点之间的竞争,高频同声旁字会抑制目标字的识别。本研究发现,高频同声旁字只在使用假字条件下产生抑制,在使用非字条件下没有产生作用。这与重标准识别模型的预测一致。在使用非字时,非字的词汇总体的激活小,非字和真字通过词汇总体的激活就很容易区别,因此主要使用累积标准,此时高频同声旁字没有作用。在使用假字时,假字的词汇总体的激活高,假字和真字通过词汇总体的激活很难区别,此时主要采用词汇选择标准,并且假字越难判断,就有越多的真字采用词汇选择标准,高频同声旁字的抑制作用也会越大。

在本研究中,在非字条件和假字条件下都发现了稳定的字频效应。并且,随着词汇判断的难度加大,字频的作用也越来越明显。这与多重识别模型的预言不完全一致。根据多重标准识别模型,在使用非字时不会出现字频效应,因为出现字频效应是采用词汇选择标准的标志。但是,多重标准识别模型却可以解释随着词汇判断难度增加字频效应越来越大的现象。这是因为随着假字的识别难度增加,词汇选择标准越来越多地被采用。

多重标准识别模型认为,形旁家族大和声旁家族大的促进作用是使用累积标准的标志,字频效应和高频同声旁字的抑制作用是使用词汇选择标准的标志。该模型预测,字频效应和形旁家族效应或声旁家族效应之间呈负相关关系,并且声旁家族大或形旁家族大的促进作用不太可能会和高频同声旁字的抑制作用同时出现。本研究未证实以上两个预测。例如,在实验 2a 中,字频效应是 51ms;在实验 3 中,字频效应是 121ms;相应的声旁家族大的促进效应分别是 19.5ms 和 21.3ms,字频效应和声旁家族的促进作用之间没有呈现负相关关系。在实验 2a 和实验 3 中,同时发现了声旁家族的促进作用和高频同声旁字的抑制作用,并且随着高频同声旁字的抑制作用增强,声旁家族大的促进作用并未消失。因此,根据本研究的结果,笔者对多重标准识别模型做出如下修正:在使用非字时,被试主要采用累积标准,词汇选择标准也有一定作用;在使用假字时,被试主要采用词汇选择标准,累积标准也有一定影响。在多数情况下,被试在词汇判断时采用的标准可能不止一个,而是以某一标准为主,兼顾其他标准。被试对各种标准的采取不是"全"或"无",很可能综合运用了各种标准。

词汇识别中邻近词数量的启动效应和高频邻近词的抑制效应反映了两个机制:词汇到亚词汇的激活机制和词汇水平的抑制机制。词汇到亚词汇的激活造成邻近词数量的启动效应,词汇水平上邻近词和目标词之间的竞争引起高频邻近词对目标词的抑制。由于这两种机制发生在不同通路上,因此,在词汇识别中,两个机制可以同时起作用。是否能够在实验中观察到邻近词数量的启动效应和高频邻近词的抑制效应依赖于邻近词的激活程度,词汇判断难度会影响邻近词的激活水平;在使用非字时,词汇判断难度低,反应时间快,邻近字获得的激活弱;在使用假字时,词汇判断难度大,反应时长,邻近字获得的激活大。在使用非字时,在词汇水平仍然存在竞争,只不过邻近字的激活普遍不高,因此对目标字识别的抑制难以表现,此时只能观察到字形相近字数量的促进作用;在使用假字时,同声旁高频邻近字获得的激活大,通过在词汇水平上与目标字发生竞争表现出对目标字识别的抑制作用。但与此同时,其他频率低、激活程度不高的邻近字通过词汇到亚词汇的激活机制仍然会表现出邻近字数量的启动,所以就同时观察到邻近字数量的启动作用和高频邻近字的抑制作用。因此,本研究的结果可以在交互激活模型的框架下得到合理解释。

最近一些研究结果也支持交互激活模型(De Moor & Verguts,2006;Robert & Mathey,2007a;Robert et al.,2007;Robert & Mathey,2007b)。有研究发现,在视觉词汇识别中存在着正字法邻近词的分布效应和平衡效应(Robert & Mathey,2007a;Robert & Mathey,2007b)。正字法邻近词的分布效应是指邻近词分布广的词比邻近词分布集中的词具有识别优势。正字法邻近词的分布平衡效应是指在邻近词分布广的词中,邻近词分布平衡的目标词比邻近词分布不平衡的目标词具有识别优势。这两种效应都可以用词汇到亚词汇的激活机制和词汇之间的抑制机制来解释。当看到目标词时,邻近词被激活,激活从邻近词的表征达到字母水平。邻近词中一致的字母之间可以相互激活,这就造成了分布集中的邻近词的字母获得的激活大,这些字母激活又返回到邻近词表征,使得邻近词表征获得了很高的激活,加强了对目标词识别的抑制,阻碍了对目标词的识别。对分布广的邻近词,由于一致的字母不多,字母之间缺乏彼此的激活,邻近词从字母结点接受的激活少,进而导致邻近词表征的激活少,对目标词识别的抑制也少。正字法邻近词的分布平衡效应也可以用相同机制来解释。研究者不仅发现了词汇到亚词汇的激活机制和词汇水平的抑制机制,而且发现了这两种机制具有不同的皮层优势,在右半球更容易发现正字法邻近词数量的启动效应,在左半球更容易观察到高频正字法邻近词的抑制效应(Lavidor,Johnston & Snowling,2006;Whitney & Lavidor,2005)。这是因为左、右大脑在处理词的形、音、义表征时有不同的分工,词汇表征在左半球,亚词汇表征在右半球。

(五)未来的研究方向

未来研究可以考虑以下方面:(1)考察汉字家族的分布特点对汉字识别的影响。例如,在同声旁家族中,有的家族声旁只出现在同一位置,有的家族声旁出现在多个位置。声旁位置一致性是否影响同声旁家族成员的激活水平,进而影响到家族成员对目标字的识别。(2)使用知觉辨认、语义分类、启动等多种实验范式,从多个角度研究汉字家族成员对汉字认知的影响。毕鸿燕等人(2006)发现,声旁家族大对整字命名具有抑制作用。这和本研究使用词汇判断范式发现的声旁家族的促进作用不同。所以如此,可能是由于不同实验范式对加工有不同的要求造成的。形声字语音通达中的"一致性效应"(Fang, Hong & Tzeng, 1986)表明,汉字形声字的整字读音可能受到同声旁家族字的读音影响。由于汉字中拼读规则弱,声旁家族越大,发音不同的同声旁字就可能越多,家族字产生的干扰作用就越大。因此,在命名任务中,声旁家族大表现出来的是干扰效应而非促进效应。(3)使用认知神经科学的技术研究家族成员对汉字认知的影响。例如,可以考察两种机制发生的时间进程,是否词汇到亚词汇的激活先于词汇水平上的抑制。另外,菲巴赫(Fiebach)等人(2007)在背外侧中央和中间前额皮质发现词性(真假词)和邻近词数量的交互作用,即邻近词数量大启动真词,却抑制假词。这说明,在邻近词对真、假词认知的影响中,存在着一个独立于词汇系统外的执行控制机制。这一发现与那些仅从词汇系统角度对邻近词对词汇识别的影响进行解释的计算模型相冲突。可以相信,随着研究的深入,交互激活模型将变得进一步完善。

六、结论

(1)形旁家族、声旁家族大小和高频同声旁字对汉字形声字识别具有重要影响。形旁家族和声旁家族大促进识别,高频同声旁字抑制识别。这些作用受词汇判断任务难度影响。

(2)声旁的语音信息在词汇识别中的作用受形旁家族大小及词汇判断难度影响。在使用非字时,声旁的语音信息作用不明显;在使用假字时,当形旁家族小时,判断声旁不可以发音的字快于声旁可以发音的字。

附 录

1 实验1真字举例

字频	形旁家族大		形旁家族小	
	声旁可发音	声旁不可发音	声旁可发音	声旁不可发音
高频字	植 塘 味	撒 满 燥	版 职 静	端 缺 畅
低频字	垛 橄 脓	媲 嘀 谍	黜 矬 躬	鳏 鞠 殇

2 实验2真字举例

字频	声旁家族大		声旁家族小	
	有高频同声旁字	无高频同声旁字	有高频同声旁字	无高频同声旁字
高频字	祖(组)核(该)	培 沙	探(深)炉(护)	脚 彻
低频字	柏(拍)狍(抱)	坨 呕	澈(撤)绛(降)	憾 埠

义符的类别一致性和家族大小影响形声字的语义加工[①]

本研究采用行为实验和眼动技术考察义符的类别一致性和家族大小对形声字语义加工的影响。结果发现:(1)在一致性判断和视觉选择中均存在着字词水平的类别一致性效应,义符同整字类别一致的字容易认知。(2)义符的家族大小影响形声字的语义加工,义符家族大,汉语母语者对形声字的加工更容易采用形旁推理策略。(3)义符家族的类别一致性影响形声字的语义加工。(4)义符家族的类别一致性和家族大小效应受义符与整字的类别一致性调节。

一、前言

义符,又称为形旁或形符,是与被构字有语义联系的部件。义符的存在减少了汉字字形与语义联系的任意性(Feldman & Andjelkovi,1992)。常用义符约有200个(Hoosain,1991),借助义符推测整字语义,正确率可以达到60%以上(Williams & Bever,2010)。类别一致性是义符的重要特征。类别一致性有两种含义:一是指义符的类别与整字的类别是否一致,可以称为字词水平的类别一致性;二是指义符家族成员的类别集中程度,可以称为范畴水平的类别一致性。这种类别一致性有高低之分,接近于义符的表义率。义符的类别与整字的类别是否一致,义符家族成员的类别一致性如何,均影响形声字的语义加工,可以称为"类别一致性效应"(Category Consistency Effect)。

类别一致性效应具体表现为对形声字认知的促进作用和抑制作用。在词汇识别中,存在着类别一致性效应。佘贤君和张必隐(1997)发现,义符与整字语义一致时出现了正启动效应,不一致时出现了负启动效应。弗尔德曼和塞克(1999)

[①] 本文原载于《心理学报》2016年第11期,1390–1400页。
本篇作者:王娟,张积家。

发现,启动字与目标字共享义符、义符位置相同且与整字语义相关时出现了正启动效应,启动字与目标字共享义符但与整字语义不相关时出现了负启动效应。在语义分类中也存在着类别一致性效应。义符与整字语义一致时对形声字的类别语义提取起促进作用,不一致时起干扰作用(张积家,张厚粲,彭聃龄,1990;张积家,彭聃龄,张厚粲,1991);当义符与词的类别语义一致时促进词的定义特征语义的提取(张积家,彭聃龄,1993);当义符标明汉语动作动词的动作器官或工具时促进对动作器官或动作工具的意义认知(张积家,陈新葵,2005)。尽管义符的类别一致性的研究成果十分丰富,但是,既往研究多针对义符类别与整字类别的一致性展开,多采用判断整字是否属于某一类别的任务,这一类任务容易使人产生预期,对义符家族的类别一致性影响形声字认知的研究亦少。

家族效应研究始于对拼音文字的研究。阅读正字法邻近词多的单词快于阅读正字法邻近词少的单词,这一效应被称为"家族效应"(Family Effect)。当单词呈现时,字形相似的其他词也被部分地激活,从而影响目标词的通达(Andrews,1992,1997;Grainger,1990;Grainger & Segui,1990;Huntsman & Lima,1996;Perea & Pollatsek,1998)。在汉字中,结构相同且与目标字共享义符或声符的汉字互为字形相近字。共享义符的字构成了义符家族字。由义符家族大小引起的汉字认知差异称为义符的家族效应(Family Effect of Semantic Radical)。研究者发现,在词汇判断任务中存在着义符构字数的促进效应(Feldman & Siok,1997,1999;Su & Weekes,2007),在认知假字时出现形旁一致性与构字数的交互效应(Chen & Weekes,2004)。在语义决定任务中,也存在义符的构字数效应,义符的构字数越多,被试的判断就越快越准。存在着义符与整字的类别一致性效应:对义符与整字类别一致的字反应得更快更准。在正确率上,研究者发现了义符构字数和义符与整字的类别一致性的交互作用,构字数效应在义符与整字类别一致字中的作用更加显著(Hsiao,Shillcock & Lavidor,2007)。研究者还发现:当义符的构字数多时,整字的语义通达更多地依赖于声符;当义符的构字数少时,义符在确定整字语义时更加重要(Hsiao,Shillcock & Lavidor,2006;Hsiao,2011)。陈和威克斯(2004)还发现,义符与整字的类别一致性、家族的类别一致性和家族大小均影响形声字的语义分类。被试对义符与整字类别一致的字反应更快,错误率更高;对义符与整字一致的大家族义符字,家族的类别一致性越低,被试的反应越快,错误率越低。义符的家族越大,一致性越低,义符与整字一致字的比例越小,会促使义符与整字一致的字更容易被关注,反应得更快更准。对义符与整字不一致的小家族义符字,家族的类别一致性越高,反应越慢,错误率越高。因为在小家族义符字中,只有少数字共享义符,义符表义的一致性越高,拒绝义符与整字类别不一致的字就越难。对义符与整字类别一致的小家族义符汉字,家族类别一致性越低,被试的反应就越慢,错误率就越高。

已有研究考察了义符的类别一致性和家族效应,但是,仍然有一些问题尚未解决:(1)类别一致性效应和家族效应研究多采用词汇判断任务,也有研究采用命名任务和语义分类任务(张洁蔚,王权红,2010)。弗斯特等(1996)认为,家族效应依赖于任务,但这一看法并未得到广泛的证实。本研究将采用类别一致性判断任务和眼动追踪系统进行考察。(2)义符家族的类别一致性对形声字的语义加工有何影响?它同字词水平的义符类别一致性是否存在着交互作用?(3)对义符的家族特征与义符与整字的类别一致性之间的作用机制并未解决。义符的家族大小与义符家族的类别一致性均属于义符的家族特性,它们对形声字语义加工的作用很可能要受义符与整字的类别一致性调节。研究预期:(1)义符的字词水平和范畴水平的类别一致性均影响形声字的语义加工;义符同整字类别一致的汉字容易认知,家族类别一致性高的汉字容易认知。(2)家族大小亦影响形声字的语义加工,义符家族大,对形声字认知更容易采用义符路径和形旁推理的策略。(3)在形声字的语义加工中,家族的类别一致性和家族大小同义符与整字的类别一致性之间存在着交互作用,家族的类别一致性和家族大小的效应受义符与整字的类别一致性调节。

二、实验1 义符的类别一致性和家族大小对形声字语义加工的影响

(一)被试

22名本科生,男生9名,女生13名,平均年龄为22.4岁,均为右利手,视力或矫正视力正常。

(二)设计与材料

4(汉字对的关系类型:R+S+/R-S+/R+S-/R-S-)×2(义符家族大小:大/小)重复测量设计。材料选自《现代汉语常用字表》(国家语言文字工作委员会汉字处,1988)中2500常用字和1000次常用字。参考前人的研究,将义符分为大家族义符和小家族义符:构字数≥42的义符为大家族义符,包括"扌""氵"等21个义符;构字数≤30的义符为小家族义符,包括"广""目"等43个义符。在大、

小家族义符字中选出64个字作为汉字对的尾字,尾字的义符义与整字义一致。匹配不同的首字,与尾字形成了4种关系:R+S+(共享义符、类别一致),R-S+(不共享义符、类别一致),R+S-(共享义符、类别不一致)和R-S-(不共享义符、类别不一致)。每种汉字对包括16组刺激。材料的信息见表1。

表1 类别一致性判断任务的材料信息(M)

家族大小	启动类型	材料举例	首字字频	首字笔画数	尾字字频	尾字笔画数	类别一致性
大家族	R+S+	嫂-媳、杨-枝、哼-唱	88(136)	10.25(2.44)	59(70)	10.50(2.39)	5.30(0.85)
	R+S-	婚-婶、椭-椰、听-喷	165(304)	10.56(2.78)	89(97)	10.19(2.64)	1.59(0.53)
	R-S+	母-娘、荆-杉、灌-喝	153(252)	10.31(3.57)	88(130)	10.44(3.22)	5.58(0.93)
	R-S-	锯-妇、蚂-柏、址-喊	78(81)	9.50(2.65)	96(147)	9.5(1.97)	1.26(0.17)
小家族	R+S+	饺-饼、雷-雹、盒-盆	61(81)	11.25(3.09)	55(84)	11.75(3.24)	5.12(0.87)
	R+S-	饰-馅、霍-霄、盟-盖	180(303)	11.69(3.44)	56(67)	10.63(2.47)	1.47(0.22)
	R-S+	粥-馍、汽-雾、帽-盔	148(160)	12.13(4.18)	87(96)	11.5(3.54)	5.58(0.61)
	R-S-	珠-饱、饿-霉、褥-盈	59(48)	10.88(2.68)	112(146)	10.00(2.22)	1.39(0.24)

注:括号内的数据为标准差,字频为每百万字出现的汉字次数,下同。

匹配汉字对的字频、笔画数、义符的类别一致性及熟悉性:(1)8种水平的汉字对的首字字频差异不显著,$F(7,127)=0.76,p>0.05$;尾字字频差异不显著,$F(7,127)=0.53,p>0.05$。(2)8种水平汉字对的首字笔画数差异不显著,$F(7,127)=1.33,p>0.05$;尾字笔画数差异不显著,$F(7,127)=1.04,p>0.05$。(3)35名本科生对汉字对的类别一致性做7点评定,1表示不属于同一类别,7表示属于同一类别。R+S+类型与R-S+类型的平均类别一致性为5.22和5.59,差异不显著,$t=-1.88,p>0.05$;R+S-类型与R-S-类型的平均类别一致性为1.45和1.40,差异不显著,$t=0.64,p>0.05$。(4)根据义符熟悉性评定(陈新葵,张积家,2008),大、小家族义符的平均熟悉性为6.08和5.54,$t=4.79,p<0.001$,差异显著。

(三)仪器

采用E-Prime系统编程。刺激在计算机屏幕的中央呈现,材料的呈现、计时、反应时收集、选择错误的记录均由计算机自动进行,计时单位为ms,误差为±1ms(下同)。

(四)程序

首先在计算机屏幕中央呈现红色"+"注视点500ms,空屏300ms,然后在注视点位置呈现首字1000ms,空屏300ms,接着呈现尾字,时间最长为3500ms。要求被试对汉字对的类别做一致与否的判断,指导语给出例证,如"姑"和"妮"的所属类别一致,均表示女性;"江"和"洋"的所属类别一致,均表示水域;"姑"和"如"的所属类别不一致;"江"和"沈"的所属类别不一致。如果被试在3500ms之内反应,刺激自动消失,进入300ms的空屏缓冲,随后进入下一试次。被试需要做出128次判断。

(五)结果与分析

错误反应(占全部数据的13.81%)不反映正常加工过程,反应时在$M \pm 2.5SD$之外的数据(占全部数据的0.14%)属于极端数据,不统计。结果见表2。

表2 类别一致性判断的平均反应时(ms)和平均错误率(%)

家族类型	反应指标	关系类型			
		R+S+	R-S+	R+S-	R-S-
大家族	反应时	722(120)	739(111)	811(120)	720(89)
	错误率	17.90(1.60)	17.33(1.30)	18.75(2.30)	1.99(0.60)
小家族	反应时	729(125)	761(145)	808(93)	750(115)
	错误率	22.73(1.90)	15.91(1.60)	11.36(2.20)	4.55(0.80)

注:括号内的数字为标准差,下同。

由于对类别一致条件与类别不一致条件的反应类型不同,因此,有意义的是两种相同反应类型之间的比较。分别对类别一致条件与类别不一致条件做2(是否共享义符)×2(家族大小)的方差分析:在类别一致(R+S+和R-S+)时,是否共享义符的主效应被试分析显著,$F_1(1,21) = 4.38, p < 0.05, \eta_p^2 = 0.14$,项目分析不显著,$F_2(1,15) = 0.25, p > 0.05$。R+S+类型的反应时短。在错误率上,是否共享义符和家族大小的交互作用被试分析显著,$F_1(1,21) = 5.13, p < 0.05, \eta_p^2 = 0.20$,项目分析不显著,$F_2(1,15) = 1.26, p > 0.05$。简单效应分析发现:对R+S+类型,大家族义符字的错误率低,$p < 0.05$;对R-S+类型,大、小家族义符字的错误率差异不显著,$p > 0.05$。在类别不一致(R+S-类型和R-S-类型)时,是否共享义符的主效应显著,$F_1(1,21) = 44.49, p < 0.001, \eta_p^2 = 0.68, F_2(1,$

15)=31.19,$p<0.001$,$\eta_p^2$0.67。R-S-类型的反应时短。在错误率上,是否共享义符的主效应显著,$F_1(1,21)=22.69$,$p<0.001$,$\eta_p^2=0.52$,$F_2(1,15)=22.64$,$p<0.001$,$\eta_p^2=0.60$。R+S-类型的错误率显著高。义符家族大小与是否共享义符的交互作用被试分析显著,$F_1(1,21)=7.73$,$p<0.05$,$\eta_p^2=0.27$,项目分析边缘显著,$F_2(1,15)=3.18$,$p=0.07$,$\eta_p^2=0.18$。简单效应分析发现,对R+S+类型,大家族字的错误率显著高,$p<0.05$;对R-S+类型,大、小家族字的错误率差异不显著,$p>0.05$。其余的主效应和交互作用均不显著,$ps>0.05$。

因此,实验1的反应时模式表明,当类别一致时,共享义符促进了形声字的语义加工;当类别不一致时,共享义符干扰形声字的语义加工。在错误率上,出现汉字对关系类型和义符家族大小的交互作用:当汉字对共享义符、类别一致时,大家族义符字的错误率显著低;当汉字对共享义符、类别不一致时,大家族义符字的错误率显著高;当汉字对不共享义符时,无论类别一致与否,义符家族大小的影响均不显著。在视觉选择任务中,义符的类别一致性和家族大小能否发挥着同样作用?

三、实验2 义符的类别一致性和家族大小影响形声字语义加工再探

(一)被试

30名本科生,男生12名,女生18名,平均年龄21.5岁,均为右利手,视力或矫正视力正常。

(二)设计与材料

4(预先呈现字与备选字的关系类型:R+S+/R-S+/R+S-/R-S-)×2(义符家族大小:大家族义符/小家族义符)重复测量设计。实验材料来自实验1。包括32组刺激,每一组刺激包括1个预先呈现字和4个备选字。16组刺激的预先呈现字为大家族义符字,16组刺激的预先呈现字为小家族义符字。备选字与预先呈现字具有4种关系:R+S+,R-S+,R+S-和R-S-。统计表明:大、小家族义符的预先呈现字的字频差异不显著,$F(1,31)=0.001$,$p>0.05$;大、小家族义符的预先呈现字的笔画数差异不显著,$F(1,31)=0.79$,$p>0.05$;8种备选字的字频差异不显著,$F(7,127)=0.76$,$p>0.05$;8种备选字的笔画数差异不显著,$F(7,127)=1.33$,$p>0.05$。材料的信息见表3。

表3 类别一致性选择任务的材料举例及特征信息(M)

特征	预先呈现汉字	备选汉字			
		R+S+	R-S+	R+S-	R-S-
大家族汉字	娘,杉,喝	嫂,杨,咛	母,荆,灌	婚,椭,听	锯,蚂,址
字频	88(130)	88(136)	153(252)	165(305)	78(81)
笔画数	10.44(3.22)	10.25(2.44)	10.31(3.57)	10.56(2.78)	9.50(2.65)
类别一致性		5.30(0.85)	5.58(0.93)	1.59(0.53)	1.26(0.17)
小家族汉字	馍,雾,盔	饺,雷,盒	粥,汽,帽	饰,霍,盟	珠,饿,褥
字频	87(96)	61(81)	148(160)	180(303)	112(146)
笔画数	11.50(3.54)	11.25(3.09)	12.13(4.18)	11.69(3.44)	10.88(2.68)
类别一致性		5.30(0.85)	5.58(0.93)	1.59(0.53)	1.26(0.17)

(三)仪器

SR Research Ltd开发的Eyelink 1000。屏幕分辨率为1024×768像素,数据采样率为1000次/s,眼动仪追踪分辨率阈限值为瞳孔直径的0.20%。用双眼来观察,对一半被试记录右眼数据,对另一半被试记录左眼数据。显示器屏幕与眼睛之间距离为80cm,屏幕刷新率为150Hz。材料呈现与眼动记录由专用软件完成。

(四)程序

在实验开始前,校准以保证记录眼动轨迹的精确性。练习包括6个刺激。在正式实验时,首先在屏幕中央呈现红色"+"注视点500ms,空屏300ms,然后在注视点位置呈现启动字1000ms,启动字不消失,且在启动字下方呈现4个备选字,4类备选字位置在试次之间平衡。4个位置的选项分别对应按键1、2、3、4。要求被试按对应键选出与上方汉字类别一致的两个字。呈现时长为5000ms。如果被试在5000ms内做出反应,刺激自动消失,进入300ms的空屏缓冲,随后进入下一试次。在呈现选项同时,眼动仪记录眼动数据,被试按键后,停止记录。在每组刺激呈现前,进行漂移校正。实验流程见图1。

义符认知功能的心理语言学探索 >>>

[图示：眼动实验流程图，依次呈现 500ms 注视点"+"、300ms 空屏、1000ms 预先呈现汉字"娘"、5000ms 选择项"娘 嫂 婚 母 锯"、300ms]

预先呈现汉字

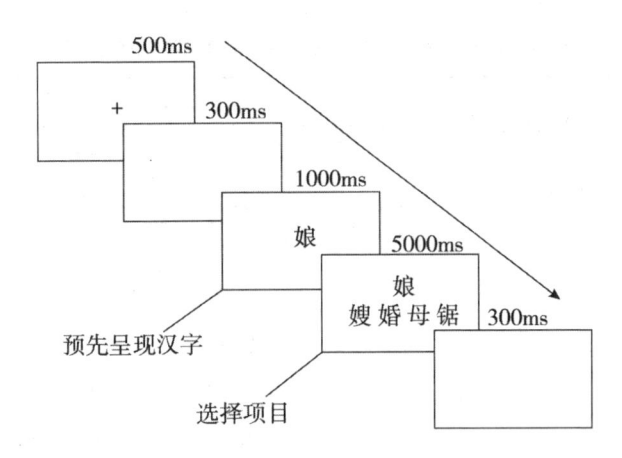

选择项目

图 1　眼动实验流程图

(五)结果与分析

1. 选择率的分析

被试对不同备选汉字的选择率见表 4。

表 4　类别一致性选择任务中不同类型汉字的平均选择率(%)

家族类型	关系类型			
	R+S+	R-S+	R+S-	R-S-
大家族	95.22(4.88)	94.30(6.59)	8.82(7.07)	0.55(1.80)
小家族	96.88(4.68)	95.96(5.73)	2.76(6.00)	1.29(2.57)

分别对类别一致与不一致条件做 2(是否共享义符)×2(家族大小)方差分析:备选字与预先呈现字类别一致(R+S+类型和 R-S+类型)时,家族大小与是否共享义符的主效应、交互作用均不显著,$ps>0.05$。备选字与预先呈现字类别不一致(R+S-类型和 R-S-类型)时,是否共享义符的主效应显著,$F(1,29)=16.38,p<0.001,\eta_p^2=0.36$。家族大小的主效应显著,$F(1,29)=12.44,p<0.001,\eta_p^2=0.30$。是否共享义符与家族大小的交互作用显著,$F(1,29)=23.23,p<0.001,\eta_p^2=0.45$。简单效应分析表明,当备选字与预先呈现字共享义符时,大家族义符字的选择率($M=8.82\%$)显著高于小家族义符字($M=2.76\%$),$p<0.001$;当备选字与预先呈现字不共享义符时,大、小家族义符字的选择率($M_{大家族}=0.55\%$,$M_{小家族}=1.29\%$)差异不显著。这表明,当备选字与预先呈现字类别不一致且共享义符时,大家族义符字更难于被拒绝,说明家族大小效应受是

否共享义符调节。大家族义符字的平均反应时为 3361ms,小家族字的平均反应时为 3328ms,$t=0.37,p>0.05$,差异不显著。

2. 眼动数据分析

在选择界面上划出与预先呈现字有 4 种关系的备选字的兴趣区。通过 Data-viewer 数据分析软件导出各兴趣区眼动数据,使用 SPSS17.0 分析。眼动指标包括注视时长、注视点个数和首注视点序数。注视时长是指落在某一兴趣区的所有注视点的注视时间的总和,能够反映此汉字所需的中枢加工时间;注视点个数是指落在某一兴趣区内的所有注视点的个数,能够反映对此汉字的关注程度;首注视点序数是指当前兴趣区的首注视点在该次试验所有注视点中的排列序数,首注视点序数越小,表明被试越早地关注此区域。结果见表 5。

表 5 类别一致性选择中不同兴趣区的眼动指标值

家族类型	眼动指标	关系类型			
		R+S+	R-S+	R+S-	R-S-
大家族	注视时长(ms)	658(132)	712(179)	669(172)	412(146)
	注视点个数	2.63(0.49)	2.91(0.47)	2.95(0.50)	1.83(0.54)
	首注视点序数	5.07(0.50)	3.97(0.38)	2.76(0.39)	5.80(0.78)
	首注视点时间(ms)	1059(207)	795(169)	439(118)	1324(243)
小家族	注视时长(ms)	734(178)	673(136)	684(166)	413(123)
	注视点个数	2.71(0.48)	2.84(0.63)	3.02(0.48)	1.81(0.49)
	首注视点序数	4.87(0.64)	3.98(0.72)	2.83(0.48)	6.53(0.69)

(1) 注视时长

方差分析表明,关系类型的主效应显著,$F(3,87)=44.73,p<0.001,\eta_p^2=0.61$。注视时长由长到短依次为 R+S+、R-S+、R+S- 和 R-S-,$ps<0.001$。R-S- 类型注视时间显著短。关系类型和家族大小的交互作用显著,$F(3,87)=4.41,p<0.01,\eta_p^2=0.13$。简单效应分析表明,对 R+S+ 类型,大家族义符字的注视时长显著短于小家族义符字,$p<0.01$。对其他类型,大、小家族义符字的注视时长差异不显著。

(2) 注视点个数

方差分析表明,关系类型的主效应显著,$F(3,87)=89.79,p<0.001,\eta_p^2=$

0.76。注视点个数由多到少依次为 R+S-、R-S+、R+S+和 R-S-。R+S-条件和 R-S+条件的注视点个数显著多于 R+S+条件与 R-S-条件,p 小于 0.01 或 0.001;R+S+条件的注视点个数显著多于 R-S-条件,$p<0.001$。共享义符、类别不一致条件与不共享义符、类别一致条件获得了更多的注视点。

(3)首注视点序数

方差分析表明,关系类型的主效应显著,$F(3,87)=600.70$,$p<0.001$,$\eta_p^2=0.95$。首注视点序数由小到大依次为 R+S-、R-S+、R+S+ 和 R-S-。R-S-类型的首注视点序数大于其他类型,$ps<0.001$,R+S+类型的首注视点序数大于 R-S+类型和 R+S-类型,$ps<0.001$,R-S+类型的首注视点序数大于 R+S-类型,$p<0.001$。义符家族大小的主效应不显著,$F(1,29)=3.53$,$p>0.05$。关系类型与义符家族大小的交互作用显著,$F(3,87)=14.18$,$p<0.001$,$\eta_p^2=0.33$。简单效应分析表明,在 R-S-类型,大家族义符字的首注视点序数小,$p<0.001$,表明当备选字的义符和类别均与预先呈现字不一致时,大家族义符字首先获得了关注。

总之,行为研究和眼动研究的结果均显示,在形声字的语义加工中,存在字词水平的义符类别一致性效应和家族大小效应,而且,家族大小效应受字词水平的义符类别一致性调节。

四、实验3 义符家族的类别一致性和义符与整字的类别一致性对形声字语义加工的影响

实验1和实验2考察了义符与整字的类别一致性与义符的家族大小对形声字语义加工的影响。在义符的家族特性中,义符家族的类别一致性也值得关注。义符家族的类别一致性(the category consistency of the semantic radical family)是指具有同一义符的汉字的类别集中程度。在不同的义符家族中,类别的集中程度存在着差异:有的义符家族的成员比较集中地属于某一类别,其类别一致性就高;有的义符家族的成员并不集中地属于某一类别,其类别一致性就低。义符家族的类别一致性是否影响形声字的语义加工?义符家族的类别一致性同义符与整字的类别一致性之间关系如何?在形声字的语义加工中,义符与整字的类别一致性与义符家族的类别一致性是独立地发生影响,还是否存在着交互作用?实验3将考察这一问题。

(一)被试

23名本科生,男生11名,女生12名,平均年龄为20.1岁,均为右利手,视力或矫正视力正常。

(二)设计与材料

实验材料选自2500常用字和1000次常用字(国家语言文字工作委员会汉字处,1988)。材料的选取按照如下步骤:(1)确定目标义符,主要构成独体字的汉字部件(如"厶""勹"和"凵"等)和熟悉性低于5的义符(如"缶""瓦""罒"等)(陈新葵,张积家,2008)不统计,余下68个义符符合备选条件。(2)确定68个义符及义符家族内每一成员的类别语义:以"扌"为例,家族成员共有198个,先界定"扌"的义符义,"扌"多表示"用手发出的动作";再逐一界定"扌"家族内198个家族成员的类别,如"托、打、抽"等均是用手发出的动作,"据、抗、扛"等均与手部动作无直接关系。这一任务由两名心理系研究生共同完成,后经过一名语言学研究生检查无异议。(3)计算在所有家族成员中义符义与整字义一致的成员的数目,如"扌"家族内共有155个成员表示"用手发出的动作","扌"家族的类别一致性为155/198 = 0.78。(4)划分层次。根据68个义符的类别一致性的计算结果,家族类别一致性程度从94%(鸟)到8%(弓)不等,按照包含义符的个数,划分为3个层次:类别一致性高于55%的义符有25个,类别一致性在55%~30%之间的义符有23个,类别一致性低于30%的义符有20个。根据类别一致性的比例,将类别一致性低于30%的义符确定为类别一致性低的义符,将类别一致性高于55%的义符确定为类别一致性高的义符。所采用的类别一致性高的义符:亻、口、贝、扌、心、目、虫、走、足、雨、钅;所采用的类别一致性低的义符:冫、彳、广、宀、女、马、日、氵、石、田、皿、禾、纟、辶、讠。

采用2(义符家族的类别一致性:高/低)×2(义符与整字的类别一致性:一致/不一致)重复测量设计。在家族类别一致性高和家族类别一致性低的义符中,选择义符与整字类别一致和不一致的形声字。每一水平包括18个汉字。35名本科生对形声字的义符与整字的类别一致性做7点评定,1表示义符与整字不属于同一类别,7表示义符与整字属于同一类别。统计检验表明,义符与整字类别一致的形声字与义符与整字类别不一致的形声字的类别一致性评定差异显著,$t = 23.53, p < 0.05$;4种类型汉字的笔画数差异不显著,$F(3,71) = 0.20, p > 0.05$;4种类型汉字的字频差异不显著,$F(3,71) = 1.19, p > 0.05$。材料信息见表6。

表6 实验3的材料举例及特征信息

义符与整字的类别一致性	义符家族的类别一致性	材料举例	平均字频	平均笔画数	义符与整字的平均类别一致性
一致	高	喷,购,拍,恼,蝇	119(127)	11(2.4)	5.8(0.55)
	低	冲,店,驶,砖,稻	149(110)	9(1.9)	5.6(0.71)
不一致	高	嗅,贴,拙,惯,蜡	163(142)	11(3.1)	2.5(0.89)
	低	减,序,验,碌,稿	140(125)	10(2.7)	2.0(0.65)

（三）结果与分析

错误反应（占全部数据的17.33%）和反应时在 $M \pm 2.5SD$ 之外的数据（占全部数据的0.36%）不统计。结果见表7。

表7 类别一致性判断的平均反应时（ms）和平均错误率（%）

义符家族的类别一致性	义符与整字类别一致		义符与整字类别不一致	
	反应时	错误率	反应时	错误率
高	1052(289)	12.1(4.2)	1290(339)	26.5(12.2)
低	1133(311)	17.6(5.8)	1224(381)	13.1(16.7)

分别对义符与整字类别一致的汉字与义符与整字类别不一致的汉字的反应时进行 t 检验。对义符与整字类别一致的汉字，家族类别一致性高的汉字的反应时短，$t_1(22) = -2.33, p < 0.05, d = 0.28, t_2(17) = -2.21, p < 0.05, d = 0.11$。在错误率上，家族类别一致性的主效应被试分析显著，$t_1(22) = -2.30, p < 0.05, d = 0.85$，项目分析不显著，$t_2(17) = -0.86, p > 0.05, d = 0.46$。家族类别一致性高的汉字的错误率低。对义符与整字类别不一致的汉字，家族类别一致性高、低的反应时差异不显著，$t_1(22) = 1.28, p > 0.05; t_2(17) = 1.85, p > 0.05$。家族类别一致性高的汉字的错误率高，$t_1(22) = 6.88, p < 0.001, d = 0.50, t_2(17) = 2.70, p < 0.01, d = 0.55$。

五、讨论

本研究表明，在形声字的语义加工中，存在着稳定的义符的类别一致性效应，义符家族大小效应和义符家族的类别一致性效应亦受义符的类别一致性调节。

下面,就对研究结果做一些讨论。

(一)关于义符的类别一致性效应及其与家族效应的交互作用

实验1和实验2发现了稳定的义符的类别一致性效应。在实验1中,与R-S+类型字对比,R+S+类型字对的反应时短,出现了义符的类别一致性促进效应;与R-S-类型字对比,R+S-类型字对的反应时长,出现了义符的类别一致性抑制效应。在眼动实验中,R-S-类型字对的尾字的注视时长显著短于其他类型。在注视点个数、首注视点序数上也存在类型差异:被试最早、最快地关注R+S-类型且产生最多的注视点;其次是R-S+类型,在注视点个数上与R+S-类型相当;再次是R+S+类型,注视点个数少;最后关注R-S-类型且产生最少的注视点。由此可见,两种不规则类型(R+S-类型和R-S+类型)引起了被试的更早、更多的关注,优先地占用了更多的认知资源;规则类型(R+S+类型)获得了较晚的关注,使用了较少的能量。有趣的是,R+S-类型与R-S+类型的注视点个数相当,但R+S-类型获得了优先的注视。这表明,共享义符对选择的影响更大,对R+S-类型有更大的认知困难,需要优先地分配资源以获得充分的加工。

实验1在错误率上发现了义符的类别一致性和家族大小的交互作用:对R+S-类型,大家族义符字的错误率显著高,说明被试倾向于将大家族义符字对误判为类别一致;对R+S+类型,小家族义符字的错误率显著高,说明被试倾向于将小家族义符字对误判为类别不一致。眼动研究发现,对R+S-类型,大家族字的错误率显著高,表明大家族义符的类别不一致字更难于被拒绝。在注视时长、首注视点序数上亦发现了关系类型与家族大小的交互作用:对R-S-类型,大家族义符字获得的注视早。综合来看,家族大小效应受字词水平的义符的类别一致性调节:当字对共享义符且类别一致时,大家族义符字更容易唤起"见字知类"的策略,引导人们通过义符路径做出判断,认知资源耗费少,无须优先关注并进行深度的加工。对类别一致的小家族义符字,被试往往严苛地做出判断,导致错误率增高。但是,当字对共享义符且类别不一致时,大家族义符字往往被过于宽松地误判为类别一致。这可能与如下原因有关:(1)为了快速判断,被试往往使用策略。对共享义符字,当义符为大家族时,"见字知类"策略将发挥更大作用,被试容易贸然地做出"是"反应。(2)大家族义符往往语义泛化,小家族义符往往语义窄化,从而使大家族义符的类别范围扩大,小家族义符的类别范围缩小。当判断无线索可依(R-S-类型)时,大家族义符字反而得到了优先的关注,这可能与首字为大家族义符字的义符呈现率高、容易吸引注意有关。

(二)义符家族的类别一致性影响形声字的语义加工

义符家族的类别一致性代表家族成员的类别集中性,它既与家族成员的类别分布有关,也与读者的知识经验有关。义符家族的类别一致性越高,就越容易形成明确的类别概念;义符家族的类别一致性越低,类别概念的获得就越困难。实验3表明:在反应时上,家族的类别一致性促进效应仅发生在义符与整字类别一致字中;在错误率上,对义符与整字类别一致字,家族的类别一致性越高,错误率越低;对义符与整字类别不一致字,家族的类别一致性越高,错误率就越高。对义符与整字类别一致字而言,义符的类别信息可靠,尤其是当家族的类别一致性高时,义符的类别义更容易被激活,义符路径的加工负荷小,整字路径可以分得更多的认知资源,因而判断就快,正确率就高;对义符与整字类别不一致的字,义符的类别信息不可靠,解决义符路径和整字路径的冲突用时就多,反应时因而就长。大家族义符的类别信息明确,引导被试借助于义符义做出判断,导致对义符与整字类别不一致字的错误率增高。

实验3考察了义符的两种类别一致性对形声字语义加工的影响。陈和威克斯(2004)发现,大家族义符中一致性低的字加工得快。从实验3的结果看,家族的类别一致性越高,反应就越有优势,这一结果与陈和威克斯(2004)的结果相悖。这与陈和威克斯(2004)采用的语义分类任务有关:在每一个刺激呈现之前就告知被试语义类别,会给被试带来预期。在实验材料中,义符相同的汉字比例高,也会带来练习效应。

(三)义符的类别一致性和家族大小在形声字语义加工中动态的相互作用

本研究表明,义符与整字的类别一致性、义符家族的类别一致性和家族大小均影响形声字的语义加工。义符与整字的类别一致性属于字词水平的变量,体现了汉字的规则性;义符家族的类别一致性属于范畴水平的变量,体现了义符的表义率;义符的家族大小亦属于范畴水平的变量,反映了义符的构字率。三者共同影响了形声字的语义加工。不仅如此,本研究还表明,字词水平的义符的类别一致性调节着义符的家族大小效应。当字对共享义符、类别一致时,出现了义符的类别一致性与家族大小的促进作用;当字对共享义符、类别不一致时,出现了类别一致性和家族大小的抑制作用;当字对不共享义符时,家族大小的影响不显著。义符与整字的类别一致性还调节着义符家族的类别一致性效应:对义符与整字类别一致的字,义符家族的类别一致性越高,反应时就越短,错误率就越低;对义符与整字类别不一致的字,义符家族的类别一致性越高,错误率就越高。

在"两个网络系统模型"(张积家,彭聃龄,1993)基础上,笔者提出义符影响形声字语义加工的调节模型,见图2。假定在形声字的部件层存在着调节机制,负责分配资源给不同的加工路径:(1)义符的跨系统路径;(2)声符的上行激活路径;(3)义符的上行激活路径。义符和声符的上行激活路径在词汇网络内实现整词的通达,然后,激活进入概念网络,激活概念结点,再激活类别结点。义符的跨系统路径直接从词汇网络平行地扩散到概念网络,激活义符所示的类别结点。当概念结点被整字的激活流激活以后,类别结点已经激活,就容易打通二者之间的通路,语义决定就容易了。共有三方面的个体因素影响着调节机制的运作:(1)语言直觉。语言直觉取决于义符在汉字中的呈现率,义符家族的类别一致性和字频。义符的呈现率表征着义符的家族大小。(2)语言知识。语言知识源之于汉字教学。(3)认知策略。例如,被试在长期阅读中形成的语义加工关注义符的策略(张积家,王娟,陈新葵,2014)。

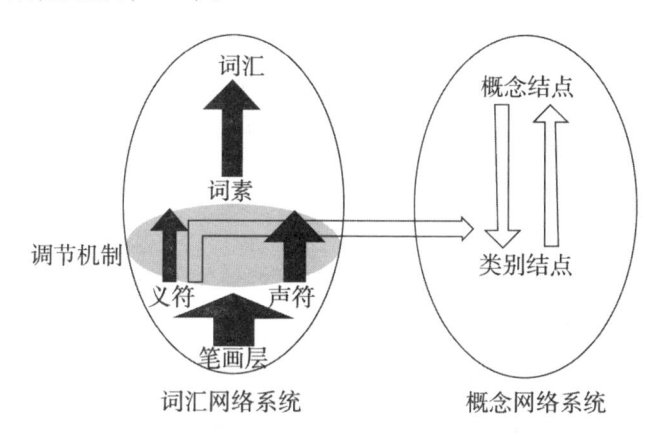

图2 义符影响形声字语义加工的调节模型

在类别一致性判断中,义符与整字的类别一致性、义符家族的类别一致性和义符家族大小均影响着认知资源分配,表现为义符的上行通路和跨系统通路的资源竞争。对义符路径的资源分配取决于义符家族的两种特征:义符家族的类别一致性越高,义符表征类别的聚合程度就越高,跨系统的义符路径得到资源就越少,为了更快更准地通达整字的语义类别,义符的资源分配倾向于整字路径。类似地,义符的家族越大,呈现率就越高,越容易引导被试采取跨系统的义符路径。与小家族义符比,大家族义符容易从整字中分解出来,调节机制将分配较少的资源给跨系统的义符路径,分配更多的资源给系统内的整字路径。总的来看,义符的家族越大,家族的类别一致性越高,调节机制就越倾向于将资源分配给加工更困难的整字路径;义符的家族越小,家族的类别一致性越低,调节机制就将分配部分资源去关注跨系统的义符路径,整字路径分得的资源就少。但是,义符家族的特征并不能够独立地决定形声字的语义加工。义符的家族特征的作用受义符与整字的类别一致性调节。当义符与整字类别一致时,义符家族的类别一致性越高,义符的家族越大,跨系统的义符路径就越容易激活,整字路径获得的资源越多,整字路径的通达就越快,被试就越容易快速准确地做出决定。反之,跨系统的义符路径将分配部分资源以实现激活,整字路径分配资源就减少,加工效率就降低。当义符与整字的类别不一致时,义符家族的类别一致性越高,义符的家族越大,跨系统的义符路径越容易自动激活,但将分配到较少的资源,虽然整字路径获得了更多的资源,快速地通达整字表征,但是,来自跨系统义符路径的判断与来自整字路径的判断相冲突,这一博弈过程需要资源,在时间压力作用下,被试选择了不考虑加工路径较长的整字信息而贸然使用义符推理的策略,导致加工困难或犯错误;义符的类别一致性越低,义符的家族越小,跨系统的义符路径加工将耗费资源,整字路径分配的资源将少,被试不敢贸然地接受义符的提示,宁愿信任整字路径的信息,犯错误机会因而就少。总之,在考虑义符的家族特征时,必须同时考虑义符与整字的类别一致性。不考虑类别一致性的义符家族效应研究不具有心理现实性。

总之,本研究采用类别一致性判断和视觉选择任务,更为直接地诱发了义符的标记类别的功能,同时考察了义符家族的类别一致性的作用。研究发现了稳定的字词水平和范畴水平的类别一致性效应,发现字词水平的义符类别一致性对家族大小和家族类别一致性效应的调节。有研究发现,部件的家族效应受部件是否携带位置信息影响(Wu,Mo,Tsang & Chen,2012;吴岩,王协顺,陈烜之,2015)。可见,对义符的认知效应还需要做进一步的研究。

六、结论

形声字的语义加工受义符与整字的类别一致性、义符家族的类别一致性和家族大小影响,义符家族特征的作用要受义符与整字的类别一致性调节;当义符与整字类别一致时,出现义符家族大小和类别一致性的促进作用;当义符与整字类别不一致时,出现义符家族大小和类别一致性的抑制作用。

义符启动范式下家族大小和类别一致性对义符语义激活的影响[1]

本研究采用义符启动范式,考察不同加工深度任务中家族大小和类别一致性对义符语义激活的影响。结果发现:在词汇判断中,家族大小影响义符的语义激活,大家族义符的语义不容易激活,小家族义符的语义容易激活。在语义相关判断中,类别一致性影响义符的语义激活,类别一致性高的义符的语义容易激活,并且在错误率上,这一影响受义符的家族大小调节。义符类别一致性影响义符家族效应的作用方向:当类别一致性低时,出现抑制的家族效应;当类别一致性高时,家族效应无影响或表现为促进作用。

一、前言

义符是汉字的重要部件,也是汉字表意的重要载体。虽然汉字经历了简化,但统计表明,义符仍然具有很强的表意性(张翔,2010)。探索义符的表意性一直是汉字认知研究的热点。研究发现,家族大小和类别一致性是义符的两个重要特征,它们对义符语义信息的激活具有重要影响。

正字法家族(orthography family)的概念来自拼音文字,是指改变原词中一个字母(其他字母的位置保持不变)形成的正字法相似词的集合。家族成员词的数量即为家族大小(family size)。对拼音文字研究发现,大家族词的反应快于小家族词,这一现象被称为家族效应(family effect)。将正字法家族的概念移植到汉字中,是指由同一部件构成的汉字集合。其中,由同一义符构成的汉字集合叫作义符家族。研究者通过词汇判断和语义判断两类任务对义符的家族效应进行了考察。在词汇判断任务中,费尔德曼和塞克(1997)首先发现了义符家族的促进作用:大家族义符构成的汉字的反应速度快于小家族义符构成的汉字。但这种促进

---

[1] 本篇作者:章玉祉,张积家。

效应只存在于左形右声的汉字中。随后,研究者陆续验证了义符家族的促进效应,进一步发现了义符家族大小和字频的交互作用(Feldman & Siok,1999;Su & Weekes,2007;张积家,姜敏敏,2008;钱怡,张逸玮,毕鸿燕,2015)。但是,也有研究者采用词汇判断任务并未发现义符家族的促进效应(Chen & Weekes,2004)。在语义判断任务中,肖、谢尔克和拉维奥(2007)同样发现了义符家族的促进效应:在反应时上,大家族义符构成的汉字具有明显优势;在正确率上,义符的家族效应和汉字的语义透明度(义符义和整字义的一致程度)存在着交互作用,义符家族的促进效应在语义透明的汉字中表现更显著。研究者还发现,在语义通达过程中,部件发挥的作用会因为义符的家族大小而产生差异:如果是大家族义符,声符在整字语义通达中更加重要;如是小家族义符,整字的语义通达就更加依赖义符(Hsiao,Shillcock & Lavidor,2006;Hsiao,2011)。陈等(2004)发现,义符的家族大小并不能够单独地影响形声字的语义归类,家族效应和汉字的语义透明度以及义符的类别一致性存在着显著的交互作用。对语义透明汉字,如果义符的类别一致性低,出现义符家族的促进效应;如果义符的类别一致性高,出现义符家族的抑制效应。对语义不透明汉字,小家族类别一致性高的义符构成的汉字和其他类型汉字比错误率高,反应也慢。因为在由一致性高且小家族义符构成的汉字中,语义不透明汉字的比例非常少,被试很容易将它误判。王娟和张积家(2016)采用类别一致性判断任务,结合行为和眼动技术,亦发现了义符家族的促进效应,但这一效应受汉字的语义透明度调节。

　　类别一致性的概念有两种含义:一是指义符与整字的语义类别是否一致,即语义透明度;二是指由同一义符构成汉字的语义集中程度,即范畴水平的类别一致性(王娟等,2016)。其计算公式为义符的类别一致性 = 与义符语义一致的义符家族成员数/义符家族成员总数。如果这一比例较大,就说明义符家族成员字的语义集中、义符的类别一致性高;如果这一比例较小,就说明义符家族成员字的语义分散,义符的类别一致性低。在本研究中,仅采用类别一致性的第二种含义,对义符与整字的类别一致性仍然采用语义透明度的概念,以示区别。事实上,汉字的语义透明度和义符的类别一致性都是影响义符语义提取的重要因素。其中,研究者对语义透明度的探索取得了丰硕的成果。在词汇判断任务中,佘贤君和张必隐(1997)发现,当目标汉字语义透明时,启动义符可以促进目标汉字识别;当目标汉字语义不透明时,启动义符将起到阻碍作用。费尔德曼等(1999)采用整字启动任务发现,启动字与目标字共享义符、义符位置相同且与整字语义相关时出现正启动效应,启动字与目标字共享义符但与整字语义不相关时出现负启动效应。但是,陈等(2004)要求被试对呈现汉字直接进行词汇判断时并未发现语义透明度的影响,这可能是由于实验任务的设置无法启动义符策略所致。在语义判断任务中,研究者发现,义符和整字的语义一致促进汉字词的语义分类,义符和整字的语义不一致起干扰作用(张积家,张厚粲,彭聃龄,1990;张积家,彭聃龄,张厚粲,1991;Williams,2013)。当义符与词的类别语义一致时促进词的定义特征语义的提取(张积家,彭聃龄,1993)。当义符标明汉语动作动词的动作器官或工具时促进对动作器官或动作工具的意义认知(张积家,陈新葵,2005)。在发展性研究中,研究者同样发现语义透明度是影响儿童词汇识别和语义提取的重要因素,并且,随着年龄的增长,这种影响更甚(孟祥芝,舒华,周晓林,2000;刘燕妮,舒华,轩月,2002;王娟,张积家,胡鸿志,2015)。相对于语义透明度,研究者对义符的类别一致性的探讨相对较少。陈等(2004)在语义归类任务中,发现了义符类别一致性的重要影响,但其效应与义符的家族大小和汉字的语义透明度都存在着显著的交互作用。王娟等(2016)考察义符的类别一致性对形声字语义透明度判断的影响,发现对语义透明字,义符的类别一致性高的字反应快,错误率低;对语义不透明字,两类义符构成的字的反应时差异不显著,但义符的类别一致性高的字的错误率高。

已有的义符研究取得了一定的成果,但仍有一些问题值得探讨:(1)在实验范式上,以往研究采用整字范式。该范式符合个体的阅读习惯,能够在自然状态下探索义符的相关信息,但也有局限性:①无法彻底排除整字的"污染",难以使义符和整字的作用决然分离。②在整字启动中,义符的作用变弱,因此,义符语义的激活在许多研究中不够明显。本研究采用义符启动范式,使亚词汇通道的作用放大、凸显,从而能够更加直观地探讨义符语义的激活及其相关影响因素。(2)在实验任务上,以往研究主要通过词汇判断和语义判断两种加工深度不同的任务对义符的语义激活进行多层次考察。但语义判断任务大多比较外显,并且不论采用何种语义判断任务,都会导致实验结果出现"是/否"两类的分离,使得研究者无法将词汇判断和语义判断的结果进行直接比较。本研究通过改进实验任务解决这一问题,从而可以直接对比同一因素在深浅两类加工中对义符语义激活的不同影响。(3)在影响因素方面,已有研究分别考察了义符家族性、汉字语义透明度、任务加工深度和义符的类别一致性对义符语义激活的影响,但并未对这些因素进行整合,对义符类别一致性的探讨也不够深入。本研究将对这些因素进行整合,以系统考察其对义符语义激活的交互影响。总体而言,本文拟通过义符启动下不同汉字(字对)类型的对比来考察义符语义的激活,并将义符的家族大小、类别一致性与任务加工深度三个因素进行整合,系统探讨其对义符语义激活的影响。

二、实验1 词汇判断任务中义符语义信息的激活

实验1通过义符启动和符号(****)启动的比较考察义符启动范式的有效性。实验中,为每一启动义符挑选了两类目标字,一类语义透明,一类语义不透明,匹配字频和笔画数。将两类目标字在****启动下的反应作为比较的基线。实验逻辑:如果在基线条件下,两类汉字反应时无差异,在义符启动下,语义透明汉字的反应时短于语义不透明汉字,就说明义符启动激活了义符语义,义符启动范式有效。在研究中,以同一义符启动下两类汉字(字对)的反应比较来考察义符的语义激活。

(一)被试

汉族本科生49名,男生29名,女生20名,平均年龄为20.5岁,视力或矫正视力正常。

(二)设计与材料

2(启动类型:义符启动/****启动)×2(汉字类型:语义透明/语义不透明)混合设计。启动类型为被试间变量(义符启动23名被试,符号启动26名被试),汉字类型为被试内变量。因变量为词汇判断的反应时和错误率。

选取了38个义符,20名大学生通过7点评定(7为非常透明,1为非常不透明)为每一义符挑选出两个对应汉字,分别为语义透明字和语义不透明字。语义透明度是指整字义与义符义的一致程度,以"讠"为例,一致程度高(评定均值>3)为语义透明字,如"说";一致程度低(评定均值<3)为语义不透明字,如"诸"。每一义符对应的两个假字作为填充刺激,假字由非目标字部件拆开后重新组合而成(下同)。共有启动义符38个,目标汉字76个,假字76个。材料信息见表1。分析表明,语义透明字与语义不透明字的平均语义透明度差异显著,$F(1,74) = 549.93, p < 0.001$;平均字频和平均笔画数差异不显著,$F(1,74) = 0.28, p > 0.05$;$F(1,74) = 0.34, p > 0.05$。

表1 实验1材料信息（M）

启动义符	目标汉字	语义透明度	字频（百万分之一）	笔画数
如"艹"	语义透明，如"花"	5.39	257.99	9.08
	语义不透明，如"莫"	2.11	301.65	9.47

（三）仪器与程序

IBM 计算机，采用 E-Prime1.0 编程。包括义符启动和符号启动两种类型，对应于不同被试。每种类型都包括练习和正式实验，练习包括 11 个刺激，这些刺激均不在正式实验中出现。义符启动和符号启动的流程完全一致，只是启动刺激不同。实验流程：首先在屏幕中央呈现注视点 300ms，随后呈现启动刺激（义符或****）300ms，空屏 300ms，最后出现目标刺激，要求被试又快又准地判断目标刺激是真字还是假字，如果是真字按 F 键，如果是假字按 J 键。按键方式在被试间平衡。如果被试在 1500ms 内未反应，刺激消失，空屏 300ms 后进入下一刺激，反应记录为错误。如图1。

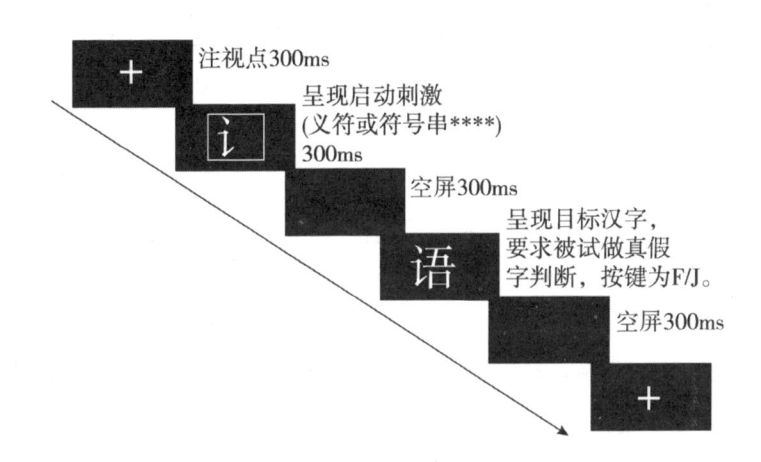

图1 实验1流程图

（四）结果与分析

只分析对真字的反应。反应时分析时剔除错误反应及 $M \pm 3SD$ 之外的数据，结果见表2。反应时的方差分析表明，启动类型的主效应被试分析不显著，$F_1(1,47) = 0.90, p > 0.05$；项目分析显著，$F_2(1,74) = 29.05, p < 0.001, \eta_p^2 = 0.28$。汉字类型的主效应被试分析显著，$F_1(1,47) = 14.74, p < 0.001, \eta_p^2 = 0.24$；项目分

析不显著,$F(1,74) = 1.94, p > 0.05$。启动类型和汉字类型的交互作用被试分析显著,$F_1(1,47) = 5.09, p < 0.05, \eta_p^2 = 0.10$,项目分析不显著,$F_2(1,74) = 2.81, p > 0.05$。简单效应分析表明,在义符启动下,两类汉字反应时差异显著,$p < 0.01$;在符号启动下,两类汉字反应时差异不显著,$p > 0.05$。错误率的方差分析表明,各种主效应和交互作用均不显著,$ps > 0.05$。

表2 义符与符号启动条件下词汇判断的平均反应时(ms)和平均错误率(%)

启动类型	语义透明汉字		语义不透明汉字	
	反应时(M)	错误率(M)	反应时(M)	错误率(M)
义符启动	563(65)	2.29(3.10)	579(72)	3.09(3.94)
符号启动	550(77)	3.14(3.87)	554(70)	3.14(3.49)

(五)讨论

实验1发现,在反应时上,****启动下语义透明字和语义不透明字的差异不显著,义符启动下语义透明字的反应时显著短于语义不透明字。根据"两个网络系统模型"(张积家等,1993),启动义符激活了语义网络中的类别节点,激活的类别语义自上而下作用于后续呈现的整字,与义符语义一致的家族字已经获得了激活,因而识别阈限低;与义符语义不一致的家族字未获得激活,因而识别阈限高,因此导致了两类汉字出现了反应时差异。由此,实验1证实了采用义符启动范式考察义符语义激活有效,为后续的义符语义激活的影响因素研究奠定了良好基础。

三、实验2 词汇判断任务中家族大小和类别一致性对义符语义激活的影响

实验1证实了采用义符启动范式考察义符语义激活的有效性。那么,义符的语义激活又受哪些因素影响?实验2将考察义符的家族大小和类别一致性在词汇判断中对义符语义激活的影响。

义符家族大小和类别一致性的概念界定参考王娟等(2016)的研究。义符的家族大小由义符的构字数决定,义符的构字数≥42的义符为大家族义符,包括"扌、氵、亻"等21个义符;义符的构字数≤30的为小家族义符,包括"广、目、山"等43个义符。义符的类别一致性 = 与义符语义一致的义符家族成员数/义符家族成员总数。具体界定包括4个步骤。(1)确定目标义符:去除构成独体字的汉

字部件(如"厶、勹、凵"等)和熟悉性低于5的义符(如"缶、瓦、罒"等)(陈新葵,张积家,2008),余下的68个义符作为目标义符。(2)确定目标义符家族内每一成员的类别语义:以"扌"为例,其语义是指"用手发出的动作"。逐一统计所有"扌"家族成员的类别语义,如"托、打、抽"等是指用手发出的动作;"据、抗、扛"等与手部动作无直接关系。(3)计算家族成员中与义符类别一致的汉字的比例:如"扌"家族共有汉字198个,155个汉字表示"用手发出的动作",那么,"扌"的类别一致性为155/198 = 0.78。(4)划分类别一致性层次:根据统计结果,类别一致性高于55%的义符25个;类别一致性在55%~30%之间的义符23个,类别一致性低于30%的义符20个。将比例低于30%的义符确定为类别一致性低的义符,将比例高于55%的义符确定为类别一致性高的义符。

(一)被试

汉族本科生30名,男生12名,女生18名,平均年龄为19.3岁,视力或矫正视力正

(二)设计与材料

2(义符的家族大小:大/小)×2(义符的类别一致性:高/低)×2(汉字类型:语义透明/语义不透明)三因素被试内设计。因变量为被试词汇判断的反应时和错误率。

挑选出大家族类别一致性高、大家族类别一致性低的义符各5个;小家族类别一致性高、小家族类别一致性低的义符各4个。由20名汉族大学生通过7点评定选出每一类义符构成的语义透明和语义不透明的汉字各12个,共有目标字96个,同时填充入相等数量假字,构成"否"反应。匹配4类义符的熟悉性(20名大学生7点评定,7非常熟悉,1非常不熟悉)及8类目标字的字频和笔画数。统计表明,4类义符的熟悉性差异不显著,$F(3,17) = 1.29, p > 0.05$。8类目标汉字的平均字频和平均笔画数差异不显著,$F(7,88) = 0.36, p > 0.05, F(7,88) = 2.08, p > 0.05$。4类义符启动下的两类汉字的语义透明度差异都显著,$ps < 0.05$。材料的信息见表3。

表3 实验2材料信息

义符家族大小	义符的类别一致性	目标字语义透明度	目标字举例	平均语义透明度	平均字频	平均笔画数	义符平均熟悉性
大家族	高	透明	仰	5.50	103.79	10.17	5.7
		不透明	件	2.95	151.15	9.92	
	低	透明	织	5.83	112.54	10.08	5.4
		不透明	纯	2.98	182.30	8.58	
小家族	高	透明	瞎	5.25	109.44	11.08	5.4
		不透明	睦	2.92	150.10	11.92	
	高	透明	洪	5.08	123.14	8.58	5.3
		不透明	法	2.58	186.81	9.33	

(三)仪器与程序

仪器和数据采集方式同实验1。包括练习和正式实验,练习包括10个试次,程序与正式实验相同。实验程序同实验1,只是启动刺激全部为义符。

(四)结果与分析

只分析真字的反应时和错误率。反应时分析时剔除错误反应以及 $M \pm 3SD$ 之外的数据,结果见表4。

表4 不同条件下词汇判断的平均反应时(ms)和平均错误率(%)

家族大小	类别一致性高		类别一致性低	
	语义透明字	语义不透明字	语义透明字	语义不透明字
大	549(72)	544(71)	549(71)	548(79)
	6.11(8.70)	6.02(8.45)	4.72(5.22)	7.31(8.86)
小	545(73)	559(85)	528(66)	542(69)
	6.02(10.62)	7.41(10.97)	5.19(7.95)	5.37(8.44)

反应时的方差分析表明:类别一致性的主效应被试分析显著,$F_1(1,29) = 7.04, p < 0.05, \eta_p^2 = 0.20$;项目分析不显著,$F_2(1,88) = 2.88, p > 0.05$。义符的家族大小和类别一致性的交互作用显著,$F_1(1,29) = 8.49, p < 0.01, \eta_p^2 = 0.23; F(1,88) = 3.88, p = 0.05, \eta_p^2 = 0.04$。简单效应分析表明:在类别一致性高的义符

中,义符的家族大小不影响目标字识别,$p>0.05$;在类别一致性低的义符中,大家族义符字的反应时显著长于小家族义符字,$p<0.001$。义符的家族大小和汉字类型的交互作用被试分析显著,$F_1(1,29)=8.24,p<0.01,\eta_p^2=0.22$;项目分析边缘显著,$F_2(1,88)=2.95,p=0.09,\eta_p^2=0.03$。简单效应分析表明:在大家族义符启动下,语义透明字和不透明字的反应时差异不显著,$p>0.05$;在小家族义符启动下,语义不透明字的反应时显著长于语义透明字,$p<0.01$。其余的主效应和交互作用均不显著,$ps>0.05$。错误率的方差分析表明,所有主效应和交互作用均不显著,$ps>0.05$。

(五)讨论

实验2主要探讨词汇判断任务中义符的家族大小和类别一致性对义符语义激活的影响。主要通过两个义符因素与汉字类型的交互作用进行考察。实验结果只发现了义符家族大小与汉字类型的交互作用:在大家族义符启动下,两类汉字的反应时无显著差异;在小家族义符启动下,两类汉字的反应时差异显著,说明小家族义符的语义更容易激活。因此推论,在词汇判断任务中,家族大小是影响义符语义激活的主要因素。

实验2还发现了义符的家族大小和类别一致性的交互作用。当义符的类别一致性高时,义符的家族大小不影响目标字识别;当义符的类别一致性低时,大家族义符字的反应时显著长于小家族义符字,出现义符家族的抑制效应。这是由于在义符的类别一致性低时,大家族义符由于家族成员多,语义更加分散,激活难度更大。这说明,义符的类别一致性可以影响义符家族效应的方向。

四、实验3 语义判断任务中家族大小和类别一致性对义符语义激活的影响

实验2探讨了在浅加工任务中义符语义的激活。词汇判断任务要求被试判断刺激是否是一个合法的词,其语义激活程度较低。在深加工任务中,义符的家族大小与类别一致性对义符的语义激活又有什么影响?因此,进行了实验3。

(一)被试

汉族本科生24名,男生10名,女生14名,平均年龄为19.5岁,视力或矫正视力正常。

(二)设计与材料

2(义符的家族大小:大/小)×2(义符的类别一致性:高/低)×2(字对类型:

S+—S-字对/S-—S-字对)三因素被试内设计。因变量为被试进行语义相关判断的反应时和错误率。

材料仍然为实验2选用的18个义符,以便于将实验2和实验3的结果进行比较。为了增加加工深度,实验3采用义符启动后的字对语义相关判断任务。每一启动义符之后都跟随三类字对:(1)S+—S-;(2)S-—S-;(3)S+—S+。S+代表语义透明字,S-代表语义不透明字,汉字的语义透明度由未参与实验的20名大学生通过7点评定得出。类型(1)和类型(2)的为语义不相关字对,用于比较;类型(3)为语义相关字对,属于填充反应。字对的语义相关性也由未参与实验的20名大学生通过7点评定得出。此外,通过7点评定平衡三类字对的熟悉性。实验逻辑:在平衡类型(1)和类型(2)汉字熟悉性和字对语义相关性的基础上,如果类型(1)和类型(2)的反应存在差异,即可以推论该差异是由字对中汉字的语义透明度差异造成,汉字的语义透明度所以造成了结果差异,是由于启动义符激活了义符的语义。通过四类义符语义激活状况的比较,就可以探讨义符的家族大小和类别一致性对深加工任务中义符语义激活的影响。

在由大家族、类别一致性高义符构成的三类字对中,汉字的平均熟悉性分别为5.43、5.46、5.57,平均语义相关性分别为1.67、1.48、5.12;在由小家族、类别一致性高义符构成的三类字对中,汉字的平均熟悉性分别为5.38、5.32、5.66,平均语义相关性分别为1.67、1.42、5.12;在由大家族、类别一致性低义符构成的三类字对中,汉字的平均熟悉性分别为5.48、5.57、5.53,平均语义相关性分别为1.40、1.42、5.38;在由小家族、类别一致性低义符构成的三类字对中,汉字的平均熟悉性分别为5.43、5.53、5.43,平均语义相关性分别为1.43、1.48、5.15。方差分析表明,所有字对的平均熟悉性差异不显著,$F(11,132)=1.00, p>0.05$。所有字对的平均语义相关性差异显著,$F(11,132)=166.71, p<0.001$。其中,四类义符的S+—S+字对的平均语义相关性差异不显著,$ps>0.05$;四类义符的S+—S-字对和S-—S-字对的平均语义相关性差异不显著,$ps>0.05$;所有S+—S-字对和S-—S-字对与S+—S+字对的差异都显著,$ps<0.001$。每一义符构成的3对字对中共用了其中两个汉字。方差分析表明,汉字的语义透明度差异显著,$F(15,176)=65.97, p<0.001$;所有S+汉字的平均语义透明度差异不显著,$ps>0.05$;所有S-汉字的平均语义透明度差异不显著,$ps>0.05$;所有S+汉字和所有S-汉字的平均语义透明度之间差异显著,$ps<0.05$。材料信息见表5。

表5 实验3材料信息

义符家族大小	义符类别一致性	字对类型及汉字语义透明度均值	目标字对举例	字对语义相关均值	字对汉字熟悉性均值
大家族	高	S+(5.34)—S-(2.82)	俯—倍	1.67	5.43
		S-(2.82)—S-(2.57)	倍—但	1.48	5.46
		S+(5.23)—S+(5.34)	仰—俯	5.12	5.57
	低	S+(5.07)—S-(2.78)	织—纯	1.40	5.48
		S-(2.78)—S-(2.47)	纯—约	1.42	5.57
		S+(5.15)—S+(5.07)	纺—织	5.38	5.53
小家族	高	S+(5.10)—S-(2.93)	眼—瞬	1.67	5.38
		S-(2.93)—S-(3.00)	瞬—睦	1.42	5.32
		S+(5.12)—S+(5.10)	眸—眼	5.12	5.66
	低	S+(5.32)—S-(2.44)	泪—汕	1.43	5.43
		S-(2.44)—S-(2.75)	汕—法	1.48	5.53
		S+(5.11)—S+(5.32)	汗—泪	5.15	5.43

(三)仪器与程序

仪器和数据采集方式同实验1。实验程序:首先在屏幕中央呈现注视点300ms,随后呈现启动义符300ms,空屏300ms,最后呈现由启动义符构成的字对,要求被试又快又准地判断字对是否存在语义相关,相关按F键,不相关按J键。如果被试在3000ms内未反应,刺激消失,空屏300ms后进入下一刺激,反应记录为错误。字对语义相关性判断的按键方式在被试间进行平衡。实验流程见图2。

(四)结果与分析

分析语义不相关字对的反应时和错误率。删除1名错误率超过40%的被试。反应时分析时剔除错误反应及 $M±3SD$ 之外的数据。结果见表6。

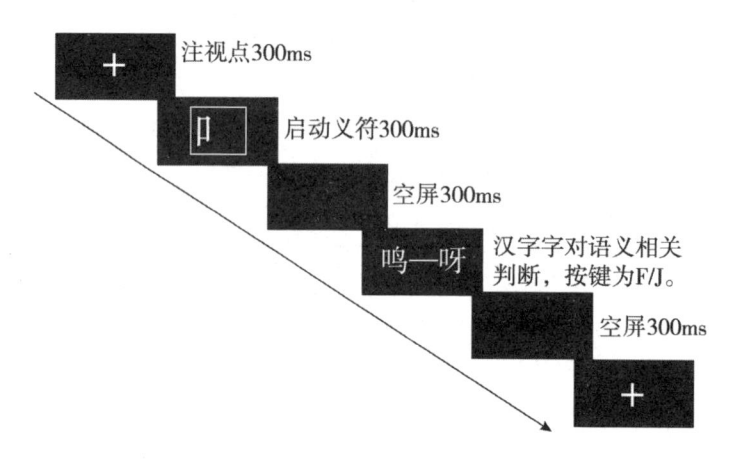

图 2 实验 3 流程图

表 6 义符启动下语义相关判断的反应时(ms)和错误率(%)

义符家族大小	类别一致性高		类别一致性低	
	S+—S-字对	S-—S-字对	S+—S-字对	S-—S-字对
大家族	1051(193)	895(156)	1053(172)	933(159)
	13.59(10.07)	4.17(3.97)	8.15(10.09)	8.15(8.75)
小家族	1079(179)	993(163)	993(148)	915(166)
	13.77(10.01)	8.33(7.11)	11.05(10.25)	6.16(6.98)

反应时的方差分析表明,字对类型的主效应显著,$F_1(1,22) = 65.73, p < 0.001, \eta_p^2 = 0.75, F(1,88) = 67.87, p < 0.001, \eta_p^2 = 0.44$。义符的家族大小和类别一致性的交互作用显著,$F_1(1,22) = 9.71, p < 0.01, \eta_p^2 = 0.31, F(1,88) = 6.21, p < 0.05, \eta_p^2 = 0.07$。简单效应分析表明:当义符的类别一致性高时,大家族义符字对的反应时显著短于小家族义符字对,$p < 0.05$;当义符的类别一致性低时,大家族义符字对的反应时显著长于小家族义符字对,$p < 0.05$。义符的类别一致性和字对类型的交互作用被试分析显著,$F_1(1,22) = 4.34, p < 0.05, \eta_p^2 = 0.17$;项目分析边缘显著,$F_2(1,88) = 3.15, p = 0.08, \eta_p^2 = 0.04$。简单效应分析表明:在类别一致性高的义符启动下,对 S+—S-字对的语义相关判断的反应时显著长于对 S-—S-字对,$p < 0.001$,二者相差 121ms;在类别一致性低的义符启动下,对 S+—S-字对的语义相关判断反应时也显著长于对 S-—S-字对,$p < 0.001$,二者相差 100.5ms,差距变小。其他的主效应和交互作用均不显著,

$ps > 0.05$。

错误率的方差分析表明:字对类型的主效应显著,$F_1(1,22) = 22.18, p < 0.001, \eta_p^2 = 0.50; F_2(1,88) = 6.59, p < 0.05, \eta_p^2 = 0.07$。类别一致性和字对类型的交互作用被试分析显著,$F_1(1,22) = 15.95, p < 0.01, \eta_p^2 = 0.42$;项目分析不显著,$F(1,88) = 1.68, p > 0.05$。简单效应分析表明:在类别一致性高的义符启动下,对 S+—S- 字对的语义相关判断的错误率显著高于对 S-—S- 字对率,$p < 0.001$;在类别一致性低的义符启动下,对 S+—S- 字对语义相关判断的错误率高于对 S-—S- 字对,$p = 0.06$。家族大小、类别一致性和字对类型的交互作用被试分析显著,$F_1(1,22) = 6.99, p < 0.05, \eta_p^2 = 0.24$;项目分析不显著,$F_2(1,88) = 1.33, p > 0.05$。简单效应分析表明:在大家族义符启动下:当义符的类别一致性高时,S+—S- 字对的错误率显著高于 S-—S- 字对,$p < 0.001$;当义符的类别一致性低时,S+—S- 字对和 S-—S- 字对的错误率差异不显著,$p > 0.05$。在小家族义符启动下:当义符的类别一致性高时,S+—S- 字对的错误率显著高于 S-—S- 字对,$p < 0.01$,二者相差 5.44%;当义符类别一致性低时,S+—S- 字对的错误率也显著高于 S-—S- 字对的错误率,$p < 0.05$,二者相差 4.89%,差距变小。

(五)讨论

实验 3 主要探讨语义相关判断中义符的家族大小和类别一致性对义符语义激活的影响,主要通过义符的家族大小与类别一致性与字对类型的交互作用来考察。结果表明,在反应时上,义符的类别一致性和字对类型存在着显著的交互作用:在类别一致性高的和类别一致性低的义符启动下,S+—S- 字对的反应时都显著长于 S-—S- 字对,但在类别一致性高的义符启动下,两种字对的反应时差异更大。在错误率上,发现了义符的家族大小、类别一致性和字对类型的交互作用。在大家族义符启动下,类别一致性高的义符的 S+—S- 字对的错误率显著高于 S-—S- 字对;但类别一致性低的义符的 S+—S- 字对和 S-—S- 字对的错误率差异不显著。在小家族义符启动下,类别一致性高的和类别一致性低的两类义符的 S+—S- 字对的错误率都显著高于 S-—S- 字对,但在类别一致性低时差距变小。这表明,义符的类别一致性影响深加工任务中义符语义的激活,并且在错误率上,这种影响受义符的家族大小调节。

实验 3 还发现,义符的家族大小和类别一致性存在显著的交互作用。在类别一致性高的义符中,在大家族义符启动下的反应显著快于在小家族义符启动下,出现了家族促进效应。在类别一致性低的义符中,在大家族义符启动下的反应显著慢于在小家族义符启动下,出现了家族抑制效应。这说明,在深加工任务中,义符的类别一致性亦影响义符家族效应的方向:当义符的类别一致性高时,大家族是优势,其激活更有影响力,因而在大家族义符启动下的反应显著快于小家族义符启动下;当义符的类别一致性低时,大家族是劣势,其激活更加分散,因而在大家族义符启动下的反应显著慢于在小家族义符启动下。

五、综合讨论

采用义符启动范式,考察了在不同加工深度任务中义符的家族大小和类别一致性对义符语义激活的影响。结果发现:在词汇判断中,义符的家族大小影响义符的语义激活;在语义相关判断中,义符的类别一致性影响义符的语义激活,并且在错误率上,这一影响受义符的家族大小调节。研究还发现,义符的类别一致性影响义符的家族效应的方向。

(一)关于义符启动范式下义符语义激活的影响因素

1. 义符的家族大小

实验2发现,在词汇判断任务中,义符的家族大小影响义符的语义激活:在大家族义符启动下,语义透明字和语义不透明字的反应时差异不显著;在小家族义符启动下,语义透明字和语义不透明字的反应时差异显著。这说明,在浅加工任务中,小家族义符的语义激活更具有优势。

肖等人(2006)发现,对SP结构汉字,义符的家族性决定义符包含信息的多少。对小家族义符汉字,整字的语义通达平均地依赖于汉字的左右两部分,义符在确定汉字语义时具有更强的信息性;对大家族义符汉字,由于义符构成的汉字多,整字的语义通达更多地依赖于声符,声符在确定汉字语义时更有信息性。肖(2011)采用偏侧中央窝旁信号提示法考察不同义符家族的SP汉字的语义分布特点,发现了类似的结果。当线索在左侧时,小家族义符构成汉字的语义判断更快,更准确。这是因为单侧线索可以把注意力引导到汉字的对应侧,并优先对这一侧的部件加工。如果线索对应侧部件的信息含量高,这个线索会有助于汉字识别。由于小家族义符包含的信息量大,因此,线索在左侧时可以促进对构成汉字的加工;对大家族义符构成的汉字,信息提供更多地依赖右侧的声旁,因此右侧线索对识别更加有利。

实验2的结果与肖等(Hsiao et al.,2006,Hsiao,2011)研究结果较为一致。当义符启动后,义符的语义结点被迅速激活。小家族义符由于构成的汉字少,义符与家族成员字的语义对应关系更加明确,因此,被试能够快速地分辨语义透明字和语义不透明字,导致两类汉字的差异量变大。大家族义符由于构成的汉字多,义符与家族成员的语义对应关系就更复杂、更分散,因此,当大家族义符启动时,它们对后续汉字的提示作用和分辨作用就减少了。

2. 义符的类别一致性

在字对语义相关判断任务中,在反应时上发现了类别一致性对义符语义激活的影响。虽然在类别一致性高和低两类义符的启动下,S+—S-字对的反应时都显著长于S-—S-字对,但是,在高一致性义符启动下,两类字对的反应时差异更大。

为什么S+—S-字对的反应会慢于S-—S-字对? 这是由于义符启动激活了相应的语义结点,如"虫"激活了"小动物、能爬行、有触角"等信息,而任务是字对的语义相关性判断。因此,当出现S+—S-字对(如"蚊-虹")时,既要保持S+激活,也要在S+的干扰下,继续激活S-;当出现S-—S-字对(如"虹-蜡")时,被试只需要抑制S+激活S-。因此,虽然两类字对都属于"否"判断,但类别间比较(S+—S-字对)的难度要大于类别内比较(S-—S-字对)。为什么在类别一致性高义符启动下,两类字对的反应时差异更大? 这是因为类别一致性高义符的语义更加集中,更容易激活义符代表的类别语义,导致S+和S-的差异进一步扩大,最终使S+—S-字对判断更难于S-—S-字对。

王娟等(2016)采用语义透明度判断任务考察义符的类别一致性对形声字语义加工的影响。结果表明,义符的类别一致性促进对语义透明字的判断,对类别一致性高的义符构成的汉字的反应显著快于对类别一致性低的义符构成的汉字;但是,义符类别一致性并不影响语义不透明字的判断,错误率还显示了抑制作用。将语义透明字和语义不透明字的反应结果相结合,会发现它们和实验3结果非常相似,即由类别一致性高义符构成的语义透明字和语义不透明字的反应差异大,由类别一致性低义符构成的语义透明字与语义不透明字的反应差异小。实验3虽然对比了义符启动后S+—S-和S-—S-两类字对的差异,但这一差异的根本原因仍然是汉字的语义透明度。

同时,实验3在错误率上还发现了义符的家族大小和类别一致性对义符语义激活的共同作用。即,类别一致性对大家族义符语义激活的影响大于对小家族义符。这可能是由于大家族义符的构字能力强,如果义符的类别一致性高,类别语义就由更多的汉字聚集而成。因此,相对于类别一致性高的小家族义符,被试对类别一致性高的大家族义符的语义更加熟悉,概括性更高,因而义符的语义激活就更显著。

3. 任务的加工深度

在浅加工的词汇判断任务中,义符的家族大小影响义符的语义激活;在深加工的语义相关判断任务中,义符的类别一致性影响义符的语义激活,并且在错误率上这一影响要受家族大小调节。这说明,任务加工深度影响义符语义激活不同影响因素的显现。

相对于义符的类别一致性,义符的家族大小是一个更为客观也较为容易掌握的概念。家族大小是指一个义符的构字量的多少,它可以通过直接统计得出。构字数多的义符即为大家族义符,构字数少的义符即为小家族义符。在使用汉字的过程中,阅读者可以根据使用频率或呈现频率的差异,比较容易地获得义符的家族大小的概念。因此,在浅加工的词汇判断任务中,为了节省认知资源,被试主要激活了义符家族大小的概念。义符的类别一致性体现了义符的表义率,它需要对由义符构成的所有汉字的语义有一定了解,并且经过长时间的汉字学习和积累,才能够形成和理解它,因而这一概念相对而言就更为复杂,也更为内隐。因此,它只有在直接针对语义的深加工任务中才得以显现。在有关汉字声旁的家族效应和一致性效应的发展研究中,赵婧、毕鸿燕和王艳梅(2011)也发现了类似的规律。

(二)关于义符的家族大小与类别一致性的交互作用

在词汇判断任务和语义相关判断任务中,都发现了家族大小和类别一致性的交互作用。在词汇判断任务中,当义符类别一致性高时,家族大小不影响目标字识别;当义符类别一致性低时,大家族义符字的反应显著慢于小家族义符字,出现家族的抑制效应。在字对语义相关判断任务中,在类别一致性高的义符中,在大家族义符启动下的反应显著快于在小家族义符启动下,出现了家族促进效应;在类别一致性低的义符中,在大家族义符启动下的反应显著慢于在小家族义符启动下,出现了家族抑制效应。这说明,义符的类别一致性是影响义符家族效应方向的重要变量:当义符的类别一致性高时,大家族是优势,其激活更具有影响力,因而在大家族义符启动下的反应显著快于小家族义符启动下的反应,出现了义符家族的促进作用;当义符的类别一致性低时,大家族是劣势,其激活更加分散,因而在大家族义符启动下的反应显著慢于小家族义符启动下,出现了义符家族抑制作用。这种影响在深加工任务中更大。

以往有关义符家族效应的研究,在未控制义符类别一致性前提下,大多发现了义符家族的促进效应。也有部分研究者(Chen et al.,2004)关注了义符类别一致性、家族大小和汉字语义透明度之间的相互关系,但由于采用语义归类任务,只能够分别对不同类型汉字的结果加以分析,使结果的呈现比较复杂。本研究通过范式的改进,将不同语义透明度汉字的结果加以整合,更加清晰地呈现了类别一致性对义符家族效应的影响。

(三)关于类别一致性和家族大小对义符语义激活的影响机制

张积家等(1993)提出"两个网络系统模型"来解释义符在汉字词认知中的重要作用。该模型认为,汉字识别涉及词汇网络系统和概念网络系统,词汇网络包括笔画、部件、词素、词汇,概念网络系统包括类别结点和概念结点,两个网络系统之间以义符为中介进行联结。在识别汉字时,既存在着笔画、部件、整字、概念的词汇通道,也存在着义符直接与概念联结的亚词汇通道。在此模型基础上,王娟等(2016)又提出义符影响形声字加工的调节模型。该模型认为,个体的语言直觉、语言知识和认知策略共同调节词汇通道和亚词汇通道的资源分配。其中,语言直觉包括义符的家族大小、类别一致性和汉字的语义透明度。他们认为:义符家族越大、类别一致性越高,调节机制就倾向于将资源分配给难度较大的整字通道;义符的家族越小,类别一致性越低,调节机制就将倾向于将资源分配给亚词汇通道。义符的家族性并不能够独立地决定形声字的语义加工,它还受汉字的语义透明度调节。

王娟等(2016)的调节模型主要建立在字对类别一致性判断的基础上,与以往的多数研究一样,是在整字情境中探讨词汇通道和亚词汇通道的交互作用。整字范式符合大众的阅读习惯,但在这一范式中,很难确定被试在多大比例上使用了义符策略,即整字和义符的作用很难完全地剥离。采用义符启动范式,事实上是人为地引导被试使用义符策略,使亚词汇通道的作用放大、凸显,使相关的影响得以显现。虽然义符启动范式不如整字范式接近自然阅读,但不失为一种新的尝试。

本研究在义符启动范式下对比了在深、浅加工任务义符的类别一致性和家族大小对义符语义激活的不同影响。在词汇判断任务中,义符的语义激活主要受家族大小影响;在语义判断任务中,义符的语义激活主要受类别一致性影响。这一发现具有重要的理论意义与实践价值:在理论上,可以明确义符的家族大小与类别一致性既是汉字学习不同阶段的变量,学习者首先通过汉字学习掌握义符家族大小的概念,在此基础上通过汉字的使用,掌握义符的类别一致性的概念;它们又是加工汉字时不同层次的变量,义符的家族大小在汉字加工初期就能够发挥作用,义符的类别一致性只有在加工达到一定深度(直接针对语义)时才能够发挥作用。因此,在王娟等(2016)汉字识别调节机制中,还应当包含任务加工深度的因素。任务加工深度决定义符的家族大小与类别一致性影响词汇和亚词汇通路资源分配的层次性。在实践上,按照义符归类识字是集中识字的主要方法之一。在按义符归类集中识字时,教师不仅要强调义符的构字频率,使学生形成义符家族大小的概念,还应该通过辨析教学强调义符的表意作用,使学生形成明确的义符的类别一致性的概念,将义符的类别一致性概念由内隐变为外显,这样就会更有利于学习者对汉字的掌握。

六、结论

(1)采用义符启动范式可以有效地考察义符语义信息的激活。

(2)家族大小和类别一致性都影响义符语义激活,但任务加工深度影响两个因素的显现。在浅加工任务中,家族大小对义符语义激活有影响;在深加工任务中,类别一致性对义符语义激活有影响,但这种影响在一定程度上受义符家族大小调节。

(3)义符的类别一致性影响义符家族效应的作用方向:义符的类别一致性低,出现义符家族抑制效应;义符的类别一致性高,义符的家族效应不显现或出现家族促进效应。

部件启动范式下可成字部件的位置效应[①]

可成字部件在汉字中的位置和功能多种多样。实验1采用部件启动范式考察在汉字识别中可成字部件在不同位置的功能。启动刺激为处于三种位置(主要义符位置、次要义符位置、声符位置)的可成字部件,目标刺激为包含这三种位置可成字部件的汉字,要求被试对目标字做词汇判断。实验2结合部件启动范式和视觉搜寻范式探查可成字部件在不同位置的功能。结果表明:(1)可成字部件处在声符位置时的启动效应强于处在义符位置时。(2)可成字部件作义符时的启动作用只出现在处于主要义符位置时。(3)处在声符位置的可成字部件启动不仅促进对包含声符位置部件的汉字的识别,还促进对包含主要义符位置部件的汉字的识别,但阻碍对包含次要义符位置部件的汉字的识别。(4)当启动部件处于次要义符位置时,不影响对包含相关部件的汉字的识别。整个研究表明,部件位置效应不仅包含部件位置对汉字识别的影响,还包含部件位置频率对汉字识别的影响。

一、引言

汉字从结构上可以分为独体字和合体字。独体字是只以笔画为单位构成的汉字,无偏旁之分。合体字是由两个或两个以上的部件构成的汉字,包含有两种:一种从组合成分上显示字义,如"男",从田从力,表示用力在田间耕作;"鸣",从口从鸟,表示鸟叫。这一类字被称为会意字;另一类字由两个部件组合在一起,一个部件表示整字的字义,一个部件表示整字的字音。如"睁",从目争声,表示张开眼睛;"根",指草木之根,从木艮(gèn)声;"经"指经纬,从糸巠(jīng)声。这一类

[①] 本文原载于《心理学报》2019年第2期,163-176页。
本篇作者:王丹、王婷、秦松、张积家。

字被称为形声字。根据《现代中文词典》,形声字在7000常用汉字中占81%(Li & Kang,1993)。形声字由义符(表义)和声符(表音)构成。义符又称为意符、形符或者形旁,是与形声字在意义上有联系的部件;声符又称声旁,表示形声字的读音。在形声字中,一些部件只可以作义符,如"冫、忄",它们属于不成字部件(或不成字义符),另一些部件既可以作义符,也可以作声符,如"立、虫、目"等。这些部件本身就是独体字,可以称之为"(可)成字部件"。汉字认知研究不仅应该关注汉字整体的性质,还应该关注构成部件的性质及其位置。

作为形声字的重要部分,部件在认知加工的作用吸引了众多心理语言学家关注。在汉字认知中,部件作为汉字加工的基本单元和汉字的亚词汇成分,也具有表征和加工(刘燕妮,舒华,轩月,2002;彭聃龄,王春茂,1997;张积家,盛红岩,1999;张武田,冯玲,1992;Zhou,Peng,Zheng,Su & Wang,2013)。形声字认知既可以依据义符线索,义符可以起促进作用,也可以起干扰作用(陈新葵,张积家,2008;陈新葵,张积家,2012;方燕红,张积家,2009;Williams,2013;张积家,陈新葵,2005;张积家,方燕红,陈新葵,2006;张积家,彭聃龄,1993;张积家,彭聃龄,张厚粲,1991;张积家,王娟,陈新葵,2014;张积家,张厚粲,彭聃龄,1990),也可以依据声符线索(张厚粲,舒华,1989;张积家,姜敏敏,2008)。余贤君和张必隐(1997)采用启动范式分别探讨了形声字心理词典中义符线索和声符线索的作用,发现义符线索的作用比声符线索更大,义符线索、声符线索对低频字的影响比对高频字的影响更大。

汉字部件具有功能和位置两种属性。从位置来看,汉字部件具有位置确定性,不同位置的部件所提供的信息不一样,在汉字识别中作用也不相同(韩布新,1994,1996,1998;周新林,曾捷英,2003)。有研究发现,在汉字识别中,右部件的作用大于左部件,左部件的频率与位置合法性受右部件制约,而右部件却无此限制(冯丽萍,1998a)。塔夫脱等(Taft,Zhu & Peng,1999)认为,右侧含有高频部件的汉字比右侧含有低频部件的汉字识别更快。在假字识别中,右部件的作用也比左部件更加重要(Peng & Li,1995)。对欧美学生而言,右部件和下部件的作用比左部件和上部件更强(冯丽萍,卢华岩,徐彩华,2005)。但也有研究发现了不同的证据。罗艳琳等(2010)发现,被试对下部件分辨最难,对左部件反应最快。肖(2011)发现,注视线索位置(左右)与义符结合度之间存在交互作用:线索在左侧时,义符构字数少的字在语义判断中反应更快、更准,义符构字数多的字在语义判断中反应更慢、更不准确。在印丛、王娟和张积家(2011)的研究中,实验2发现,与目标字左、右部件相同的启动刺激均能够促进掩蔽启动范式中对汉字的命名,对与启动字右部件相同的目标字的反应显著快于对与启动字左部件相同的目标字,单字词特有的命名的字形位置效应是右部件的启动量显著大于左部件。实验3采用图—词干扰范式发现,右部件的启动量也显著大于左部件。张积家、王娟和印丛(2014)发现,在汉字的视觉加工中,读者对部件空间位置的注意加工优势受声符位置调节。对左形右声结构的汉字,被试更多地注意字的右边;对右形左声结构的汉字,被试更多地注意字的左边。这说明,在汉语读者的正字法意识中,存在着"左侧释义,右侧释音"的部件位置—功能联结。在通达形声字的语音和语义的过程中,与义符相比,声符更具有注意资源优势,这种优势在语音提取中更加明显:声符无须依赖义符的信息便可以相对独立地激活整字的语音,但声符需要义符的配合才能够提取整字的语义。

已有的部件研究大都立足于义符通达整字语义、声符通达整字语音的角度,而且大都从形声字的结构出发,只有少数研究关注部件位置(Ding, Peng & Marcus, 2004;冯丽萍等,2005;彭聃龄,郭瑞芳,Conrad Perry, 2006;印丛等,2011),或者从部件位置角度关联义符和声符的作用(张积家等,2014)。吴(Wu)、莫(Mo)、曾(Tsang)和陈(2012)采用多种范式考察了位置普遍性(position-general)部件与位置特异性(position-specific)部件在汉字认知中的作用及其时间进程,发现位置普遍性部件和位置特异性部件都影响汉字认知,但位置特异性部件的效应出现得更早,持续时间也更长。位置普遍性部件是指汉字部件的呈现位置多样化,不仅出现在义符位置,也出现在声符位置。例如,"米"在"粉"中为义符,在"咪"中为声符。但是,该研究并未进一步考察位置普遍性部件处在不同位置时对汉字认知的影响。冯丽萍(1998b)发现,部件位置频率影响词汇判断。从理论上说,每一可成字部件都可以出现在汉字的不同位置上,但是,同一部件出现在汉字不同位置上具有不同的表征和加工特点。这是因为在部件位置合法性前提下,部件的位置频率不同。但是,已有研究并未区分部件位置与部件位置频率的作用,也未考察可成字部件处在汉字不同位置时的认知效应。

李国英(1996a)分析发现,在72个高频义符中,有53个义符还可以作声符,其中,有35个高频义符作声符时的构字量超过了3个。虽然这些部件的主要功能是作义符,但在少数汉字中却作声符。一些部件在义符位置上也存在着主次之分。例如,"口"作义符时主要处于字的左边,如"听";但在其他字中位于字的下边,如"吾"。因此,相对于"位置普遍性部件"(position-general character)的概念,笔者提出"多位置部件"(poly-position character)的概念。因为"位置普遍性部件"的概念只考虑了部件的多位置性,"多位置部件"却根据部件在汉字中所处的空间位置及其频率来分类。根据部件在汉字中位置出现次数的多少,可以将部件位置区分为主要义符位置、次要义符位置和声符位置。例如,"马"作部件时主要出现在形声字的左半部,如"驰、驶"。因此,可以称左半部为"马"的主要义符位置;但也有少量的"马"作义符时出现在形声字的下半部,如"驾、驽"。因此,可以称下半部为"马"的次要义符位置;"马"还可以作声符,如"蚂、妈"。因此,可以称右半部为"马"的声符位置。

汉字在总体上存在着"左侧表义,右侧表声"的结构特点。据统计,左右结构的形声字占形声字总数的2/3,其中,90%为左形右声,10%为左声右形。考虑到不同结构的汉字的使用频率不同,在加权词频以后,左形右声的汉字和左声右形的汉字在心理词典中的分布比例大约为5.5∶1(Hsiao & Shillcock,2006;张积家等,2014)。因此,汉字基本上是以左形右声的形声字为主体的文字系统。基于此,可以认为,汉字左侧是大多数可成字部件的主要义符位置,汉字右侧是大多数可成字部件的声符位置。"女、木、马、石、山、鸟、虫"等都是典型的多位置部件。一些可成字部件处在汉字的不同位置时会发生轻微变形,如"土"处在汉字的下半部(次要义符位置,如"垒")与右半部(声符位置,如"吐")时均为"土",处在汉字的左半部时为"𡈼"(主要义符位置);"木"处在汉字的左半部(主要义符位置,如"松")时为"朩",处在汉字的下半部时为"木"(次要义符位置,如"柴")。这一类部件也可以视为"多位置部件"。多位置部件的数量虽然少,它们处在次要义符位置和声符位置时的构字量也低,但是,因为这些部件本身就是常用独体字,它们处在次要义符位置和声符位置时构成的字也多为常用字,所以其重要性不容低估。

以往关于义符在汉字认知中作用的研究均采用了整字启动范式或整字语义决定范式,这些范式不可避免地会引入了整字的"污染"。虽然可以通过实验设计来分离义符的作用,但是,义符与整字的作用仍然难以决然分离。为了更准确地探讨义符在汉字认知中的作用,张积家等创建了义符启动范式。采用义符启动范式,就能够更加纯正地探讨义符的语义与语法的激活过程。张积家与章玉祉(2016)运用义符启动范式发现,不成字义符和成字义符的语义、语法激活过程存在着差异。不成字义符的语义激活只在启动的中期出现,语法信息未见激活;成字义符的语义信息一直处在激活状态,而且在启动晚期其语法信息也激活了。章玉祉与张积家(2017)继续采用义符启动范式,考察不同加工深度任务中家族大小和类别一致性对义符语义激活的影响,发现在词汇判断中,家族大小影响义符的语义激活,大家族义符的语义不容易激活,小家族义符的语义容易激活。在语义相关判断中,类别一致性影响义符的语义激活,类别一致性高的义符的语义容易激活。将义符启动范式稍加改变,扩展到声符启动,就成为部件启动范式。运用部件启动范式,就能够更加明晰地考察在汉字认知中的部件位置效应。即,对可以出现在汉字不同位置的部件,探究不同位置部件在汉字识别中的作用。例如,处在声符位置的部件的启动作用是否大于处在义符位置的部件?处在主要义符位置的部件能否启动包含声符位置部件的汉字的识别?处在次要义符位置的部件是启动还是抑制包含主要义符位置部件的汉字和包含声符位置部件的汉字的识别?因此,本研究通过匹配汉字的使用频率(均为高频字)、笔画数等因素,通过部件启动范式来探究不同位置的可成字部件的认知效应。实验1采用部件启动范式探寻可成字部件的部件位置效应,实验2结合部件启动范式与视觉搜寻范式,进一步探寻可成字部件的部件位置效应。

二、实验1 部件启动范式下可成字部件的位置效应研究

(一)被试

60名汉族本科生,平均年龄为20.4岁,视力正常或矫正后正常。其中,男生27名,女生33名。分为两组,每组有30名被试,被试的男女比例大体平衡。

(二)设计

2(启动类型:部件启动/控制启动)×3(启动部件位置:主要义符位置、次要义符位置、声符位置)×3(目标字类型:包含主要义符位置部件的汉字、包含次要义符位置部件的汉字、包含声符位置部件的汉字)混合设计。启动类型是被试间变量,两组被试各有30人,其他变量为被试内变量。部件启动包含处在三种位置的同一部件,控制启动条件的启动刺激都是"﹡﹡﹡"。两组被试的目标刺激都是包含三种处在不同位置的同一部件的汉字。

(三)材料

包括启动刺激(三种不同位置的部件)和目标刺激(包含三种位置部件的汉字)。首先,根据位置多样性的标准挑选出25个常见义符,这些义符亦可以作声符,而且在作义符时的位置不固定(即有多个义符位置)。匹配这些部件作声符时的可命名性,删除声符可命名性最低的两个义符。30名不参加实验的大学生对义

符做熟悉性评定,删除熟悉性在 $M±2.5SD$ 之外的义符,最后得到了 20 个可成字义符,分别是:石、火、口、田、白、米、土、马、虫、工、日、山、耳、贝、立、木、子、文、目、女。根据《现代汉语常用字表》(3500 常用汉字),统计这些可成字部件在形声字不同位置的构字频率。结果表明,绝大多数多位置部件的主要功能是作义符,而且作义符时的位置多样化。可成字部件在作义符时的主要位置在左,频率在 25% ~ 85.3% 之间,平均频率为 55.42%。可成字部件在作义符时的次要位置在下、上、右、中,频率在 10% ~ 39.3% 之间,平均频率为 21.97%。可成字部件在作声符时的位置在右、上、下、中,频率在 3.2% ~ 57.9% 之间,平均频率为 22.43%。

  根据部件位置在《现代汉语常用字表》(3500 常用汉字)中挑选汉字,将处在主要义符位置、次要义符位置、声符位置的启动部件各匹配 3 个目标汉字(包含主要义符位置部件的汉字、包含次要义符位置部件的汉字、包含声符位置部件的汉字)。对包含多种声符位置的部件,选材时尽量保证位置的同一性。最终需要确定的每组汉字各有 60 个(每一部件在每一位置各有 3 个对应的汉字),共有 180 个汉字。但是,由于受实际汉字材料限制,有 6 个部件在选材时未能够达到完全匹配(其中 1 个部件在主要义符位置只匹配了 2 个汉字,5 个部件在声符位置只匹配了 2 个汉字),最终确定了包含主要义符位置部件的汉字、包含次要义符位置部件的汉字、包含声符位置部件的汉字数量分别为 59 个、60 个和 55 个,共有 174 个汉字。匹配三组汉字的词频和笔画数,材料信息见表1。实验前将所有目标字打印在纸上交给被试,确保被试熟悉所有汉字后才开始实验。

  统计分析表明,三组汉字的平均笔画数差异不显著,$F(2,171) = 2.33, p > 0.05$;平均字频差异不显著,$F(2,171) = 2.33, p > 0.05$。通过 Windows 自带软件 Truetype 制造出 174 个假字作为填充刺激。

表1 目标汉字信息表

汉字类型	材料举例	平均笔画数	平均字频(百万分之一)
包含主要义符位置部件	岭 峡 峭	8.50	127.30
包含次要义符位置部件	岗 崩 崇	8.83	118.71
包含声符位置部件	汕 仙 油	8.06	122.20

注:词频选自北京语言学院编《现代汉语频率词典》1986 年版。

(四)仪器与程序

IBM台式机,采用E-Prime 2.0软件编程。实验程序:先在计算机屏幕中央呈现注视点300ms,然后出现义符启动或控制启动,启动刺激的呈现时间为500ms,保证视觉系统能够对汉字字符进行充分的加工,也保证字符在脑内的加工过程基本完成(罗艳琳等,2010)。随后出现目标刺激,要求被试对目标刺激做真假字判断:如果是真字,按下F键;如果是假字,按下J键。半数被试按键方式按此规定,半数被试按键方式相反。然后是300ms的空屏,再进入下一试次。计算机自动记录被试的反应时与反应正误,计时单位为ms,误差为±1ms。实验流程见图1。

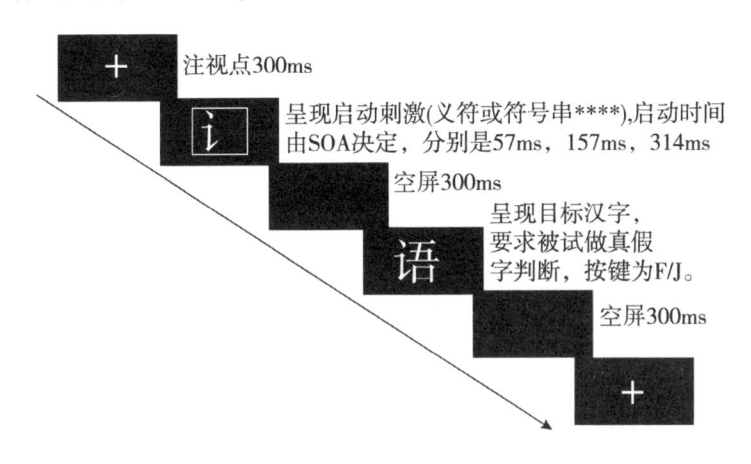

图1 实验1流程图

(五)结果与分析

只分析对真字的反应。反应时分析时删去错误反应和 $M \pm 2.5SD$ 之外的数据。被试对各类字的平均反应时和平均错误率见表2。

表2 目标字词汇判断的平均反应时(ms)与平均错误率

启动类型	启动部件位置	包含主要义符位置部件 RT	ER	包含次要义符位置部件 RT	ER	包含声符位置部件 RT	ER
部件启动	主要义符位置	530(61)	0.041(0.061)	571(80)	0.047(0.050)	560(63)	0.049(0.059)
	次要义符位置	569(78)	0.049(0.061)	569(85)	0.054(0.056)	571(83)	0.054(0.050)
	声符位置	552(71)	0.049(0.059)	572(84)	0.052(0.061)	535(75)	0.049(0.060)
控制启动	***	577(69)	0.050(0.039)	580(59)	0.052(0.050)	574(58)	0.049(0.050)

对控制启动组和部件启动组的反应时分别做方差分析。对部件启动组的重复测量方差分析表明,部件启动位置类型的主效应不显著,$F_1(2,87)=0.44,p>0.05,F_2(2,51)=0.32,p>0.05$。目标汉字类型的主效应显著,$F_1(2,174)=9.62,p<0.01,\eta_p^2=0.10,F_2(2,102)=4.67,p<0.01,\eta_p^2=0.10$。部件启动位置类型与目标汉字类型的交互作用被试分析显著,$F_1(4,174)=5.78,p<0.001,\eta_p^2=0.12$,项目分析不显著,$F_2(4,102)=1.53,p>0.05$。简单效应分析表明,当启动部件处在主要义符位置时,被试对包含主要义符位置部件的汉字的反应时显著快于对包含次要义符位置部件的汉字和包含声符位置部件的汉字的反应时,$p<0.01$,对包含次要义符位置部件的汉字与包含声符位置部件的汉字的反应时却无显著差异,$p>0.05$;当启动部件处在次要义符位置时,对三类汉字的反应时差异均不显著,$p>0.05$;当启动部件处在声符位置时,对包含声符位置部件的汉字的反应时显著快于对包含主要义符位置部件的汉字和包含次要义符位置部件的汉字的反应时,$p<0.01$,对包含主要义符位置部件的汉字的反应时显著快于包含次要义符位置部件的汉字的反应时,$p<0.01$。对控制启动组的重复测量方差分析表明,三类汉字的反应时差异不显著,$F_1(2,87)=0.05,p>0.05$,$F_2(2,171)=0.54,p>0.05$。错误率的重复测量方差分析表明:部件启动组的各种主效应和交互作用均不显著,$ps>0.05$;控制启动组对三类汉字的错误率差异亦不显著,$ps>0.05$。

与控制启动组相比,部件启动组对各类汉字的反应时的净启动量见表3。

表3 部件启动组对各类目标汉字的净启动量(ms)

启动部件位置	目标汉字类型		
	包含主要义符位置部件	包含次要义符位置部件	包含声符位置部件
主要义符位置	-47**	-12	-14
次要义符位置	-8	-11	-3
声符位置	-25*	-8	-39*

注:*$p<0.05$,**$p<0.01$,***$p<0.001$,下同。

分别将部件启动组在9种条件下的反应时与控制启动组对三类目标汉字的反应时做独立样本 t 检验。结果表明:在"主要义符位置部件启动—识别包含主要义符位置部件的汉字"条件的反应时显著快于"控制启动—识别包含主要义符位置部件的汉字"条件,$t_1(58)=2.76,p<0.01,d=0.72,t_2(76)=3.10,p<0.01$,$d=0.70$,净启动量为$-47\text{ms}$;在"声符位置部件启动—识别包含主要义符位置部件的汉字"条件的反应时也显著快于"控制启动—识别包含主要义符位置部件的汉字"条件,$t_1(58)=2.31,p<0.05,d=0.61,t_2(77)=2.58,p<0.05,d=0.58$,净启动量为$-25\text{ms}$;在"声符位置部件启动—识别包含声符位置部件的汉字"条件的反应时显著快于"控制启动—识别包含声符位置部件的汉字"条件,$t_1(58)=2.40,p<0.05,d=0.63,t_2(73)=4.01,p<0.05,d=0.93$,净启动量为$-39\text{ms}$。处在次要义符位置的部件对三类汉字的识别均无启动效应,$ps>0.05$。即,当部件处在主要义符位置时,能够启动包含主要义符位置部件汉字和包含声符位置部件汉字的识别;当部件处在声符位置时,能够启动包含声符位置部件汉字和包含主要义符位置部件汉字的识别;当部件处在次要义符位置时,对三类汉字的识别均无启动效应。这说明,部件处在不同位置在汉字识别中的作用是不同的。

二、实验2 视觉搜寻范式下可成字部件的位置效应研究

视觉搜索范式(Visual Search Task)是近年来眼动研究使用较多的实验范式。在计算机屏幕上呈现一个视觉刺激矩阵,要求被试找出与其他刺激类别不同的靶刺激。这种范式可以区分出注意警觉和注意脱离困难。如果在矩阵中搜索某类刺激的时间比搜索其他类的刺激快,就表明被试对该类刺激存在着注意警觉;如果在矩阵中搜索某类刺激的时间比搜索其他类的刺激慢,就表明被试对该类刺激存在着注意脱离困难。研究发现,人类个体普遍对负性情绪刺激存在着注意警觉(Miltner, Krieschel, Hecht, Trippe & Weiss, 2004)。在语言认知中,如果某一词语或概念被激活了,被试对与该词语或者概念对应刺激的注视也会多于对其他刺激的注视(闫国利,巫金银,胡雯雯,白学军,2010)。实验2将视觉搜寻范式与部件启动范式相结合,如果在部件启动下被试对包含相同部件的汉字的注视时间更长、注视点更多,就说明被试对该汉字出现了注意脱离困难,说明启动部件影响了对包含相应部件的汉字的加工。

(一)被试

56名汉族大学生,平均年龄为20.2岁,男生26名,女生30名。视力正常或矫正后正常,未参加实验1。分为两组,每组28名,男女比例均衡。

(二)设计

2(启动类型:部件启动/控制启动)×3(启动部件位置:主要义符位置、次要义

符位置、声符位置)混合设计。其中,启动类型为被试间变量,启动部件位置为被试内变量。

(三)材料

包括启动刺激(三种不同位置的部件)和目标刺激(包含四个汉字的四方格图片)。义符(共20个)和汉字的选择同实验1。区别在于每一义符在三种启动位置(主要义符位置、次要义符位置、声符位置)都匹配了四个汉字[包含主要义符位置部件的汉字、包含次要义符位置部件的汉字、包括声符位置部件的汉字、填充汉字(半数为无相关部件的真字,半数为有相关部件的假字)]。四个汉字随机组成了一个四方格图片。实验共包含60张四方格图片,共包含了240个汉字(由于选材限制,有6个汉字并不符合实验材料的严格标准,但为了实验的完整性,必须保证每幅图片的4个汉字,故仍然使用了),其中,60个为填充汉字。在填充汉字中,30个为真字,30个为假字。

(四)仪器和程序

Eyelink 1000眼动仪,由两台19英寸的计算机通过以太网连接组成。一台计算机显示实验材料,另一台计算机负责记录眼动。屏幕分辨率为1024×768像素。数据采样率为1000次/秒。眼动仪追踪分辨率阈限值为瞳孔直径的0.2%,眼睛的注视和运动通过头盔上的两个微型红外摄像机输入计算机。被试用双眼观察刺激,对一半被试记录右眼的数据,对另一半被试记录左眼的数据。显示器屏幕与被试眼睛的距离约为80cm,屏幕刷新率为150Hz。材料的呈现与眼动的记录由专用软件完成。

在每段实验开始之前,进行校准以保证记录眼动轨迹的精确性。每次校准都包括刻度标示(calibration)、刻度确认(validation)和漂移修正(driftcorrect)。在刻度标示中,9个校准点(白色小圆点)会依次随机地出现在屏幕中心或四周。当校准点随机出现时,要求被试注视该点,直至该点消失。刻度标示后进行刻度确认,仍然出现9个校准点,程序和刻度标示一样。如果刻度确认成功,接着进行一次漂移修正,一个校准点会随机地出现在屏幕的中心或者四周,要求被试注视它。校准成功以后,方可以进入正式实验。

首先在计算机屏幕的中央呈现注视点300ms,然后出现部件启动或控制启动(***),启动刺激的呈现时间为300ms,随后出现了四方格图,要求被试对目标刺激做有无假字的判断:如果在四方格图中没有假字,就按下F键;如果在四方格图中有假字,就按下 J 键。半数被试的按键方式按此规定,半数被试的按键方式相反。如果被试在1500ms 内未反应,系统自动进入下一试次,并将该试次记录为错误反应。实验程序见图2。

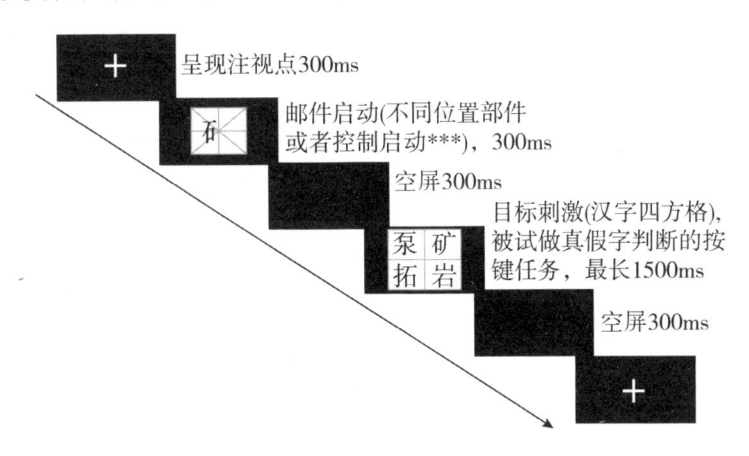

图2 实验2流程图

(五)结果与分析

1. 行为数据分析

分析时删除 2 名正确率低于90%的被试(部件启动组和控制启动组各 1 名)的数据,反应时分析时删除错误反应及 $M \pm 2.5SD$ 之外的数据,结果见表4。

表4 被试假字搜寻的平均反应时(ms)与平均错误率(%)

启动类型	启动位置	反应时	错误率
部件启动	主要义符位置	989(69)*	0.077(0.031)
	次要义符位置	960(58)	0.071(0.035)
	声符位置	990(65)*	0.080(0.038)
控制启动	***	950(62)	0.075(0.041)

部件启动组的反应时的方差分析表明,启动部件位置的主效应不显著,$F_1(2,78)=1.96, p>0.05, F_2(2,171)=1.05, p>0.05$。部件启动组的错误率的方差分析表明,启动部件位置的主效应也不显著,$F_1(2,78)=2.12, p>0.05, F_2(2,171)=1.73, p>0.05$。

将部件启动组与控制启动组的平均反应时做独立样本 t 检验。结果表明,部件启动组的平均反应时显著慢于控制启动组,$t_1(52)=2.10, p<0.05, d=0.58, t_2$

(346)=2.98,$p<0.05$,d=0.32,净启动量为30ms,表明部件启动抑制了对假字的搜索反应。分别将部件启动组三种启动位置的平均反应时与控制启动组的平均反应时做独立样本 t 检验。结果表明:主要义符位置部件启动的平均反应时显著慢于控制启动组,$t_1(52)=2.23$,$p<0.05$,d=0.59,$t_2(346)=4.01$,$p<0.05$,d=0.43,净启动量为39ms;声符位置部件启动的平均反应时也显著慢于控制启动组,$t_1(52)=2.45$,$p<0.05$,d=0.63,$t_2(346)=4.12$,$p<0.05$,d=0.42,净启动量为40ms;次要义符位置部件启动的平均反应时与控制启动组的平均反应时差异不显著,$t_1(52)=0.56$,$p>0.05$,$t_2(346)=0.48$,$p>0.05$。分别将启动组三种部件位置启动的平均错误率与控制启动组的平均错误率做独立样本 t 检验,发现三种部件位置启动的平均错误率与控制启动组差异均不显著,ps>0.05。

2. 眼动数据分析

去除眼动数据不稳定(经过9点校正以后,头部有运动、偏离校正位置或注视点个数过少)及判断正确率低于90%的被试共5名,有效被试为51名,部件启动组有25名被试,控制启动组有26名被试。主要兴趣区[包含主要义符位置部件的汉字(以A示之)、包含次要义符位置部件的汉字(以B示之)、包含声符位置部件的汉字(以C示之)]的眼动数据见表5。

表5　各主要兴趣区的眼动指标均值

启动类型	启动部件位置	总注视时长(ms)			注视点个数(个)		
		A	B	C	A	B	C
部件启动	主要义符位置	220(40)	183(36)	198(47)	1.3(0.4)	0.9(0.3)	1.1(0.4)
	次要义符位置	194(42)	191(30)	194(32)	1.0(0.3)	1.0(0.3)	1.1(0.3)
	声符位置	210(47)	194(47)	220(50)	1.0(0.3)	0.8(0.3)	1.3(0.4)
控制启动	***	181(31)	180(38)	186(30)	1.1(0.3)	1.0(0.3)	1.0(0.3)

与控制启动组相比,部件启动组各类兴趣区眼动指标净启动量见表6。

表6 部件启动组各类兴趣区眼动指标的平均净启动量(ms)

启动部件位置	总注视时长			注视点个数		
	A	B	C	A	B	C
主要义符位置	39***	3	12	0.2*	−0.1	0.1
次要义符位置	13	11	8	−0.1	0.0	0.1
声符位置	29*	14	34**	−0.1	−0.2*	0.3**

(1)各类汉字的总注视时长分析

对部件启动组在三种启动位置下各兴趣区的注视时长做3(启动部件位置:主要义符位置、次要义符位置、声符位置)×3(目标汉字类型:包含主要义符位置部件汉字、包含次要义符位置部件汉字、包含声符位置部件汉字)的重复测量方差分析。结果表明,部件启动位置的主效应不显著,$F_1(2,72) = 1.41, p > 0.05, F_2(2, 51) = 1.30, p > 0.05$。目标汉字类型的主效应显著,$F_1(2,144) = 6.48, p < 0.01, \eta_p^2 = 0.10, F_2(2,102) = 5.91, p < 0.01, \eta_p^2 = 0.10$。启动位置类型与目标汉字类型的交互作用被试分析边缘显著,$F_1(4,144) = 2.41, p = 0.052, \eta_p^2 = 0.09$,项目分析不显著,$F_2(4,102) = 1.81, p > 0.05$。简单效应分析表明:当部件启动位置为主要义符位置时,包含主要义符位置部件汉字的总注视时长显著长于包含次要义符位置部件汉字,$p < 0.05$;当部件启动位置为声符位置时,包含声符位置部件汉字的总注视时长也显著长于包含次要位置部件汉字,$p < 0.05$;当部件启动位置为次要义符位置时,三个兴趣区的总注视时长没有显著差异,$p > 0.05$。

将9种条件下部件启动组与控制启动组的平均总注视时长做独立样本t检验。结果发现,在主要义符位置部件启动下,对包含主要义符位置部件的汉字的总注视时长显著长于控制启动,$t_1(49) = 3.79, p < 0.001, d = 1.09, t_2(76) = 3.94, p < 0.001, d = 0.90$,净启动量为39ms。在声符位置部件启动下,对包含主要义符位置部件的汉字的总注视时长显著长于控制启动,$t_1(49) = 2.58, p < 0.05, d = 0.73, t_2(77) = 3.44, p < 0.05, d = 0.79$,净启动量为29ms;对包含声符位置部件的汉字的总注视时长显著长于控制启动,$t_1(49) = 2.92, p < 0.01, d = 0.82, t_2(73) = 3.67, p < 0.01, d = 0.87$,净启动量为34ms。其他条件的启动效应均不显著,$p > 0.05$。

这说明,当部件处在主要义符位置时,能够影响包含主要义符位置部件的汉字的识别,被试对该类汉字的注视时间更长,出现了注意脱离困难。当部件处在声符位置时,不仅影响对包含声符位置部件的汉字的识别,还影响对包含主要义符位置部件的汉字的识别,被试对这两类汉字的注视时间更长,也出现了注意脱离困难。当启动部件处在次要义符位置时,对三类汉字的识别均无显著的影响。

(2)各类汉字注视点个数分析

对部件启动组在三种启动位置下对各类汉字的注视点个数做3(启动部件位置:主要义符位置、次要义符位置、声符位置)×3(目标汉字类型:包含主要义符位置部件汉字、包含次要义符位置部件汉字、包含声符位置部件汉字)的重复测量方差分析。结果表明,启动部件位置的主效应不显著,$F_1(2,72)=0.56, p>0.05, F_2(2,51)=0.48, p>0.05$。目标汉字类型的主效应显著,$F_1(2,144)=10.93, p<0.01, \eta_p^2=0.13, F_2(2,102)=9.33, p<0.01, \eta_p^2=0.10$。启动部件位置与汉字类型的交互作用显著,$F_1(4,144)=5.34, p<0.001, \eta_p^2=0.23, F_2(4,102)=4.77, p<0.001, \eta_p^2=0.12$。简单效应分析发现,当启动部件处在主要义符位置时,对包含主要义符位置部件汉字的注视点个数显著多于对包含次要义符位置部件汉字和对包含声符位置部件汉字,$p<0.01$,对包含声符位置部件汉字的注视点个数也显著多于对包含次要义符位置部件汉字,$p<0.05$。当启动部件处在声符位置时,对包含主要义符位置部件汉字与对包含次要义符位置部件汉字的注视点个数均显著少于对包含声符位置部件汉字,$p<0.01$,对包含次要义符位置部件的汉字的注视点个数也显著少于对包含主要义符位置部件的汉字,$p<0.05$;当启动部件处在次要义符位置时,对三类汉字的注视点个数之间无显著差异,$p>0.05$。这说明,部件处在不同位置对汉字识别的影响是不同的。

分别将部件启动组在9种条件下与控制启动组在3种条件下的平均注视点个数进行独立样本 t 检验。结果表明:在主要义符位置部件启动下,对包含主要义符位置部件汉字的注视点个数显著多于控制启动组,$t_1(49)=2.07, p<0.05, d=0.59, t_2(76)=2.86, p<0.05, d=0.65$,净启动量均为0.2个;在声符位置部件启动下,对包含声符位置部件的汉字的注视点个数显著多于控制启动组,$t_1(49)=3.23, p<0.01, d=0.92, t_2(77)=4.96, p<0.01, d=1.13$,净启动量为0.3个;在声符位置部件启动下,对包含次要义符位置部件的汉字的注视点个数亦显著少于控制启动组,$t_1(49)=-2.11, p<0.05, d=0.60, t_2(73)=-2.89, p<0.05, d=-0.68$,净启动量为-0.2个。

这说明,当启动部件位置为声符位置时,对包含次要义符位置部件的汉字的注视点个数产生了负启动效应,比起包含主要义符位置部件的汉字和包含声符位置部件的汉字,包含次要义符位置部件的汉字所获得的注视点个数显著少,说明它们所获得的注意少。当部件处在主要义符位置时,对包含主要义符部件的汉字的注视点个数显著多;当部件处在声符位置时,对包含声符部件汉字的注视点个数显著多,说明在这两种情况下都出现了注意脱离困难。

因此,实验2表明,当启动部件处在主要义符位置时,对包含主要义符位置部件汉字的注视时间更长,注视点个数更多,出现了注意脱离困难,这会促进对包含主要义符位置部件汉字的识别。当启动部件处在声符位置时,对包含声符位置部件汉字的注视时间更长、注视点个数更多,亦出现了注意脱离困难,这会促进对包含声符位置部件汉字的识别;同时对包含主要义符位置部件汉字的注视时间也更长,对包含次要义符位置汉字的注视点个数更少,这会促进对包含主要义符位置部件汉字的识别,抑制对包含次要义符位置部件汉字的识别。当启动部件处在次要义符位置时,无论促进效应还是阻碍效应均不存在。

四、讨论

丁等(2004)利用启动范式发现,同一部件对包含位置相同部件汉字的认知起易化作用,对包含位置不同部件的汉字的认知起抑制作用。该研究只说明了在汉字认知中存在着部件位置效应,这种位置效应既可以是促进作用,也可以是抑制作用,但未详细区分部件位置和部件位置频率的作用。本研究进一步证实了部件位置效应的存在,同时还发现了不同类型的部件位置效应和部件位置频率效应。实验1显示:当启动部件处在主要义符位置时,促进对包含主要义符位置部件的汉字的识别,却无法促进对包含其他位置部件的汉字的识别;当部件处在声符位置时,不仅促进对包含声符位置部件的汉字的识别,还促进对包含主要义符位置部件的汉字的识别;当部件处在次要义符位置时,无法启动对任何类型的包含此部件的汉字的识别。实验2表明:当启动部件处在主要义符位置和声符位置时,与控制启动组相比,假字搜寻的时间更长;当启动部件处在次要义符位置时,假字搜寻的时间与控制启动组相比无显著差异。所以如此,是因为部件启动导致了部件表征的激活,当四方格中包含有与启动部件处在相同位置部件的汉字时,被试会投入更多的注意,出现了注意脱离困难,因而延缓了搜寻时间。这一推论亦为眼动研究的数据所证实。实验2发现:当启动部件处在主要义符位置与声符位置时,对包含主要义符位置部件的汉字和包含声符位置部件的汉字的总注视时长更长;当启动部件处在次要义符位置时,对不同类型的目标字的注视时长无影响。当启动部件处在主要义符位置时,对包含主要义符位置部件的汉字的注视点个数显著多;启动部件处在声符位置时,对包含声符位置部件的汉字的注视点个数显著多,对包含次要义符位置部件的汉字的注视点个数显著少。这说明,当启动件处在主要义符位置时,促进对包含主要义符位置部件的汉字的识别,阻碍对包含次要义符位置部件的汉字的识别;当启动件处在声符位置时,促进对包含声符位置部件的汉字的识别,阻碍对包含次要义符位置部件的汉字的识别。因此,部件位置的启动效应并不是同方向的和等价的:在部件位置合法性的前提下,部件位置不同确实导致了启动效果的不同,不同频率的位置会带来了启动效果的差异。概括地说,可成字部件在声符位置时,对汉字识别的启动作用要大于在其他位置(主要义符位置和次要义符位置)时;同样是处在义符位置的部件,在汉字识别中的启动作用大小由位置频率来决定,位置频率高的主要义符位置部件在汉字识别中的启动作用更大。部件启动效应的大小依次是声符位置部件＞主要义符位置部件＞次要义符位置部件。所以如此,主要有如下原因:

(1)可成字部件在声符位置时更容易引起阅读者的注意。虽然可成字部件在声符位置时的构字频率较低,但是,可成字部件在声符位置时的启动效应却最强。张积家等(2014)发现,在汉字的视觉加工中,阅读者对部件空间位置的注意加工优势受声符位置调节。对左形右声结构的汉字,被试更多地注意字的右边,对右形左声结构的汉字,被试更多地注意字的左边。本研究为这一发现提供了新的证据。处在声符位置的可成字部件促进了对包含声符位置部件的汉字的识别,也促进了对包含主要义符位置部件的汉字的识别,但处在义符位置(无论是主要义符位置还是次要义符位置)的可成字部件却不能够促进对包含声符位置部件的汉字的识别。这说明,可成字部件处在声符位置的启动效应要强于处在义符位置的启动效应。

汉字是以左义右声结构为主的文字系统。对声符的注意优势并不符合人们从左到右的阅读习惯。如果遵循从左到右的阅读习惯,处在汉字左边的义符位置应该最具有启动优势。然而,本研究却发现,义符无论是处在主要义符位置还是处在次要义符位置,启动效应都没有声符强。究其原因,主要有三:(1)声符比义符在视觉上更占有优势。在一般情况下,视野中占据较大面积的刺激更容易吸引个体的注意。同一部件虽然在作声符时和作义符时的笔画一样,但在汉字中所占的面积却不相同,部件在作声符时所占的面积和比例往往大于在作义符时。这是由于汉字是方块字,当一个汉字充当了另一个左右结构汉字的义符时,往往采取了"窄化"的形式,而在作声符时,构字时却较少采用"窄化"的形式(张积家等,2014)。(2)"义符释义,声符释音"的正字法意识的影响。义符具有指义功能,声符的指义功能亦不可忽视。事实上,形声字之所以产生,不是为了表音,而是为了别义。声符是形声字的主要构件,声符相同的一组汉字往往具有共同的语义。如"戋",小也,小水曰"浅",小金曰"钱",小丝曰"线",小歹曰"残",小贝曰"贱",小纸曰"笺"。宋代的王圣美最早发现了这一规律,提出了"右文说",对形声字"声中兼义"的现象进行了概括。"右文说"的核心就是形声字的"声兼义"现象(周晓飞,2009)。张积家(2007)发现,当左形右声结构的形声字为启动字时,可以激活与其声符有语义联系的目标字,如"娘"激活"优","梧"激活"我","好"激活"儿",等等。这表明,声符的激活包含了一定程度的语义激活。然而,顾名思义,声符更具有指音的功能。虽然可成字部件可以发音,但是,当它们在整字中处在义符位置时,其指音功能往往被指义功能所替代,至少是大大削弱了。林泳海和张必隐(1999)发现,在词汇判断中,单字词的音韵无启动效果,说明中文的视觉认知可以直通语义,单字词在命名中以及同韵双字词在词汇判断中存在启动效应,表明音韵在词汇通达中有作用,说明在中文阅读中存在着语音通路。他们认为,在中文词认知中,由形至义的通路与语音通路均存在。在部件启动时,由于启动时间超过了300ms,启动了字符的形和音,被试在真假字判断时会受字音的影响。当启动部件与目标字具有语音联系时,就更容易被启动。(3)义符与声符虽然都具有指义功能,但分工不同。张积家等(2014)指出,形声字的声符表义与义符表义具有不同特点:声符表示的是事物的隐含的、具体的、特异的词源意义,义符表示的是事物的类属的、一般的意义,或者只表明与什么事物有关的相关义。隐含的、具体的、特异的意义比类属的、一般的、相关的意义需要花费更多的注意资源来加工。综合上述原因,可成字部件在声符位置时的启动效应最强。

(2)可成字部件在声符位置时的启动效应具有双向性。启动部件处在声符位置促进对包含声符位置部件的汉字和包含主要义符位置部件的汉字的识别,却抑制包含次要义符位置部件的汉字的识别。已有研究表明,右部件对汉字识别的作用大于左部件,左部件的频率与位置合法性受右部件制约,而右部件却无此限制。在左右结构的汉字中,左形右声结构的汉字居多。这说明,声符在汉字识别中的作用更强,也更加灵活。但是,以往考察部件位置作用的研究只将位置区分为义符位置和声符位置或者左、右部件位置,并未将义符位置依据其使用频率做进一步的划分。事实上,义符的位置也多种多样,不同位置的义符与声符的关系也不同。本研究表明,在汉语母语者的心理词典中,声符线索对包含声符位置部件的汉字和包含主要义符位置部件的汉字的识别具有正向的促进作用,对包含次要义符位置部件的汉字的识别不起作用或者起反向的抑制作用。这是因为当启动部件为声符时,在视觉上更容易将其作为一个独立的汉字作为提示线索,当目标汉字中的部件居于声符位置和主要义符位置时,无论从使用习惯上还是从视觉搜索习惯上,都更加容易引起读者的注意,从而更容易与声符线索关联而被识别。而当部件居于次要义符位置时,无论是从使用习惯上还是从视觉搜索习惯上,都难于与声符线索建立起关联,甚至被忽略。

（3）部件位置频率效应是部件位置效应中不可或缺的部分。在本研究中,当启动部件处在主要义符位置时,促进对包含主要义符位置部件的汉字的识别,对包含次要义符位置部件的汉字的识别却无显著效应。因此,义符的启动作用只体现在当它处在主要位置时,而不是处在次要位置时,这体现了部件位置频率的作用。佘贤君和张必隐(1997)认为,在形声字的心理词典中,义符线索比声符线索的作用更大。这与本研究的结果不一致,却不一定相冲突。因为已有研究并未区分成字义符与非成字义符,也未区分义符线索的位置。本研究证明,处在主要位置和次要位置的义符线索对汉字识别的作用是不同的,义符对汉字识别的启动效应主要体现在主要位置上。即,对于成字义符而言,位置频率对汉字识别具有重要影响,只有当义符居于主要位置时,才能够有效地启动对整字的识别。

（4）部件位置频率效应主要体现在义符上,并未体现在声符上。究其原因,一是由于可成字部件在作声符时一般构字数较少。因此,对于声符启动而言,在启动效应中主要是位置效应,没有位置频率效应或者位置频率效应较小。这就牵涉到部件的位置与功能之间的关系。根据本研究的结果,可以认为,可成字部件在作义符时,位置与功能之间是分离的,位置的作用要强于功能,因为当义符处在次要位置时并未发现显著的启动效应;但对声符而言,在本研究中,位置效应与功能效应该是重合的,并且主要是功能在起作用。但也不能因此就否定声符位置效应的存在。二是由于在选择实验材料时,除了个别字以外,尽量保证了每一部件的声符位置的同一性,并未采用与"左形右声"结构不一致的"右形左声"的材料以及"上声下形"结构的材料。因此,对于声符的位置效应,还有进一步研究的必要。

综上所述,部件处在声符位置和不同义符位置的启动效应区别说明部件位置影响汉字识别,而义符处在主要位置和次要位置的启动效应的区别显示了部件位置频率对汉字识别的影响。因此,在汉字识别中,部件位置效应实际上包含了部件位置和部件位置频率的双重作用。这是本研究的一个新的发现。本研究结果对汉字学习与汉字教学也有一定的启示:在教学中应该结合识字教给儿童汉字结构与部件位置的知识,重视声符与处在主要位置的义符在汉字学习中的作用,在儿童掌握一定数量汉字的基础上,更要加强对处在次要位置义符的认知,使儿童获得更为全面的汉字的正字法知识,汉字学习便能够取得事半功倍的效果。

五、结论

(1)可成字部件处在声符位置的启动效应强于处在义符位置的启动效应。处在声符位置的可成字部件的启动效应具有双向性:促进对包含声符位置部件的汉字和包含主要义符位置部件的汉字的识别,抑制对包含次要义符位置部件的汉字的识别。

(2)处在主要位置和次要位置的义符对汉字识别的启动作用不同。义符对汉字识别的启动效应主要体现在主要义符位置上。

汉字形声字识别中义符和声符的家族效应[1]

本研究采用词汇判断任务和 ERP 技术,操纵义符和声符的家族大小,考察形声字识别中义符和声符的家族效应。结果发现:(1)当义符为大家族时,大家族声符字比小家族声符字诱发了更小的 P200 波幅;当义符为小家族时,大家族声符字和小家族声符字诱发的 P200 波幅差异不显著。(2)大家族声符字比小家族声符字诱发了更大的 N400 波幅,但当义符为大家族时,大、小家族声符字之间的差异比义符为小家族时更加显著。这说明,义符和声符的家族大小共同影响形声字的识别,声符的家族效应受义符的家族大小调节。研究表明,在词汇识别的不同阶段,义符和声符对资源的获取处于变化状态,这取决于两者的呈现率差异。整个研究表明,在形声字识别中,义符与声符的作用存在着博弈,二者作用的此消彼长与加工阶段和家族大小有关。

一、引言

汉字是以形声字为主的文字体系。在 7000 常用汉字中,形声字占 80% 以上(李燕,康加深,1993)。形声字由义符和声符构成。声符又称为声旁,是为被构字提供语音线索的部件。义符又称为意符、形符、形旁,是与被构字有语义联系的部件。义符的存在减少了汉字的字形与语义之间联系的任意性。形声字识别中义符和声符的作用机制一直是汉字心理学研究的重点问题。但遗憾的是,对这一问题的考察目前尚无统一的结论。义符与声符在形声字识别中的作用孰大孰小?对这一问题,目前已经形成了三种有代表性的观点:(1)声符优势论,认为声符在形声字识别中作用更重要(Hung, Hung, Tzeng & Wu, 2014;王协顺,吴岩,赵思敏,

---

[1] 本文原载于《心理学报》2019 年第 8 期,857 – 868 页。
本篇作者:王娟,马雪梅,李兵兵,张积家。

倪超,张明,2016;张积家,王娟,印丛,2014);(2)义符优势论,认为义符在形声字识别中作用更重要(Williams,2012;Williams & Bever,2010);(3)义符家族调节论,认为义符和声符对整字加工的贡献受到义符家族大小调节(Hsiao, Shillcock & Lavidor,2006;Hsiao,Shillcock & Lavidor,2007)。

持声符优势论的学者认为,声符在形声字识别中作用更加突出。洪(Hung)等(2014)采用脑磁图技术,分别考察了声符和义符在形声字识别中的作用。研究分别采用同音判断任务和同义判断任务,要求被试判断启动—目标字对是否同音或者同义。结果表明,在行为反应和脑磁成分上均发现了共享声符的促进效应,却未在 MEG 成分上发现共享义符的促进效应。研究者认为,在形声字识别中,与义符相比,声符激活的时间比义符早,作用更强。张积家等(2014)采用眼动追踪技术考察义符和声符在不同加工任务中的注意资源分配状况,发现在通达形声字语音、语义过程中,与义符相比,声符具有注意资源优势,这种优势在语音提取任务中更加明显:声符无须依赖义符的信息便可以相对独立地激活整字的语音,但声符需要义符的配合才能够提取整字的语义。王协顺等(2016)采用词汇判断任务,以义符和声符均为独体字的形声字为材料,操纵义符和声符的频率,考察义符和声符在形声字识别中的作用。结果发现,当以反应时和错误率为指标时,声符频率在形声字识别中发挥重要作用,未发现义符频率的作用。脑电研究发现,声符频率早于义符频率发挥作用,表现为声符频率可以引发 P200 变化,义符频率在 P200 成分上未产生作用。因此,声符的激活时间早于义符。研究者认为,声符的复杂性和变异性均大于义符,在形声字识别中,读者首先加工声符,声符一旦确定,形声字识别将更加容易。在 N400 成分上,相对于义符频率,声符频率引发的 N400 效应更加持久,脑区的激活范围更加广泛,而且义符和声符在形声字识别中起作用的起始时间和持久性不同。相对于低频义符字,高频义符字引发的 N400 平均波幅更小;相对于低频声符字,高频声符字引发的 N400 平均波幅更大。他们认为,在研究中操纵的部件频率,实则是部件作为单字时的熟悉性。在语义提取中,声符与整字的语义不相关,被试需要压制住声符的语义,导致高频声符引发了更大的 N400;义符能够为形声字的语义提取提供一定线索,因而高频义符的语义激活更强,在语义提取阶段产生了促进效应。因此,与义符相比,声符效应产生得更早,开始于形声字识别的早期,而且更加持久。

主张义符优势论的学者认为,义符在形声字识别中作用更重要。他们分别将形声字的义符和声符进行模糊化处理,要求进行汉字判断任务。结果发现,与声符模糊的形声字比,义符模糊的形声字更难辨认。研究者认为,形声字识别依赖于语义信息,因而义符在汉字识别中所起的作用更加重要(Williams,2012;Williams & Bever,2010)。

肖等认为,义符和声符对整字加工的贡献受义符的家族大小调节。肖等(2006)采用重复经颅磁刺激(rTMS)技术,以左形右声结构的汉字为材料,要求被试对汉字做语义透明度判断,发现了显著的义符家族和语义透明度的促进效应。他们还发现,与对右侧枕叶皮质区应用 rTMS 相比,对左侧枕叶皮质区应用 rTMS 显著减慢了大义符家族字的反应速度,从而减弱了大义符家族的促进效应,也即对左脑的虚拟损伤影响对声符加工,进而影响对大义符家族字的语义判断;对右脑的虚拟损伤影响对义符加工,从而影响对小义符家族字的语义判断。研究者认为,当义符为小家族时,汉字的左右两个部件平均地影响整字语义通达,义符在汉字语义通达中更具有信息性;当义符为大家族时,由于义符构成的汉字多,整字的语义通达更多地依赖声符,声符在形声字语义通达中更具有信息性。当声符部件获得的关注多时,声符所获得的认知资源就多,激活的程度就高,加工就更加充分。肖等(2007)采用偏侧中央窝旁信号提示法,要求被试判断左形右声结构汉字的语义透明度,发现与提示右部件相比,当提示左部件时,促进对小家族义符字的语义透明度判断,抑制对大家族义符字的语义透明度判断。这是因为单侧线索提示能够把注意力引导到汉字的对应侧部件,导致优先对该部件进行加工。如果线索对应侧部件的信息量高,就将有助于汉字识别。对小家族义符字,由于共享义符的汉字少,义符的信息量大,能够有效地提示整字的语义,因而促进对汉字识别;对大家族义符字,义符表征整字语义的信息性差,在决定整字语义时作用有限,右侧声符在获取整字语义上更具有信息性。因此,右侧线索对汉字识别更加有利。

综合来看,已有研究都认为义符和声符对形声字加工有影响,而且多通过语义任务和语音任务单独地考察义符效应和声符效应,进而通过比较其效应大小确定部件对形声字识别的贡献(王协顺等,2016;Hung et al.,2014;Williams,2012;Williams & Bever,2010;张积家等,2014)。这会忽略一个重要的信息,即义符和声符在发挥作用过程中相互影响,即在考察声符效应时,义符部件的特征可能对声符效应的方向和大小产生影响;同样,在考察义符效应时,声符部件的特征也会对义符效应产生影响。因而,不考虑声符的义符效应考察和不考虑义符的声符效应考察并不能彻底解决二者在形声字识别中的作用机制。义符和声符影响形声字识别过程很可能是一个动态博弈的过程,二者在形声字识别的不同阶段可能有不同的资源需求,这取决于义符和声符的特征,比如反映部件呈现率高低的部件的家族大小以及部件的成字性等。对汉字词加工的不同阶段,义符和声符的优势作用发挥可能处于变化状态,或者是一个此消彼长的过程。因此,解决这一问题还需要新的证据。

根据肖等(2006;2007)的研究,部件家族大小会调节义符和声符部件在形声字加工中作用的发挥。因此,考察义符和声符对整字加工的贡献,需要将部件家族大小考虑在内。本研究将从义符和声符的家族效应角度探讨部件在汉字加工中的作用。正字法家族大小是汉字亚词汇部件的重要特征。结构相同且与目标字拥有相同的义符或声符的汉字称为目标字的正字法邻近字。在正字法邻近字中,拥有相同义符的字构成义符家族,拥有相同声符的字构成声符家族。形声字的义符和声符的构字能力存在差异:义符的构字范围在 1～99 个之间,平均构字数为 40.9;声符的构字范围在 1～23 个之间,平均构字数为 12.5(李燕等,1993)。由部件构字能力引起的汉字识别差异被称为汉字的正字法家族效应。本研究的一个重要目的即通过操纵构字部件的家族大小来考察义符和声符在形声字识别中的作用。

在义符影响形声字语义加工的调节模型(王娟,张积家,2016)中,在形声字的部件层上存在着调节机制,负责分配资源给不同的加工路径,而且义符的上行激活路径和声符上行激活路径在资源获取上存在着竞争。根据这一假设,义符家族越大,就越依赖于声符实现早期的词形通达,表现出声符的家族效应,声符在形声字识别中贡献更大;义符家族越小,将更容易依赖义符实现词形通达,声符的家族效应将会受抑制;在语义通达阶段,无论义符的家族大小如何,声符在语义通达中将会表现出更大的优势。如此,在形声字识别中,如果义符和声符在加工的不同阶段存在着不同的作用机制,而且二者之间存在着博弈,义符和声符的家族效应将在 P200 和 N400 上表现出不同的模式。因此,本研究将操纵构成形声字的义符和声符的家族大小,采用 4 种类型的汉字:大家族义符、大家族声符字、大家族义符、小家族声符字,小家族义符、大家族声符字,小家族义符、小家族声符字,来考察义符和声符在形声字加工中的作用机制。研究采用真假字判断任务,关注 P200 和 N400 两个脑电成分。已有对正字法家族效应的考察均在这两个成分上发现了显著的家族效应(Barber, Vergara & Carreiras,2004;王协顺等,2016)。P200 成分反映词汇加工早期词形信息激活的情况(Chen,Liu,Wang,Peng & Perfetti,2007; Liu,Perfetti & Hart,2003),也有研究指出,P200 是一种与词汇家族大小效应相关的脑电成分(Carrasco-Ortiz, Midgley, Grainger & Holcomb, 2017; Hsu, Tsai, Lee & Tzeng,2009;Lee,Tsai,Chan,Hsu,Hung & Tzeng,2007)。N400 成分则与语义加工有关(Hsu et al.,2009;Lee et al.,2007;Taler & Phillips,2007)。针对这两个时间窗口下不同家族大小的义符和声符的形声字所诱发的平均波幅进行分析,以探测其在词汇识别中对认知资源的博弈状况,为探讨部件影响形声字的加工提供进一步的证据。

综合来看,对部件在形声字识别中的作用已经产生了一些结论,但多数研究仅关注了汉字的"一半",或者单独地考察声符在形声字加工中的作用,或者单独地考察义符在形声字加工中的作用(Zhang,Zhang & Kong,2009;Zhou & Marslen-Wilson,1999;张积家,章玉祉,2016;章玉祉,张积家,2017;王娟,张积家,2016),而且未形成统一的结论,也未统一解释义符与声符影响形声字加工的机制。本研究采用在同一汉字中同时操纵义符和声符家族大小的研究范式,突破了当前研究往往只关注汉字"一半"的困境,旨在通过考察义符和声符部件的家族效应,探讨义符和声符在形声字识别中的作用,以解释在不同加工时段义符和声符的资源竞争及相互关系,为汉字的亚词汇信息的表征与加工机制提供理论依据。

二、方法

(一)被试

招募在校本科生 22 名,男生 9 名,女生 13 名,年龄范围为 19~24 岁,平均年龄为 21.55 岁。被试均为右利手,视力或矫正视力正常。母语均为汉语,能够讲标准的普通话。在每一条件下,22 名被试的样本量是合适的,因为在已有汉字部件加工研究中(王协顺等,2016),其所预期的效应均被检测到。此外,运用 GPower 软件进行功效分析表明,本实验的功效能较好地探测到其预期效应[power = 0.99]。

(二)设计

2(义符家族大小:大/小)×2(声符家族大小:大/小)两因素被试内设计。

(三)材料

目标材料为 240 个左右结构形声字,有 4 种类型:大家族义符、大家族声符字

(简写作 HH)、大家族义符、小家族声符字(简写作 HL)、小家族义符、大家族声符字(简写作 LH)、小家族义符、小家族声符(简写作 LL)字。每种类型的汉字有 60 个。在统计《现代汉语常用字表》7500 常用字基础上划分义符的家族大小:大家族义符的构字数≥101,包括氵、口、木、扌、钅、亻、月、土、虫、讠、纟、忄、女、石、王、日等;小家族义符的构字数≤72,包括又、田、戈、彳、礻、巾、米、页、亻、马、车、贝、衤、阝(左)、禾、刂、阝(右)、犭、冫、耳、舟、子、立、殳、欠等。在统计《汉字声旁读音便查》(周有光,1980)基础上划分声符的家族大小:大家族声符的构字数>10,如各、古、交、乍、包、卑、干、戈、可、台、羊、斤、曷、方、由、它、皮、圭、丁等;小家族声符的构字数<5,如另、肯、觉、朵、库、户、史、君、岁、冒、兄、节、曲、乎、匀、勾、兰、巾等。字频参考《社会科学自然科学综合汉字频度表》,选用中频字,平均字频为 0.002845。4 组字的字频差异不显著,$F(3,177)=1.47, p>0.05$;笔画数差异不显著,$F(3,177)=2.21, p>0.05$。材料信息见表 1。

表 1 真字材料举例及特征信息

汉字类型	材料举例	平均字频	平均笔画数
HH	扛,吵,泡	0.002443(0.0026)	9.72(1.79)
HL	捏,吼,泻	0.001551(0.0011)	9.60(2.00)
LH	衬,陪,狗	0.004279(0.0099)	9.47(2.39)
LL	裤,随,猿	0.003109(0.0055)	9.57(2.27)

注:括号内数据为标准差,字频为每百万字出现的频率。

填充材料为 Windows2007 中专用字符编辑程序制作 4 种部件错误结合的假字,假字由形声字部件拆开以后重新组合而成,符合义符与声符在家族大小上的组合要求(HH,HL,LH,LL)。这些假字符合汉字的正字法,共有 240 个,每组 60 个。假字的笔画数为 6 到 14 画,声符可发音,假字材料举例见表 2。

表2　假字材料举例及特征信息

假字类型	材料举例	平均笔画数
HH	泎汸浪	9.15(1.75)
HL	泹涨泲	9.08(1.86)
LH	耵秄顷	9.00(1.57)
LL	粦籽颃	9.23(1.94)

（四）仪器和程序

采用 E-Prime 编程。通过台式计算机灰底黑字呈现材料，字号为48号，字体为宋体。程序如下：首先，在屏幕中央呈现注视点"+"500ms，然后呈现目标刺激800ms，接着空屏300ms，再呈现4s的"???"，被试做出判断反应，如果被试在4s内未反应，此界面自动消失。最后呈现300ms～1500ms随机空屏，被试可以眨眼放松，准备进入下一次试验。要求被试作词汇判断，如果判断刺激是真字，就按J键，如果判断刺激是假字，就按F键。具体按键方式在被试间平衡。实验流程见图1。正式实验分为6组，中间有休息。每组包含80次试验，真假字各半。区组顺序和区组内试验顺序随机安排。程序自动记录被试的反应时和反应正误，计时单位为ms，误差为±1ms。实验前有练习阶段，使被试熟悉实验程序。

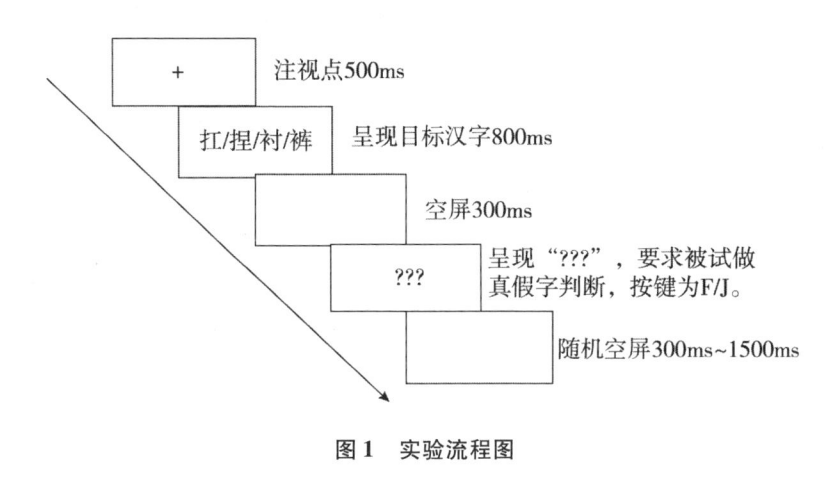

图1　实验流程图

（五）脑电记录

使用德国 Brainproducts 公司生产的32导脑电记录分析系统，选用 Brain-

AmpMRplus 型号放大器和 32 导 actiCAP 电极帽,采用国际 10~20 标准系统的导联方法。以左侧乳突为参考电极,同时记录水平眼电和垂直眼电。水平眼电的两个电极分别放置于双眼外眼角处,垂直眼电放置于左眼的上眼眶上侧和下眼眶下侧。每一电极处头皮电阻保持在 5kΩ 以下(眼电记录电极电阻小于 10kΩ)。滤波带通为 0.01Hz~100Hz,采样率为 1000Hz/导。离线分析时,参考电极转为双侧乳突平均参考,进行 0.01~30Hz 带通滤波,半自动删除眼电、肌电等伪迹。分析时程为目标刺激前 200ms 到呈现后 600ms。目标刺激前 200ms 作为基线。最后,对波幅在 ±100μv 之内正确反应刺激进行叠加分析。

(六)数据分析与统计

为了避免行为按键反应对 ERP 信号产生干扰,实验采用延迟反应,故未统计反应时,只统计正确率。

根据已有研究(Carrasco-Ortiz et al. ,2017)和得到的总平均波形图,考察目标刺激呈现后的两个时间窗口:180ms~300ms(P200)和 300ms~500ms(N400),分别计算每个时间窗的平均波幅。考察左右半球(左半球、中线、右半球)和前后部位(前脑区、中脑区、后脑区)两个因素,共分析 9 个电极点,分别代表 9 个脑区。左半球包括 F3、C3、P3,分别代表左前、左中、左后脑区;中线包括 FZ、CZ、PZ,分别代表中前、中部、中后脑区;右半球包括 F4、C4、P4,分别代表右前、右中和右后三个脑区。其中,F3、FZ、F4 属于前部,P3、PZ、P4 属于后部。对两个时间窗口的原始总平均数据进行 2(义符家族大小:大/小)×2(声符家族大小:大/小)×3(左右半球:左/中/右)×3(前后部位:前/中/后)的重复测量方差分析。

三、结果与分析

(一)判断正确率

HH、HL、LH、LL 汉字的平均正确判断率分别为 94.86%、95.46%、93.82%、95.35%。方差分析表明,四种类型汉字的正确判断率差异不显著,$F(3,87) = 0.49, p > 0.05$。

(二)ERP 结果

HH、HL、LH、LL 4 类汉字的脑电波形图见图 2。

—— 大家族义符大家族声符
---- 大家族义符小家族声符
—— 小家庭义符大家族声符
---- 小家庭义符小家族声符

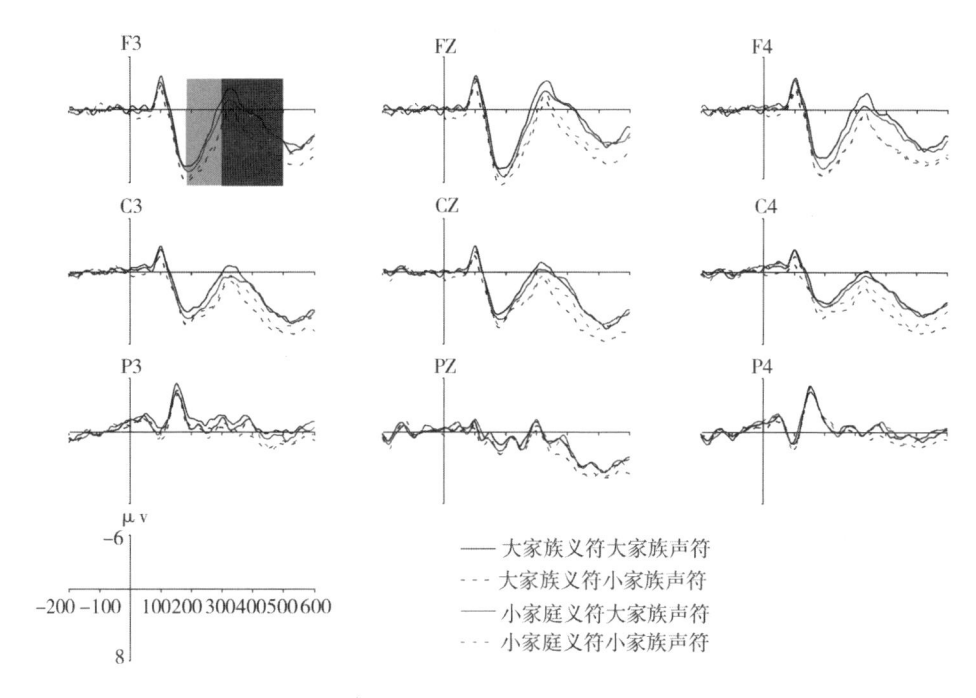

图2　HH、HL、LH、LL 四类汉字的平均波幅图

1. 180ms~300ms 时间窗口(P200)

重复测量的方差分析表明,声符家族大小的主效应显著,$F(1,21)=8.71, p=0.008, \eta_p^2=0.29$。相对于小家族声符字,大家族声符字诱发了更小的 P200 波幅。义符家族大小和声符家族大小的交互作用边缘显著,$F(1,21)=3.50, p=0.075, \eta_p^2=0.14, 95\% CI=[-1.27,-0.22]$。义符家族大小、声符家族大小和左右半球的交互作用显著,$F(2,42)=4.25, p=0.021, \eta_p^2=0.17$。简单效应分析发现,在大家族义符水平上,声符家族大小的主效应在左半球($p=0.003, 95\% CI=[-1.81,-0.44]$)、中线($p<0.001, 95\% CI=[-1.98,-0.66]$)和右半球($p=0.025, 95\% CI=[-1.54,-0.12]$)均显著,大家族声符字在大脑左半球、中线和右半球上比小家族声符字诱发的 P200 波幅更小;在小家族义符水平上,两种声符字在大脑左半球、中线和右半球上诱发的 P200 平均波幅差异不显著,$ps>0.05$。义符家族大小、声符家族大小和大脑前后部位的交互作用显著,$F(2,42)=3.95, p=0.027, \eta_p^2=0.16$。简单效应分析发现,在大家族义符水平上,声符家族的主效应在前脑区($p<0.001, 95\% CI=[-2.50,-1.01]$)和中脑区($p=0.001, 95\% CI=[-1.93,-0.61]$)显著,说明在前脑区和中脑区,大家族声符字比小家族声符字诱发了更小的 P200 波幅;在小家族义符水平上,两种声符字在大脑前后部位

诱发的平均波幅无显著差异,$ps > 0.05$。义符家族大小、左右半球和前后部位的交互作用显著,$F(4,84) = 4.51, p = 0.002, \eta_p^2 = 0.18$。简单效应分析发现,在右前脑区,义符家族大小的主效应仅边缘显著,$F(1,21) = 3.05, p = 0.095, 95\% \text{CI} = [-0.78, 0.07]$,在其他脑区均未发现义符家族大小的效应。声符家族大小、左右半球和前后部位的交互作用显著,$F(4,84) = 3.54, p = 0.01, \eta_p^2 = 0.14$。简单效应分析发现,声符家族大小的主效应在 F_3($p = 0.002, 95\% \text{CI} = [-1.68, -0.45]$)、C3($p = 0.004, 95\% \text{CI} = [-1.26, -0.27]$)、$P_3$($p = 0.077, 95\% \text{CI} = [-0.92, 0.05]$)、FZ($p < 0.001, 95\% \text{CI} = [-1.83, -0.65]$)、CZ($p = 0.014, 95\% \text{CI} = [-1.52, -0.19]$)、F4($p = 0.001, 95\% \text{CI} = [-1.86, -0.61]$)、C4($p = 0.005, 95\% \text{CI} = [-1.53, -0.31]$)电极点上显著,说明除了P3和P4电极点外,大家族声符字比小家族声符字诱发的P200波幅更小。其他的主效应与交互作用均不显著,$ps > 0.05$。P200成分不同电极点的平均波幅图如图3所示。

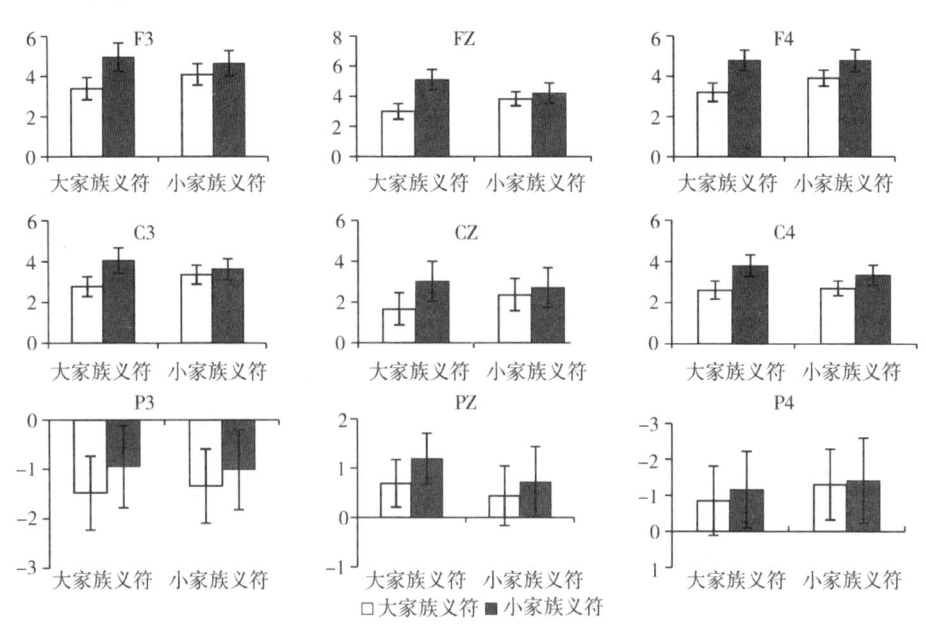

图3 P200成分各电极点平均波幅

2. 300ms~500ms 时间窗口(N400)

重复测量的方差分析表明,声符家族大小的主效应显著,$F(1,21) = 23.63, p < 0.001, \eta_p^2 = 0.53, 95\% \text{CI} = [-1.98, -0.79]$。大家族声符字比小家族声符字诱发的N400波幅更大。义符家族大小和前后部位交互作用显著,$F(2,42) =$

4.85, $p < 0.05$, $\eta_p^2 = 0.19$。简单效应分析发现,义符家族大小的主效应在后脑区边缘显著, $p = 0.09$, 95% CI = [-0.08, 0.96], 在其他区域不显著。声符家族大小和前后部位的交互作用显著, $F(2,42) = 34.54$, $p < 0.001$, $\eta_p^2 = 0.62$。简单效应分析发现,声符家族大小的主效应在前脑区($p < 0.001$, 95% CI = [-2.52, -1.25])、中脑区($p < 0.001$, 95% CI = [-2.07, -0.84])和后脑区($p < 0.01$, 95% CI = [-1.40, -0.23])显著,在前、中、后脑区,大家族声符字比小家族声符字诱发了更大的N400波幅,而且从前脑区到后脑区,大、小家族声符字诱发的N400波幅依次降低。义符家族大小、声符家族大小和左右半球交互作用显著, $F(2,42) = 4.27$, $p = 0.02$, $\eta_p^2 = 0.17$。简单简单效应分析发现,在大家族义符水平上,声符家族大小的主效应在左半球($p < 0.001$, 95% CI = [-2.45, -1.09])、中线($p < 0.001$, 95% CI = [-2.57, -1.39])、右半球($p < 0.001$, 95% CI = [-2.05, -0.67])显著,说明在大脑左右半球,大家族声符字比小家族声符字诱发更大的N400波幅;在小家族义符水平上,声符家族大小的主效应在左半球($p = 0.032$, 95% CI = [-1.70, -0.09])、中线($p = 0.023$, 95% CI = [-2.02, -0.16])、右半球($p = 0.009$, 95% CI = [-2.08, -0.34])显著,说明大家族声符字比小家族声符字引起的N400波幅更大,但大家族义符水平下,两种声符字的平均波幅差异比小家族义符水平更加显著。义符家族大小、左右半球和前后部位交互作用显著, $F(4,84) = 3.00$, $p = 0.023$, $\eta_p^2 = 0.13$。简单效应分析发现,义符家族大小的主效应在P4电极点($p = 0.053$, 95% CI = [-0.01, 1.09])上显著,说明在右后脑区,大家族义符字比小家族义符字诱发更大的N400成分。其他的主效应与交互作用均不显著, $ps > 0.05$。N400成分不同电极点的平均波幅图如图4所示。

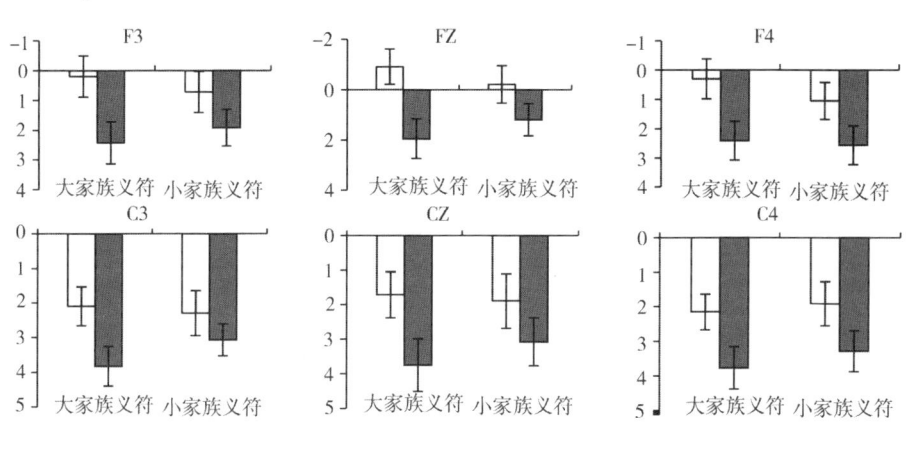

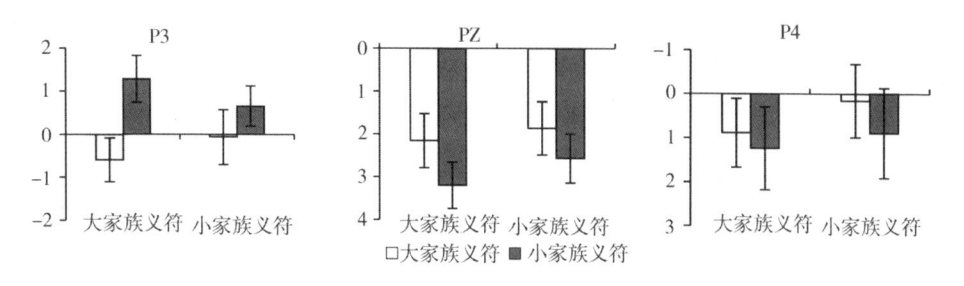

图 4 N400 成分各电极点平均波幅

（二）不同义符家族水平下大、小声符家族字的脑电差异

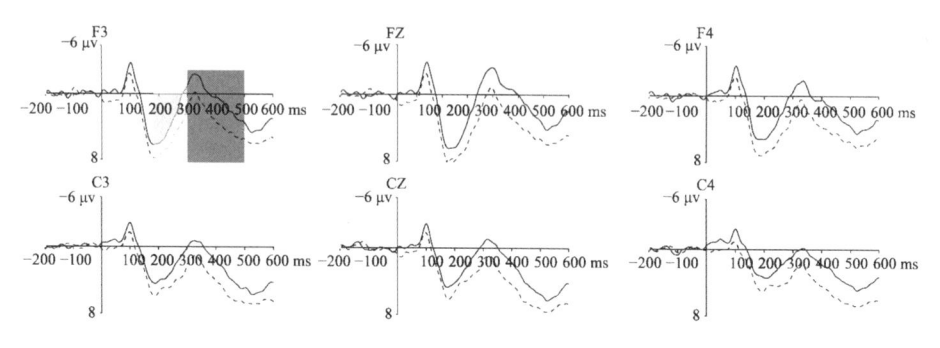

图 5 为大家族义符水平上大、小家族声符字的平均脑电波幅图,从中可以直观地观察到,当义符为大家族时,声符大家族字与声符小家族字之间的加工差异。图 6 为小家族义符水平上大、小家族声符字的平均脑电波幅图,从中可以直观地观察到,当义符为小家族时,声符大家族字和声符小家族字之间的加工差异。图 7 为大、小家族义符水平上大、小家族声符字的差异波地形图,从中可以直观地比较大家族义符水平上大、小家族声符字之间的差异与小家族义符水平上大、小家族声符字之间的差异的大小。由图 7 可知,P200 的头皮分布主要集中在前部区域,这与已有研究的结果较为一致(Lee et al.,2007;Hsu et al.,2009)。N400 的头皮分布也主要表现在前部,这可能与本研究采用的材料有一定关系。N400 的头皮分布较广泛,典型的 N400 的头皮分布主要集中在中后部区域,但其头皮分布位置也会受到材料、任务等影响。有研究发现,抽象词汇诱发的 N400 头皮分布集中在中后部区域,但具体词汇和图片诱发的 N400 头皮分布更靠前(Ganis,Kutas & Sereno,1996;Kounios & Holcomb,1994)。也有研究表明,N400 头皮分布在前部时多与材料熟悉性有关,头分布在后部时多与语义启动有关(Voss & Federmeier,2010)。在本研究中,N400 成分分布较为靠前,可能与部件的呈现率也即家族大小有一定关系,但这一推断尚需后续研究验证。

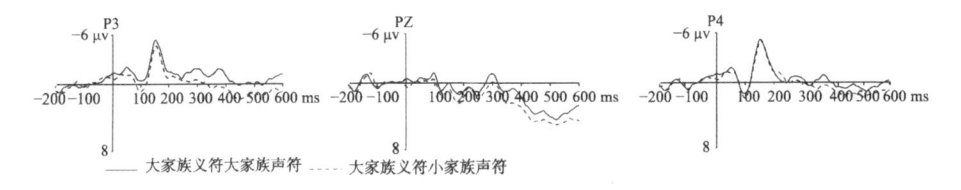

图 5　大家族义符水平上大家族声符字与小家族声符字的平均波幅图

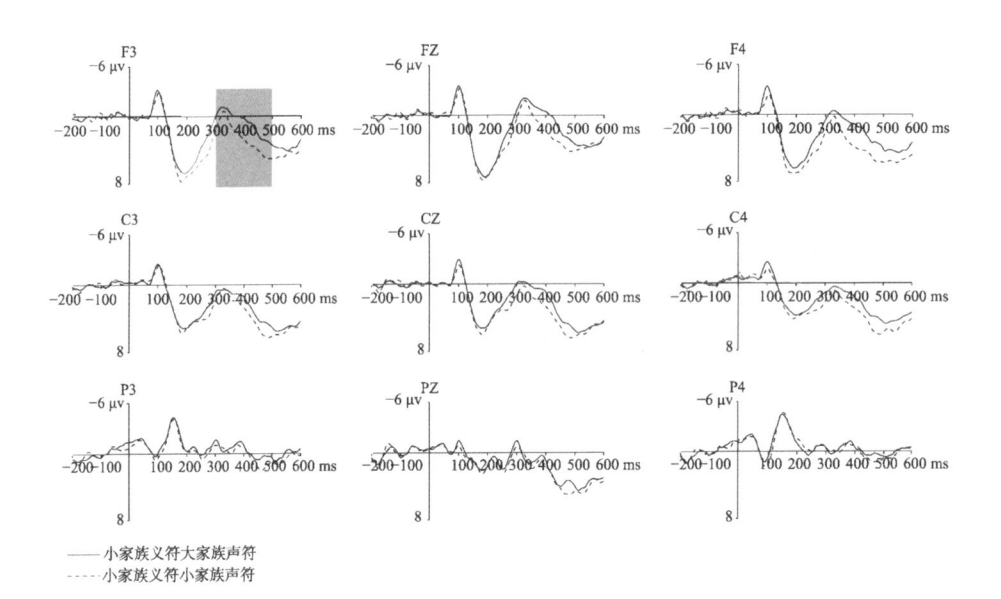

图 6　小家族义符水平上大家族声符字与小家族声符字的平均波幅图

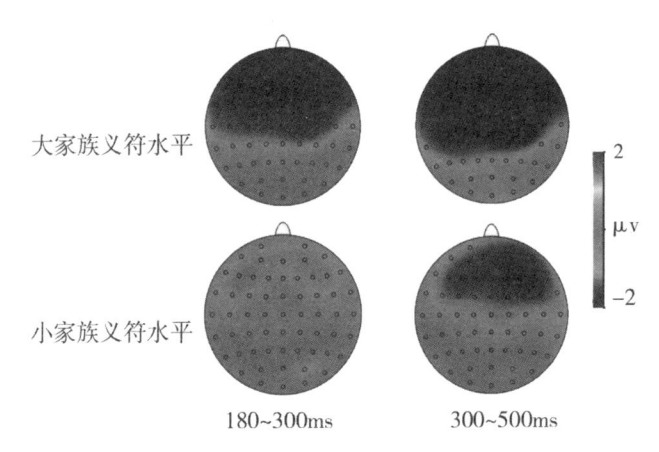

图 7　大、小家族义符水平上大、小家族声符字的差异波（大家族声符—小家族声符）
在 180ms～300ms 和 300ms～500ms 时间窗口的脑电地形图

四、讨论

本研究探讨了义符和声符的家族大小在形声字识别中的作用。结果表明:在大家族义符水平上,大家族声符字比小家族声符字诱发了更小的 P200 波幅;在小家族义符水平上,大、小家族声符字诱发的 P200 波幅无显著差异。这说明,在形声字加工的早期,声符的家族效应受义符的家族大小调节。研究还发现,大家族声符字比小家族声符字诱发了更大的 N400 波幅,但在大家族义符水平上,声符家族大小引起的 N400 波幅差异比在小家族义符水平上更显著。这说明,在形声字加工晚期,声符的家族越大,汉字的语义激活越强。总的来看,声符的家族大小稳定地影响着形声字的词汇通达,但声符家族大小效应受义符的家族大小调节。

(一)关于形声字识别中义符和声符的家族效应

本研究发现,在形声字识别中,均发现了义符及声符的家族效应,而且,二者的家族效应在加工阶段上呈现出差异。在 P200 成分上,比起 HL 字,HH 字诱发的 P200 成分更小,但 LH 字和 LL 字却未表现出 P200 成分的差异;在 N400 成分上,大家族声符字诱发了更大的 N400 成分,但 HH 字与 HL 字间的差异大于 LH 字与 LL 字间的差异。部件的家族大小表征部件的呈现率,部件的呈现率在形声字加工早期决定了资源分配。本研究发现,义符或声符的家族大小并不能够独立地影响形声字加工,它们对形声字加工的影响是相互作用的过程。即,当义符呈现率高时,其自动激活程度更强,为了快速有效地识别汉字,更多的认知资源将被分配至声符,对汉字的识别将取决于声符。

因此,与 HL 字比,HH 字就获得了更多的激活;当义符呈现率低时,对汉字识别更多地取决于义符,声符的家族大小将不起决定性作用。N400 的结果表明,在形声字词汇通达的晚期,声符的家族大小稳定地影响着形声字的词汇通达,表明声符发挥更重要的作用。无论义符的呈现率如何,声符家族越大,语义激活就越强,后期选择就更加困难,因此声符家族表现出抑制效应,声符的家族越大,就诱发出更负的 N400。虽然如此,义符的家族大小也影响着声符家族效应的显现。由此可见,究竟是义符还是声符在形声字识别中作用更大,这一问题需要结合部件的家族大小以及加工阶段进行分析。

本研究的结果与张积家等(2014)的研究结果存在着差异。他们发现,在通达形声字语音、语义过程中,与义符相比,声符具有注意资源优势,这种优势在语音提取任务中更加明显,但他们并未操纵义符和声符的家族大小。本研究发现,注意资源优势的获取还取决于加工阶段与义符的家族大小:在形声字加工的早期,当义符为大家族时,关注义符并不有利于对整字的快速识别,将注意资源转向声符是最合适、最经济的加工策略,因而产生了声符家族大小字的加工差异;当义符为小家族时,注意资源将关注于义符加工,声符家族大小将无影响。在形声字加工的晚期,声符部件获得了更多的关注,声符的家族大小将稳定地影响着形声字的词汇通达,但义符家族大小仍然能够发挥一定的调节作用。

(二)义符家族效应和声符家族效应在词汇通达中的博弈

本研究发现,在形声字识别中,义符和声符的家族属性(大小)都得到了激活,而且二者之间存在着竞争关系。从认知资源的角度考虑,义符和声符在形声字识别中的资源获取表现出此消彼长的特点,即当义符部件的词形激活需要的资源较少时,声符部件被分配到较多的资源。同样是声符部件,相比起大家族声符字,小家族声符字的识别将占用更多的资源;而当义符的词形激活需要资源较多时,声符部件获得的资源就相对少,此时,无论声符的家族大小,其对形声字识别的贡献均相对较低。在语义加工阶段,同样表现出义符与声符在资源获取上的此消彼长,但由于语义通达的精确性,声符部件在整字语义识别中的作用将得以凸显,声符部件所占用的认知资源均占据绝对优势,只是当义符为大家族时,其所占用的资源相对更少,因而使得声符的家族效应更加显著。

总体而言,声符的家族大小稳定地影响着形声字的词汇通达。但是,无论是在形声字加工早期还是在加工晚期,声符的家族大小效应均受义符的家族大小调节,只是调节程度存在着差异。在词汇识别早期,当义符为大家族时,声符在识别中处于优势地位,声符获得的激活更多;当义符为小家族时,义符将获得更多的关注,声符的家族大小效应会受到抑制。但是,到了词汇识别晚期,声符又具有加工优势。总之,无论义符为大家族还是小家族,要实现形声字的识别,声符部件起着至关重要的作用。本研究结果与肖等(2006,2007)的结果存在一致之处,对大家族义符字,因为家族成员多,义符在识别汉字时的信息性弱,借助于义符推测整字的语义将更加困难,因此,整字识别将更多地依赖于声符。对小家族义符字,因为共享义符的汉字少,因而能够较快地获取义符的语义。但是,无论如何,整字的语义通达均需要依赖声符的信息。无论是在识别早期还是在识别晚期,声符在形声字整字通达中均具有更强的信息。

因此,本研究的结果支持以往形声字加工研究对声符作用的肯定(Hung et al.,2014;王协顺等,2016;张积家等,2014)。然而,本研究还发现,在形声字识别中,义符加工与声符加工之间存在着竞争:当义符为大家族时,无论是在词汇加工早期还是在加工晚期,声符均获得了更多的关注,声符的家族大小均稳定地影响着形声字的识别;但当义符为小家族时,在词汇加工早期,义符获得了更多的关注,但在词汇加工晚期,声符的家族属性更具有加工优势,声符的家族大小效应得到了凸显。

(三)义符和声符的家族大小在形声字加工中的动态相互作用

本研究表明,义符和声符的家族大小共同影响着形声字识别。在形声字识别中,义符和声符的家族属性对形声字识别具有确定的影响,而且声符的家族效应受义符的家族大小调节。结合义符在汉字形声字词汇通达中的作用模型(陈新葵,张积家,2012)和义符影响形声字语义加工的调节模型(王娟等,2016),义符和声符的家族大小在形声字加工中存在着动态的相互作用。根据模型,词汇通达包括笔画、部件、合体字三个层次。义符与声符的联合作用,共同实现着形声字的词汇通达。在形声字的部件层,存在着调节机制,负责将认知资源分配给不同的加工路径:(1)义符获得的用于上行激活合体字的资源;(2)声符获得的用于上行激活合体字的资源;(3)义符获得的直接通达概念层的资源。在词汇网络系统内,义符和声符的上行激活资源合力实现整字的通达,然后激活进入概念网络系统,激活概念节点,最终通达整字的语义。阅读者长期的语言经验促使调节机制得以形成,其中一个非常重要的因素即部件的呈现率,即义符和声符的家族大小。义符和声符的家族大小影响着资源分配。

根据认知资源理论,形声字的加工需要一定的认知资源,而且人的认知资源是有限的。加工某一部件所需的认知资源越多,加工其他部件能够利用的认知资源就越少。对汉字部件,其呈现率越高,所获得的自动激活就越强,所占用的认知资源就越少,更多的认知资源将用于其他信息的加工。义符和声符的家族大小影响部件层调节机制的认知资源分配,表现为形声字加工中义符和声符的认知资源竞争。义符的家族大小反映义符的构字率,调节着声符家族属性的激活程度。义符的家族越大,义符的呈现率就越高,在形声字词汇通达中的信息性就越弱。为了快速准确地识别整字,无论是在词汇识别早期还是在词汇识别晚期,调节机制均倾向于将认知资源分配给声符,从而利用声符的区别功能实现整字的词汇通达。声符也具有呈现率的差异。在词汇识别早期,声符的家族越大,呈现率越高,获得自动激活的程度就越强,因而表现出声符家族的促进效应;但在词汇识别晚期,阅读者需要从众多激活的家族成员字中选出目标汉字,因而家族成员越多,词汇识别中的竞争和抑制就越激烈,使得目标字很难胜出,选择的难度就会增加,此时就表现为声符家族的抑制效应。义符的家族越小,义符与家族成员的语义对应关系就越明确。在词汇识别早期,认知资源分配倾向于小家族义符,阅读者试图通过对义符的关注快速地实现词汇通达,声符就获得了较少的认知资源。在词汇识别晚期,调节机制将加大对声符的资源分配,以帮助快速完成形声字的识别。声符的家族越大,家族成员字所获得的激活就越多,竞争就越强,导致反应变慢,出现了声符的家族抑制效应。反之,随着声符的家族变小,成员字之间的竞争也小,声符家族的抑制效应就降低了。

总之,义符和声符的家族大小共同影响着形声字识别。而且,在词汇识别的不同阶段,义符和声符对资源的获取处于变化状态,这取决于两者的呈现率差异。本研究仍然存在着一些问题尚未解决。比如,部件成字性以及部件频率是否影响义符和声符在形声字识别中作用的发挥,部件成字性、部件频率与部件家族大小如何对形声字的加工产生影响,这些问题还需要后续的研究来解决。此外,本研究基于前人模型对义符和声符在形声字词汇通达中的表征和加工进行解释,反映了义符和声符在资源竞争上的动态变化,具有一定的创新性,但还需要更多的研究验证。

本研究的结果对汉字教学具有一定的启示。未来的汉字教学可以考虑依据部首集中识字。根据本研究的结果,可以对按偏旁部首集中识字做进一步区分,区分为按义符集中识字与按声符集中识字,前者有助于培养学生的义符家族意识,后者有助于培养学生的声符家族意识。不仅如此,应该在汉字学习中将这两种识字方式结合起来,并对不同类型汉字的学习有不同侧重:对大义符家族汉字,教学中应该在声符分化上下功夫;对小义符家族汉字,应该重视义符在汉字学习中的作用。

五、结论

(1)当义符为大家族时,大家族声符字比小家族声符字诱发了更小的 P200 波幅;当义符为小家族时,大、小家族声符字诱发的 P200 波幅差异不显著。

(2)大家族声符字比小家族声符字诱发了更大的 N400 波幅,当义符为大家族时,大、小家族声符字之间差异更加显著。

(3)在形声字识别中,义符与声符的作用存在着博弈,二者作用的此消彼长与加工阶段和家族大小有关。

具身模拟在汉语肢体动作动词理解中的作用[①]

本研究通过3个实验,考察具身模拟在汉语肢体动作动词理解中的作用。实验1考察在整字启动下具身模拟对运动通道中箭头方向判断的影响,发现理解肢体动作动词在运动通道中存在着动作—汉字相容效应,汉字的具身方向与箭头方向一致促进被试对箭头方向的判断。实验2考察在整字启动下具身经验对视觉通道中字母位置判断的影响,发现理解肢体动作动词在视觉通道中存在着动作—汉字相容效应,汉字的具身方位与字母方位一致促进对字母方位的识别。实验3采用义符启动范式考察义符与整字的具身模拟,发现理解汉语肢体动作动词不仅在整字层次上存在着具身模拟,在部件层次上也存在着具身模拟。义符在汉字加工中期被激活了,并且持续到加工晚期。整个研究表明,汉语肢体动作动词理解是一个跨通道的具身模拟过程,具身模拟在汉语肢体动作动词的理解中起着非常重要的作用。

一、引言

语义信息如何在头脑中表征与加工?一直以来是认知科学的核心问题。持计算机隐喻观的第一代认知科学认为,语义系统储存着类似字母、数字等抽象的符号,语言理解是与身体、知觉经验无关的非模态系统。第二代认知科学中的具身语义学(Embodied semantics)提出了不同观点,认为语言理解是对语言所指情境的心理模拟,这种模拟以身体的感觉运动经验为基础,在概念表征中有负责感觉运动的脑区参与,语言理解是基于身体感觉运动经验的认知活动(Barsalou, Barbey & Wilson, 2003; Glenberg, 1997; Horoufchin, Bzdok, Buccino, Borghi & Binkofski,

---

[①] 本文原载于《心理学报》2019年第12期,第1291 - 1305页。
本篇作者:王斌,李智睿,伍丽梅,张积家。

2018;Winkielman,Niedenthal,Wielgosz,Eelen & Kavanagh,2015;Wu et al.,2017;Zwaan & Madden,2005)。自从这一观点提出以来,掀起了从具身角度研究语言认知的高潮。越来越多的研究结果支持语言理解是对语言所指情境的心理模拟的观点(Cardona et al.,2014;Kumcu,2019;Horoufchin et al.,2018;Rodriguez,Mccabe,Nocera & Reilly,2012;Zwaan,2014;王继瑛,叶浩生,苏得权,2018)。

在具身语言理解研究中,有一类材料是表达人运用肢体进行机械运动的词汇,称为肢体动作动词(Body action verb),这一类词汇为很多研究者所青睐。布朗热(Boulenger)等(2006)采用手部、腿部和唇部的动作动词来考察语言理解与感觉运动之间的关系。在实验中,通过视觉通道给被试呈现单词,同时要求被试做手部抓握动作,发现相对于其他部位的动作动词,手部动作动词对抓握动作的影响更加显著。这种现象被称为动词与动作执行的一致性效应(Action Word Compatibility Effect,ACE)。华雷斯、拉布雷克和弗拉克(Juárez,Labrecque % Frak,2019)采用手部和脚部的动作动词为目标词,以非动词作为比较材料,采用听觉形式呈现。ERP研究的结果发现,肢体动作动词比非动词诱发了更大的P200波幅。同时,握力器测得的结果显示,在动作动词呈现后的250ms~400ms之间,被试右手的握力值显著大于非动词呈现时的握力值。斯特洛兹克、杜兴和考普(Strozyk,Dudschig & Kaup,2017)要求被试用手和脚对与手和脚相关的名词做词汇判断,发现用手按键时对手部动作动词的反应更快,用脚踩时对脚部动作动词的反应更快。这些结果显示,肢体动作动词的语义加工与身体部位之间存在着交互影响。脑成像研究的结果显示,人在理解与肢体动作有关的动词和句子时,会引起躯体感觉运动皮层的特异性激活。例如,在理解"grasp(抓)"时,负责手部感觉运动的脑区会被激活;在理解"kick(踢)"时,负责脚部感觉运动的脑区会被激活。这一现象被称为语言理解的具身效应(Aziz-Zadeh & Damasio,2008)。豪克、约翰斯鲁德和普尔弗木勒(Hauk,Johnsrude & Pulvermüller,2004)采用脑成像技术比较被试理解手部、脚部和面部动词时激活的脑区与动手、脚和舌任务时激活的脑区,发现与手有关的动词与手部动作均激活左中央前回和右额中回,与脚有关的动词和脚的动作均激活前运动皮层后侧。这一发现证实了使用电流源密度测量得到的结果(Pulvermuller,Harle & Hummel,2001),并且在克莱普(Klepp)等(2014)的脑磁图研究中得到了进一步的验证,说明理解动作动词时大脑激活的运动皮层区域与个体做该肢体部位动作时激活的脑区显著重叠。

肢体动作动词为什么会引起感觉运动皮层的特异性激活?知觉符号理论

(Perceptual Symbol Systems,PSS)认为,语言理解需要感知运动系统参与,是通过语言中一系列复杂的提示来建构所述情境的经验性模拟。读者是语言所述情景的经验者,理解是对所述情境的各种具身体验的激活。在人的长时记忆中,储存着由具有多模式性、类似性的知觉符号构成的模拟器。当再次激活时,这种知觉记忆作为代表外界事物的符号进入符号操作过程。大量的知觉符号集中起来就组成认知表征。因此,认知表征在本质上是知觉性的,认知表征与知觉、运动在认知和神经水平上享有共同的系统(Barsalou,1999a;Barsalou,1999b)。费尔德曼和纳拉扬南(Feldman & Narayanan,2004)提出以动作理解为基础的语言神经理论(The Neural Theory of Language,NTL),认为语言理解是人下意识地模拟或想象被描述情景的过程。语言理解通过想象和模拟来实现。这一过程需要动作的神经肌肉协同整合才得以完成。这种整合是多感觉通道的,不仅用于控制动作,也起着建构整合表征的功能,即建构起包括动作、受动事物和动作方位的整合表征。例如,抓握动作包含有一个动作成分(如何抓握)和不同的感知成分(人抓住物体时的样子以及被抓物体的样子),同时也涉及其他的神经通路,如抓握时的体觉成分(抓住物体的感觉)(Feldman & Narayanan,2004;鲁忠义,高志华,段晓丽,刘学华,2007;曲方炳,殷融,钟元,叶浩生,2012)。由于这种模拟是知觉和运动状态的自动的、无意识的重新激活过程,发生于身体的感觉—运动通道之中,因而被称为具身模拟(Emobodied simulation)(Gallese & Sinigaglia,2011;Gallese & Sinigaglia,2012;叶浩生,曾红,2013)。

基于知觉符号理论和语言神经理论,研究者探讨了肢体动作动词理解中空间方向和方位信息的表征。格伦伯格和卡沙克(Glenberg & Kaschak,2002)让被试读一些含有手部动作的句子并做出相应反应。例如,"Andy opens the drawer"("Andy 打开抽屉",暗含的方向是朝向身体),"Sam closes the drawer"("Sam 关闭抽屉",暗含的方向是远离身体),被试的按键方向也分为朝向身体和远离身体。结果发现,当句子中的暗含方向与按键方向一致时,被试的反应较快;当句子中的暗含方向与按键方向不一致时,被试的反应较慢。这被称为"动作—句子相容效应"(Action-Sentence Compatibility Effect,ACE)。可见,句子理解与按键动作之间具有一致性,动作语句的理解不仅涉及大脑中负责语言的区域,也涉及负责运动的区域。朱鸿凯(2018)采用相同的实验范式,以汉语简单句为材料,不仅证实了汉语句子也存在动作—句子相容效应,而且这一效应不受句子的时态和类型(具体句子和抽象句子)影响。除了通过外显行为推测内在具身模拟外,也有研究者尝试从内在心理加工的角度探讨动词理解与运动表征之间的关系。如果人们在动作动词理解过程中进行了动态模拟,这种模拟不仅可以通过外显的具体动作来体现,也可以通过内隐的具身模拟加工表现出来。理查森、斯皮维、爱德曼和那不勒斯(Richardson,Spivey,Edelman & Naples,2001)发现,在动词理解中隐含了空间方向的模拟。研究采用单项迫选任务,给被试视觉呈现包含具体动词(如"推开、举起")和抽象动词(如"尊敬、冒犯")的句子和4个以圆圈和方形组成的图形,圆圈和方形分别代表动作的发出者和承受者,并且以上下左右四个箭头来连接,要求被试从4个图形中选择一个符合句子方向的最佳选项,发现有2/3的被试选择了与句子的隐含方向一致的选项,而且在包含具体动词和抽象动词的句子之间不存在显著的差异。这说明,对动词表征包含了空间方向的信息。理查森、斯皮维、巴萨卢(Barsalou)和麦克雷(Mcrae,2003)进一步探讨了动词即时理解中的空间方向表征,研究采用双任务范式,首先给被试听觉地呈现一个含有方向动词的句子,如"The strongman lifts the barbell("这个强壮的人举起了杠铃")",同时视觉同步呈现"强壮的人"和"杠铃"两幅图片,在随后的图片记忆任务中发现,被试对这两幅图片以竖直方向排列比水平方向排列反应更快,这一现象在抽象句子理解中也存在,说明句子理解激活了空间方位信息,促进了同方位排列图片的记忆。杨(Yang,2016)采用图片启动范式考察英语动词短语中介词的空间方向表征,启动图片包括三类:与介词方向一致的图片(如以箭头朝下的图片启动"The bridge has fallen down")、与介词方向不一致的图片(如以箭头朝里的图片启动"The rubbish was thrown out")、中性图片(以十字符号启动句子),反应时的长短为一致启动＜中性启动＜不一致启动。可见,一致启动促进了包含同方向介词句子的理解和表征,在具有方向性的动词理解中包含方向的具身模拟。除方向以外,定位(Stanfield & Zwaan,2001)、形状(Zwaan & Yaxley,2004)和空间位置(Dudschig et al.,2013;Dunn,Kamide & Scheepers,2014;Kumcu,2019)等知觉特征也影响语言理解。因此,语义概念可以基于多种感觉通道的身体经验来形成,大脑进行不同感觉通道的语义加工时,激活的区域既高度分化,亦是多模式的神经回路(Fernandino et al.,2016;王继瑛等,2018)。

虽然已经出现了诸多对拼音语言肢体动作动词理解的研究,但对汉语肢体动作动词理解的研究近年来才有所涉及。杨等(Yang & Shu,2011)探讨汉语动作动词的具身语义理解,采用Go/No go词汇声调判断任务考察三类汉语动词具身理解的差异:第一类是不涉及工具的手部动词(如"掐、抚"),第二类是涉及工具但强调手部动作的动词(如"搅、扫"),第三类是强调工具的动词(如"削、绑")。结果显示,三种动词均激活双侧前运动皮层及左侧顶下小叶,手部动作动词比工具动作动词激发的运动区活动更明显。研究者认为,生物信息和机械信息激活不同的脑区,后颞上沟区域负责编码生物运动信息,颞中回后部区域负责编码机械运动信息(Beauchamp,Lee,Haxby & Martin,2002;Beauchamp,Lee,Haxby & Martin,2003;Martin,2007)。林等(Lin,Lu,Fang,Han & Bi,2011)以汉语生物运动动词(如"行走")和机械运动动词(如"旋转")为材料,检验汉语动词是否引起神经机制的特异性激活,发现汉语生物运动动词激活后颞上沟区域,汉语机械运动动词未激活颞中回后部区域。苏得权、钟元、曾红和叶浩生(2013)选取描述手部、面部、口部发音和脚部动作的汉语成语及不包含动作的汉语抽象成语,考察理解汉语动作成语时的脑激活。结果显示,理解动作成语引起顶叶、额叶和颞叶等脑区活动,描述手部、脚部、面部和口部发音动作的成语引起前运动皮层、额下回等感觉运动区的活动,说明汉语中负责动作成语理解的脑区与负责相应动作的感觉运动区高度重合。这些研究均说明了汉语肢体动作动词及成语的具身效应,然而,却均未涉及汉语肢体动作动词所具有的最鲜明特性——用义符标明完成动作所用的肢体器官(张积家,方燕红,陈新葵,2006)。

汉字是意音文字,具有见形知意的特点。形声字是汉字的主体。在现代汉字中,形声字的比例超过了80%(Li & Kang,1993)。形声字由表义的义符(形旁)和表音的声符(声旁)组成。义符与被构字具有语义联系,是汉字区别于拼音文字的最重要的特点。借助义符来推测整字的语义,正确率可达60%~100%(Williams & Bever,2010)。以汉语为第二语言的中高级学习者也利用义符路径来识别汉字(Williams,2013)。研究显示,义符具有表形、表意、表语法的多种功能(Law,Yeung,Wong & Chiu,2005;Liu et al.,2010;陶云,王晓曦,马谐,刘艳,2017;Wang,Ma,Tao,Tao & Li,2018;Wang,Peng,Wu & Su,2017;张积家等,2006;张积家,彭聃龄,张厚粲,1991;张积家,张厚粲,彭聃龄,1990)。吴等(2013)比较汉语描述手部、脚部和口部动作的两类动词的神经表征差异,一类动词含有动作器官为义符(如"打、跳、喝"),另一类词无动作器官为义符(如"割、骑、尝")。结果发现,第二类词的激活量与拼音文字类似,第一类词在不同部位脑区出现了激活量的下降,说明对有动作器官为义符的汉字,读者已经形成了动作器官与动作之间的联结,并且在长期的学习和阅读中得到了强化,因而减少了这些汉字在相应动作器官的运动区所需的语义激活量。可见,有无义符提示影响汉语动作动词的具身效应大小。

在汉语中,很多肢体动作动词是单字动词,包含着丰富的语义信息。张道新和董宏(2017)为汉语肢体动作动词建立了词义结构模型:

肢体动作动词＝｛[主体:人;个体;集体][肢体:头;颈;肩;臂;手;腿;足;胸;腰;臀][动作形式:作用;位移][作用点:某部分][方向:向前;向后;向内;向外;向上;向下;相向;相反;圆周;平行][数量:动程;力度;速度][对象:物体][结果:变化][语法:动词]｝

此模型是汉语肢体动作动词各范畴语义特征的集合,展示了汉语肢体动作动词词义结构的系统性、结构性和范畴性,显示了不同动词是由哪些语义成分规定,可以作为分析的基本依据和语义特征描述方式。在这一模型中,[方向]是肢体动作动词的共有语义特征,是肢体动作作为机械运动形式的要素,对指称对象起着规定作用。例如,"顶"含[肢体:头][方向:向上][对象:物体],"踩、踏、践"都含[肢体:脚][方向:向下][对象:物体]。肢体动作动词的方向特征反映物理空间方向,能够被感知。结合知觉符号理论,语言理解是基于感觉运动系统的具身模拟过程。因此,笔者推测,在理解汉语肢体单字动作动词时,它的空间方位和方向的信息能够被激活,阅读汉语单字词时会促进同方向或同方位物体的识别,并且这一过程在运动通道中和视觉通道中同时存在。已有研究虽然发现了句子理解对空间方向的影响,但均属于句子层面的研究(Glenberg & Kaschak,2002;Richardson et al.,2001;Richardson et al.,2003;Yang,2016;朱鸿凯,2018),缺乏词汇层面的研究。虽然有些研究目的是探讨单词理解是否能够引起空间方向激活,但仍然置于句子语境下来考察(Meteyard & Vigliocco,2009;Richardson et al.,2001;Richardson et al.,2003;Yang,2016),而一个完整句子也可以形成情景模拟,因而使得研究结果不能精确地归因,即所激活的空间方向信息既可能源于对动词的理解,也可能源于对整个句子情境的认知。因此,拟采用汉字单字动词为材料,分别从运动通道和视觉通道来验证这一假设。在汉语肢体动作动词呈现之后,通过记录和比较被试对不同呈现位置字母的觉察速度来反映肢体动作动词对视觉注意定向速度的影响。如果被试对动作动词表征激活了视觉通道中空间方位的意向图式,那么,当动词消失以后,字母呈现位置与动作动词方位一致时,就能够促进对字母的识别,出现视觉通道的动作—汉字相容效应。对运动通道的观测需要借助于箭头指向这一视觉信息激活手部运动来完成,如果被试对动作动词表征激活了运动通道中的空间方向意象图式,那么,当动词消失以后,动词表征激活的运动方向与箭头朝向激活的手部运动相同时,就会加速相应方向的手指按键运动;反之,就会减慢手指按键运动。但是,如果被试对动作动词表征没有激活运动通道中的空间方向意象图式,对箭头朝向判断就不会受到动作动词表征影响。

除了整字层面的研究,一些研究还探讨了在整字加工中义符语义激活的时间进程以及与整字语义激活的交互作用。费尔德曼和塞克(1999a,1999b)发现,义符的词形激活发生在加工早期,语义激活发生在加工晚期。张积家和章玉祉(2016)采用义符启动范式探讨义符语义在整字激活的时间进程,发现就义符总体而言,义符的语义激活从启动早期一直持续到启动晚期,不成字义符和成字义符的语义激活存在差异,不成字义符的语义激活只在启动中期出现,成字义符的语义信息却一直处于激活状态。陈新葵和张积家(2008,2012)采用启动词汇判断任务考察义符熟悉性对高、低频形声字认知的影响,发现义符激活与整字激活之间存在着动态的交互作用:对高频汉字,整字语义激活从加工早期持续到晚期,义符语义激活从加工中期开始;对低频汉字,整字语义激活出现在加工晚期,高熟悉义符的语义激活从加工早期一直持续到加工晚期,低熟悉义符的语义激活在加工晚期出现。周等(Zhou,Peng,Zheng,Su & Wang,2013)采用语义不透明的形声字为材料,考察义符的语义激活和整字频率的交互作用,发现只有在整字为低频词时,义符语义才能够得到激活。虽然这些研究加深了对义符加工进程的认识,但均未考虑动作义符和整字的具身效应。义符具有较强的表示整字语义的功能,汉语动词在义符语义线索提示下有可能表现出具身效应(苏得权等,2013)。根据知觉符号理论和语言神经理论,动词理解是具身模拟的过程,这种具身模拟是只在整字层次上发生?还是在汉字的部件层次上也发生?由于义符具有较强的表意功能,那么,在部件(义符)水平上是否也存在着具身模拟?实验3拟从具身认知的角度探究义符的具身信息是否在整字识别中也得到了激活,同时考察义符语义激活的时间进程。

二、实验1 汉语肢体动作动词启动影响对箭头方向的判断

(一)被试

基于以往关于语言理解中空间方向表征研究的样本量(Yang,2016)和相关研究中效果量及期望功效值(0.80),采用 G*Power 3.1 软件,计算被试量为24人。在实验1中,招募35名汉族大学生,男生16名,女生19名,平均年龄18.83±1.96岁,皆为右利手,视力或矫正视力正常。

（二）实验设计

2（启动词类型：动作方向向上的肢体动作动词/动作方向向下的肢体动作动词）×2（箭头方向：向上/向下）被试内设计。因变量为被试对箭头方向判断的反应时和错误率。

（三）实验材料

挑选出动作方向向上和动作方向向下的汉语肢体动作动词各20个。98名不参加实验的汉族大学生评定动词表达的动作方向，选取评定方向一致性高于80%的汉字。匹配两组汉字的字频和笔画数：笔画数差异不显著，$F(1,38)=0.01$，$p=0.91$；字频差异不显著，$F(1,38)=0.23$，$p=0.64$。72名不参加实验的汉族大学生采用5点量表评定汉字的熟悉性，熟悉性越高，评分越高。两组汉字的平均熟悉性差异不显著，$F(1,38)=0.78$，$p=0.38$。86名不参与实验的汉族大学生用5点量表评定汉字的语义透明度，语义越透明，评分越高。两组汉字的平均语义透明度差异不显著，$F(1,38)=0.09$，$p=0.76$。实验材料的信息见表1。

表1 实验材料统计信息表

启动词类	材料举例	平均笔画数	平均频率	平均熟悉性	平均语义透明度
方向向上的肢体动作动词	举，抬，跃	12.10	1164	4.20	3.81
方向向下的肢体动作动词	俯，捶，跌	11.95	1405	4.26	3.78

注：字频单位为每2000万字中出现该字的次数，下载自 www.cncorpus.org 语料库在线网站，下同。

（四）实验程序

采用E-Prime2.0系统编程，用奔腾4型计算机呈现材料。被试端坐在计算机前，左手食指放在F键上，右手食指放在J键上。首先，在计算机屏幕中央呈现"+"注视点500ms，空屏300ms，接着在屏幕中央呈现启动汉字300ms，之后是一个方向向上或方向向下的箭头，要求被试判断箭头的方向：如果箭头方向向上，按F键，如果箭头方向向下，按J键。被试间平衡按键规定。被试按键后，箭头消失，空屏500ms后，进行下一次实验。计算机自动记录反应时和反应正误，计时单位为ms，误差为±1ms（下同）。方向向上和方向向下的汉字与上下箭头各组合一次，每个汉字的每种组合形式先后呈现两次，共有160个试次，材料呈现顺序随机化,但同一启动字不连续出现。在正式实验前,要求被试学习所有实验材料,被试明白汉字的意思即可,并用非实验材料进行6次练习。实验流程图见图1。

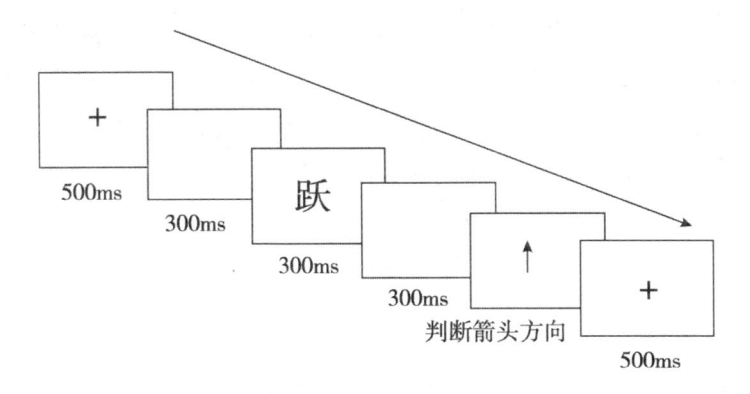

图1 实验1流程图

(五)结果与分析

删除2名正确率低于90%的被试。反应时分析时删去错误反应和$M \pm 2.5SD$之外的数据,占6.3%。结果见表2。

表2 不同汉语肢体动作动词启动下箭头方向判断的平均反应时(ms)和平均错误率(%)

启动词类型	箭头向上 反应时	箭头向上 错误率	箭头向下 反应时	箭头向下 错误率
方向向上的肢体动作动词	484(75)	1.48(3.12)	484(79)	4.91(6.28)
方向向下的肢体动作动词	494(76)	5.21(4.92)	472(92)	3.33(4.08)

注:括号内的数据为标准差,下同。

反应时的方差分析表明,只有启动词类型和箭头方向的交互作用显著,$F_1(1, 32) = 4.81, p = 0.036, \eta_p^2 = 0.13, 0.06 < \eta_p^2 < 0.14$[$\eta_p^2$是反映实验中自变量和因变量关联程度的指标,$\eta_p^2$越大,说明自变量对因变量影响越大。根据利恩(Cohen,1992)提出的标准进行换算可知,$0.01 < \eta_p^2 < 0.06$,效应量较小;$0.06 < \eta_p^2 < 0.14$,效应量为中等;$\eta_p^2 > 0.14$,效应量较大],$F_2(1, 38) = 4.55, p = 0.041, \eta_p^2 = 0.13, 0.06 < \eta_p^2 < 0.14$。简单效应分析表明:在方向向上的肢体动作动词启动下,被试判断方向向上、方向向下箭头的反应时差异不显著,$F(1, 32) = 0.001, p = 0.97$;在方向向下的肢体动作动词启动下,被试判断方向向下箭头的反应时显著

短于判断方向向上的箭头，$F(1,32) = 5.85, p = 0.021, 95\% \text{ CI} = [3.56, 41.56]$。错误率的方差分析表明：只有启动词类型与箭头方向的交互作用显著，$F_1(1,32) = 9.21, p = 0.005, \eta_p^2 = 0.22 > 0.14; F_2(1,38) = 19.63, p < 0.001, \eta_p^2 = 0.40 > 0.14$。简单效应分析表明：在方向向上的肢体动作动词启动下，判断方向向上箭头的错误率显著低于判断方向向下箭头，$F(1,32) = 7.74, p = 0.009, \eta_p^2 = 0.20 > 0.14, 95\% \text{ CI} = [0.01, 0.06]$；在方向向下的肢体动作动词启动下，判断方向向下箭头的错误率边缘显著低于判断方向向上箭头，$F(1,32) = 3.95, p = 0.055, \eta_p^2 = 0.11, 0.06 < \eta_p^2 < 0.14, 95\% \text{ CI}_1 = [0.00, 0.04]$。

（六）讨论

实验1探讨汉语肢体动作动词加工是否影响在运动通道中箭头方向的空间判断。反应时的结果显示，在方向向下的肢体动作动词启动下，被试对方向向下的箭头的反应显著快于对方向向上的箭头，说明肢体动作动词的语义加工激活了运动通道中空间方向向下的意象图式，大脑感觉运动脑区模拟出现的肢体动作动词，从而加速了对方向向下的箭头的按键反应。所以，当方向向下的箭头出现时，反应时更短，错误率更低。在方向向上的肢体动作动词启动下，虽然对方向向上、向下的箭头的反应时差异不显著，但判断方向向上的箭头的错误率显著低于判断方向向下的箭头。可见，方向向上的肢体动作动词促进对方向向上的箭头的认知。因此，具有方向的肢体动作动词能够影响在运动通道中箭头方向的空间判断，促进与动作方向一致的箭头方向的判断。那么，这一效应在视觉通道中是否也存在？

三、实验2 汉语肢体动作动词启动影响对字母空间方位的判断

（一）被试

基于相关研究报告的效果量及期望功效值（0.8），采用 G * Power 3.1 软件，计算被试量为24人。在本实验中，招募38名汉族大学生，16名男生，22名女生，平均年龄为 18.74 ± 1.83 岁，皆为右利手，视力或矫正视力正常。未参加实验1。

（二）实验设计

2（启动词类型：方向向上的肢体动作动词/方向向下的肢体动作动词）×2（字母位置：上/下）重复测量设计。因变量为被试对字母位置判断的反应时和错误率。

(三) 实验材料和实验程序

材料同实验1。首先在计算机屏幕中央呈现"+"注视点500ms,空屏300ms,接着在屏幕中央呈现启动词300ms,之后在屏幕上方50%、25%(x,y)或者在下方50%、75%(x,y)呈现字母Q,要求被试判断字母的方位:如果字母在上,就按下F键,如果字母在下,就按下J键。被试间平衡按键规定。被试按键以后,字母消失,空屏500ms后,进行下一试次。每一汉字与在上和在下的字母各组合一次,每个汉字的每种组合形式先后呈现两次,共有160个试次。材料呈现顺序随机化,但同一启动字不连续出现。在正式实验前,被试学习实验材料,明白汉字的意思即可,并用非实验材料进行6次练习。实验流程图见图2。

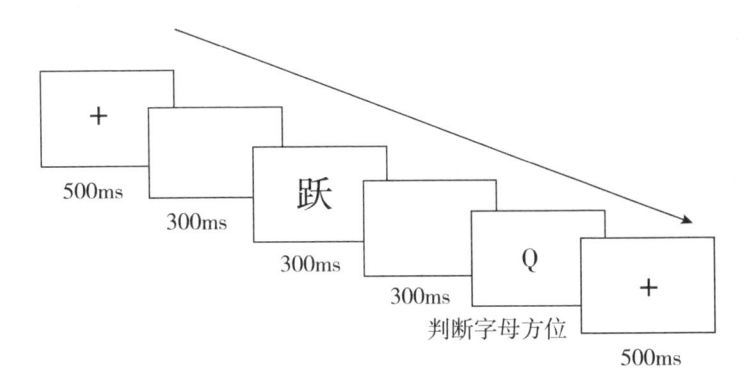

图2 实验2流程图

(四) 结果和分析

删除2名正确率低于90%的被试。反应时分析时删去 $M±2.5SD$ 之外的数据,占5.0%。结果见表3。

表3 不同汉语肢体动作动词启动下字母位置判断的平均反应时(ms)和平均错误率(%)

启动词类型	字母在上 反应时	字母在上 错误率	字母在下 反应时	字母在下 错误率
方向向上的肢体动作动词	429(77)	2.47(4.69)	446(78)	3.17(4.98)
方向向下的肢体动作动词	441(90)	2.81(5.17)	426(69)	3.03(5.24)

反应时的重复测量方差分析表明,只有启动词类型与字母方位的交互作用显著,$F_1(1,35)=12.93$, $p=0.001$, $\eta_p^2=0.27>0.14$; $F_2(1,58)=3.70$, $p=0.06$,

$\eta_p^2 = 0.11, 0.06 < \eta_p^2 < 0.14$。简单效应分析表明,当字母位置在上方时,在方向向上的肢体动作动词启动下的反应时显著短于在方向向下的肢体动作动词启动下,$F(1,35) = 4.39, p = 0.044, \eta_p^2 = 0.11, 0.06 < \eta_p^2 < 0.14, 95\% \text{ CI} = [0.37, 23.63]$。当字母位置在下方时,在方向向下的肢体动作动词启动下的反应时显著短于在方向向上的肢体动作动词启动下,$F(1,35) = 6.92, p = 0.013, \eta_p^2 = 0.17 > 0.14, 95\% \text{ CI} = [4.42, 34.35]$。错误率的方差分析表明,各种主效应及其交互效应均不显著,$ps > 0.05$。

(五)讨论

实验2探讨了对汉语肢体动作动词的加工是否影响视觉通道中字母方位的判断。结果显示:当字母位于上方时,在方向向上的肢体动作动词启动下的反应时显著短于在方向向下的肢体动作动词启动下;当字母位于下方时,在方向向下的肢体动作动词启动下的反应时显著短于在方向向上的肢体动作动词启动下。这说明,对汉语肢体动作动词的语义加工激活了视觉通道中空间方位的意向图式,大脑感觉运动脑区模拟出现的肢体动作动词,从而促进了对同方位字母的识别,因而与肢体动作动词方位一致的字母的反应时就短。实验2与实验1的结果一致,均发现对汉语肢体动作动词的加工能够促进相同方向或相同方位的符号的识别,说明理解肢体动作动词在视觉通道中也存在着动作—汉字相容效应,汉字理解是一个跨通道的具身模拟过程。那么,这种具身模拟仅仅发生在整字层次上吗?在部件(义符)层次上是否也存在着具身模拟?

四、实验3 义符启动范式下动作义符与动作动词整字的具身模拟

(一)被试

基于相关研究报告的效果量及期望功效值(0.8),采用 G * Power 3.1 软件,计算被试量为13人。招募50名汉族大学生,22名男生,28名女生,平均年龄为 18.71 ± 0.90 岁,皆为右利手,视力或矫正视力正常。未参加实验1和实验2。

(二)实验设计

2(启动类型:义符启动/控制启动)×2(汉字类型:义符方向与整字方向一致/义符方向与整字方向不一致)×3(SOA:42ms/72ms/243ms)被试内设计。SOA选择参照已有研究(陈新葵,张积家,2012;张积家,章玉祉,2016),反映汉字加工的

早、中、晚期情况。汉字类型是指义符方向与整字方向的关系。让被试保持如图3左侧所示姿势,可以强化形成手在上、脚在下的具身经验。以"扌"为例,"扌"表示手部,"扬"的方向向上,与"扌"具身方向一致;"捶"的方向向下,与"扌"具身方向不一致。这样,"扌"就形成了与其具身方向一致和不一致的两类汉字。实验逻辑是:如果义符启动引起手部和脚部的语义激活,在语义中包含有具身信息,手部或脚部的具身信息也会激活。那么,在义符启动下,与义符方向一致和不一致汉字的反应时就存在差异;在控制启动下,两类汉字的反应时就无差异。如果手部或脚部的语义在汉字加工的某个阶段被激活了,那么,在这一阶段中,不一致汉字的反应时就应该长于一致汉字;如果义符的语义在整字的方向识别过程中未被激活,那么,在三种SOA下,无论义符与整字的具身方向一致还是不一致,两类汉字的反应时就应该无显著差异。通过比较,就能够了解义符的语义在整字激活中的模拟情况和时间进程。

(三)实验材料

挑选出方向向上和方向向下的手(臂)部或脚(腿)部的肢体动作动词,要求98名汉族被试评定汉字的具身方向,选取评定方向一致性高于80%的汉字。手(臂)部动词均含"扌"旁,脚(腿)部动词均含"𧾷"旁,所有汉字均为左右结构。方向向上和方向向下的汉语肢体动作动词各有20个,在两类汉字中,含"扌"旁和含"𧾷"旁的汉字数量相同。匹配两组汉字的字频和笔画数,两组汉字的笔画数差异不显著,$F(1,38)=0.02,p=0.88$;字频差异不显著,$F(1,38)=0.18,p=0.67$。72名不参与实验的汉族大学生采用5点量表评定熟悉性,熟悉性越高,评分越高。两组汉字的熟悉性差异不显著,$F(1,38)=0.09,p=0.77$。86名不参与实验的大学生采用5点量表评定汉字的语义透明度,语义透明度越高,评分越高。两组汉字的语义透明度差异不显著,$F(1,38)=1.17,p=0.29$。实验材料信息见表4。

表4 实验材料统计信息表

肢体动作动词词类	材料举例	平均笔画数	平均频率	平均熟悉性	平均语义透明度
具身方向向上	扬,跃	11.30	978	4.27	3.89
具身方向向下	捶,跌	11.45	1157	4.26	3.78

(四)实验程序

步骤1:要求被试学习实验材料,被试明白汉字的意思即可。

步骤2：主试将如图3左边所示的人物图片给被试看,要求被试按照图片所示姿势保持1分钟,确保被试姿势准确。

步骤3：主试让被试坐在计算机前,根据指导语要求反应。首先,在计算机屏幕中央呈现"+"注视点500ms,空屏300ms,然后出现义符启动或者控制启动"****",启动刺激的呈现时间由SOA确定,分别为43ms、72ms和243ms;随后出现目标汉字,要求被试判断目标汉字的具身方向:如果汉字的具身方向向上,就按F键;如果汉字的具身方向下,就按J键。被试间平衡按键规定。被试按键后,词语消失,空屏500ms后,进行下一次实验。实验流程见图3。实验包含240个试次,每个SOA条件下的80个试次为一组,三组材料随机呈现,每一汉字在每种SOA条件下各出现2次,同一个汉字不连续出现。在正式实验前,用非实验材料做16次练习。

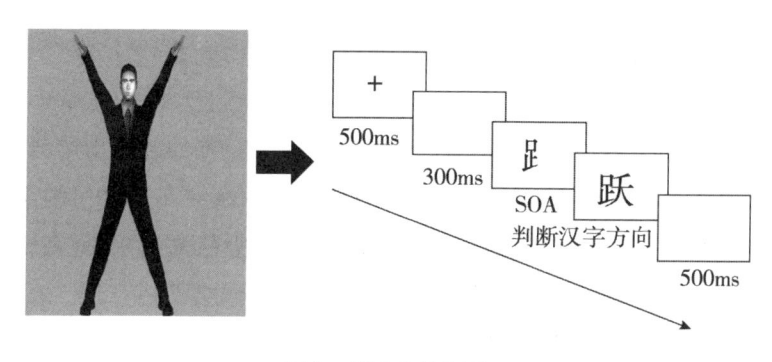

图3 实验3流程图

（五）结果与分析

删除3名正确率低于80%的被试。反应时分析时删去 $M ± 2.5SD$ 之外（占4.08%）数据。实验结果见表5。

表5 不同启动条件下被试判断的平均反应时(ms)和平均错误率(%)

启动类型	反应	SOA=43ms 一致	SOA=43ms 不一致	SOA=72ms 一致	SOA=72ms 不一致	SOA=243ms 一致	SOA=243ms 不一致
义符启动	反应时	868(103)	858(109)	823(95)	869(102)	818(108)	863(113)
	错误率	11.70(8.48)	15.74(9.78)	11.70(8.48)	13.72(9.12)	9.47(7.75)	13.83(10.23)
控制启动	反应时	875(119)	854(114)	857(101)	851(125)	858(112)	871(120)
	错误率	11.91(8.70)	16.17(9.68)	10.21(7.52)	15.32(10.65)	8.19(6.87)	15.32(11.39)

反应时的重复测量方差分析表明,SOA 的主效应显著,$F_1(2,45) = 5.07$,$p = 0.01$,$\eta_p^2 = 0.18 > 0.14$;$F_2(2,37) = 3.89$,$p = 0.03$,$\eta_p^2 = 0.18 > 0.14$。SOA = 43ms 时的反应时显著长于 SOA = 72ms 时,$p = 0.013$,95% CI = [2.99,24.26];SOA = 43ms 时的反应时显著长于 SOA = 243ms 时,$p = 0.02$,95% CI = [1.88,20.59];启动类型和汉字类型的交互作用被试分析显著,$F_1(1,46) = 6.43$,$p = 0.015$,$\eta_p^2 = 0.12$,$0.06 < \eta_p^2 < 0.14$,项目分析不显著,$F_2(1,38) = 0.79$,$p = 0.38$。简单效应分析表明:在义符启动下,一致条件下的反应时显著短于不一致条件下,$p = 0.006$,95% CI = [8.11,45.86];在控制启动下,两类汉字的反应时差异不显著,$p = 0.53$。汉字类型和 SOA 的交互作用被试分析显著,$F_1(2,45) = 4.71$,$p = 0.014$,$\eta_p^2 = 0.17 > 0.14$,项目分析不显著,$F_2(2,37) = 0.60$,$p = 0.56$。简单效应分析表明:在 SOA = 43ms 时,两类汉字的反应时差异不显著,$p = 0.18$;在 SOA = 72ms 和 SOA = 243ms 时,一致条件下的反应时显著短于不一致条件下,p 值分别为 0.043 和 0.002,95% 置信区间分别是 [0.63,39.65] 和 [11.14,46.69]。其他的主效应和交互作用均不显著,$ps > 0.05$。

为了探讨在不同条件下两类汉字的启动状况,分别对 2 种启动条件的反应时做 2(汉字类型)×3(SOA)方差分析。结果表明,在义符启动下,汉字类型的主效应被试分析显著,$F_1(1,46) = 8.28$,$p = 0.006$,$\eta_p^2 = 0.15 > 0.14$,项目分析不显著,$F_2(1,38) = 0.11$,$p = 0.74$。均数比较表明,一致条件下的反应时显著小于不一致条件下,$p = 0.006$,95% CI = [8.11,45.86]。SOA 的主效应被试分析显著,$F_1(2,45) = 4.22$,$p = 0.021$,$\eta_p^2 = 0.16 > 0.14$,项目分析边缘显著,$F_2(2,37) = 2.97$,$p = 0.057$,$\eta_p^2 = 0.07$,$0.06 < \eta_p^2 < 0.14$。均数比较表明,SOA = 43ms 时的反应时显著长于 SOA = 72ms 时,$p = 0.018$,95% CI = [3.02,31.00],SOA = 43ms 时反应时显著长于 SOA = 243ms 时,$p = 0.01$,95% CI = [5.74,39.26]。汉字类型与 SOA 的交互作用被试显著,$F_1(2,45) = 3.43$,$p = 0.041$,$\eta_p^2 = 0.13$,$0.06 < \eta_p^2 < 0.14$,项目分析不显著,$F_2(2,37) = 0.37$,$p = 0.70$。简单效应分析表明,SOA = 43ms 时,两类汉字的反应时差异不显著,$p = 0.58$;当 SOA = 72ms 时,一致汉字的反应时显著短于不一致汉字,$p = 0.005$,95% CI = [14.78,77.74],当 SOA = 243ms 时,一致汉字的反应时显著短于不一致汉字,$p = 0.003$,95% CI = [15.58,73.09]。在控制启动下,各种主效应和交互效应均不显著,$ps > 0.05$。这说明,在义符启动中,在不同 SOA 下两类汉字的反应时差异确实是由义符启动引起的。在义符启动早期,一致汉字与不一致汉字的反应时未出现显著差异;到义符启动中期,二者出现了显著

差异,而且持续到启动晚期。这说明,义符语义在汉字整字加工中期开始激活,并且持续到加工晚期。

错误率的重复测量的方差分析表明,汉字类型的主效应显著,$F_1(1,46) = 21.4, p < 0.001, \eta_p^2 = 0.32 > 0.14, F_2(1,38) = 4.12, p = 0.05, \eta_p^2 = 0.10, 0.06 < \eta_p^2 < 0.14$。一致条件下的错误率显著低于不一致条件下,95% CI = [0.02, 0.06]。SOA 的主效应被试分析显著,$F_1(2,45) = 6.69, p = 0.003, \eta_p^2 = 0.23 > 0.14$;项目分析边缘显著,$F_2(2,37) = 2.76, p = 0.08, \eta_p^2 = 0.13, 0.06 < \eta_p^2 < 0.14$。SOA = 43ms 时的错误率显著高于 SOA = 72ms 时,$p = 0.023, 95\%$ CI = [0.002, 0.02];SOA = 43ms 时的错误率显著高于 SOA = 243ms 时,$p = 0.001, 95\%$ CI = [0.01, 0.03]。其他的主效应和交互作用均不显著,$ps > 0.05$。

(六)讨论

实验 3 从具身认知的角度探究义符的具身信息在整字识别中是否得到了激活,附带考察义符语义激活的时间进程。结果发现,在义符启动下,义符与整字具身方向一致的汉字表现出反应优势,而在控制启动下二者却无显著的差异,说明是义符启动造成了两类汉字的反应差异。2(汉字类型)×3(SOA)的方差分析也证实了义符启动的作用。在义符启动早期(SOA = 43ms),义符与整字具身方向一致和义符与整字具身方向不一致的汉字的反应时并无显著的差异,在义符启动中期(SOA = 72ms)和启动晚期(SOA = 243ms),义符与整字具身方向一致和义符与整字具身方向不一致的汉字出现了显著的差异,说明义符语义在汉字加工中期得到了激活,并且持续到汉字加工晚期。因此,实验 3 表明,汉语肢体动作动词的语义理解不仅在整字层次上存在着具身模拟,在部件(义符)层次也存在着具身模拟。

五、综合讨论

本研究考察在汉语肢体动词语义理解中整字和义符的具身模拟情况。实验 1 和实验 2 分别从运动通道和视觉通道探讨理解汉语肢体动词时其方向信息和方位信息是否也被激活了。结果显示:在运动通道中,汉语肢体动作动词的具身方向影响被试对箭头方向的判断;在视觉通道中,汉语肢体动作动词的具身方位影响被试对字母方位的判断。这说明,在汉语肢体动作动词理解中,存在着动作—汉字相容效应。实验 3 采用义符启动范式考察义符的具身信息在整字识别中是否得到了激活,并且考察义符语义激活在整字语义激活中的时间进程,发现义符语义在汉字加工的中期得到了激活,并且一直持续到加工晚期。

(一)关于汉语肢体动作动词的具身方向和方位的激活

对语言理解引起的感觉运动系统的激活,有两种观点:一种观点强调语言理解是记忆信息的提取过程,动作语义理解是由于储存的动作语义知识激活了大脑的感觉运动区。理解具体概念与抽象概念时激活的脑区不同。例如,具体形象的动作语义能够引发更多的感觉运动区的活动,而抽象概念的理解多激活额下回和颞叶等脑区。这说明,抽象概念的理解需要提取更多的语义信息(Bedny,Caramazza,Grossman,Pascual-Lene & Saxe,2008)。另一种观点认为,语言理解是动作的复演,语义是在与外界互动的过程中以具身经验形式储存在大脑中的,语言理解是具身经验的重新激活。即,语言理解是通过重新激活具身经验模拟所描述事件或情景的过程。感觉运动区在语言理解过程中负责心理模拟,人们凭借心理模拟过程实现对动作语义的理解,甚至理解动作的意图和表情的含义。语言理解是多通道的,是通过语言区和感觉运动区分散表征的整合实现的(Borghi & Riggio,2009a;Borghi & Scorolli,2009b;Strozyk et al.,2017;Wu et al.,2017)。实验1和实验2的结果支持第二种观点。在语言理解时,感觉运动系统参与其中进行了动作模拟,在动作模拟的过程中,肢体动作动词的方向、方位等信息也被激活了。

知觉符号理论认为,在语言表征中包含有知觉运动特征。动词的知觉符号聚合了许多具体的知觉与运动经验,这些经验的共同性在动词表征中也得到了反映。由于知觉符号具有多模式性和类似性,一旦某动词得到了激活,与之相关的所有知觉信息(如方向、强度、位置等)也会得到自动的激活。由此可知,语言理解与知觉通道之间存在着交互作用(Zwaan,1999;Zwaan,2004;伍丽梅,莫雷,王瑞明,2007)。赫布学习观(Hebbian learning)认为,个体通过将相同动作的观察经验和执行经验建立起联系以形成感觉运动经验,人在习得动词的过程中总是伴随着动作发生(Giudice,Manera & Keysers,2009;Keysers & Perrett,2004)。单词学习训练研究表明,将单词与儿童的感知经验和运动体验建立起一致的联系可以显著地提高学习成绩,将单词的运动信息与词汇训练方法结合是提高单词学习水平的优选方式(Hald,Nooijer,Gog,Bekkering,2016)。例如,儿童在做"蹲"的动作时,能够感受到腿部肌肉的变化,学习到"蹲"的含义。当"蹲"这个字再次出现时,蹲的动作会出现在脑海中。当多次看到"蹲"这个字时,汉字"蹲"与蹲的动作就得到了巩固与联合,形成了多通道的语言理解模式。因此,当被试看到"蹲"字时,大脑的语言区和运动区会出现同步的激活,当出现向下的箭头或者位置在下的字母时,被试的反应就更快;若出现向上的箭头或者位置在上的字母,由于呈现刺激与已经激活的具身经验方向相反,因而导致被试的反应变慢。

因此,语言理解是基于身体感觉和动作经验的认知活动,是理解动词语义和动作意图共同的神经基础。镜像神经系统在加工动作语义时负责模拟(simulation)或者复演(re-enactment)语义材料中包含的动作,让人在理解单词或句子时就能够拟合相应的动作概念,以第一人称视角把感觉信息转换为动作图式,产生感同身受的体验(Aziz-Zadeh & Damasio,2008;Kemmerer & Castillo,2010)。吴等(2017)采用汉语身体部位词、动词和人造物体词为材料,要求被试依次阅读、观察、模仿这些词汇,发现三类词在模仿阶段对镜像神经系统的调节不同,与其他词语条件比,在人造物词语呈现后的模仿会引发更强的右额下回、前运动皮层和顶小叶的激活。以汉语成语为材料的fMRI研究证实,在汉语中描述动作的成语语义理解脑区与负责相应动作的感觉运动脑区基本一致。这说明,以镜像机制为基础的具身模拟在汉语动作成语语义理解中发挥了作用(苏得权等,2013)。

在本研究中,被试在看到与汉字具身方向或具身方位一致的符号时反应更快,表明感觉运动系统参与了肢体动词的理解,被试进行了空间具身模拟,使得汉字的具身方向信息或方位信息得到了激活,镜像神经元在其中发挥了模拟或复演具体动作的作用。

(二)关于汉语肢体动作动词理解中义符与整字的具身模拟及其时间进程

作为表义部件,义符是汉字独特性的体现,也是汉字研究的重要切入点之一。张积家、张厚粲和彭聃龄(1990,1991)发现,义符对形声字的语义提取具有重要作用:当义符与词的上属一致时,促进对汉字词类别语义的提取;反之,干扰对汉字词类别语义的提取。这一结果得到了威廉姆斯和贝弗(2010)研究的证实,在以汉语为第二语言的学习者身上也得到了证实(Williams,2013)。研究还发现,义符在汉字特征语义提取(张积家,彭聃龄,1993)、动作动词意义认知(张积家,陈新葵,2005)、类别归纳推理(Liu et al.,2010;陶云等,2017;Wang et al.,2018)等方面均具有表示语义的功能。部分对形声字识别中义符和声符作用的比较研究发现,义符在汉字识别中作用更大(余贤君,张必隐,1997;Williams & Bever,2010;Wang et al. 2017),但也有研究表明,在通达形声字语音、语义过程中,声符比义符更具有注意资源的优势,这种优势在语音提取任务中更加明显:声符无须依赖义符的信息便可以相对独立地激活整字的语音,但声符需要义符的配合才能够提取整字的语义(张积家,王娟,印丛,2014)。尽管这些研究加深了对义符功能的理解,但它们均是从整字或者义符的语义或语法的角度来推断义符的作用,并未将语言理解与具身认知相结合。由于语言理解是具身经验参与的模拟过程,义符可以为语言理解提供一定的线索,因此有可能在具身模拟中发挥一定作用。以往研究多从整字角度来探索义符的作用,虽然整字呈现与平时阅读时相同,却也存在一定的局限性:(1)整字会对义符功能的认知产生干扰;(2)在整字情境中,义符的作用被弱化,义符的语义激活在很多研究中表现得并不突出(章玉祉,张积家,2017)。为了更纯粹地研究义符作用,使其更加凸显,实验3采用了义符启动范式来进行探讨。

费尔德曼和塞克(1999a)发现,义符的语义激活只出现在启动晚期。陈新葵和张积家(2008,2012)发现,义符熟悉性和整字频率存在着动态的交互作用:当整字频率高时,高、低熟悉的义符的语义均在启动中期激活,高熟悉的义符的语义激活时间长,持续到加工晚期,低熟悉的义符的语义激活消退快。张积家和章玉祉(2016)采用义符启动范式探讨义符语义信息在整字激活中的时间进程,发现就义符总体而言,义符的语义激活从启动早期一直持续到启动晚期。本研究从具身认知的角度探讨义符语义激活的时间进程。在实验初期,要求被试按如图3所示的姿势,强化被试形成了手在上、脚在下的具身经验,在随后的行为实验中,这种手—上、脚—下的具身经验影响了被试对汉字具身方向的判断。义符语义在汉字加工中期得到了激活,并且持续到加工晚期。这一研究结果与以往的研究结果基本一致。所以如此,有两个原因:(1)根据陈新葵和张积家(2008)对义符熟悉性的评定结果,本研究选取的义符("扌"和"𧾷")均为高熟悉的义符,其语义更容易激活;(2)义符启动范式排除了整字语义的干扰,使得义符的作用被放大和凸显,能够更加直观地探讨义符语义的激活进程。

不同的研究者提出了一些义符在形声字词汇通达中的模型。张积家等(张积家,彭聘龄,1993;张积家,王娟,陈新葵,2014)提出的汉字形声字加工的"两个网络系统模型"认为,汉字词加工涉及词汇网络系统和语义网络系统。词汇网络系统贮存词的笔画、部件、词素和整词等词形结构特征,语义网络系统贮存词的语义,包括概念结点和类别结点。在两个网络系统之间,存在着以义符为中介的联结。汉字词呈现引起的义符激活可以沿着网络间的联结通路到达语义网络系统,激活义符所代表的类别结点和概念结点,启动自上而下的加工。丁等(Ding,Peng & Taft,2004)提出了形声字的认知加工模型,认为形声字认知包括特征、部件、合体字、概念四个水平,汉字加工是由底到顶的过程。陈新葵和张积家(2012)将以上两种模型结合,提出义符在词汇通达中的表征模型。该模型认为,汉字认知从下而上包括四个水平,其中,特征水平、部件水平和合体字水平属于词汇网络系统的变量,概念水平属于语义网络系统的变量。义符连结着两个网络系统,为整字的语义通达提供了特殊通道。在汉字认知时,既可以通过特征→义符→整字→概念的通道,也可以在到达义符水平时直接激活与义符相连结的类别结点,启动自上而下的加工。本研究结果也可以通过这一理论模型来解释。本研究采用的汉字均是由"扌"和"𧾷"作为动作器官构成的,具有较高的语义透明度,两类汉字的差别在于义符语义的具身方向和整字语义的具身方向是否一致。研究显示,在启动的中期和晚期,一致汉字与不一致汉字的反应时差异显著,因此可以推测,差异是由义符的具身方向与两类汉字的具身方向是否一致导致的。根据这一模型,当义符启动时间短(SOA=43ms)时,只激活了义符的词形信息,义符与整字的具身方向一致和不一致的汉字的反应时不会产生显著差异。但是,随着义符启动时间的增加(SOA=72ms 和 SOA=243ms),义符语义得到了激活,使得两类汉字的反应时差异显著。因此,可以推测,在义符语义中包含了具身信息。即,"扌"在激活与手有关的动作时,也激活了"扌"的向上的具身信息。当"扬"呈现时,由于"扌"的向上的具身信息已经激活了,"扬"的激活阈限就低,对其语义的方向判断反应就快;当"捶"呈现时,由于其语义方向与"扌"激活的方向相反,是反方向的激活,反方向的激活提高了"捶"的反应阈限,需要更多的能量才能激活,因此对它的语义的方向判断反应就变慢了。

根据丁等(2004)的模型与章玉祉和张积家(2016)的研究,成字义符的语义存在着类属义和本身义的双重激活,不成字义符的语义却只有类属义的激活。例如,义符"手"不仅可以激活与手有关的动作,也可以激活手本身,而"扌"只能激活与手有关的动作。实验3采用的义符"扌"和"𧾷"均为非成字义符,发现义符的语义在汉字识别中期得到了激活,并且语义中包含有义符的具身信息。因此,虽然"扌"不能够激活手本身,但即使只激活了与手有关的动作,手的具身信息仍然得到了激活,说明被试在对义符语义加工时也进行了具身模拟。这说明,汉语肢体动作动词的语义理解不仅在整字层次上存在着具身模拟,在部件(义符)层次上也存在着具身模拟。汉语肢体动作动词的具身模拟发生得非常早。后续研究可以采用脑成像技术对此问题做进一步的验证。

六、结论

(1)汉语肢体动作动词的理解在运动通道中和视觉通道中均存在着动作—汉字的相容效应。汉语肢体动作动词的理解是一个跨通道的具身模拟过程。

(2)义符语义从汉语肢体动作动词加工的中期开始激活,并且一直持续到加工晚期。汉语肢体动作动词的理解不仅在整字层次上存在着具身模拟,在部件(义符)层次上也存在着具身模拟。

形声字的语义透明度和结构类型对义符语音激活进程的影响[①]

本研究采用启动命名任务考察形声字的语义透明度和结构类型对义符语音激活进程的影响。结果发现：透明汉字和不透明汉字的义符语音在 SOA = 50ms 时都出现了激活；在 SOA = 100ms 时，透明汉字的义符语音激活仍然显著，不透明汉字的义符语音激活消退了；到 SOA = 300ms 时，两类汉字的义符语音激活完全消退。左形右声结构汉字的义符语音在 SOA = 50ms 和 SOA = 100ms 时都出现了激活，右形左声结构汉字的义符语音只在 SOA = 50ms 时出现了微弱的激活。

一、引言

亚词汇加工是语言加工的必经阶段。拼音文字具有明确的拼读规则（GPCs），亚词汇加工主要是从形到音的过程。汉字是意音文字，没有明确的形—音对应规则。在 7000 常用汉字中，形声字占 81%。形声字由表义的义符和表音的声旁构成。对很多形声字而言，部件（义符或声旁）本身也是汉字。例如，"枫"由义符"木"和声旁"风"构成，在亚词汇水平上，义符"木"主要承担语义功能，声旁"风"主要承担语音功能；但在词汇水平上，"木"和"风"都具有完整的形、音、义结构。汉字部件的双重特性使得汉字的亚词汇加工和词汇加工一样，都是由形激活音、义的过程（Hung, Hung, Tzeng & Wu, 2014；Zhou, Fong, Minett, Peng & Wang, 2014；Wu, Mo, Tsang & Chen, 2012；吴岩，王协顺，陈恒之，2015）。

研究者对声旁的音、义激活进行了详尽的探讨（Zhou & Marslen-Wilson, 1999a, 1999b；周晓林，Marslen-Wilson, 2002；张积家, 2007）。但是，作为汉字特色性表征的义符，其亚词汇研究主要集中在语义激活层面（Feldman & Siok, 1999；陈

[①] 本文原载于《心理与行为研究》2018 年第 5 期，612 – 617 页。
本篇作者：章玉祉，张积家。

新葵,张积家,2008,2012)。费尔德曼和塞克(1999)采用启动范式研究发现:当 SOA=243ms 时,启动字与目标字共享义符、义符位置相同且与整字语义相关时,启动字对目标字的识别具有促进作用;当启动字与目标字共享义符但语义不相关时,启动字对目标字的识别具有抑制作用,说明义符的语义激活发生在词汇加工晚期。陈新葵和张积家(2008,2012)采用启动词汇判断任务,考察义符熟悉性对高、低频形声字词汇通达的影响,发现义符加工和整字加工存在着动态的交互作用,这种交互关系受义符熟悉性和整字频率影响。

相对于义符表义性的探讨,研究者对义符语音激活的考察很少。周晓林、鲁学明和舒华(2000)采用启动命名任务探讨在形声字加工中是否存在义符的语音激活。结果发现,当以合体字"躱"为启动项时,可以促进形旁同音字"深"的命名,这种效应只出现在低频合体字中。周等(Zhou,Peng,Zheng,Su & Wang,2013)采用同样任务分别考察了义符语义和语音激活的特点。实验1以语义不透明形声字为实验材料,考察义符的语义激活和整字频率的交互关系,发现只有在整字为低频时,义符的语义才能获得激活。实验2考察义符的语音激活及其时间进程,发现在 SOA=57ms 和 SOA=100ms 时,义符的语音都获得了激活。对义符语音激活的考察有助于进一步明晰汉字亚词汇加工的特点,为汉字认知加工理论增添新的证据。同时,研究结果也可以为汉字教学提供一些启示。因此,本研究拟在前人研究的基础上,对义符语音激活进程的影响因素做进一步的探索。

李等(Lee,Tsai,Huang,Hung & Tzeng,2006)对声旁亚词汇信息的考察发现,规则性影响声旁的语义激活进程:当 SOA=50ms 时,规则形声字与不规则形声字的声旁语义都获得了激活;当 SOA=100ms 时,规则形声字声旁的语义仍然激活,不规则形声字声旁的语义激活开始消退;当 SOA=300ms 时,两类形声字的声旁语义激活全部消退。这说明,声旁语义激活的持续时间受声旁与整字的读音一致性影响。语义透明度是指整字义与义符义的一致程度。语义透明度之于义符相当于发音规则性之于声旁。既然发音规则性可以影响声旁的语义激活进程,那么,语义透明度是否会影响义符的语音激活进程?

汉字结构类型是提示整字和部件关系的重要指标。张积家、王娟和印丛(2014)发现,读者对部件空间位置的注意优势受声旁位置调节。蔡厚德、齐星亮、陈庆荣和钟元(2012)发现,声旁位置决定声旁语音激活的便利性,最终影响规则性效应的方向。费尔德曼和塞克(1999)发现,义符位置影响义符家族效应的显现。但是,已有研究仅考察了部件位置对部件相关属性(声旁的语音、义符的语义)激活的影响,义符位置(与汉字结构类型有关)是否影响义符非相关属性(语音)的激活进程?

综上所述,本研究拟考察形声字的语义透明度和结构类型对义符语音激活进程的影响。

二、实验1 形声字语义透明度对义符语音激活进程的影响

(一)被试

60名汉族大学生,女生40人,男生20人,平均年龄为20.9岁,视力或矫正视力正常。

(二)设计

4(启动类型:同音字启动/语义透明字启动/语义不透明字启动/无关启动)×3(SOA:50ms/100ms/300ms)混合设计,启动类型为被试内变量,SOA为被试间变量,因变量为被试对目标字命名的反应时。

(三)材料

实验材料包括100对汉字,分为4组,分别是同音启动条件、语义透明字启动条件、语义不透明字启动条件和无关启动条件,每一条件包括启动字和目标字。根据已有研究(周晓林等,2000),启动字选用平均频率低于30(单位为百万分之一)的低频汉字。在同音启动中,启动字和目标字语音相同(如"徒—涂")。在语言认知研究中,同音启动是一种稳定的现象,可以用于考察实验操纵是否有效。在语义透明字启动条件,启动字是语义透明的形声字,目标字是与启动字义符同音的字(如"弧—宫")。在语义不透明字启动条件,启动字是语义不透明形声字,目标字是与启动字义符同音的字(如"秤—盒")。除此之外,以上三种条件的启动字和目标字在整字和部件的其他层面都不存在联系。在无关启动条件,启动字和目标字在整字和部件层面都不存音或义的联系(如"诵—农")。无关启动条件作为基线,用于对比义符语音启动情况。匹配4种条件的启动字和目标字的字频、笔画数和启动字的结构类型(每类启动汉字都包括19个左形右声结构、4个右形左声结构、1个上形下声结构和1个下形上声结构),具体见表1。

表1 实验1材料信息

汉字指标	启动项				目标项			
	同音	语义透明	语义不透明	控制	同音	语义透明	语义不透明	控制
字频(M)	20.66	19.79	19.28	16.93	273.03	256.94	278.37	275.34
笔画数(M)	9.72	10.28	11.04	10.64	8.00	9.12	8.92	8.48
语义透明度(M)		5.55	2.42					

统计分析表明,4种条件启动字的平均字频和笔画数差异不显著,$F_{字频}(3,96)=0.20$,$F_{笔画数}(3,96)=0.81$,$ps>0.05$。4种条件目标字的平均字频和笔画数差异也不显著,$F_{字频}(3,96)=0.01$,$F_{笔画数}(3,96)=0.63$,$ps>0.05$。实验前由20名不参加实验的汉族大学生对语义透明启动字和语义不透明启动字的语义透明度做7点评定,1代表非常不透明,7代表非常透明。语义透明启动字的平均语义透明度为5.55,语义不透明启动字的平均语义透明度为2.42。两类启动字的语义透明度差异非常显著,$t_{透明度}(1,48)=16.10$,$p<0.001$。

(四)仪器和程序

IBM台式机,E-Prime1.0编程。实验程序:首先呈现注视点300ms,然后出现启动字,呈现时间由SOA决定,分别为50ms、100ms或300ms,随后出现目标字,目标字呈现400ms,被试在目标字呈现后3000ms内做出反应,否则记录为错误。启动字和目标字均用72号宋体呈现。记录被试的反应时与错误率。

(五)结果与分析

由于被试的错误率较低(<5%),而且在各种条件下相当,因此只分析反应时。剔除错误反应及反应时在$M±3SD$之外的数据,各实验条件目标字的反应时和启动量见表2。

表2 目标字命名的平均反应时(ms)及各实验条件的启动量(ms)

启动类型	SOA=50ms		SOA=100ms		SOA=300ms	
	RT	启动量	RT	启动量	RT	启动量
同音字启动	530(56)	21***	520(41)	23***	489(43)	27***
语义透明字启动	535(46)	16**	531(40)	12*	519(48)	-3
语义不透明字启动	536(47)	15**	533(41)	10	522(50)	-6

续表

启动类型	SOA=50ms		SOA=100ms		SOA=300ms	
	RT	启动量	RT	启动量	RT	启动量
无关启动	551(50)		543(47)		516(45)	

注：括号内的数字为标准差，$^{***}p<0.001$，$^{**}p<0.01$，$^{*}p<0.05$，下同。

方差分析表明，启动类型的主效应显著，$F_1(3,171)=37.81, p<0.001, \eta_p^2=0.40$；$F_2(3,96)=9.10, p<0.001, \eta_p^2=0.22$。SOA 的主效应被试分析不显著，$F_1(2,57)=1.82, p>0.05$；项目分析显著，$F_2(2,192)=11.76, p<0.001, \eta_p^2=0.11$。启动类型和 SOA 的交互作用显著，$F_1(6,171)=6.09, p<0.001, \eta_p^2=0.18$；$F_2(6,192)=4.03, p<0.01, \eta_p^2=0.11$。简单效应分析表明：当 SOA=50ms 时，同音启动与无关启动的反应时差异显著，$p<0.001$，启动量为 21ms；语义透明字启动与无关启动的反应时差异显著，$p<0.01$，启动量为 16ms；语义不透明字启动和无关启动的反应时差异显著，$p<0.01$，启动量为 15ms。当 SOA=100ms 时，同音启动与无关启动的反应时差异显著，$p<0.001$，启动量为 23ms；语义透明字与无关启动的反应时差异显著，$p<0.05$，启动量为 12ms；语义不透明字启动与无关启动的反应时差异边缘显著，$p=0.09$，启动量为 10ms。当 SOA=300ms 时，同音启动和无关启动的反应时差异显著，$p<0.001$，启动量为 27ms；语义透明字启动、语义不透明字启动与无关启动的反应时差异不显著，$ps>0.05$。

实验 1 表明，在 3 种 SOA 条件下，同音启动都产生了明显的启动效果，说明实验操控有效。汉字的语义透明度对义符的语音激活进程有一定影响：对语义透明字，义符的语音激活从 SOA=50ms 持续到 SOA=100ms，当 SOA=300ms 时，义符的语音激活完全消失；对语义不透明字，义符的语音在 SOA=50ms 时也显著激活了，但当 SOA=100ms 时，义符的语音激活开始消退，只达到边缘显著的状态，到 SOA=300ms 时，义符的语音激活完全消退了。

三、实验 2 形声字结构类型对义符语音激活进程的影响

(一) 被试

同实验 1。

(二) 设计

4(启动类型：同音启动/SP 汉字启动/PS 汉字启动/控制启动)×3SOA(50ms/

100ms/300ms)混合设计,启动类型为被试内变量,SOA 为被试间变量,因变量为目标字命名的反应时。

(三)材料、仪器和程序

材料是 92 对汉字,分为 4 组,分别是同音启动、SP 汉字(左形右声,S 代表义符,P 代表声旁)启动、PS 汉字(右形左声)启动和无关启动。将实验1的语义透明度变换为汉字结构类型,其余的对应关系不变。匹配 4 种条件下启动字和目标字的字频、笔画数,匹配启动汉字的语义透明度和汉字结构(启动汉字全部为左右结构),具体数据见表3。

表3 实验2材料信息表

汉字指标	启动项				目标项			
	同音	SP	PS	控制	同音	SP	PS	控制
字频(M)	27.63	23.35	28.10	24.70	264.00	246.56	254.03	257.82
笔画数(M)	10.70	10.48	11.00	10.91	8.48	8.96	8.65	8.39
语义透明度(M)	4.62	4.51	4.36	4.41				

统计分析表明,4 种条件的启动字的平均字频、平均笔画数和平均语义透明度差异不显著,$F_{字频}(3,88)=0.29$,$F_{笔画数}(3,88)=0.13$,$F_{透明度}(3,88)=0.09$,$ps>0.05$。目标字的平均字频和平均笔画数差异也不显著,$F_{字频}(3,88)=0.01$,$F_{笔画}(3,88)=0.15$,$ps>0.05$。仪器与程序同实验1。

(四)结果与分析

由于反应的错误率较低(<5%),而且各条件的错误率相当,因此只分析反应时。剔除错误反应及反应时在 $M±3SD$ 之外的数据,目标字的反应时和启动量见表4。

表4 目标字命名的平均反应时(ms)及各实验条件的启动量(ms)

启动类型	SOA=50ms		SOA=100ms		SOA=300ms	
	RT	启动量	RT	启动量	RT	启动量
同音字启动	537(49)	29***	524(47)	16***	515(42)	25***
SP 汉字启动	550(40)	16***	523(45)	17***	535(46)	5
PS 汉字启动	555(43)	11*	531(45)	9	534(43)	6
无关启动	566(47)		540(55)		540(41)	

方差分析表明:启动类型的主效应被试分析显著,$F_1(3,171) = 29.60, p < 0.001, \eta_p^2 = 0.34$;项目分析边缘显著,$F_2(3,88) = 2.18, p = 0.09, \eta_p^2 = 0.07$。SOA 的主效应被试分析不显著,$F_1(2,57) = 1.66, p > 0.05$;项目分析显著,$F_2(2,176) = 54.12, p < 0.001, \eta_p^2 = 0.38$。启动类型和 SOA 的交互作用被试分析显著,$F_1(6,171) = 2.49, p < 0.05, \eta_p^2 = 0.08$;项目分析不显著,$F_2(6,176) = 1.78, p > 0.05$。简单效应分析表明:SOA = 50ms 时,同音启动与无关启动的反应时差异显著,$p < 0.001$,启动量为 29ms;SP 汉字与无关启动的反应时差异显著,$p < 0.01$,启动量为 16ms;PS 汉字与无关启动的反应时差异边缘显著,$p = 0.07$,启动量为 11ms。当 SOA = 100ms 时,同音条件与无关启动的反应时差异显著,$p < 0.01$,启动量为 16ms;SP 汉字与无关启动的反应时差异显著,$p < 0.01$,启动量为 17ms;PS 汉字与无关启动的反应时差异不显著,$p > 0.05$。当 SOA = 300ms 时,同音条件与无关启动的反应时差异显著,$p < 0.001$,启动量为 25ms,SP 汉字与 PS 汉字与无关启动的反应时差异均不显著,$ps > 0.05$。

实验 2 表明,PS 汉字和 SP 汉字一样,都存在着义符的语音激活,但激活进程不同。SP 字的义符语音激活时间长,从 SOA = 50ms 持续到 SOA = 100ms;PS 字的义符语音激活时间短,只在 SOA = 50ms 时出现了微弱的激活,说明汉字的结构类型影响义符的语音激活进程。

四、讨论

(一)形声字语义透明度对义符语音激活进程的影响

周等人(2013)发现,义符的语音在 SOA = 57ms 和 SOA = 100ms 时存在着激活,但未区分汉字的语义透明度。实验 1 进一步考察了语义透明度对义符语音激活的影响。结果发现:在 SOA = 50ms 时,语义透明字与语义不透明字的义符的语音都被显著激活了;到 SOA = 100ms 时,语义透明字的义符语音激活依然显著,语义不透明字的义符语音激活消退;到 SOA = 300ms 时,两类汉字的义符语音激活完全消失,说明语义透明度影响义符的语音激活进程。

根据陈新葵和张积家(2012)提出的汉字认知加工模型,汉字认知包括笔画、部件(独体字)、合体字和概念 4 个层次。其中,成字部件既可以是汉字的构件,又可以独立成字,横跨词汇和亚词汇两个层次,而词汇层包含语音、语义两个最重要的特征。在汉字视觉加工的早期,被分解的义符凸显出来,激活与之联结的音、义信息。义符与声旁结合产生意义各异的字,一些整字义和义符义一致(语义透明),整字和义符的语义联结呈现正向的激活;一些整字义和义符义无关(语义不透明),整字和义符的语义联结呈现负向的抑制。由于在义符水平与整字水平存在着自下而上与自上而下加工的交互作用,当语义透明字启动时,义符不仅可以通过自下而上的加工激活音、义,还可以通过自上而下的加工从整字处获得激活,义符义与整字义相互加强,使义符语音激活的时间延长。当语义不透明字启动时,义符通过自下而上的加工激活整字,整字一旦激活,由于与义符义无关,便通过自上而下的加工途径抑制义符激活,导致义符的语音激活迅速衰退。这就是语义透明度影响义符语音激活时间进程的机制。

(二)形声字结构类型对义符语音激活进程的影响

结构类型也是提示整字和部件关系的重要指标。在左右结构形声字中,由于 SP 汉字所占比例很大,多数汉字亚词汇研究以此类汉字为基础。但研究表明,汉字结构类型影响视觉词的认知(Hsiao,2011;张积家等,2014)。因此,不控制部件位置的研究仅反映声旁在右的汉字认知规律。本研究将汉字结构类型作为变量,发现它影响义符的语音激活进程:SP 汉字的义符的语音激活时间长,从 SOA = 50ms 持续到 SOA = 100ms;PS 汉字的义符的语音激活时间短,仅在 SOA = 50ms 时出现了微弱的激活。

研究表明,部件位置影响部件信息的激活。蔡厚德等(2012)发现:如声旁处于整字的右侧或者下侧,在低频汉字中出现规则性效应;如声旁位置处于整字的左侧,导致规则性效应的逆转;如声旁处于整字的上方,逆转效应较小。费尔德曼和塞克(1999)表明:义符在左侧时,构字数多的汉字判断得更快更准;义符在右侧时,构字数的促进作用消失。这些研究说明,部件位置是重要的亚词汇空间属性,能够影响部件亚词汇信息激活的便利性,从而改变词汇通路和亚词汇通路激活的相对竞争优势。实验 2 再次印证了部件位置影响亚词汇信息的激活,并且发现部件位置不仅影响部件相关属性的激活(声旁的语音激活和义符的语义激活),还影响部件的非相关属性的激活(义符的语音激活)。这说明,部件的音、义相互联结,汉字的亚词汇加工和词汇加工一样,都是由形激活音、义的过程;当义符位于容易激活的位置(SP),亚词汇通路处于优势地位,义符信息的激活时间长;当义符位于不容易激活的位置(PS),词汇通路便处于优势地位,义符信息的激活时间便短。

(三)形声字语义透明度和结构类型影响义符语音激活的本质:形声字整体与部分的关系影响形声字的认知

语义透明度和汉字结构影响义符语音激活的事实进一步证实了张积家和张厚粲(2001)提出的"汉字认知过程中整体和部分关系论"的观点。他们认为,整体与部分的关系是影响汉字认知的重要变量。在语义透明汉字中,义符语义与整字语义一致,义符激活与整字激活相互加强,所以义符的语音激活容易,持续时间亦长;在语义不透明汉字中,义符语义与整字语义无关,义符激活与整字激活相互抑制,所以义符的语音激活困难,持续时间亦短。SP汉字的义符处于形声字的常见位置,因而义符的语音激活容易,持续时间亦长;PS汉字的义符处于形声字的非常见位置,所以义符的语音激活困难,持续时间亦短。已有研究往往强调了整字加工和部件加工的平行性质,其实,两者之间还存在十分复杂的相互作用。此外,已有研究主要发现部件的常见位置有利于部件的相关属性的激活,本研究还发现,部件常见位置还有利于部件的非相关属性的激活。这说明,成字部件的亚词汇的语音、语义特征是相互关联的。一个汉字部件如果处于常见位置,就会更有利于亚词汇的所有信息的激活。这一研究结果突出了汉字的亚词汇加工不同于拼音文字的亚词汇加工的特点,无论对汉字学习、汉字教学和汉字改革都有重要启示,对中文人工智能的研究也有一定的启示。

五、结论

(1)汉字语义透明度影响义符语音的激活进程。语义透明字和语义不透明字的义符的语音在SOA=50ms时都有显著的激活,在SOA=100ms时,语义透明字的义符的语音激活依然显著,语义不透明字的义符的语音激活消退,到SOA=300ms时,两类汉字的义符语音激活都完全消失。

(2)形声字的结构类型影响义符语音的激活进程。左形右声结构汉字的义符的语音在SOA=50ms和SOA=100ms时都出现了激活,右形左声结构汉字的义符的语音只在SOA=50ms时出现了微弱的激活。

汉字词和图片命名与分类的比较[1]

本研究采用命名与分类任务考察了汉字词和图片命名与分类的特点,揭示义符在汉字词和图片命名与分类中的作用。结果表明,汉字词和图片的命名与分类与拼音文字的词和图片的命名和分类既有共性,又有差异。汉字词和图片的命名与分类具有不对称性:汉字词的命名快于汉字词的分类,图片的分类快于图片的命名。义符对汉字词和图片的命名与分类的影响具有不对称性:对汉字词的加工有重要影响,对图片的加工无影响;对汉字词的分类有重要影响,对汉字词的命名无影响。被试对有标示类别的义符的词的分类显著快于对无标示类别的义符的词的分类,甚至快于对图片的分类。所以如此,与汉字词的结构特点有关。汉字形声字多用义符来标记事物的类别,提供了重要的类别信息。根据上述结果,作者构建了汉字词和图片认知加工的综合模型。

一、问题提出

字词和图片的命名与分类包含了不同的认知过程,反映了不同的心理机制,因而备受认知心理学家的青睐,被广泛运用于知觉、记忆与语言等研究领域。字词命名(word reading)是词汇提取的过程。在实验中,给被试呈现字词,要求被试尽快朗读出来。在这一过程中,字形信息首先激活读者心理词典中的结构表征,进而激活语音表征和语义表征,语音表征启动发声动作。虽然目前对字词识别中语音的作用有不同看法,有人强调语音在字词识别中的中介作用(Perfetti & Zhang, 1995; Tan, Hoosain & Peng, 1995, 1996; Luo, 1996),有人认为读者可以直接由形达义(Taft, Graan & Marsen, 1998; Zhou, 1995, 1997)。但是,对于字词命名需

---

[1] 本文原载于《心理学报》2009年第2期,第114-126页。
本篇作者:方燕红,张积家。

要提取语音,研究者们却并无争议。在字词识别理论中,双通道理论(Coltheart,1998)具有较强的竞争力。这一理论认为,在词汇识别中,存在着语音通路和字形通路,每条通路都有机会决定词义的激活。至于采用何种通路要视语言而定:阅读拼音文字更多地经由语音通路,阅读中文更多地经由字形通路。字词命名受词频(McDonald & Shillcock,2001)、词长(Bachoud,Dupoux & Mechler,1998)、获得年龄(陈宝国,尤文平,周会霞,2007)、正字法深度(Forst & Bentin,1987;张积家,王惠萍,1996)、具体性(陈宝国,彭聃龄,1998)和情境性(朱晓平,1991)等因素影响。在汉字词命名中,还表现出笔画数效应(喻柏林,曹河圻,1992)、规则效应(舒华,张厚粲,1987)、部件数效应(彭聃龄,王春茂,1999)和字形结构效应(陈传锋,黄希庭,1999)等。

字词分类(word categorizing)是提取词的类别语义的过程,又称语义决定(陈永明,彭瑞祥,1985)。在实验中,给被试呈现字词,要求被试确定字词表征的概念是否是某一类别的成员。在这一过程中,认知加工需要经过两个网络系统:词汇网络系统和语义网络系统。被试首先要通达词汇网络系统提取词义,激活由词汇网络系统达到语义网络系统,引起词所表征的概念结点的激活,激活沿着词所表征的概念结点和上属概念结点之间的连线扩散,激活上属概念结点。个体根据语义网络系统中激活的难易程度决定词所表征的概念是否是某一类别的成员(Collin & Loftus,1975)。词频(张积家,张厚粲,彭聃龄,1990)、具体性(张积家,陈新葵,2005)、情境可获得性(Schwanenflugel,Harnisfeger & Stowe,1988)、典型性(张积家,陈新葵,2005)、词形中是否有类别标记(张积家,陈俊,2002)等对字词分类有重要影响。图片命名(picture naming)本质上是言语产生过程,包括激活概念、提取语义和句法、语音编码和发声三个阶段。命名图片时,说话者先提取图片的意义,然后选取恰当的词,再构建详细的语音计划,指挥发音器官执行发音程序,产生声音。图片命名因为能够准确地反映言语产生的过程,因而成为言语产生研究的经典范式。研究者通过研究图片命名,提出了不同的言语产生模型(Levelt & Roelofs,1999;Dell,1986)。图片的规范性、熟悉性、图名一致性、物体表象一致性、图片视觉复杂性(Snodgrass & Vanderwart,1980;舒华,程元善,张厚粲,1989;Sirois,Kremin & Cohen,2003;张清芳,杨玉芳,2003;庄捷,周晓林,2001;Robert & Christopher,2005;Toby,Lloyd & Nettlemill,2007)、词长(庄捷,周晓林,2001)、获得年龄(Bonin,Chalard & Alain,2006;郝美玲,刘友宜,舒华,2003;Brysbaert,Van Wijnendaele & Deyne,2000;Bernardo & Fernando,2007;Weekers,Shu & Hao,2007)等因素影响图片命名。托比(Toby)等还发现,视觉可分解性(visual decomposability)、具体性、视觉相似性(visual sim ilarity)、图名频率(name frequency)等对图片命名也有重要影响(Toby & Lloyd,2007)。线条图命名和彩色图命名的时间高度相关,图像一致性对彩图命名的影响小于对线条图命名的影响(Weekers, Shu & Hao, 2007)。

图片分类(picture categorizing)本质上也是语义决定的过程。在实验中,给被试呈现物体图片,要求决定图片表征的事物是否是某一类别的成员。它有两种不同的范式,一是采用按键反应方式,让被试根据某一标准通过按键反应对图片分类(张积家,陈俊,2001;郭桃梅,彭聃龄,卢春明,刘宏艳,2005)。和字词分类不同,图片分类不需要经由两个网络系统的加工,只涉及概念网络系统的加工。图片表征的事物激活了概念网络系统中表征事物的概念结点,进而激活上属概念结点。如果激活进行得容易快捷,则可以断定图片表征的事物是某一类别的成员;如果激活进行得艰难缓慢,则倾向于做出否定判断。由于图片分类不需要经由词汇网络系统,加上图片的视觉特征突出,区别性特征丰富,因而分类过程十分简短。二是采用口头反应方式,给被试呈现图片,让被试说出图片表征的事物的上属类别名称。图片的清晰度、规范性和图片表征的事物的典型性(Snodgrass & Vanderwart,1980;舒华,程元善,张厚粲,1989;Sirois, Kremin & Cohen, 2003;张清芳,杨玉芳,2003;庄捷,周晓林,2001;Robert & Christopher, 2005;Toby, Lloyd & Nettlemill,2007)是决定图片分类时间的重要变量。

心理学家通过比较对字词和图片的认知,探讨人脑的信息加工机制。卡特尔(Cattell)(1886)最早比较了图片命名和字词命名的差异。他发现,命名100张简单线条图或100个彩色圆点需要50s～60s,命名100个对应名词只需要25s～35s,两者几乎相差2倍。他认为,这是由字词和图片在生活中的使用频率不同造成的。词与人们的日常生活联系密切,词形与词音之间建立了很强的联系,读词成为一种"自动化的过程";图片在日常生活中出现频率较低,提取图片名称难度大,是一个"费力的过程"。有研究者还提出差异练习假设(differential practice hypothe-sis),认为练习可以缩短图片命名的时间,而字词的命名时间的缩短有限。这样,图片命名的时间就会接近于字词命名的时间。但是,后续研究显示,尽管经过了12天的强化练习,图片命名的速度提高了25.8%,但是,图片命名的时间仍然比字词命名时间长了约2倍,因为练习也促进了字词的命名。弗赖斯(Fraisse,引自Glaser,1992)发现,命名一个小圆为"circle"(圆圈)时,反应时为619ms,命名小圆圈为"zero"(零)时,反应时为514ms,命名小圆圈为"oh"时,反应时仅为453ms。弗赖斯认为,字词命名和图片命名的差异不可能通过练习来消除。他认为,造成字词命名和图片命名时间差异的根本原因是印刷词与口语词之间高度一致,词的印刷形式决定了它的读音唯一性。在拼音文字中,存在规范的"词素—音素"(grapheme-phoneme)对应关系,词形能够很快地激活语音,图片与名称之间的对应关系则要复杂得多。图片可以有上位水平(类别)命名(如"水果"),也可以有基本水平(名称)命名(如"苹果"),还可以有下位水平(子类别)命名(如"红富士苹果")。被试受指导语限制在多种命名方式中选择恰当的图片名称,要花费更多精力,因而延长了反应时间。但是,汉语中没有明显、规范的"词素—音素"对应关系。另有研究者采用汉字词为材料,仍然分别发现了-305ms和-266ms的字词命名与图片命名的时间差异。至此,"词素—音素"对应关系假设也受到怀疑。研究还发现,尽管1~9年级被试的字词命名时间和图片命名时间都呈下降的趋势,但是,图片命名与字词命名的差异在各个年龄段上都很稳定,并未随着年龄增长而下降(Glaser,1992)。不仅如此,研究者还比较了图片命名与图片分类、图片分类与字词分类、字词命名与字词分类的过程。结果发现,字词命名最快,图片命名次之,图片分类再次之,字词分类最慢(Glaser,1992)。有研究者发现,图片分类时间和图片命名时间相差47ms;有研究却发现,两者之间差异达266ms。在"家具、服装、乐器、仪器、蔬菜和武器"类别中,图片分类时间和字词分类时间相差75ms,其他研究则分别发现两者之间差异达到66ms、95ms和126ms不等(Glaser,1992)。

这些结果引发了研究者对于图片心理表征和字词心理表征的思考,出现了许多假设:

(1)言语编码假设(verbal code hypothesis)(Collins & Loftus,1975):认为图片和字词都以言语的形式贮存。分类图片需要先把图片转化为字词信息,再由字词信息激活类别表征,这一过程显然要慢于只需要由字词信息激活类别的字词分类。但是,实验结果却与此相反,图片分类快于字词分类。(2)形象编码假设(pictorial code hypothesis)(Deese,1962):认为图片和字词都以图像的形式(视觉形式)贮存。若如此,识别图片的类别只需要较少的特征觉察,因而加工速度快;识别基本水平的图片需要较多的特征觉察,因而加工速度慢。即图片分类应快于图片命名。但是,这也与研究结果相矛盾,因为图片命名快于图片分类。(3)双重编码假设(Dual code hypothesis)(Paivo,1975,1983):认为人的心理表征包括两个系统,言语系统和表象系统。言语系统负责处理语言信息和抽象概念,表象系统负责处理知觉信息及具体的物体或事件。加工时激活哪个系统要视具体任务而定。一般说来,图片倾向于首先激活表象系统,字词倾向于首先激活言语系统。两种系统既相互独立,又相互转化。类别之间的分界线非常抽象,它们贮存在言语系统中。言语系统得到字词信息的激活快,得到图片信息的激活慢。这样,字词分类应快于图片分类。然而,研究结果却并非如此。(4)共同抽象码假设(Common abstract code hypothesis)(Potter & Foulconer,1975):认为图片和字词共用一种抽象码。图片和字词都需转化为抽象的形式才能提取类别信息,两者通达抽象语义编码的时间相同。既如此,图片分类和字词分类的时间应该相同,而不是图片的分类快于字词的分类。(5)词汇假设(lexical hypothesis)(Glaser & Glaser,1989):认为语义系统和词汇系统彼此独立,图片知觉和物体之间密切的功能联系有利于图片优先通达抽象的语义系统,字词加工则需要先通达词汇系统再通达语义系统。词汇假设能够解释图片分类与字词分类的差异,却难以解释图片命名与字词命名的差异。因此,已有的理论都不能完满地解释已有的研究结果。

研究者还变化实验范式,发现了一些有趣的结果。勒洛夫斯(Roelofs,2007)采用双任务范式,考察了图片命名、字词命名和字词分类的注意控制水平和注视点转移情况,发现图片命名的注意控制水平高,注视点转移慢,字词命名的注意控制水平低,注视点转移快。不仅如此,反应数量也影响注视点的转移,字词分类的反应数量少,注视点转移早,字词命名和图片命名的反应数量多,注视点转移晚。注视点的转移意味着注意控制的转移。托比(2007)等采用快速图片命名范式,探讨了时间压力对于图片命名的影响,发现有时间压力时图片命名的错误率比无时间压力时高得多,命名动物图片的错误率显著高于命名果蔬图片的错误率。他们还发现,命名生物图片的错误主要属于视觉—语义错误(visual-semantic errors),这种错误与图片的视觉复杂性和视觉相似性有关;命名非生物图片的错误主要属于纯语义错误[如把"nut"(坚果)说成"bolt"(螺钉)],这种错误与图片的视觉复杂性和视觉相似性无关,而与功能有关。这一结果可以用来解释语义范畴特异性损伤的相关研究结果。

以上研究主要针对拼音文字,理论解释也主要针对拼音文字。汉字不同于拼音文字。汉字是表意文字,其主体是形声字,形声字由义符和音符组成。音符又称声旁,标明字的读音。形声字声旁的有效表音率达39%(周友光,2005),因而在一定程度上汉字可以"见字知音"。义符又称形旁(义旁),标明字的类属与词义。这类字占全部形声字的绝大多数。因此,汉字可以"见字知类"。这一点与拼音文字很不相同。英文词就没有标示类别的标记。再从义符与整字意义相关的角度看,80%以上的形声字的形旁与意义都有一定联系(周友光,2005)。因此,汉字还可以"望文生义"。20世纪90年代以来,一些学者开始研究义符在中文词认知中的作用,包括义符在中文词类别语义和特征语义提取中的作用(张积家,张厚粲,彭聃龄,1990,1991;张积家,彭聃龄,1993)、在动作动词的动作器官和动作工具意义认知中的作用(张积家,陈新葵,2005)、在中文名词和动词分类中的作用(张积家,方燕红,陈新葵,2006)、义符熟悉性对高频形声字词汇通达的影响(陈新葵,张积家,2008)。有研究表明,在中文心理词典中,存在着义符线索和音符线索。义符线索和音符线索作用不同,义符线索作用更大些(佘贤君,张必隐,1997)。因此,义符不仅是汉字结构的"块",是汉字语义的"块",也是汉字语法的"块",还是汉字识别的"块"。

本研究主要关注两个问题:(1)汉字的结构特征对汉字词和图片命名和分类的影响。汉字结构特征——有标示类别的义符可能影响汉字词和图片的命名与分类,使汉字词和图片的命名与分类出现与拼音文字的词和图片的命名与分类不同的特点。义符为汉字词提供了类别标记,它会加速汉字词的分类,从而减弱字词命名的优势效应。笔者拟采用命名和分类任务考查汉字词和图片加工的特点,揭示义符在汉字词和图片命名与分类中的作用。(2)采用更为科学的范式研究字词和图片的命名与分类。笔者认为,拼音文字中字词和图片的命名与分类的研究结果所以没有得到很好的解释,主要是因为已有研究大多采用口头分类范式,即要求被试说出图片或字词表征的事物的类别名称。其具体加工过程如下:(1)提取图片或词的语义,确定图片或词所代表的事物;(2)决定事物类别;(3)选择恰当词汇;(4)实现语音编码,用声音表达出来。这种分类实质上包含了语义决定的过程和命名的过程,从而导致命名相对于分类的优势效应。事实上,在口头分类的前两个阶段,被试已经在头脑中完成了分类。拼音文字的图片和字词的分类慢于命名是因为在分类以后仍然需要命名,分类过程包含了命名过程。如果改用按键反应的方式,就可能是另外的趋势。因此,本研究拟采用按键分类的实验范式,要求被试通过按压反应键的方式快速判断汉字词或图片是否属于某一类别。如果被试能够做出正确判断,就表明他已经对图片和字词做出正确的分类。这一过程只包含语义决定,不包含选择词汇并发声,因而更加符合分类的实质。

二、方法

(一)被试

29名大学本科生,平均年龄19.3岁。其中,男生15名,女生14名,视力正常或矫正视力正常。

(二)实验设计与材料

采用2(材料类型:图片、词)×2(任务:命名、分类)×2(有无义符:有义符、无义符)重复测量设计。正式材料包括52幅图片及名称(词),除了个别图片外,多数来自舒华等修订的Snodgrass和Vanderwart标准图(Snodgrass & Vanderwart,1980;舒华,程元善,张厚粲,1989),具有较高的图名一致性和表象一致性。其中,26幅图片的名称中有标示类别的义符,26幅图片的名称中无标示类别的义符。共有哺乳动物、家具、植物、服装、鸟类、器官6个类别。由于单字词名称的图片较少,采用了一些双字词名称的图片,有标示类别的义符的词和无标示类别义符的词的词长严格对应。实验前让65名大学生采用7点量表分别评定图片的典型性、熟悉性以及词的熟悉性。在图片评定中,7表示图片表征的事物的典型性非常高,或被试对图片非常熟悉,1表示图片表征的事物的典型性非常低,或者被试对图片非常不熟悉;在词的评定中,7表示被试对词的读音、词形和词义非常熟悉,1表示被试对词的读音、词形和词义非常不熟悉。选取熟悉度一致的图片和词,即图片的熟悉度高,名称的熟悉度也高,图片的熟悉度低,名称的熟悉度也低。统计检验表明,名称中有标示类别的义符的图片和名称中无标示类别的义符的图片的典型性分数和熟悉性分数差异均不显著,$t_{典型性} = 0.76, p > 0.05$;$t_{熟悉性} = 0.31, p > 0.05$。有标示类别的义符的词和无标示类别的义符的词的熟悉性分数、词长和笔画数差异也不显著,$t_{熟悉性} = 0.02, p > 0.05$;$t_{词长} = 0.00, p > 0.05$;$t_{笔画数} = 0.06, p > 0.05$。由于图片和词一一对应,表征同一事物,因而图片的典型性分数与词的典型性分数一致。这样,图片和字词在各项指标上都匹配。52幅图片和52个词的统计信息见表1。

表1 实验材料统计信息表

材料类型	实验材料举例	平均典型性	平均熟悉性	平均笔画数
图片(名称中有义符)	狗,床,芹菜,裙,鸽子,脚	5.81	5.80	
图片(名称中无义符)	虎,凳,南瓜,鞋,燕子,耳	5.67	5.82	
词(有义符)	狗,床,芹菜,裙,鸽子,脚	5.81	6.30	14.19
词(无义符)	虎,凳,南瓜,鞋,燕子,耳	5.67	6.28	14.19

实验材料还包括52幅填充图片和52个填充词用作分类任务中的干扰项。干扰项与目标刺激属于不同的范畴,而且由不同范畴的词或图片搭配而成。例如,如果目标刺激是哺乳动物,干扰项则由家具、器官、植物、服装、鸟类的词或图片搭配组成,目的是引起被试的否定反应。有12幅练习图片和12个练习词。正式实验的52幅图片和52个词同时用于命名和分类。这样,在不同任务中发现的差异就不能归结为材料的不同。

(三)仪器

采用E-Prime编程。仪器有PET2SRBOX反应盒、麦克风和计算机。图片和词都在计算机屏幕的中央呈现,被试反应通过PSTSR2BOX连接的麦克风记录。材料的呈现、计时以及被试反应时的收集都由计算机控制。计时单位为ms,误差为±1ms。命名错误由主试记录,分类错误由电脑自动记录。

(四)程序

采用拉丁方设计匹配图命名、词命名、图分类和词分类4种任务的顺序。被试分为4组,分别采用4种顺序进行实验:一组按照图命名—词命名—图分类—词分类的顺序,一组按照词命名—图命名—词分类—图分类的顺序,一组按照图分类—词分类—图命名—词命名的顺序,一组按照词分类—图分类—词命名—图命名的顺序。在每种任务在开始之前,都有相应的练习,目的是使被试熟悉实验程序。在命名任务中,52幅图片或词随机呈现,要求被试对准话筒大声命名,快而准地说出图片的名称或朗读词。正式实验前为预备实验。在屏幕中央依次呈现每幅图片及其对应名称,共有64幅图片,52幅为正式实验图片,12幅为练习图片。告诉被试这些图片将在正式实验中出现,要求被试记住图片对应的名称。如果被试对某幅图片的命名出现错误,就进行纠正,并强调要记住图片名称。正式实验时,首先在屏幕中心呈现注视点"+"400ms,然后空屏400ms。接着,在屏幕中心呈现一张图片(或词),被试做出命名反应,图片(词)消失。间隔1000ms以后,进入下一次试验,如此循环,直到命名任务结束。如果被试未对图片(词)反应,2000ms以后,图片(词)自动消失,反应时记为2000ms,并认为是错误。图片大小为320像素×212像素,词的大小为3cm×3cm的黑色楷体,背景为白色。在分类任务中,6个类别以6个区(Block)先后呈现。一个类别分类完毕后,再进行另一个类别。每一类别内的目标刺激和填充材料的呈现顺序随机化。被试坐在计算机屏幕前面,右手食指放在"是"(J)键上,左手食指放在"否"(F)键上,判断屏幕上呈现的图片或词是否属于某一类别,属于则按J键,不属于则按F键。一半被试的用手按此规定,另一半被试的用手规定则相反。在每一类别的正式实验前,被试用非实验材料练习4次。正式实验时,首先在屏幕中心呈现注视点"+"400ms,然后,空屏400ms。接着在屏幕中心呈现一张图片(词),直到被试做出分类反应,图片(词)消失。间隔1000ms以后,进行下一次试验,如此循环,直到分类任务结束。图片和词呈现的大小同于命名任务。不统计被试对于填充材料的反应时和错误率。每一被试接受4种任务,在整个实验过程中,休息4次。

三、结果与分析

分析时删除反应时在 $M \pm 2.5SD$ 之外的数据,结果见表2。被试在各种任务中的错误率都很低,故未做统计分析。

表2 不同类型材料命名与分类的平均反应时(ms)

材料类型	有义符 命名	有义符 分类	无义符 命名	无义符 分类
图片	976(80)	614(126)	971(82)	615(130)
字词	578(56)	597(76)	578(67)	631(79)

统计分析表明:在4种任务中,图片命名的反应时最长,平均为973.5ms;图片分类和字词分类的反应时相当,平均反应时分别为614.5ms和614ms;字词命名的反应时最短,平均为578ms。2(材料类型:图片、字词)×2(任务:命名、分类)×2(有无义符:有义符、无义符)三因素重复测量的方差分析表明:材料类型的主效应非常显著:$F_1(1,28)=305.70, p<0.001$;$F_2(1,25)=430.40, p<0.001$。被试加工字词比加工图片显著快。任务类型的主效应非常显著:$F_1(1,28)=94.70, p<$

$0.001;F_2(1,25)=280.40,p<0.001$。被试的分类反应显著快于命名反应。有、无标示类别的义符的主效应不显著：$F_1(1,28)=2.46,p>0.05;F_2(1,25)=0.38,p>0.05$。材料类型与任务类型的交互作用非常显著：$F_1(1,28)=509.60,p<0.001;F_2(1,25)=68.30,p<0.001$。简单效应分析表明，图片和字词的命名与分类存在着不对称性：图片命名的时间显著长，图片分类的时间显著短，两者差异显著，$F(1,28)=273.62,p<0.001$；字词命名的时间显著短，字词分类的时间显著长，两者差异也显著，$F(1,28)=5.50,p<0.05$。有、无标示类别的义符与材料类型的交互作用显著：$F_1(1,28)=5.39,p<0.05;F_2(1,25)=667.80,p<0.001$。简单效应分析表明，有、无标示类别的义符对图片加工的影响不显著，$F(1,28)=0.24,p>0.05$，对字词加工的影响显著，$F(1,28)=8.53,p<0.01$。有、无标示类别的义符与任务类型的交互作用被试分析边缘显著：$F_1(1,28)=4.08,p=0.05$；项目分析不显著，$F_2(1,25)=1.20,p>0.05$。简单效应分析表明，有、无标示类别的义符对命名的影响不显著，$F(1,28)=0.11,p>0.05$，对分类的影响显著，$F(1,28)=8.29,p<0.01$。材料类型、任务类型和有、无标示类别的义符三者的交互作用被试分析显著：$F_1(1,28)=6.65,p<0.05$；项目分析不显著，$F_2(1,25)=0.63,p>0.05$。简单效应分析表明：有、无标示类别的义符对图片命名的影响不显著，$F(1,28)=0.22,p>0.05$，名称中有标示类别的义符的图片和名称中无标示类别的义符的图片命名时间仅相差5ms；有、无标示类别的义符对图片分类的影响不显著，$F(1,28)=0.04,p>0.05$，名称中有标示类别的义符的图片和名称中无标示类别的义符的图片反应时仅相差1ms；有、无标示类别的义符对字词命名的影响不显著，$F(1,28)=0.00,p>0.05$，有标示类别的义符的词和无标示类别的义符的词的命名反应时相当；但是，有、无标示类别的义符对字词分类的影响非常显著，$F(1,28)=22.70,p<0.001$，有标示类别的义符的词和无标示类别的义符的词分类反应时相差34ms，有标示类别的义符的词的分类时间显著短于无标示类别的义符的词的分类时间。

四、讨论

本研究表明，在汉字词和图片的命名与分类中，反应时的总趋势是图片命名的反应时最长，图片分类和字词分类的反应时相当，字词命名的反应时最短。因此，汉字词和图片的命名与分类与拼音文字的字词和图片的命名与分类既存在着共性，又具有明显的差异。共性体现在：(1)字词命名的反应时最短；(2)字词命名显著快于图片命名;(3)字词命名显著快于字词分类。差异体现在:(1)在拼音文字研究中,字词分类的反应时最长,在本研究中,图片命名的反应时最长。(2)汉字词与图片的命名与分类具有不对称性:字词命名快于字词分类,图片分类快于图片命名。而在拼音文字研究中,词和图片的命名与分类是对称的:字词命名快于字词分类,图片命名快于图片分类。(3)由于义符的作用,汉字词中有标示类别的义符的词的分类时间显著短于无标示类别的义符的词的分类时间,也显著短于图片的分类时间。(4)总的来看,汉字词加工的时间短,图片加工的时间长,体现了汉字词的加工优势;而在拼音文字研究中,未显示出字词的加工优势,因为在拼音文字研究中,与图片加工比,虽然字词命名的反应时最短,但字词分类的反应时却最长。研究还发现,义符对汉字词和图片的命名与分类具有不对称的影响:有、无标示类别的义符对汉字词和图片的命名并无显著影响,对图片分类也无显著影响,对汉字词的分类却有显著影响,有、无标示类别的义符的词分类反应时差异显著。汉字词和图片的命名和分类所以出现了与拼音文字研究不同的结果,主要原因有二:(1)实验范式不同。在拼音文字研究中,分类采用口头反应范式,加大了分类难度,使分类任务变得更复杂,从而延长了反应时间,人为地加强了命名的优势地位(反应时短);本研究采用按键反应范式,不涉及言语产生过程,分类任务变得容易,从而减弱了命名的优势效应。(2)汉字义符的作用。被试对有标示上属的义符的词分类反应加快,使得字词分类的反应时和图片分类的反应时相当。笔者认为,在比较字词分类和图片分类时,采用按键反应比采用口头反应更为公平,更能够反映分类的本质,而不至于将命名反应与分类反应混淆在一起。下面,结合柯林斯和洛夫特斯的"两个网络系统"的理论对本研究和以往对拼音文字的研究的结果加以解释。

(一)关于汉字词与图片命名与分类的不对称性

柯林斯和洛夫特斯(1975)的"两个网络系统"理论认为,词汇认知涉及词汇网络系统和概念网络系统。词汇网络系统贮存词的外部特征,包括词形的结构特征(如笔画、部件、词素等)和词音的韵律特征,概念网络系统贮存语义,包括概念和类别。汉字词与图片属于不同的符号系统,有不同的结构特性和区别特征。图片属于非言语材料,可以通过形象直接通达语义,无须以符号作为中介。汉字词则以形声字为主体,声符和义符的作用使汉字词具有既表意又表音的特性,因而被称为意音文字。按照独立编码模型(Anderson & Bower,1974;Nelson,Reed & McEvog,1977),图片加工可以直接由图形接通意义码,语音码的接通发生在意码的接通之后;汉字词的加工既可以由词形码直接接通语音码,然后由语音码接通语义码,也可以由词形码同时接通语音码和语义码。再从区别性特征来看,图片的区别性特征比词丰富。而事物的区别性特征愈丰富,知觉识别愈困难,而在语义水平上识别则愈容易。汉字词和图片的这种结构特性和区别性特征将影响两者的加工,使两者的加工走不同的路径。尤其是在字词命名、字词分类、图片命名和图片分类中,字词输入和图片输入激活"两个网络系统"的通路和顺序不同。汉字词的语音通达可以有不同路径:一是亚词汇通路,即由汉字声旁激活整字的语音,所以,规则形声字的命名时间就比不规则形声字短(舒华,张厚粲,1987);二是词汇通路,即由字形直接激活语音(Seidenberg,1985);三是语义中介通路,即由汉字的字义激活语音(陈宝国,彭聃龄,2003;陈宝国,王立新,彭聃龄,2003)。无论通过哪条路径,字词命名都属于词汇通达过程。在词汇通达以后,再构造语音计划、发声。因此,字词加工仅在词汇网络系统之内就可以完成,不需要进入语义网络系统,因而激活的通路短,反应时也短。字词分类则是亚词汇成分→词形→语音→语义的过程,或是词形→语音→语义的过程,即由词的结构特征激活语音,再由语音激活语义,进而激活相关概念。这一过程需要先进入词汇网络系统,提取词汇的词义和语音,然后激活由词汇网络系统达到语义网络系统,引起词所表征的概念结点的激活,进而激活上属概念结点,被试做出分类判断。字词分类的激活通路长于字词命名,因而反应时也长于字词命名。图片命名是图形→概念→选择词汇→发音的过程,图形输入首先激活被试头脑中的图片表征,图片表征进而激活概念网络系统中与图片有关的概念结点,然后激活由概念网络系统向词汇网络系统扩散,引起图片名称的词汇结点激活,包括词形和语音的激活,最后构造语音计划,通过发音器官发出声音。这一激活过程的通路长,时间亦长。图片分类是图形→概念→类别的过程,图形输入同样要先激活被试头脑中的图片表征,图片表征进而激活概念网络系统中表征事物的概念结点,进而激活上属概念结点,被试按照激活的难易程度做出语义决定。这一过程只涉及概念网络系统的加工,不涉及词汇网络系统的加工,激活的通路短于图片命名,反应时间也短于图片命名。字词命名、字词分类、图片命名和图片分类四种加工过程见图1。

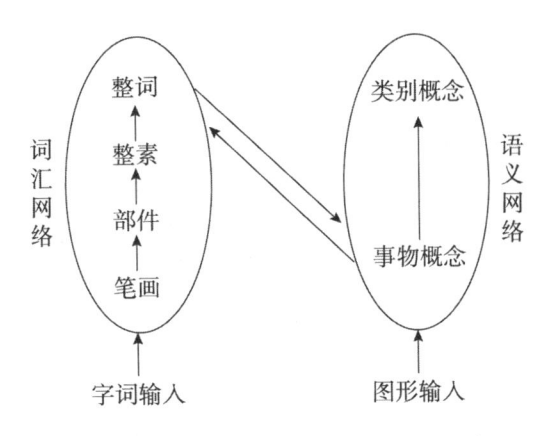

图1 汉字词与图片的命名与分类过程示意图

图1也可以说明为什么汉字词命名快于图片命名,汉字词命名快于图片分类。拼音文字的研究所以显示出字词和图片命名与分类的对称性,即字词命名快于字词分类,图片命名快于图片分类,与拼音文字的研究所使用的实验范式有关。在拼音文字的研究中,分类任务要求被试正确而且快速地说出图片或词的所属类别的名称。这不仅需要通过图形输入提取概念,还需要进一步确定概念的所属类别。然后,类别概念结点的激活又需要通达词汇网络系统,在词汇网络系统中选择能够表达这一类别的词,最后用声音表达出来(见图2)。因此,这种分类实质上包含了语义决定和命名两个过程,反应时必然要比图片命名长。如果减去分类任务中的命名过程,那么,已有的理论就可以解释实验的结果。例如,词汇假设认为,语义系统和词汇系统彼此独立,图片知觉和物体之间密切的功能联系有利于图片优先通达语义系统,字词加工则需要先经历词汇系统再达到语义系统(Glaser & Glaser,1989)。所以,如果任务是命名,词就比图片快;如果是分类,图片就比词快。在拼音文字的研究中字词的分类时间最长,是因为字形输入进入词汇网络系统以后,词汇网络系统里的激活还要通达语义网络系统,以便被试做出语义决定;语义决定完成以后,激活还要返回词汇网络系统,激活相应的类别名称,进而启动发音动作,所以字词分类的反应时就最长。而在图片分类时,不需要首先进入词汇网络系统,而且语义网络系统的激活亦快,所以分类的反应时就短。

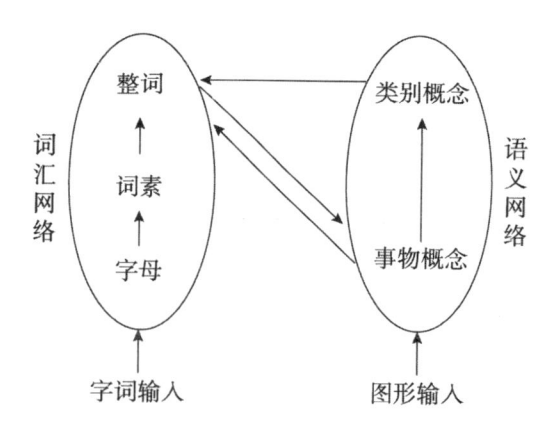

图 2　拼音文字的字词与图片命名与分类过程示意图

(二)关于汉字义符的不对称影响

本研究显示,有标示类别的义符的词分类快于无标示类别的义符的词,甚至快于图片分类。所以如此,与各种材料分类时进入两个网络系统的顺序和受到激活的程度有关。和拼音文字不同,汉字词的两个网络系统之间存在着以义符为中介的联结。视觉输入引起汉字部件(义符)的激活可以在词汇通达之前平行地扩散到语义网络系统,激活与义符有关的类别概念节点,降低这些概念节点的反应阈限,促进概念节点的提取。当含有标示类别的义符(如"衤、鸟、艹"等)的词呈现时,部件或词素单元的激活一方面启动自下而上的加工,继续上行激活整词,导致对于整词的识别;另一方面,激活沿着网络系统之间的通路扩散,激活语义网络系统中与义符有关的概念节点,如词的上属(类别)或定义特征,降低其反应阈限,启动自上而下的加工。当词被识别之后再做分类时,语义网络系统中的类别结点(如"服装、鸟类、植物"等)已经被激活,此时,只需要较少的激活就可以打通语义通路,做出语义决定。因此,有标类别的义符的词的反应时就短。而无标示类别的义符的词加工仍然需要遵循塔夫脱(1994)等提出的自下而上的加工模式:字形输入最先通达词汇网络系统,使笔画得到加工,笔画激活部件,部件激活词素,词素激活整词,然后进入语义网络系统,引起语义网络系统中词所表征的概念结点的激活,激活沿着词所表征的概念结点和词的上属概念结点之间的连线扩散,最后激活上属概念结点。这种激活的通路长,反应时间也必然长。而按照特征综合理论(Smith,Shoben & Rips,1974),图片加工是一个提取图片的基本特征到获得图片的整体形象的自下而上的过程。图片的视觉输入一方面使人获得对图片的最初知觉,另一方面也激活人们头脑中的已有表象。在对知觉与表象进行比较以后,才能确定图片表征的事物及其概念,在此基础上再确定事物的类别。这样,图片→表象→概念→类别是单向流动关系,图片分类就是一种数据驱动的自下而上的加工。为了确保正确率,人们在反应之前需要获取尽量多的基本特征,再综合为整体,这样,反应时就延长了。相比图片,有标示类别的义符的词的分类不仅可以获得来自整词激活的概念结点的自下而上的激活,还可以获得来自义符(部件)激活的类别概念结点的自上而下的激活,两个方向的激活促使有标示类别的义符的词被更快地分类(反应时为597ms),不仅快于无标示类别的义符的词的分类(反应时为631ms),甚至快于名称中有标示类别的义符的图片的分类(反应时为614ms)。而无标示类别的义符的词的分类仍然慢于名称中无标示类别的义符的图片的分类(反应时为615ms)。这样,就产生了字词分类与图片分类反应时相当的结果。研究表明,语言影响认知策略(张积家,刘丽虹,谭力海,2005)。不同语言的使用者在加工时倾向于使用不同的策略。例如,加工英文会促使读者使用注意词尾的策略,加工中文会促使读者采用注意声旁和义符的策略。任务也影响认知策略:在加工汉字词的语音时,被试倾向于注意声旁;在加工汉字词的语义时,被试倾向于注意义符(张积家,张厚粲,2001)。这种影响的实质是被试头脑中高级语言学知识的作用。本研究在分类时采用了分区(Block)的形式,把哺乳动物、鸟类、植物等6个类别分成了6个区,在每个区里要求被试判断所呈现的词或图片是否属于某一特定的类别,这一范式并不排除被试采用策略,即被试可能在完成几个区的操作以后意识到义符的作用,从而采用"义符推理"的策略,倾向于用部分推论整体,从而缩短加工时间。但是,如果被试仅仅依靠这种策略工作,那么他们在判断干扰词时,就会犯很多错误,而实际上,被试对干扰词反应的错误率很低,说明被试还是加工了整词。另一方面,这种策略也恰恰就是"义符意识"的表现。大学生在熟练地掌握了汉字以后,头脑中积累了足够的关于义符的语言学知识,如义符的表意作用,义符的标示类别作用等。这些语言学知识平时以内隐形式的存在,但在加工任务影响下,能够很快地由内隐变为外显,从而影响了加工。因此,即便是分类导致了加工策略的使用,也只能说明被试对义符敏感,说明义符确实有标示事物类别的作用,能够影响对汉字词分类。义符对汉字词分类的作用有利于汉字使用者分类学概念的发展,从而为中文教学提供重要依据。教学时,应该突出义符的标示事物类别的作用,帮助学习者尤其是儿童和外国学习者掌握义符的类别语义,进而掌握分类学概念,发展概念的分类学联系。

本研究表明,义符对汉字词命名没有影响,对图片命名也没有影响。这与义符的表意不表音的特性有关。字词命名和图片命名要求人们关心形—音转换,而义符一般只有表意功能,没有表音功能,因而义符在形—音转换中不起作用。另外,图片名称中标示类别的义符不具有认知的凸显性,"认知经济"的原则会驱使人们不会花费巨大代价把图片还原成字词然后再分类,而是直接由图形提取图义并做出分类,因而义符在图片分类也就不起作用。

通过以上分析,结合"两个网络系统"理论和"连接主义"(McClelland & Rumelhart,1988)模型,我们提出汉字词和图片命名与分类的综合模型,见图3。这一模型既能够很好地解释本研究的结果,稍加改动,也能够很好地解释拼音文字的研究结果。

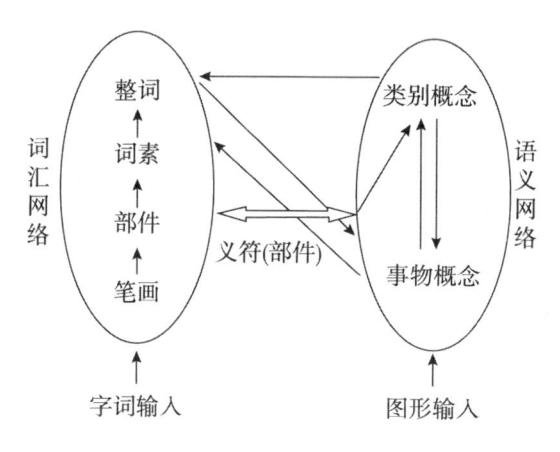

图3　汉字词与图片命名与分类的综合模型

在图3中,两个椭圆代表词汇网络系统和语义网络系统。在两个网络系统之间,存在着双向的联结。字词输入通达整词以后产生的激活进入语义网络系统,产生分类反应;图片输入通达语义网络系统后产生的激活进入词汇网络系统,产生命名反应。与拼音文字不同,汉字的词汇网络系统中包含笔画、部件、词素和整词4个层次,词汇网络系统和语义网络系统之间存在着以义符为中介的联结。正是由于这种联结,体现了汉字词心理表征的特点,这种特点既有利于汉字词的语义提取,也有利于汉字词的分类,从而使汉字词和图片的命名和分类体现了与拼音文字的图片和分类不同的特点。

(三)关于汉字词加工的优势效应

就总的情况来看,汉字词的加工时间短于图片的加工时间,而在拼音文字的加工中,则未发现有这种趋势。所以如此,既与字词与图片的使用频率有关,也与字词命名和图片命名的不确定性的差异有关,还与汉字义符的作用有关。虽然差异练习假设和"词素—音素"对应关系的假设受到质疑,但是,完全否认使用频率和"词素—音素"对应关系在字词命名优势效应中的作用可能也是片面的。汉字词是人们学习、生活和工作的主要媒介与工具,使用频率非常高,词形、词音和词义之间建立了很强的联系,由印刷符号提取词音或词义就成为一种自动加工的过程。图片在生活和学习中出现的频率低,提取图片的名称相对难度更大,是一种控制加工的过程,反应时也就相应增长了。虽然汉字没有明显的、规范的"词素—音素"对应关系,但是,由于在我们采用的图片名称中,88个汉字中有47个形声字,占53.4%;有27个独体字可以作义符或声旁,占30.7%,二者合计占84.1%,所以,还是存在着较强的"词素—音素"对应关系。图片命名则存在较大的不确定性,可以有基本水平的命名,也可以有其他水平的命名。这可能加强了汉字词的命名优势。更为重要的是,字词命名只需要通达词汇网络系统就可以完成,图片命名则需要先进入语义网络系统,再进入词汇网络系统,是网络系统之间的通达延长了图片命名的反应时,从而加强了汉字词的命名优势。本来,图片在分类中应该占有优势,因为图片分类只需要进入语义网络系统,不需要进入词汇网络系统。所以,在拼音文字的研究中,图片分类显著快于字词分类。但是,在汉字词的分类中,由于义符的存在,加快了汉字词的分类,削弱了图片在分类上的优势,因此造成了汉字词加工在总体上的优势效应。因此,是义符对字词分类有影响而对图片分类没有影响的不对称性促使了汉字词加工优势效应产生,使汉字词的加工时间在总体上短于图片的加工时间。我们认为,这是汉字词区别于拼音文字的一个非常重要的特点。

五、结论

(1)汉字词和图片的命名与分类与拼音文字的词和图片的命名与分类既有共性,又有差异。

(2)汉字词和图片的命名与分类具有不对称性:汉字词命名快于汉字词分类,图片分类快于图片命名。

(3)义符对于汉字词和图片的命名与分类具有不对称的影响:义符对汉字词分类影响大,但不影响汉字词的命名,也不影响图片的命名与分类。

义符、熟悉性和典型性对汉字词和图片命名与分类的影响[①]

本研究通过2个实验,考察汉字词和图片命名与分类的特点,揭示义符、熟悉性和典型性在汉字词和图片命名与分类中的作用。结果表明,义符对汉字词和图片的命名与分类的影响具有不对称性,对汉字词加工的影响大,对图片加工的影响小,对汉字词分类的影响大,对汉字词命名的影响小。熟悉性和典型性对汉字词和图片的命名与分类均有显著影响,熟悉度高的词和图片的命名与分类快于熟悉度低的词和图片,典型性高的词和图片的命名与分类也快于典型性低的词和图片。义符促进熟悉度低的字词和图片的分类,也会促进典型性低的字词和图片的分类。

一、引言

字词和图片的命名与分类包含不同的认知过程,因而倍受认知心理学家青睐,被广泛用于知觉、记忆与语言等研究领域。在拼音文字研究中,图片和字词命名和分类的总趋势是字词分类最慢,图片分类次之,图片命名再次之,字词命名最快(Glaser,1992)。在汉字词和图片命名与分类中,图片命名最慢,图片分类和字词分类反应时相当,字词命名最快(方燕红,张积家,2009)。因此,汉字词和图片的命名与分类与拼音文字的词和图片的命名与分类既有共性,又有差异。差异主要体现在:(1)在拼音文字研究中,字词分类最慢,在中文研究中,图片命名最慢;(2)汉字词与图片的命名与分类具有不对称性:汉字词分类慢于汉字词命名,而图片命名慢于图片分类。在拼音文字研究中,字词和图片的命名与分类具有对称性:字词分类慢于字词命名,图片分类慢于图片命名。(3)在汉字词中,有标类别

[①] 本文原载于《井冈山大学学报》(社会科学版)2012年第4期,第81-88页。
本篇作者:方燕红,张积家。

的义符的词分类显著快于无标类别的义符的词,也快于图片分类。(4)汉字词加工时间短,图片加工时间长,体现出汉字词的加工优势;拼音文字研究却未显示出字词加工优势。研究还发现,义符对汉字词和图片的命名与分类产生不对称性的影响。有、无标类别的义符对汉字词和图片的命名无显著影响,对图片分类也无显著影响,但有、无标类别的义符对汉字词分类有显著影响,有标类别的义符的词与无标类别的义符的词的分类反应时差异显著(方燕红,张积家,2009)。

图片具有多种属性,包括图名一致性、熟悉性、表象一致性、视觉复杂性、典型性、词长、获得年龄等,词也具有词频、熟悉性、典型性、具体性、词长、笔画数、正字法深度、字形结构等多种属性(Sirois & Kremin,2006;舒华,程元善,张厚粲,1989;Weekes,Shu,Hao,2007;张清芳,杨玉芳,2003;陈宝国,尤文平,周会霞,2007)。熟悉性与出现频率有关,出现频率高的图片和词具有高熟悉性,如"鸡、狗"等。典型性是指范畴样例对目标范畴的代表性,是样例与范畴类其他样例的相似性程度。相似性程度高表示样例具有高的类别代表性,是范畴内的典型性代表。典型性与熟悉性虽然有相关,熟悉样例往往也典型,但二者并不完全等同。如在"鸟"类中,"鸡"的熟悉性很高,典型性却很低。研究表明,熟悉性等属性影响图片和字词的加工。例如,加工熟悉的图片或字词速度快,加工不熟悉的图片或字词速度慢(Sirois & Kremin,2006;舒华,程元善,张厚粲,1989;Weekes,Shu,Hao,2007;张清芳,杨玉芳,2003;陈宝国,尤文平,周会霞,2007)。当前研究往往只是孤立地探讨图片的熟悉性或典型性对图片加工的影响,孤立地探讨字词的熟悉性或典型性对字词加工的影响,鲜有研究同时考察这些属性对图片和字词加工的影响。熟悉性和典型性在汉字词和图片的命名与分类中的作用至今更是未见有探讨。因此,本研究着重解决以下问题:熟悉性和典型性如何影响汉字词和图片的命名与分类,汉字义符与熟悉性和典型性在汉字词和图片的命名与分类中是否存在着交互作用?

二、实验1 义符和熟悉性对汉字词和图片命名与分类的影响

(一)被试

30名大学本科生,男女各半,平均年龄19.1±0.67岁,视力正常或矫正视力正常。

(二)设计与材料

采用2(材料类型:图片、汉字词)×2(名称中有、无标类别的义符:有义符、无

义符)×2(熟悉性:高熟悉、低熟悉)×2(任务类型:命名、分类)四因素重复测量设计。实验材料包括高熟悉和低熟悉图片各52幅,高熟悉和低熟悉汉字词各52个。汉字词即为图片名称。除少数图片外,多数来自舒华等的标准化图片。在高、低熟悉图片中,各有26幅图片名称有标类别的义符,如狗、公鸡、桌子,各有26幅图片名称无标类别的义符,如兔、孔雀、凳子;这样,高熟悉和低熟悉的汉字词中也是各有26个词有标类别的义符,各有26个词无标类别的义符。共有哺乳动物、鸟类、植物、家具、服装、器官6个类别。实验前让62名大学生采用7点量表分别评定图片的典型性、熟悉性及词的熟悉性。7表示图片中的事物典型性非常高,或对图片、词非常熟悉,1表示图片中的事物典型性非常低,或对图片、词非常不熟悉。选取熟悉度一致的图片和字词,并匹配图片和字词的各种属性。t检验表明,高熟悉图片与低熟悉图片、高熟悉词与低熟悉词的平均熟悉性差异均非常显著,$p<0.05$;但高熟悉图片与低熟悉图片、高熟悉词与低熟悉词的平均典型性差异均不显著,$p>0.05$;名称中有义符的图片与无义符的图片平均熟悉性和典型性差异均不显著,$p>0.05$;有标类别的义符的词与无标类别义符的词的熟悉性和词长、笔画数差异均不显著,$p>0.05$。由于图片和词一一对应,因而图片和词的典型性一致。实验材料的统计信息见表1。实验材料还包括52幅填充图片和52个填充词用作分类中的干扰项,24幅图片和24个词用作练习。正式实验的104幅图片和104个词同时用于命名和分类。

表1 实验1材料统计信息表

	材料类型	实验材料举例	平均典型性	平均熟悉性	平均笔画数
高熟悉	图片(有义符)	狗、公鸡、萝卜、桌子、长裤	5.41	5.96	
	图片(无义符)	兔、孔雀、西瓜、凳子、手套	5.39	5.98	
	有义符的词	狗、公鸡、萝卜、桌子、长裤	5.41	6.43	14.46
	无义符的词	兔、孔雀、西瓜、凳子、手套	5.39	6.35	14.32
低熟悉	图片(有义符)	豹、鸵鸟、芦笋、摇椅、长袜	5.26	4.76	
	图片(无义符)	鹿、大雁、石榴、屏风、领带	5.21	4.73	
	有义符的词	豹、鸵鸟、芦笋、摇椅、长袜	5.26	5.76	14.62
	无义符的词	鹿、大雁、石榴、屏风、领带	5.21	5.65	14.55

(三)仪器

采用 E-Prime 编程,仪器有 PET-SRBOX 反应盒、计算机、麦克风。图片和词都呈现在计算机屏幕中央,被试反应通过 PSTSR-BOX 连接的麦克风记录。材料的呈现、计时及反应时收集由计算机控制。命名错误率由主试记录,分类错误率由计算机自动记录。

(四)程序

每名被试既接受高熟悉材料的命名与分类任务,也接受低熟悉材料的命名与分类任务。一半被试先完成高熟悉材料的任务再完成低熟悉材料的任务,另一半被试的顺序相反。在一种熟悉度材料的实验中,采用拉丁方设计匹配图命名、词命名、图分类和词分类 4 种任务的顺序。每种任务开始之前都有相应的练习。

在命名任务中,图片或词随机呈现,被试对准话筒快而准地说出屏幕上图片的名称或朗读词。实验前为学习阶段。在屏幕中央依次呈现每幅图片及图片对应的名称,共 128 幅图(词)。告诉被试这些图片在正式实验中将出现,要被试记住图片对应的名称。如果被试对某一图片的命名出现错误就进行纠正,并强调要记住程序中给出的图片名称。在正式实验时,首先在屏幕中心呈现注视点"+"400ms,然后空屏 400ms,紧接着在屏幕中心呈现一张图片(或词),直到被试做出命名反应,图片(或词)消失。间隔 1000ms 后,进行下一次试验。如果被试未对图片(或词)做出反应,2000ms 后图片(或词)自动消失,反应时记为 2000ms,并认为是错误。图片大小为 320 像素×212 像素,词为 3cm×3cm 的黑色楷体,背景为白色。在分类任务中,6 个类别以 6 个区间先后呈现,一个类别分类完后再进行另一个类别的分类,每一个类别内的材料随机呈现。被试坐在计算机前,左手食指放在"是"键上,右手食指放在"否"键上,判断屏幕上呈现的图片或词是否属于某一类别,属于按"是"键,不属于按"否"键。每一类别在正式实验前用非实验材料练习 4 次。在正式实验时,首先在屏幕中心呈现注视点"+"400ms,然后空屏 400ms。紧接着屏幕中心呈现一张图片(或词),直到被试做出反应,图片(或词)消失。间隔 1000ms 后,进行下一次试验。图片和词语呈现的格式同命名任务。填充材料的反应时和正确率不参与统计分析。每一名被试接受 4 种任务,在整个实验过程中休息 8 次。

(五)结果与分析

2 名被试的总体错误率较高,超过 20%,数据不参与分析。分析时删除反应

时在 $M±2.5SD$ 之外的数据,结果见表2。被试在各种任务中的平均错误率都低,故未做统计分析。

表2 被试对熟悉性不同的汉字词和图片命名与分类的平均反应时(ms)

材料类型	有标类别的义符				无表类别的义符			
	高熟悉		低熟悉		高熟悉		低熟悉	
	命名	分类	命名	分类	命名	分类	命名	分类
图片	952(84)	594(86)	1026(59)	620(104)	951(88)	592(93)	1029(70)	621(116)
汉字词	571(58)	594(77)	590(61)	609(75)	568(69)	601(77)	590(69)	647(103)

统计表明,在4种类型任务中,图片命名反应时最长,平均达989.5ms;字词分类反应时次之,平均为612.75ms;图片分类反应时再次之,平均为606.75ms;字词命名反应时最短,平均为579.75ms。方差分析表明,熟悉性的主效应非常显著,$F(1,27)=202.46, p=0.000$。被试加工高熟悉材料的反应时比加工低熟悉材料的反应时显著短。材料类型的主效应非常显著,$F(1,27)=446.45, p=0.000$。被试加工词的反应时比加工图片的反应时显著短。有、无标类别的义符的主效应不显著,$F(1,27)=2.62, p>0.05$。任务类型的主效应非常显著,$F(1,27)=141.34, p=0.000$。分类的反应时短,命名的反应时长。材料类型与有、无标类别的义符的交互作用不显著,$F(1,27)=2.32, p>0.05$。材料类型与熟悉性的交互作用非常显著,$F(1,27)=13.80, p<0.01$。高熟悉图片加工的平均反应时与低熟悉图片加工的平均反应时相差52.25ms,高熟悉字词加工的平均反应时与低熟悉字词加工的平均反应时相差25.5ms。因此,熟悉性对图片加工影响大,对字词加工影响相对小。有、无标类别的义符与熟悉性的交互作用不显著,$F(1,27)=1.71, p>0.05$。材料类型、有无标类别的义符和熟悉性三者的交互作用不显著,$F(1,27)=1.61, p>0.05$。材料类型与任务类型的交互作用非常显著,$F(1,27)=915.50, p=0.000$。简单效应分析表明,字词与图片的加工具有不对称性:图片的命名时间显著长,图片的分类时间显著短,两者相差378.75ms;字词的命名时间短,而字词的分类时间长,两者相差33ms。有、无标类别的义符与任务类型的交互作用不显著,$F_1(1,27)=3.35, p>0.05$。材料类型、有无类别标志的义符和任务类型三者的交互作用显著,$F_1(1,27)=7.03, p<0.05$。简单效应分析表明:有、无标类别的义符对图片命名的影响不显著,$p>0.05$,名称中有标类别义符的图片和名称中

无标类别义符的图片命名时间只相差2ms;有、无标类别的义符对图片分类影响不显著,$p>0.05$,名称中有标类别义符的图片和名称中无标类别的义符的图片分类反应时相当;有、无标类别的义符对字词命名影响不显著,$p>0.05$,有标类别义符的词和无标类别义符的词的命名反应时仅相差3ms;但是,有、无标类别的义符对字词分类影响显著,$p<0.05$,有义符的词和无义符的词的分类反应时相差49ms,有标类别义符的词的分类时间显著短于无标类别义符的词。熟悉性和任务类型的交互作用显著,$F(1,27)=5.81,p<0.01$。高熟悉材料的平均命名时间比低熟悉材料的平均命名时间长48.75ms,高熟悉材料的平均分类时间比低熟悉度材料的平均分类时间长29ms,因而,熟悉性对命名的影响大于对分类的影响。材料类型、熟悉性和任务类型三者的交互作用非常显著,$F_1(1,27)=16.04,p=0.000$。简单效应分析表明,熟悉性对字词命名、字词分类、图片命名和图片分类四种加工过程影响都很显著。但相对而言,熟悉性对图片命名的影响最为显著,高熟悉图片的命名时间与低熟悉图片相差76ms;对字词分类的影响其次,高熟悉字词的分类时间与低熟悉字词相差30.5ms;对图片分类的影响再次,高熟悉图片的分类时间与低熟悉图片相差27.5ms;对字词命名的影响最小,高熟悉字词的命名时间与低熟悉字词相差20.5ms。有无类别标志的义符、熟悉性和任务类型三者的交互作用显著,$F_1(1,27)=3.36,p<0.05$。简单效应分析表明:义符对高熟悉材料的命名与分类影响不显著,$p>0.05$,对熟悉材料的命名影响也不显著,$p>0.05$,但义符对低熟悉材料的分类影响显著,$p<0.05$;材料类型、有无标类别的义符、熟悉性和任务类型四者的交互作用不显著,$F_1(1,27)=1.22,p>0.05$。

二、实验2 义符和典型性对汉字词和图片命名与分类的影响

(一)方法

1. 被试

32名大学本科生,男女各半,平均年龄19.3±0.83岁,视力或矫正视力正常。

2. 设计与材料

采用2(材料类型:图片、汉字词)×2(是否有义符:有义符、无义符)×2(典型性:高典型、低典型)×2(任务类型:命名、分类)四因素重复测量设计。选材过程同实验1。目标材料包括高典型和低典型图片各52幅,高典型和低典型汉字词各52个。汉字词即为图片名称。在高、低典型图片中,各有26幅图片的名称有标类别的义符,各有26幅图片的名称无标类别的义符;这样,高、低典型汉字词中也各

有 26 个词有标类别的义符,各有 26 个词无标类别的义符。匹配图片和词的各种属性。统计检验表明,高典型图片与低典型图片的平均典型性差异显著,$p < 0.05$。由于图片与字词一一对应,因此,高典型词与低典型词的平均典型性差异也显著。但是,高典型图片与低典型图片、高典型词与低典型词的平均熟悉性差异均不显著,$p > 0.05$;名称有标类别义符的图片与无标类别义符的图片的平均典型性和熟悉性差异均不显著,$p > 0.05$;有义符词与无义符词的平均典型性、熟悉性、词长和笔画数差异均不显著,$p > 0.05$。实验材料见表3。

表3 实验材料信息统计表

	材料类型	实验材料举例	平均典型性	平均熟悉性	平均笔画数
高熟悉	图片(有义符)	狗、公鸡、萝卜、桌子、长裤	6.02	5.48	
	图片(无义符)	兔、孔雀、西瓜、凳子、手套	5.94	5.42	
	有义符的词	狗、公鸡、萝卜、桌子、长裤	6.02	6.27	14.83
	无义符的词	兔、孔雀、西瓜、凳子、手套	5.94	6.16	14.70
低熟悉	图片(有义符)	豹、鸵鸟、芦笋、摇椅、长袜	4.76	5.33	
	图片(无义符)	鹿、大雁、石榴、屏风、领带	4.82	5.27	
	有义符的词	豹、鸵鸟、芦笋、摇椅、长袜	4.76	6.17	15.06
	无义符的词	鹿、大雁、石榴、屏风、领带	4.82	6.17	14.91

3. 仪器与程序

同实验1。

4. 结果与分析

有3名被试的总体错误率较高,都超过20%,其数据不参与分析。分析时删除反应时在 $M ± 2.5SD$ 之外的数据,结果见表4。

表4 被试对典型性不同的汉字词和图片命名与分类的平均反应时

材料类型	有标类别义符				无标类别义符			
	高熟悉性		低熟悉性		高熟悉性		低熟悉性	
	命名	分类	命名	分类	命名	分类	命名	分类
图片	966(82)	586(96)	1019(63)	614(105)	969(82)	583(98)	1021(76)	617(101)
汉字词	571(56)	592(71)	595(68)	604(75)	567(58)	604(77)	589(79)	654(111)

统计表明,在 4 种类型任务中,图片命名反应时最长,平均达 993.5ms;字词分类反应时次之,平均为 613.5ms;图片分类反应时再次之,平均为 600ms;字词命名反应时最短,平均为 580.5ms。被试分析的方差分析表明,典型性的主效应非常显著,$F(1,28)=8.24,p<0.01$。高典型性材料加工反应时短,低典型性材料加工反应时长。材料类型的主效应非常显著,$F(1,28)=763.31,p=0.000$。加工词的反应时比加工图片显著短。有、无标类别的义符的主效应显著,$F(1,28)=4.90,p<0.05$。加工有标类别义符的材料反应时短,加工无标类别义符的材料反应时长,出现了义符促进效应。任务类型的主效应非常显著,$F(1,28)=178.16,p=0.000$。分类反应时短,命名反应时长。材料类型与有、无标类别的义符的交互作用不显著,$F(1,28)=2.89,p>0.05$。材料类型与典型性的交互作用不显著,$F(1,28)=1.13,p>0.05$。高、低典型图片的加工时间差异显著,$p=0.000$;高、低典型字词的加工时间差异也显著,$p=0.000$。典型性对图片和字词的影响趋势相同。有、无标类别义符与典型性的交互作用不显著,$F(1,28)=2.71,p>0.05$。材料类型、有无标类别的义符与典型性三者的交互作用不显著,$F(1,28)=1.79,p>0.05$。材料类型与任务类型的交互作用非常显著,$F(1,28)=1161.66,p=0.000$。简单效应分析表明,字词与图片的加工具有不对称性:图片命名时间显著长,图片分类时间显著短,两者相差 393.5ms,$p=0.000$;字词命名时间短,字词分类时间长,两者相差 33ms,$p=0.000$。有、无标类别的义符与任务类型的交互作用显著,$F(1,28)=7.53,p<0.01$。简单效应分析表明:有、无标类别义符对命名影响不显著,$p>0.05$,对分类影响显著,$p<0.05$。材料类型、有无标志类别义符和任务类型三者的交互作用显著,$F(1,28)=11.17,p<0.01$。简单效应分析表明,有、无标类别义符对图片命名的影响不显著,$p>0.05$,名称中有标类别义符的图片的命名时间与名称中无标类别义符的图片命名时间仅相差 2.5ms;有、无标类别义符对图片分类影响不显著,$p>0.05$,名称中有标类别义符的图片和名称中无标类别义符的图片的分类反应时相当;有、无标类别义符对字词命名的影响不显著,$p>0.05$,有标类别义符的词和无标类别义符的词的命名反应时只相差 10ms;但是,有、无标类别的义符对字词分类的影响非常显著,$p<0.01$,有义符的词和无义符的词的分类反应时相差 62ms,有标类别义符的词的分类时间显著短于无标类别义符的词。典型性和任务类型的交互作用显著,$F(1,28)=6.29,p<0.05$。简单效应分析表明,典型性对分类的影响大于对命名。材料类型、典型性和任务类型三者的交互作用显著,$F(1,28)=4.25,p<0.05$。简单效应分析表明,典型性对字词

命名、字词分类、图片命名和图片分类四种加工过程的影响都很显著。有无标志类别标志的义符、典型性和任务类型三者的交互作用显著,$F(1,28)=3.12,p<0.05$。简单应分析表明,义符对高典型材料的命名与分类影响不显著,$p>0.05$,对低典型材料的命名影响也不显著,$p>0.05$,但对低典型材料的分类影响显著,$p<0.05$。材料类型、有无标类别的义符、典型性和任务类型四者的交互作用不显著,$F(1,28)=1.39,p>0.05$。

四、讨论

实验1表明,熟悉性对汉字词和图片的命名与分类均有显著影响,高熟悉性材料加工时间短,低熟悉性材料加工时间长,产生熟悉性效应。但是,相对而言,熟悉性对材料命名的影响大于对材料分类的影响,对图片加工的影响大于对汉字词加工的影响。实验2表明,典型性对汉字词和图片的命名与分类均有显著影响,高典型性材料加工时间短,低典型性材料加工时间长,产生典型性效应。但是,相对而言,典型性对材料分类的影响大于对材料命名的影响,对图片加工的影响与对字词加工的影响程度相当。整个研究表明:(1)在加工时间上,图片命名时间最长,字词分类次之,图片分类再次之,字词命名时间最短;(2)汉字词和图片的命名与分类存在不对称性,汉字词命名的反应时短于汉字词分类的反应时,图片分类的反应时却短于图片命名的反应时;(3)图片加工时间长,字词加工时间短,体现出字词加工优势;(4)有、无标类别的义符对汉字词和图片的命名与分类存在不对称性:义符只影响字词加工但不影响图片加工,义符只影响字词分类但不影响字词命名;(5)总体上,材料的命名时间长,分类时间短;(6)义符与熟悉性、典型性与任务类型之间存在一定的交互作用。

"两个网络系统"(Collins & Loftus,1975)、连接主义模型不仅适用于汉字词和图片的命名与分类的综合模型,也适用于解释本研究所得到的汉字词与图片命名与分类的不对称性及义符对汉字词和图片命名与分类的不对称性影响,甚至还可以用来解释熟悉性效应和典型性效应。

(一)关于熟悉性效应

词频或熟悉性对词汇认知有重要影响。根据连接主义模型(McClelland,Rumelhar,1988),输入模式越是常见,对这种模式越是熟悉,辨认这种模式的阈限就愈低。"两个网络系统"理论认为,字词加工先后涉及两个不同的网络系统:词汇网络系统和语义网络系统。词汇网络系统贮存词的外部特征,包括词形结构的特征和词音的韵律特征;语义网络系统储存语义,包括概念和类别。由于总激活能量有限,如果词汇网络加工占用了较多的容量,用于语义加工的容量必然少。字词命名是提取词的语音的过程,字词分类是提取词的类别语义的过程。高熟悉词,词形和词音、词义之间建立了较强联系,觉察阈限低,少量容量便激活了词汇网络系统中的词形和词音,使字词的语音表征得到快速提取,字词得以快速命名;同时,留给语义加工的容量多,使字词的语义表征也能得到快速提取,字词得以快速分类。低熟悉词,词形和词音、词义之间未建立强的联系,觉察阈限高,词汇网络系统里语音表征提取需要借助笔画和部件表征的激活,不仅费时,还耗费较多资源;同时,留给语义加工的容量少,使字词的语义表征激活难度大,提取速度慢,分类也慢。因此,低熟悉词的加工时间必然长于高熟悉词。图片输入一般直接接通其意义码,而语音码接通发生在意义码接通之后,这样,图片的加工过程与字词加工相反,先进入语义网络,再进入词汇网络。根据"两个网络系统"理论,如果语义网络的加工占用了较多容量,用于语间加工的容量便少。高熟悉性图片,图形和图义之间建立了很强的联系,觉察阈限低,只需少量容量便激活了语义网络中的相关表征,使图片的语义得到快速提取,图片得以快速分类;继之,词汇网络加工便获得较多资源,图片的词音表征的激活必然迅速,图片得以快速命名。低熟悉性图片,图形和图义之间联系不强,图形的视觉形象需先与心理词典中的认知原型相匹配,如果能得到较多重叠,才能做出肯定判断,把图片确定为某一类别成员,否则作出否定判断,这一过程既费时又耗费资源。这样,留给词汇网络加工的资源减少,为图片选择恰当的词汇和做出语音计划并发声的难度则加大。因此,低熟悉性图片的加工时间也必然长于高熟悉性图片的加工时间。

熟悉性对图片命名、图片分类、字词命名、字词分类均有影响,这一结果与已有研究相吻合(陈宝国,尤文平,周会霞,2007;Snodgrass,Vanderwart,1980;张积家,陈新葵,2005)。尽管如此,熟悉性对图片的加工与对字词的加工的影响程度不同。这是由于字词和图片在生活中使用频率不同造成。汉字词是人们学习、生活和工作的主要媒介与工具,使用频率非常高,词形、词音和词义之间建立了很强的联系,加工词尤其是读词就成为一种自动化过程;图片在日常生活中出现频率较低,加工图片尤其是提取图名难度大,是个费力的过程。差异练习假设(differential-practice hypothesis)认为,练习可提高图片和字词的熟悉性,促进图片和字词的加工;但相对而言,大量练习可以大大缩短图片加工时间,而字词加工的时间缩短有限。这样,练习较多、熟悉性高的图片的加工速度将快于练习较少、熟悉性较低的图片,而高熟悉与低熟悉字词加工速度的差异相对较少,显示出熟悉性对图片加工的影响大于对字词的影响。

熟悉性对命名的影响与对分类的影响程度也不同。这与命名与分类包含不同的认知过程有关。字词命名、字词分类、图片命名均涉及语音和语义表征,熟悉性因而是影响这些过程的一个重要变量。图片分类是语义决定过程,要求被试判断图片表征的事物是否是某一类别的成员,这一过程不需要经由词汇网络系统。再加上图片的视觉特征突出,区别性特征丰富,使得其分类十分简短。因而,相对图片的熟悉性,图片的清晰度、规范性和典型性在决定图片分类的过程中起着更为重要的作用。这样,熟悉性对字词和图片命名的影响作用就相对要大,对字词和图片分类的影响作用相对要小。

(二)关于典型性效应

典型性对词汇认知也有重要影响(王甦,汪安圣,1992)。根据激活扩散理论(Collins,Loftus,1957),典型性越高的概念,其离上属概念的语义距离就越近,因此,由该概念的激活扩散到上属概念并进而激活上属概念的时间也就越短,相应地,语义分类过程也就越快越容易;典型性越低的概念,其离上属概念的语义距离就越远,因此,由该概念的激活扩散到上属概念并进而激活上属概念的时间也就越长,相应地,语义分类过程也就越慢越困难。在本研究中,高典型性图片容易激活图片所代表事物的上属概念,高典型性词也容易激活词所表征事物的上属概念,而低典型性图片激活图片所代表事物的上属概念难度大,低典型性词激活词表征事物的上属概念难度也大,因而表现出典型性效应。虽然如此,典型性对分类过程的影响仍显著地大于对命名过程的影响。所以如此,与典型性在两个网络系统中的作用不同有关。范畴典型性(即类别语义距离)是语义网络而不是词汇网络中的重要变量(张积家,董昌锋,2006;张积家,方燕红,陈新葵,2006)。在实验指导语提示下,被试对分类和命名过程采用了不同的加工策略。对图片分类和字词分类过程,被试采用图(词)形输入→类别语义输出的策略,因而典型性是决定语义分类的重要变量,直接影响分类的快慢。对字词命名过程,被试采用词形输入→词音输出的加工策略,这一策略较少涉及典型性;图片命名走的是图形输入→概念提取→词音激活的过程,较少涉及图片的类别语义,因而典型性的作用也有限。由此可知,典型性对图片分类与字词分类的影响趋势相同,对图片命名与字词命名的影响趋势也相近。

(三)关于义符与熟悉性和典型性的交互作用

本研究还表明,义符与熟悉性、典型性和任务类型之间存在交互作用。有无类别标志的义符能够显著促进低熟悉材料和低典型材料的分类,但对高熟悉材料和高典型材料的命名与分类、对低典型材料的命名影响均不显著。所以如此,与如下原因有关:

(1)汉字词义符表意不表音。字词命名和图片命名要求人们关心形—音转换,而义符一般只有表意功能,没有表音功能,因而义符在形—音转换中不起作用。(2)熟悉性和典型性掩盖了义符的作用。高熟悉和高典型的汉字词和图片的认知阈限低,被试熟悉高熟悉材料和高典型材料的类别意义,在词(图)形和类别语义之间建立了较强联系,因此分类时采取了更有效的加工策略,即词(图)形输入→类别语义输出。在快速加工情况下,义符虽有提示类别的作用,但已小多了。低熟悉和低典型汉字词和图片的认知阈限高,分类时更依赖于词(图)形的清晰辨认。此时,义符标示类别的作用就凸显出来。

五、结论

(1)义符对汉字词和图片的命名与分类具有不对称性影响。

(2)义符与熟悉性和典型性之间具有一定的交互作用,义符主要促进低熟悉和低典型的汉字词和图片的分类。

(3)熟悉性和典型性对汉字词和图片的命名与分类均有重要影响。

图—词干扰范式下义符、声符和语音对汉字产生的影响[①]

本研究采用图—词干扰实验范式,以视觉方式呈现干扰单字,以图画命名为被试任务,探索汉语单字产生中义符、声符和语音的作用。选取与目标图名具有"义符同""声符读音同""声符同""读音同"和"无关"五种关系的干扰字,分别在三种 SOA 条件下呈现在需要被命名的图片中央。结果发现,被试的反应时受干扰字影响:当 SOA 为 100ms 时,存在显著义符促进效应。当 SOA 为 -100ms～100ms 时,存在显著声符促进效应和语音促进效应。研究结果与传统的独立两阶段模型的预期存在明显矛盾,倾向于支持交互激活理论。

一、引言

言语产生(Language Production)指人们利用语言表达思想的心理过程,将思想代码转换成语言代码再转换成生理的、运动的代码,并利用发音器官发出指代某种意义的声音(彭聃龄,舒华,陈烜之,1997)。言语产生通常包含概念化过程、言语组织过程、发音过程三个阶段。人类表达语言的过程非常迅速,上述阶段大约在600ms～700ms 内完成(Levelt,Roelofs,Meyer,1998)。当前,关于词汇通达的理论模型有两类:一类以戴尔(Dell)等建立的交互激活模型为代表,另一类以勒韦(Levelt)等提出的独立两阶段模型为代表。交互激活模型认为,从语义水平到语音水平经历了两个步骤:语义特征节点将激活扩散到相应的单词或词条节点,之后扩散至音素节点。两个阶段的激活是交互的,在时间上存在重叠,激活沿两个方向扩散,最后选择激活程度较高的目标项进行发音(Dell,1999)。激活在各个表征水平之间双向扩散,语音层可以将激活反馈回语义层。因此,在言语产生的

[①] 本文原载于《大理大学学报》2015 年第 7 期,第 79 - 84 页。
本篇作者:马利军,祁伟强,张积家。

早期阶段只有语义激活,在晚期阶段存在着语义和语音的激活共振。而独立两阶段理论认为,言语产生中的词汇通达是两个分离的阶段。在词条选择后再进行音韵编码。概念激活后,与语义相关的一个或多个项目得到激活,但个体只对目标项进行音韵编码(周晓林,庄捷,吴佳音,2003)。词汇层和语音层是分离的,独立信息的激活在两个层之间单向传递,不存在从语音层到语义层的反馈。因此,在言语产生的早期阶段只有语义激活,在晚期阶段只有字形和语音激活。

当前,言语产生研究的焦点集中在词汇产生方面,其中词汇的形、音、义加工是研究者尤为关注的问题(肖二平,张积家,和秀梅,2012)。研究表明,在印欧语系的言语产生中,语音和字形得到激活并参与到言语产生过程中,主要表现为图—词干扰作业和内隐启动作业中的促进效应。同时,许多研究证明语义信息的激活对图画命名有干扰效应,正字法信息可能发挥促进作用(Damian, Bowers, 2003)。张清芳和杨玉芳(2006)采用图—字干扰范式对汉语单字产生的研究表明,词汇产生中存在字形相关项的语音激活,但不存在从音韵编码到词汇选择的激活反馈。在言语产生中的词汇信息通达的时间进程方面,基于印欧语系词汇通达的探索表明,语义信息先激活,之后是音韵信息。周晓林等(2003)研究发现,图片命名时间受干扰字影响:语义干扰效应存在于较早期的SOA(0ms)条件中,在较晚期SOA(150ms)条件下减弱;语音促进效应和字形促进效应在早期和晚期SOA条件下均存在。实验发现了词条选择和音位编码在激活时间上的重叠,倾向于支持交互作用理论。张清芳和杨玉芳(2004)将语义和语音效应进行分离,结果发现,当SOA为-300ms~0ms时,存在语义抑制效应,当SOA为-100ms~100ms时,存在字形促进效应,当SOA为100ms时,存在语音促进效应。郭桃梅等(2005)采用事件相关电位(ERP)技术考查了语义提取和语音提取的时间进程。结果发现,当反应与否由语义信息(动物/物体)决定时,N200的潜伏期是307ms;当反应与否由语音信息决定时,N200的潜伏期是447ms。两者之间差异具有统计学意义,表明在词汇产生过程中,语义先于语音提取。

文字学的研究表明,在《现代汉语词典》的7000个常见汉字中,形声字比例为81%。李国英(1996)认为,形声字的义符具有示意和类化功能,声符具有示源与示音功能。张翔(2010)以现代汉字7000字为依据,将义符有表义作用的形声字,按照义符与被构字的关系归类,发现义符的表意性很强,在5400余个形声字中,4800余字的义符具有表意功能,约占全部形声字的89%。陈新葵和张积家(2008)研究发现了"义符熟悉性效应"。即义符加工与整字加工存在着动态的交互作用,义符的熟悉性高,对汉字识别的词形启动作用发生得早,在整字的语义激活发生之后,义符仍然有明显的语义启动作用。义符的熟悉性低,在词汇加工早期,义符的词形启动作用不明显,在加工中期,义符的语义启动作用明显。之后,他们探讨了义符熟悉性对低频形声字词汇通达的影响。结果表明,义符加工与整字加工也存在着动态的交互作用(陈新葵,张积家,2012)。两个研究表明,义符熟悉性和整字频率是影响形声字加工的重要因素,不仅影响对整字语义通达的速度,也影响亚词汇成分的加工。

义符和声符是形声字的重要部件,研究义符和声符在汉字产生中的作用能够加深人们对汉字认知过程的理解,为词汇产生理论提供进一步的证据。先前研究对字形和语义的探讨并未从汉字义符和声符的角度去考察。在不同 SOA 条件下,义符和声符对汉字产生发挥怎样的作用呢?已有研究表明,义符在汉字产生中有表意和表形功能。那么,在不同 SOA 条件下,义符更多地发挥字形的作用,还是更多地发挥语义的作用?

二、方法

(一)被试

90 名大学本科生,男、女各半,平均年龄 21.27(± 1.32)岁,视力或矫正视力正常。

(二)实验材料

实验材料由目标图画和干扰字组成,所选干扰字和图画名称都为单音节形声字。目标图画 30 幅,练习图画 5 幅,选自舒华等(1989)修订的斯诺德格拉斯和范德沃特(Snodgrass & Vanderwart)的标准图,具有很高的命名一致性、熟悉度、表象一致度和视觉复杂度,如"猪"。干扰字分为五个类别:与目标图画名称的义符相同,声符、读音不同,称为"义符同"干扰字,如"狂";与目标图画名称的声符、读音相同,义符不同,称为"声符读音同"干扰字,如"诸";与目标图画名称的声符相同,义符、读音不同,称为"声符同"干扰字,如"绪";与目标图画名称的读音相同,义符、声符不同,称为"读音同"干扰字,如"珠";与目标图画名称的义符、声符、读音都不同,称为"无关"干扰字,如"锋"。50 名大学生采用 5 点量表对图画熟悉度进行评定,最终选择的图画熟悉度均在 3.5 以上。匹配各类干扰字的字频和笔画数,见表 1。分别对干扰字的字频和笔画数进行方差分析,发现以字频为考察对象时, $F(5,174) = 0.90, p > 0.05$；以笔画数为考察对象时, $F(5,174) = 0.38$, $p > 0.05$。

表1 图画名和各类干扰字的字频和笔画数的平均数($M ± SD$)

项目	图画名	义符同	声符读音同	声符同	读音同	无关
字频	1.77±2.16	3.81±12.8	1.24±4.00	0.82±1.02	3.23±9.99	1.36±1.98
笔画数	10.63±2.36	10.63±2.37	10.27±2.64	10.43±3.03	10.17±2.72	9.87±2.61

注：字频来自《现代汉语频率词典》(北京语言学院语言教学研究所,1986),单位为万分之一。

(三) 设计

采用5(干扰字类型：义符同/声符读音同/声符同/读音同/无关)×3(SOA：-100ms/0ms/100ms)混合设计：干扰字类型×SOA(-100ms、0ms和100ms)。干扰字类型为被试内因素,SOA为被试间因素。每个被试只接受一种SOA条件,每组包括150个试次,每幅图画呈现5次,分别与五种干扰字配对,完全随机化呈现。通过练习使被试熟悉实验程序。

(四) 程序

实验分为两个阶段。第一个阶段为学习阶段,让被试阅读纸质学习材料,学习材料为正式实验呈现的35幅图画及其对应的名称(其中5幅在练习阶段使用),要求他们记住图画名称。当被试确信自己记住图画名称后休息2分钟,开始正式实验。正式实验采用E-prime编程,首先呈现注视点"+"500ms,空屏500ms,接着图画和干扰字同时或相继呈现。当SOA = -100ms时,干扰字早于图画100ms呈现；当SOA = 0ms时,干扰字和图画同时呈现；当SOA = 100ms时,干扰字晚于图画100ms呈现。在三种条件下,图画呈现时间为1500ms,干扰字位于图画中央,干扰字呈现300ms后消失。被试的任务是在图画呈现后,忽视图画中出现的单字,尽可能准确而迅速地对着麦克风对图画命名,为了加强被试对干扰字加工,使用红色呈现干扰字。被试做出反应后,图画和干扰字随即消失,间隔1000ms后开始下一次测试。计算机自动记录反应时间,主试记录命名正确与否。

三、结果和分析

在三种SOA条件下,被试对图画"狐、壁、狼"反应的正确率低于90%,故删除该 3 个项目,三组实验各有 27 个项目进入统计分析。删除反应错误的数据和 $M \pm 2SD$ 之外的数据,占 7.08%。每种条件下错误率分布均匀,而且正确率较高,因此只分析反应时。结果见表 2。

表 2 被试在不同干扰类型和 SOA 下的平均反应时(ms)

SOA	反应	义符同	声符读音同	声符同	读音同	无关
-100ms	反应时	693 ± 58	633 ± 66	651 ± 58	664 ± 63	695 ± 60
	启动量	2	62	44	31	—
0ms	反应时	679 ± 66	613 ± 58	625 ± 62	647 ± 62	691 ± 68
	启动量	12	78	66	44	—
100ms	反应时	667 ± 75	637 ± 64	643 ± 69	657 ± 61	694 ± 73
	启动量	27	57	51	37	—

反应时的混合方差分析表明,干扰字类型的主效应显著,$F_1(4,348) = 122.82, p < 0.001, F_2(4,130) = 22.55, p < 0.001$,说明每种干扰字类型对图画命名反应时间的影响程度不同;SOA 的主效应被试分析不显著,$F_1(2,87) = 0.54, p > 0.05$,项目分析显著,$F_2(2,260) = 21.19, p < 0.001$;干扰字类型和 SOA 的交互作用显著,$F_1(8,348) = 3.50, p < 0.001, F_2(8,260) = 3.60, p < 0.001$。简单效应分析表明,在三种 SOA 条件下,被试对不同干扰字的反应时存在差异。在 SOA = -100ms 时,只有"义符同"对图画命名无影响,其他三种干扰类型均有促进作用,且"声符读音同"反应时最短,其次是"声符同",之后是"读音同",$ps < 0.05$。在 SOA = 0ms 时,只有"义符同"对图片命名无影响,其他三种干扰类型均有促进作用,且"声符读音同"反应时最短,其次是"声符同",之后是"读音同",两两之间差异显著。在 SOA = 100ms 时,四种干扰类型均对图片命名产生促进作用,"义符同"和"读音同"的反应时差异不显著,且均慢于其他两类干扰类型,其他两类干扰类型反应时差异不显著。启动量的混合方差分析表明:干扰字类型的主效应显著,$F_1(3,261) = 93.78, p < 0.001, F_2(3,104) = 9.64, p < 0.001$;SOA 的主效应被试分析不显著,$F_1(2,87) = 1.89, p > 0.05$,项目分析显著,$F_2(2,208) = 25.39, p < 0.001$;干扰字类型和 SOA 的交互作用显著,$F_1(6,261) = 4.29, p < 0.001, F_2(6,208) = 4.10, p < 0.001$。简单效应分析表明,在"义符同"条件下,干扰字在 100ms 时促进作用显著大于在 -100ms 时。在"声符读音同"条件下,干扰字在 100ms 的

促进作用显著小于在0ms的促进作用。在"声符同"条件下,干扰字在 -100ms 的促进作用显著小于在0ms时的促进作用。在"读音同"条件下,三类干扰字的促进作用较为稳定,没有随时间发生变化。在 SOA = 100ms 时,"义符同"和"读音同"的启动量无差异,且均小于其他两类干扰类型的启动量,其他两类启动量差异不显著。在 SOA = 0ms 时,"声符读音同"启动量最大,随后是"声符同",之后是"读音同",启动量最小的是"义符同",两两之间差异均显著。在 SOA = -100ms 时,启动量变化趋势同 SOA = 0ms 时,且两两之间差异显著。

四、讨论

(一)关于义符的促进效应

研究发现,仅当 SOA = 100ms 时,"义符同"干扰类型的图画命名反应时显著短于无关启动,存在着显著义符促进效应。已有研究证明:语义抑制效应存在于较早期的 SOA(0ms)条件中,在较晚期 SOA(150ms)时已减弱;字形促进效应同时强烈地存在于早期和晚期的 SOA 条件下。在本研究中,义符促进效应实际上是语义效应和字形效应同时作用的结果:在 SOA 为 -100ms ~ 0ms 时,"义符同"干扰类型同时存在着语义抑制效应和字形促进效应,表现为义符对无关字的作用不显著;在 SOA 为 100ms 时,语义抑制效应减弱,字形促进效应依然存在,表现为义符的促进作用。但是,义符的促进效应不仅仅是"字形"相似的作用,而更可能是整字激活完成,语义抑制效应减弱所致。在三种 SOA 条件下,"义符同"干扰字和"声符同"干扰字图画命名反应时之间的差异显著。"义符同"干扰字(如"银")和"声符同"干扰字(如"栈")与目标图名(如"钱")各有一个偏旁相同,即两类干扰字在字形上各有一半与目标图名相同,而且两类干扰字读音与目标图名均不相同,为什么两者的反应时差异一直存在?分析实验材料可知,义符具有表意功能,义符相同的两个汉字在整字语义上存在一定程度相关,而声符相同则缺乏语义联系。语义信息存在激活竞争是造成两者反应时差异的主要原因。在三种 SOA 条件下,"义符同"干扰类型的图画命名反应时显著长于"声符同"干扰类型,即语义相关延长了图画命名时间,产生语义抑制效应。对于图—词干扰范式下的语义效应,罗福尔(Roelofs)等提出词汇选择竞争假说。当干扰词和目标图画有语义关联时,干扰词和目标图画所对应的概念表征相互激活,词汇节点要通过竞争才能得到选择。由于干扰单字与目标图名之间存在语义上的竞争,延长了图画命名时间(方燕红,张积家,2007)。"义符同"干扰字与目标图名存在语义相关,而"声符同"没有,为考察语义信息的作用,用"义符同"启动量减去"声符同"启动量,对"义符同"和"声符同"的启动量差异值进行方差分析。结果发现,SOA 为 -100ms 和 0ms 时,启动量差异较大,分别为 -42ms 和 -54ms,但两者之间差异不显著;SOA 为 100ms 时,启动量差异最小,为 -24ms,且与之前两种 SOA 之间差异显著。这表明,当 SOA 为 100ms 时,语义抑制效应相比之前两种 SOA 条件存在显著减弱,促使"义符同"在 SOA 为 100ms 条件下出现促进效应。

(二)关于声符的促进效应

"声符同"干扰类型图画命名反应时在三种 SOA 条件下都显著短于无关启动,存在显著的促进作用。而且,在 SOA 为 0ms 时促进作用最大。在实验材料中,"声符同"干扰字与目标图名之间只有一个偏旁相同,读音不同,仅仅是字形上的联系,因此,"声符同"干扰类型与无关启动图画命名的反应时差异是由字形相似造成的,声符促进作用实际上是字形促进作用。

研究发现,"声符同"的字形促进效应非常强烈,三种 SOA 条件下的反应时都显著短于"义符同""读音同""无关"三类干扰字,表明在汉语单字产生中字形可能起着非常重要的作用。本实验结果跟许多单字的研究结果相似(周晓林,庄捷,佳音,2003;张清芳,杨玉芳,2004;郭桃梅,彭聃龄,卢春明,2005),这些研究都发现当干扰字同目标图名字形相似时,存在显著的字形促进效应。字形相关单字可能通过两种途径对图画命名过程产生影响,其一是促进词汇选择,其二是促进目标字的字形和语音形式之间的匹配。但是,如果字形促进效应发生在语音水平,那么不应该在 SOA 为负的条件下发现字形促进效应,因此字形促进效应不可能发生在语音水平。本实验的条件和结果都表明,字形促进效应是由于促进了词汇选择而产生的。

"声符读音同"干扰类型图画命名反应时在三种 SOA 条件下都显著短于无关启动,存在显著促进作用,而且三种 SOA 条件下的启动量都为最高。要探讨其具体作用,应该分离声符和读音,分别考察两者的作用。在实验材料中,"读音同"干扰字与目标图名的音节完全相同,图画命名反应时在三种 SOA 条件下都显著短于无关启动,存在显著语音促进效应,与目标图画音节相同的语音相关字激活了图画名称的语音形式,产生语音促进效应,同时,"读音同"并不随 SOA 变化而变化。这说明,在汉语单字口语产生中语音是一个稳定的编码单位。已有研究证明,在汉语词汇产生中"音节"或"音节+声调"是一个独立的编码单元。但是,张清芳和杨玉芳(2004)的研究结果证明,仅当 SOA 为 100ms 时,存在语音促进效应。这与本实验的结果存在偏差,原因有待进一步地深入探索。

本研究的结果表明,当 SOA 为 -100ms~100ms 时,同时存在着语义抑制效应、字形促进效应和语音促进效应,而且在 SOA = 100ms 时,仅有语义抑制效应有很大减弱,表明语义信息、字形信息和语音信息在激活时间上存在重叠现象,倾向于支持交互激活理论。

小学生义符一致性意识的发展研究

采用类别一致性判断任务考察汉语儿童义符一致性意识的发展特征。结果表明:(1)儿童的义符一致性意识随着年级增长而提高。三年级儿童尚未获得一致性意识,四年级儿童初步具备义符一致性意识,五年级儿童的义符一致性意识获得了长足的发展,六年级儿童获得了完善的义符一致性意识。(2)义符一致性意识与认知发展水平、已有知识及加工策略有密切关系。在汉字教学中应该有意识地培养儿童的义符一致性意识。

一、前言

形声字是汉字的主体,由义符和声符构成。义符又称意符、形符或形旁,是与被构字有语义联系的部件。常用义符约有 200 个(Hoosain,1991),借助义符推测整字语义,正确率能达到 60% ~ 100%(Williams & Bever,2010)。义符和声符在汉字认知中均发挥作用,但在词汇判断中,义符更具信息性,义符路径是汉语母语者认知汉字的默认路径。以汉语为第二语言的中高级学习者也利用义符路径识别汉字(Williams,2013)。

义符与整字语义是否一致影响形声字加工。义符一致性对汉字加工的影响称为义符一致性效应,表现为义符促进或抑制汉字加工。已有研究已经在多种任务中发现了义符一致性效应。例如,在词汇识别中存在义符一致性效应。义符与字义一致,存在正启动效应;义符与字义不一致,存在负启动效应(佘贤君,张必隐,1997)。当启动字与目标字共享义符,义符位置相同且与整字语义相关,出现正启动效应;当启动字与目标字共享义符但语义不相关,出现负启动效应(Feld-

---

[1] 本文原载于《心理科学》2015 年第 5 期,第 1136 – 1140 页。
本篇作者:王娟,张积家,胡鸿志。

man & Siok,1999)。在类别语义提取中,当义符与整字语义一致时促进语义提取,当义符与整字语义不一致时干扰语义提取(张积家,彭聃龄,张厚粲,1991;张积家,张厚粲,彭聃龄,1990)。义符促进汉字词定义特征语义的提取(张积家,彭聃龄,1993)。当义符与汉语动作动词的动作器官和动作工具一致时,促进认知,反之,抑制认知(张积家,陈新葵,2005)。

义符一致性效应的研究已经取得了一定成果,但多反映成人的加工模式。随着儿童所学汉字量的增加和语文能力提高,儿童如何掌握义符与整字语义的关系,发展出义符一致性效应?对义符与整字语义关系的意识称为义符一致性意识。只有个别研究涉及儿童的义符一致性意识。刘燕妮、舒华和轩月(2002)发现,无论儿童还是成人,对共享义符、语义不一致的汉字对(始—姐)做否定判断时出现延迟,说明义符被分解,义符语义被激活。儿童和成人的反应存在差异,表明义符语义激活是从非自动化到自动化转变的过程。这一过程的发展需要进一步的确证。

参考前人研究,设置了4种启动—目标汉字对,包含共享义符与否和语义类别是否一致两种特征。构成共享义符、类别一致(R+S+,如"江—海"),共享义符、类别不一致(R+S-,如"姨—始"),义符不同、类别一致(R-S+,如"衔—叼")和义符不同、类别不一致(R-S-,如"锯—妇")四类,要求被试做语义一致性判断。如果被试具备义符一致性意识,共享义符将引导被试借助义符做出判断,在R+S+条件产生促进效应;在R+S-条件,义符激活与整字语义冲突,产生抑制效应。当不共享义符(R-S+和R-S-)时,通过整字语义激活完成判断。比较不同年级儿童对(R+S+)与(R-S+)、(R+S-)与(R-S-)、(R+S+)与(R+S-)条件反应的差异,可以检测儿童义符一致性意识的发展。当R+S+反应时短于R-S+(促进效应)、R+S-反应时长于R-S-(抑制效应)时,说明被试已经意识到义符的表意功能而且采用义符推测整字语义;当R+S+反应时短于R+S-时,同样说明被试已经意识到义符的表意功能,并且利用义符语义判断整字语义。通过不同条件间的比较,判断被试的义符一致性意识的水平。实验预期:低年级儿童的义符一致性意识比高年级差。

二、方法

(一)被试

从徐州市公立小学中抽取六年级儿童23名,年龄为12.35±0.56岁,男生12

名,女生 11 名;五年级儿童 25 名,年龄为 11.54±0.42 岁,男生 14 名,女生 11 名;四年级儿童 28 名,年龄为 10.23±0.62 岁,男生 15 名,女生 13 名;三年级儿童 23 名,年龄为 9.54±0.35 岁,男生 15 名,女生 8 名。99 名儿童均从语文成绩中等水平的学生中随机抽取,均来自城市中等收入家庭。视力或矫正视力正常,智力正常,均为右利手。

(二)实验设计

4(年级:三年级,四年级,五年级,六年级)×4(启动关系:R+S+,R+S-,R-S+,R-S-)混合设计,年级为被试间变量,启动关系类型为被试内变量。

(三)实验材料

包括 10 对练习材料和 128 对正式材料。在正式材料中,每种启动关系各有 32 对汉字。平衡和匹配的指标有 5 个。(1)字频:4 种条件下启动字与目标字的字频差异均不显著,$ps>0.05$。(2)笔画数:启动字与目标字的笔画数差异均不显著,$ps>0.05$。(3)具体性:20 名小学教师对目标字的具体性做 7 点评定。1 表示具体性非常低,7 表示具体性非常高。平均具体性均不低于 4,4 种条件下目标汉字的平均具体性差异不显著,$p>0.05$。(4)类别一致性:20 名小学教师对汉字对的类别一致性做 7 点评定,1 表示完全不属于同一类别,7 表示完全属于同一类别。R+S+与 R-S+条件下汉字对的类别一致性平均分不低于 4.5,R+S-与 R-S-条件下汉字对的平均分不高于 4,两种不同条件的类别一致性评分差异显著,$p<0.05$。(5)义符的主观熟悉性均在 5.0 以上(陈新葵,张积家,2008,2012)。

(四)实验仪器

采用 E-Prime 编程。材料的呈现、计时、反应时收集、选择错误记录都在联想笔记本电脑上自动进行。

(五)实验程序

分为练习和正式实验。练习包括 10 对刺激,均不在正式实验中呈现。128 对汉字随机呈现。在正式实验时,首先在屏幕中央呈现红色"+"注视点 500ms,空屏 300ms,然后在注视点位置呈现启动字 1000ms,空屏 300ms,继而呈现目标字,时间最长为 3500ms。要求对先后呈现汉字的语义类别做一致与否的判断,如在 3500ms 内做出反应,刺激自动消失,进入 300ms 空屏缓冲,随后进入下一次试验。计算机记录从刺激呈现到反应之间的时间间隔。计时单位为 ms,误差为±1ms。共需要做 128 次判断。用时约 25 分钟。

(六)结果与分析

反应时分析时删去错误反应和小于 300ms、大于 3000ms 的反应。结果见表 1。

表 1 被试的平均反应时(ms)和平均错误率(%)(括号内为标准差)

年级		启动类型			
		R+S+	R+S-	R-S+	R-S-
六年级	反应时	803(94)	914(106)	874(89)	812(70)
	错误率	13.65(4.24)	18.74(5.68)	17.04(6.76)	7.91(3.19)
五年级	反应时	880(107)	951(88)	917(75)	877(76)
	错误率	21.20(7.78)	20.48(6.02)	18.56(8.46)	12.16(4.02)
四年级	反应时	979(88)	996(83)	945(84)	950(61)
	错误率	29.00(10.93)	26.00(8.84)	19.61(7.32)	18.39(5.43)
三年级	反应时	1129(126)	1142(133)	1112(110)	1103(85)
	错误率	31.91(7.71)	27.26(6.78)	29.43(9.83)	21.17(5.08)

反应时方差分析表明,年级的主效应显著,$F(3,95)=115.33, p<0.001, \eta^2=0.79$。比较表明,年级间的反应时差异均显著,$ps<0.001$,由短到长依次是六年级、五年级、四年级和三年级。启动关系类型的主效应显著,$F(3,285)=9.98, p<0.001, \eta^2=0.12$。比较表明,R+S-反应时显著长,$ps<0.001$,R-S+反应时长于R-S-,$p<0.05$,其余条件间差异不显著,$p>0.05$。年级和启动关系类型的交互作用显著,$F(9,285)=1.72, p<0.05, \eta^2=0.07$。简单效应分析表明:三年级学生在各种条件下的反应时差异均不显著,$p>0.05$;四年级学生对 R-S+ 和 R-S- 的反应时短于对 R+S-,$p<0.05$;五年级学生对 R+S+ 和 R-S- 的反应时短于对 R+S-,$p<0.05$;六年级学生对 R+S+ 的反应时短于对 R+S- 和 R-S+,$ps<0.05$,R-S- 的反应时短于对 R+S- 和 R-S+,$ps<0.05$。

错误率的方差分析表明,年级的主效应非常显著,$F(3,95)=51.88, p<0.001, \eta^2=0.62$。比较表明,年级间的错误率差异均显著,由小到大依次为六年级、五年级、四年级和三年级。启动关系类型的主效应显著,$F(3,285)=34.22, p<0.001, \eta^2=0.27$。比较表明,R-S- 的错误率显著低于其他三种条件,$ps<0.001$,R-S+ 的错误率低于 R+S+ 和 R-S+,$ps<0.001$。年级和启动关系类型

的交互作用显著,$F(9,285)=3.44,p<0.001,\eta^2=0.11$。简单效应分析表明:三年级学生对 R-S- 的错误率显著低于其他条件,$ps<0.001$;四年级学生对 R-S- 和 R-S+ 的错误率小于对 R+S+ 和 R+S-,$ps<0.001$;五年级学生对 R-S- 的错误率小于其他条件,$ps<0.001$;六年级学生对 R-S- 的错误率小于其他条件,$ps<0.001$,对 R+S+ 的错误率小于对 R+S-,$p<0.001$。对相关汉字对进行比较。结果见表2。

表2 不同年级小学生4种启动类型汉字对的反应时差异

	(R+S+)-(R+S-)	(R+S+)-(R-S+)	(R+S-)-(R-S-)
六年级	-110.61***	-70.95*	102.31***
五年级	-70.96**	-37.52	74.20**
四年级	-17.60	34.4	46.75*
三年级	-13.17	16.09	38.26

注: *** $p<0.001$, ** $p<0.01$, * $p<0.05$。

结合表1和表2可见,小学生在类别一致性判断上表现出显著的年级效应:三年级儿童对4种启动关系汉字对判断的反应时均不存在显著差异,表明三年级儿童对不同类型汉字对采用相同策略,尚不能够对汉字进行自动分解。四年级儿童在 R-S- 条件的反应时短于 R+S- 条件,在否定判断上表现出共享义符的劣势效应,表明其受到义符一致性意识影响。R+S+ 条件与 R+S- 条件的反应时差异不显著,且比不共享义符的汉字对反应时长,这既说明四年级儿童并未通过义符路径做出肯定判断,也说明受义符一致性影响,对共享义符的汉字对加工困难。在错误率上,四年级学生对义符不共享条件的错误率显著低于义符共享条件,说明他们虽然意识到共享义符的作用,但尚未有足够的汉字知识做出精确判断,且义符共享带来错误引导。综合来看,四年级儿童在否定判断上表现出义符一致性效应,在肯定判断上未出现,表明四年级儿童只具备初步的义符一致性意识。五年级儿童对 R+S+ 条件反应时短于 R+S- 条件,对 R+S- 条件反应时长于 R-S- 条件,说明能利用共享义符做类别一致性判断。在准确率上,五年级儿童仅表现出 R-S- 条件的优势。总的来看,五年级儿童的义符一致性意识已经获得了长足的发展。六年级儿童对(R+S+)-(R+S-)、(R+S+)-(R-S+)、(R+S-)-(R-S-)的差值均显著,在错误率上,除 R-S- 条件有判断优势外,R+S+条件较之R-S+条件也表现出优势。这表明,六年级儿童已经具备了完善的义符一致性意识。总之,儿童的义符一致性意识随着年级升高层层递进。

三、讨论

本研究表明,不同年级的小学生表现出不同程度的义符一致性效应。威廉姆斯和贝弗(2010)考察类别判断范式中的义符效应,要求判断汉字的语义类别,如判断"狼"(S+R+)、"获"(S-R+)、"虎"(S+R-)和"哥"(R-S-)是否属于目标类别"四脚动物"。结果发现,只有当义符作为整字语义的线索时,义符才有助于汉字识别。与威廉姆斯和贝弗(2010)的任务比,语义类别一致性判断任务的难度大,但能够避免被试预期,更真实地反映义符一致性意识的发展。启动字与目标字在字形与语义上的关系引导被试采取义符策略。启动字呈现1000ms使被试有充分的时间获取汉字整字的语义,但在目标汉字出现后,为了节省认知资源,已经具备义符一致性意识的被试会寻找对认知判断有利的线索。被试将对启动字与目标字作字形比较。共享义符引导被试激活义符,并借助义符做出判断,但对义符与整字语义不一致的状况,需要进行整字通道与义符通道的信息博弈后再做出决策。当启动字与目标字不共享义符时,需要依赖整字语义的激活。

本研究的结果验证了义符一致性的调节模型。根据义符一致性调节模型(张积家,王娟,陈新葵,2014),汉字形声字的认知涉及词汇网络系统和语义网络系统,词汇网络贮存词形和语音,概念网络贮存语义。在两个网络系统之间存在着以义符为中介的联结。词汇网络系统的部件加工层通过调节机制分配资源到不同的加工路径。获得加工资源后,系统内的义符路径和声符路径获得的资源用来激活词素,实现整词通达,然后进入概念网络激活概念结点,再激活类别结点;跨系统的义符路径可以直接通达到概念网络的类别结点,启动自上而下的加工。资源分配调节机制受被试的语言知识影响。个体的语言知识不同,导致对汉字加工产生差异。刘燕妮(2002)等认为,成人对形旁的亚词汇加工是高度自动化的过程,五年级和三年级学生的亚词汇加工系统还在发展中。本研究也发现了类似的结果:低年级儿童依靠义符通路的信息做出判断较难;高年级儿童形成了明晰的义符意识,能够借助于义符判断,语义加工又快又准。年级的差异反映了不同程度的义符参与语义加工的意识。

本研究发现了义符一致性意识发展中的年级效应:三年级儿童尚未获得义符

一致性意识,四年级儿童初步具备了一定的义符一致性意识,五年级儿童的义符一致性意识获得了长足的发展,六年级儿童获得了成熟的义符一致性意识。因此,义符一致性意识的发展是一个从无到有、逐渐发展的过程。义符一致性意识发展的年级效应除了反映不同程度的义符参与语义加工的意识外,还与儿童的神经发展、已有知识和加工策略有关。首先,儿童的认知发展水平是逐步成熟和完善的。小学生的大脑发育主要是细胞内部结构与功能复杂化的过程,这就奠定了联想、推理、抽象和概括等思维过程的物质基础(殷炳江,2003)。因此,小学生的认知加工能力会逐年增强,对同一任务的理解及反应也会产生差异。其次,小学阶段各年级儿童所拥有的汉字知识存在差异。根据小学语文课程标准,3~4年级儿童认识常用汉字2500个左右,5~6年级儿童认识汉字3000字左右。除识字量的差异外,儿童对汉字语义把握的准确程度,对同一家族汉字之间关系的认识也在逐年完善,从而使语义类别一致性任务的加工呈现出年级差异。再次,年级不同,汉字加工的策略不同。李娟(2000)等发现,儿童的汉字知觉单元是动态发展的,小学一年级儿童识字量少,对汉字熟悉性低,所以多采用特征优先的知觉方式,随着年级升高,识字经验丰富,特征优先的知觉方式逐渐被整体知觉方式所取代。在本研究中,也有类似的发现,三年级儿童完成任务的方式以整字通达为主,加工时间长。随着年级增长,儿童发现汉字对间共享义符的特征,开始尝试采用部件通达的方式,使加工时间缩短。

集中识字法在小学汉字教学中被普遍采用。教师向儿童呈现共享义符的汉字组,儿童通过观察字形、辨析语义,了解义符部件的表意功能及一致性特征。通过长期训练,儿童逐渐学会通过义符获取类别。形义联结是汉字的基本特性,字形与语义的关系是学习者需要掌握的基本内容。义符的存在减少了字形和语义联系的任意性(Feldman & Andjelkovic'D,1992),利用义符学习汉字是一种有效的方法。在采用集中识字法教学时,除了向儿童展示同一义符家族的规则字外,有必要向儿童呈现义符的家族内的特殊汉字,使其在认识义符家族总体特征的同时也认识到局部特例,防止产生过度概括。应该根据不同年级儿童的认知水平及已有知识区别对待,帮助儿童更有效地掌握汉字:对三年级儿童,应该训练他们的部件意识,促成对汉字的自动分解;对四、五年级儿童,应该强化其获得的义符一致性意识,同时掌握不同义符的反例。本研究也存在局限性,尽管选取了各年级段语文成绩中等的儿童为被试,但不可避免地存在年级间其他方面的差异。因此,未来研究可采用纵向研究的方法进行考察验证。

四、结论

儿童的义符一致性意识随着年级的增长而提高。三年级儿童未表现出义符一致性意识,四年级儿童初步具备了义符的一致性意识,六年级儿童的义符一致性意识才逐步完善。儿童义符一致性意识的差异与认知发展水平、语言知识及认知策略有密切关系。

第三编 03
义符的语法标记功能

义符在中文名词和动词分类中的作用[①]

本研究通过3个实验,考察了义符在中文名词和动词分类中的作用。实验1表明,义符提供了重要的语法种类信息,在中文名词和动词分类中有重要作用。当义符与词类一致时分类快,与词类相反时对分类起干扰作用。实验2表明,高频词分类时间短,错误率亦低。义符和词频有显著的交互作用,义符对低频词分类作用更大。实验3表明,具体性高的词分类时间短,错误率亦低。义符和具体性之间无显著的交互作用。整个研究表明,义符不仅是汉字结构的"块",也是汉字语义的"块",还是汉字语法的"块"。所以如此,与中文名词和动词的结构特点有关。中文名词大多用义符标记事物的物质组成,动词大多用义符标记动作发出的器官或完成动作的工具。义符语法意义的发现丰富了中文和中文认知的理论,对中文教学也有重要启示。

一、前言

名词与动词作为语言中的两大词类,一直受到认知心理学家和认知神经科学家关注。人们关心名词和动词获得年龄、认知加工和神经表征的差异。一些研究表明,名词是儿童最初词汇中的主要词类,名词获得比动词早(Nelson,1973;Gentner,1982)。另一些对非英语儿童(如汉语儿童和韩语儿童)的研究却表明,名词获得的并不比动词早(Gopnik & Choi,1996;Tardif,1996;Choi & Gopnik;Levey & Cruz,2003)。对儿童早期词类的研究结果不同,理论解释也有差异。对儿童获得名词早的现象,主要有3种解释:(1)自然划分假设。认为名词和动词获得早晚的差异源于具体事物概念和活动状态概念、因果关系概念的差异。名词常指代物

[①] 本文原载于《心理学报》2005年第4期,第434－441页。
本篇作者:张积家,方燕红,陈新葵。

体,中心意义简单、具体、好把握。动词一般指向动作、状态和关系,意义复杂,包含句法信息,如动作发起者、接受者、时间、地点和工具的信息。关系术语处于不断变化中,因而难以掌握(Gentner,1982)。这种观点受到了挑战。因为婴儿早期就有动作概念,能够产生动词和关系词(Mandler,1992)。(2)语义组织假设。认为名词代表易知觉成整体的物质,语义具有层次结构,多属类属关系,更可预见。动词语义结构有多种组织原则,以非层次维度(变化、意向性、因果方式)表征,语义关系复杂,因此更难学(Gopnik & Choi,1996;Markman & Wisniewski,1997)。(3)语法解释。认为动词有较多的语素变化形式,在句子中的典型位置和名词不同,句法功能更重要(Slobin,1985)。对非英语儿童与英语儿童的不同倾向也有3种解释:(1)结构差异说。认为词汇获得差异与语言结构差异有关。英语动词常出现在句子中间,汉语动词常出现在突出位置(句首或句末),儿童常注意句子的突出位置(Slobin,1985)。(2)语言环境说。认为词汇获得倾向与语言环境有关。英语成人与儿童讲话时使用名词多,汉语和韩语成人与儿童讲话时使用动词多。成人使用频率高的词易成为儿童掌握的第一类词(Hoff & Ginsberg,1993;Au & Dapretto,1994)。(3)词汇形态说。认为词类掌握早晚与词汇形态有关。某些语言的某些词类,形态更单一。中文动词与名词词形变化少,变化也有规律,不明显改变词音。英文名词比动词简单,有标词性的后缀。这样,英语儿童就更容易掌握名词,汉语儿童对名词和动词的掌握就无明显差异。

一些研究考察了名词和动词在心理词典中的组织和通达。多伊奇(Deutsch)等研究了希伯来语名词和动词的词根与词形模式在词汇通达中的作用(Deutsch,1998)。希伯来语词由两部分构成:词根(root)和词形模式(word pattern)。词根通常由三个辅音组成,词形模式要么由一系列元音组成,要么由元音和辅音结合构成。词根指明词的中心意义,词形模式标明词的语法信息和一些模糊的语义特征。他们发现,名词词根对名词有启动作用,动词词根对动词有启动作用,动词词形模式对动词通达有影响。他们提出一个词汇通达模型,认为名词的词形结构由两级水平组成:单词和词根。动词的词形结构也由二级水平组成:单词与词根及词形模式。词汇加工既包括词汇水平的提取,也包括词根或词形模式的形态分解,这两个加工阶段可以同时出现,也可以相互促进。依据这个模型,所有含有相同词根的词不需要语义背景即可形成词族。无论是动词还是名词,只要由相同词根派生,就有共同的词形单元。词根效应超越词类界线,它既是名词通达的基本单元,也是动词通达的基本单元。但在动词中,词形模式与词根同处在亚词汇水平。动词加工也要经过词形分解和整词搜寻,但词形分解简单,是自动化的过程。名词的词根多,不同字母组成不同词根的机会多,从众多的词根中搜索目标词根难度大。动词的词根数量有限,字母组成词根的可能性小,识别目标词根的难度也小。动词的词形模式成为加工单元由语义因素和词形模式分布共同决定。这一解释和劳丹纳(Laudanna)等对意大利语派生词加工的解释一致(Laudanna,1995)。本丁(Bentin)等认为,加工印刷词要把多词素词分解为词根和词的结构方式(Bentin & Frost,1995)。弗斯特(1994)和弗尔德曼等(Feldman,1995;Feldman & Siok,1997)也证实了词形结构方式在词汇加工中的心理现实性。

大量研究探讨了名词和动词神经表征的差异。结果发现,大脑按照词类来组织和加工词。名词加工主要位于颞叶及视觉物体加工区,动词加工主要位于额叶及运动区(Garamazza & Hills,1991)。右半球更适合名词加工,左半球更适合动词加工(Sereno,1999;Nieto,199919,20)。名词命名障碍患者的脑损伤往往在左颞叶前中部分,动词命名障碍患者的脑损伤往往在左前额叶(Grossmann & Koening,2003)。佩拉尼(Perani)等(1999)探讨了加工具体名词、抽象名词和动词时的脑活动,发现脑激活区域和语义内容有关。普尔弗木勒等(1999)发现,在刺激呈现后约200ms,名词和动词在广泛的皮层区域存在ERP差异,特别是在运动皮层和视皮层。张钦等(2003)发现,汉语名词与动词ERP差异从刺激呈现后200ms就开始了,二者差异主要在左、右半球的额叶和颞叶。但是,也存在不一致的结果。基亚雷洛(Chiarello)和刘(2002)在平衡词的具体性基础上,使用不同任务研究名词、动词加工的脑活动,并未发现脑加工区与词类的交互作用。伯德(Bird)等(2000)发现,具体性等级相当的名词与动词加工没有不同的神经机制。

从以上回顾可知,动词与名词的差异可能发生在以下水平:(1)亚词汇水平;(2)词汇水平;(3)概念—语义水平;(4)神经生理水平。但是,名词和动词的分离究竟主要发生在何种水平,目前仍未形成一致看法。Broca失语症病人的动词损伤可能位于lemma(由词的语法信息组成)水平,而流畅型病人的动词损伤则可能位于lexeme(语音输出词汇)水平。因此对名词和动词分离问题,仍有必要做进一步的研究。

中文不同于拼音文字,由汉字组成。汉字是表意文字。中文名词和动词由汉字表征。词形结构特征在中文名词和动词分类中的作用至今未见有探讨。所以如此,与中文的复杂性有关。中文的一个重要特点是词的分类不明显,许多词在语法上兼类。如"花"既是名词,指植物的部分;也是动词,如"花钱""花时间"。"绿"既是名词,指一种颜色,也是形容词,如"绿叶",有时也可作动词用,如"春风义绿江南岸"。但是,这种兼类现象不应影响对中文词句法特性进行探讨。中文中许多汉字虽然兼类,但它们表示不同句法的功能不一样,或更多地表名词,或更多地表动词。同时,汉字的主体是形声字。形声字虽然无表名词或动词的词缀,却有表义的义符。义符又称形旁,标明词的类属与词义。与拼音文字不同,中文名词和动词也有自身的结构规律。名词大多标记事物的物质组成(be made from or made of),如凡表征用木做成的事物的名词大多从"木",如"桌、椅";凡表征用金属组成事物的名词大多从"钅",如"铲、锤";凡表征由水构成事物的名词大多都从"氵",如"海、河"。中文动词大多标记动作发出的器官或完成动作的工具(by)。如表征由手发出动作的动词多从"扌",如"折、抓";凡表征用眼完成动作的动词多从"目",如"盯、看";凡表征用脚完成动作的动词多从"足"或从"辶",如"跑、迈";凡表征用刀完成动作的动词从"刀"或"刂",如"切、削"。这一点与英文很不相同。这一类字占了全部形声字的大多数。因此,汉字可以"见字知类",不仅可知语义的类,还可知语法的类。

20世纪90年代以来,一些学者开始研究义符在中文词认知中的作用。张积家、张厚粲和彭聃龄(1990,1991)研究义符在中文词范畴语义提取中的作用。结果表明,义符在中文词语义提取中有重要作用:当义符与词的上属一致时,会加速中文词范畴语义的提取;当义符与词的上属不一致时,会对中文词范畴语义的提取起干扰作用。张积家和彭聃龄(1993)还研究了义符在中文词特征语义提取中的作用。结果表明,义符对中文词定义特征语义的提取(如植物的"有叶子")有促进作用,但对词特有特征语义的提取(如鸟类的"会唱歌")无影响。佘贤君和张必隐(1997)表明,在中文心理词典中,存在着两类线索,一是义符线索,二是音符线索,义符线索和音符线索对低频字影响更大。义符线索和音符线索作用不同,义符线索的作用更大些。

但是,对义符在中文名词和动词分类中的作用至今还未见有探讨。所以如此,与义符的复杂性有关。义符表句法范畴的特点也不十分规则,存在一些例外。如"口"主要是动词性义符,但也有少数有"口"义符的词如"兄、吾、嘴、喉"是名词;"技、势"从"扌",但为名词;"钓、铸"从"钅",却属动词。另外,还有一些名词、动词,特别是由非形声字表征的词,没有明显的标明物质构成或动作器官或动作工具的标记,如"书、写、画"等。这种不十分规则的情况同样也不应影响对义符区分词的句法范畴的功能进行探讨。英文句法中也存在类似情况,如不规则动词。笔者曾对2500汉字常用字进行调查。结果表明,不同义符有不同的句法范畴倾向:如"扌、刂"等是有明显动词倾向的义符,汉字中具有这些义符的字中只有少数是名词;"钅、木"等是有明显名词倾向的义符,汉字中具有这些义符的字中也只有少数是动词。虽然某些义符的句法范畴倾向不明显,但汉字中有明显句法范畴倾向的义符还是占大多数。在所调查的 145 个义符中,句法倾向比较明显的有 130 个,约占 90%。另外,人的心理词典组织和词汇提取也并不完全符合语言学规则。人只有有限理性,在认知中经常不顾事件的先验概率,采用启发式策略,如代表性启发、可得性启发等(Kahneman & Tversky,1972;Tversky & Kahneman,1975)。在这种情况下,义符在区分词的句法范畴方面就可能发挥作用。

中文读者对名词和动词的加工过程如何？义符在中文名词和动词分类中起什么作用？中文名词和动词在心理词典中如何表征？这些问题都十分令人感兴趣。探讨这些问题,可以丰富中文认知理论,揭示中文和中文认知的特殊性。和已往研究不同,本研究指向中文词语法语义的提取。另外,已有的研究结果不一致,材料不同是重要原因。如有的研究同时考察具体名词、抽象名词、具体动词和抽象动词,但未平衡影响字词认知的其他因素,如词频、词长和具体性等。本研究将平衡这些变量,以凸显义符、词频和具体性在中文词分类中的作用。

二、实验 1 义符在中文名词和动词分类中的作用

(一)方法

1. 被试

28 名大学本科生,年龄 16~19 岁,男女各半,视力正常或矫正后正常。

2. 设计与材料

采用 2(名词、动词)×3(义符与词类一致、无义符标记、义符与词类相反)的重复测量设计。其中,"无义符标记"是指词没有明显的、标明构成事物的物质(如木、水、土、石等)或动作器官(或动作工具)的义符(下同),而不是没有任何义符。"义符与词类相反"是指名词具有通常标动作器官或动作工具的义符,如"拇、踝、舌、睛、剑"等,动词具有通常标示构成事物物质的义符,如"洗、铸、析、砍、埋"等。根据对 2500 常用字的统计,虽然"氵""土"和"石"也可理解为广义的动作工具,但它们主要还是表名词(即表构成事物的物质)的,它们表名词的概率分别为 38.00%、45.58% 和 58.37%。从北京语言学院编《现代汉语频率词典》中选出语法上不兼类的名词、动词 1016 个。为了排除熟悉性的影响,选词时排除词频很高或很低的词。将词随机排列,打印在纸上,由 64 名大学生进行具体性评定。评定

采用7点量表,7表示词所代表的事物或动作有鲜明形象、非常具体,1表示词所代表的事物或动作无鲜明形象、非常抽象。在平衡词频、笔画数和具体性的基础上,选出义符与词类一致的名词(有标明事物物质组成的义符)、义符与词类一致的动词(有标明动作器官或动作工具的义符)、无义符标记的名词(无标明事物物质组成的义符)、无义符标记的动词(无标明动作器官或动作工具的义符)、义符与词类相反的名词、义符与词类相反的动词各20个,共120个词。120个词的统计信息见表1。统计检验表明,6组词的各项指标差异不显著,$p > 0.05$。

表1 实验材料统计信息表(频率单位:次/百万)

词类	实验材料举例	平均频率	平均笔画数	平均具体性
无义符标记的名词	汽铜桨矿坟	226	9.55	5.14
义符与词类一致的动词	捉跨吹叮削	228	9.70	4.77
无义符标记的名词	田雨盆屉阁	216	9.00	5.06
无义符标记的动词	举奔尝阅宰	221	9.55	4.73
义符与词类相反的名词	技趾舌睛剑	221	9.95	5.08
义符与词类相反的动词	查铸铡析培	219	9.70	4.77

3. 程序

采用 E-Prime 系统进行实验。120个刺激随机排列,每个被试接受所有实验材料。被试坐在计算机前,眼睛距屏幕60cm,右手食指放在 J 键上,左手食指放在 F 键上。要求被试既快又准地判断屏幕中央出现的词是动词还是名词。若是动词,按 J 键;若是名词,按 F 键(一半被试按此规定,另一半被试相反)。词为2cm×2cm 的黑色楷体,背景为白色。实验开始时,先在屏幕中央出现十字形注视点,时间为400ms,然后空屏400ms,刺激呈现时间为400ms。被试做出反应后,间隔3s,呈现下一个刺激。计算机自动记录从刺激呈现到被试反应的时间间隔和错误率。在正式实验前,用20个非实验词练习。实验中途休息3分钟。

(二)结果与分析

分析时去掉高于或低于平均数±2个标准差(低于230ms 和高于1500ms)的数据,删去13个数据(3.8%)。被试对各类词的平均反应时和平均错误率见表2。

表2　被试对不同类型词分类的平均反应时(ms)和平均错误率(%)

词类	词类与义符一致		无义符标记		义符与词类相反	
	反应时	错误率	反应时	错误率	反应时	错误率
名词	623	5.7	634	6.4	707	32.0
动词	590	4.1	651	9.3	674	23.0

反应时的方差分析表明,词类的主效应显著: $F_1(1,27)=4.77, p<0.05; F_2(1,19)=6.98, p<0.05$。动词的反应时比名词短。义符的主效应显著: $F_1(2,54)=88.21, p<0.01; F_2(2,38)=27.29, p<0.01$。义符与词类一致的词比无义符标记的词分类快,义符与词类相反的词分类最慢。词类与义符的交互作用显著: $F_1(2,54)=9.21, p<0.01; F_2(2,38)=3.63, p<0.05$。简单效应分析表明,在名词分类中,义符和词类一致的词和无义符标记的词差异不显著, $p>0.05$,但义符和词类一致的词、无义符标记的词与义符与词类相反的词差异显著, $p<0.001$。但在动词分类中,三组词的两两差异都非常显著, $p<0.001$ 或 0.01。简单效应分析还表明:义符与词类一致或相反时,动词的分类时间明显比名词短, $p<0.001$;无义符标记时,动词和名词的分类时间差异不显著, $p>0.05$。因此,义符效应在名词和动词中都存在,但对动词影响更大些。错误率的方差分析表明,词类的主效应不显著: $F_1(1,27)=3.13, p>0.05; F_2(1,19)=1.37, p>0.05$。义符的主效应显著: $F_1(2,54)=105.45, p<0.01; F_2(2,38)=26.48, p<0.01$。

义符与词类一致的词的错误率显著低于无义符标记的词,无义符标记的词的错误率显著低于义符与词类相反的词。义符与词类相反的词的错误率竟达27.5%。词类与义符的交互作用被试分析显著: $F_1(2,54)=7.63, p<0.01$;项目分析不显著, $F_2(2,38)=1.85, p>0.05$。

因此,本研究表明:词类对分类时间有一定影响,名词比动词分类的反应时长些;义符与词类的关系对分类有重要影响,义符与词类一致时反应时短,错误率也低;义符与词类相反时反应时长,错误率亦高。词类与义符有显著的交互作用,义符对动词的分类影响更大些。

三、实验2 义符与词频对中文名词和动词分类的影响

实验1的发现对高频词和低频词是否相同?为了考察词频对中文视觉词语法分类的影响以及词频与义符是否存在交互作用,设计了实验2。

(一)方法

1. 被试

32名大学本科生,平均年龄19.2岁,男女各半。视力正常或矫正后正常。

2. 设计与材料

采用2(名词、动词)×2(义符与词类一致、无义符标记)×2(高频、低频)三因素重复测量设计。从《现代汉语频率词典》中选出高频名词、高频动词、低频名词、低频动词共998个。高频词的频率为120次/百万以上,低频词的频率为100次/百万以下。将词随机排列,打印在纸上,由56名学生采用7点量表进行具体性评定。根据评定,在匹配笔画数和具体性基础上,选出高频、义符与词类一致的名词、动词各10个,高频、无义符标记的名词、动词各10个,低频、义符与词类一致的名词、动词各10个,低频、无义符标记的名词、动词各10个,共80个词。实验材料的统计信息见表3。统计检验表明,高频词和低频词的词频差异显著,$p<0.01$;各组词的平均笔画数、具体性分数差异不显著,$p>0.05$。实验时,80个刺激随机呈现,每个被试接受所有实验材料。

表3 实验材料统计信息表(频率单位:次/百万)

实验材料种类	实验材料举例	平均频率	平均笔画	平均具体性
高频、义符与词类一致的动词	抓跑吸盼划	526.8	9.1	4.75
低频、义符与词类一致的动词	扶跺吮眨剁	50	8.8	4.70
高频、义符与词类一致的名词	钢板矿城案	531.2	8.9	5.14
低频、义符与词类一致的名词	铅栏砖寺汁	48	8.9	4.94
高频、无义符标记的动词	穿念观买杀	523.3	8.6	4.80
低频、无义符标记的动词	舀窜饮窥宰	49	8.7	4.73
高频、无义符标记的名词	盾窗陆岸血	530.1	8.3	5.22
低频、无义符标记的名词	壶丘邑阁窑	47	8.9	4.99

3. 程序

同实验1。

(二)结果与分析

去掉反应时高于或低于平均数±2个标准差(低于250ms和高于1700ms)的数据,共删去16个数据(6.2%)。被试对各类词的平均反应时和平均错误率见表4。

表4 被试对不同类型词分类的平均反应时(ms)和错误率(%)

词类	义符与词类一致				无义符标记			
	高频		低频		高频		低频	
	反应时	错误率	反应时	错误率	反应时	错误率	反应时	错误率
名词	617	7.2	635	7.6	646	9.1	677	10.0
动词	582	3.7	601	4.4	626	6.0	690	12.2

反应时的方差分析表明,词类的主效应被试分析显著,$F_1(1,31)=11.83, p<0.01$。动词的分类时间比名词短,项目分析不显著,$F_2(1,9)=2.80, p>0.05$。义符的主效应显著:$F_1(1,31)=24.68, p<0.01; F_2(1,9)=46.38, p<0.01$。义符与词类一致的词分类时间短。词频的主效应显著:$F_1(1,31)=24.29, p<0.01; F_2(1,9)=7.56, p<0.05$。高频词分类显著快。词类与义符的交互作用被试分析显著:$F_1(1,31)=10.86, p<0.01$;项目分析不显著,$F_2(1,9)=4.36, p>0.05$。名词中义符与词类一致的词与无义符标记的词的反应时之差为35.5ms,动词中义符与词类一致的词与无义符标记的词的反应时之差为66.5ms。义符对动词影响更大些。词类与词频的交互作用不显著:$F_1(1,31)=1.90, p>0.05; F_2(1,9)=1.44, p>0.05$。但在无义符标记条件下,名词与动词的分类反应时在高频词和低频词上有不同趋势:在高频词中,动词比名词分类快些;在低频词中,动词比名词反应慢些。义符与词频的交互作用被试分析显著:$F_1(1,31)=7.77, p<0.01$;项目分析边缘显著,$F_2(1,9)=4.88, p=0.054$。义符与词类一致时,高频和低频词的反应时之差仅为18.5ms;无义符标记时,高频词和低频词的反应时之差却为47.5ms。词频对无义符标记的词影响更大。高频词中义符与词类一致的词与无义符标记的词的反应时之差为36.5ms,低频词中义符与词类一致的词与无义符标记的词反应时之差为65.5ms。义符对低频词影响更大。词类、义符与词频三者交互作用不显著:$F_1(1,31)=1.26, p>0.10; F_2(1,9)=5.03, p=0.052$。

错误率的方差分析表明,词类的主效应不显著:$F_1(1,31)=3.62, p>0.05; F_2(1,9)=3.32, p>0.05$。义符的主效应显著:$F_1(1,31)=10.80, p<0.01; F_2(1,9)=8.57, p<0.05$。义符与词类一致的词的错误率显著低。词频的主效应被试分析显著:$F_1(1,31)=4.34, p<0.05$,高频词的错误率低;项目分析不显著:$F_2(1,9)=1.96, p>0.05$。词类与义符的交互作用不显著:$F_1(1,31)=1.24, p>$

$0.05;F_2(1,9) = 0.76, p > 0.05$。词类与词频的交互作用不显著：$F_1(1,31) = 1.94, p > 0.05;F_2(1,9) = 2125, p > 0.05$。义符与词频的交互作用不显著：$F_1(1,31) = 2.07, p > 0.05;F_2(1,9) = 1.05, p > 0.05$。词类、义符与词频三者的交互作用不显著，$F_1(1,31) = 1.48, p > 0.05;F_2(1,9) = 0.81, p > 0.05$。

因此，本研究表明，义符与词类一致的词比无义符标记的词分类时间短，错误率亦低。高频词的分类时间比低频词短。词类与义符有一定的交互作用，义符对动词分类的影响更大些。义符与词频有显著的交互作用。对无义符标记的词，词频作用更显著。义符在低频词中的作用更明显。

四、实验3 义符和具体性对中文名词和动词分类的影响

大量研究表明，具体性高的词容易认知。义符对名词和动词分类的影响是否随词的具体性不同而不同？义符和具体性在分类中是否有交互作用？为了回答这些问题，设计了本研究。

（一）方法

1. 被试

29名大学本科生，男生14人，女生15人，平均年龄19岁。视力正常或矫正后正常。

2. 实验设计和材料

采用2（名词、动词）×2（义符与词类一致、无义符标记）×2（高具体性、低具体性）三因素重复测量设计。从《现代汉语频率词典》中选出词频符合要求的词966个，将选出的966个词随机排列，打印在纸上，由58名学生采用7点量表进行具体性评定。根据评定，在匹配笔画数、词频基础上，选出高具体性、义符与词类一致的名词、动词各10个，高具体性、无义符标记的名词、动词各10个，低具体性、义符与词类一致的名词、动词各10个，低具体性、无义符标记的名词、动词各10个，共80个词。实验材料的统计信息见表5。统计检验表明，高具体性的词和低具体性的词具体性分数差异显著，$p < 0.01$；各组词平均词频和平均笔画数差异不显著，$p > 0.05$。实验时，80个刺激随机呈现，每个被试接受所有实验材料。

表5 实验材料统计信息表(频率单位:次/百万)

实验材料种类	实验材料举例	平均频率	平均笔画数	平均具体性分数
高具体性、义符与词类一致的动词	捉跃骂睁割	164	10.0	5.43
低具体性、义符与词类一致的动词	拢踹呼眯刷	165	9.7	3.49
高具体性、义符与词类一致的名词	汁锅林岩浆	178	9.9	5.63
低具体性、义符与词类一致的名词	源案堂坪硅	185	10.0	3.48
高具体性、无义符标记的动词	舀窜饮读杀	178	9.9	5.40
低具体性、无义符标记的动词	端劝寐察斩	173	9.3	3.56
高具体性、无义符标记的名词	田盾壶户穴	188	9.4	5.63
低具体性、无义符标记的名词	龙盔陵邑座	162	8.9	4.00

3. 程序

同实验1。

(二)结果和分析

分析时除去反应时高于或低于平均数 ± 2 个标准差(低于250ms 和高于 1600ms 的数据),共删去13个数据(5.6%)。被试对各类词的平均反应时和平均错误率见表6。

表6 被试对不同类型词的平均反应时(ms)和错误率(%)

词类	义符与词类一致				无义符标记			
	低具体性		低具体性		高具体性		低具体性	
	反应时	错误率	反应时	错误率	反应时	错误率	反应时	错误率
名词	636	4.8	657	6.2	659	6.2	680	7.9
动词	595	2.4	632	7.2	649	9.7	686	12.1

反应时的方差分析表明:词类的主效应被试分析显著,$F_1(1,28) = 4.43, p < 0.05$,动词分类比名词快些;项目分析不显著,$F_2(1,9) = 1.52, p > 0.05$。义符的主效应显著:$F_1(1,28) = 21.52, p < 0.01; F_2(1,9) = 13.22, p < 0.01$。义符与词类一致的词分类快。具体性的主效应显著:$F_1(1,28) = 31.92, p < 0.01; F_2(1,9) = 7.08, p < 0.05$。高具体性的词分类快。词类与义符的交互作用被试分析显著,$F_1(1,29) = 8.75, p < 0.01$;项目分析不显著,$F_2(1,9) = 3.79, p > 0.05$。义符对名词分类影响小,义符与词类一致的名词与无义符标记的名词反应时之差为23.5ms;

对动词分类影响大,义符与词类一致的动词与无义符标记的动词反应时之差为 54ms。词类与具体性的交互作用不显著:$F_1(1,28) = 1.58, p > 0.05$; $F_2(1,9) = 1.03, p > 0.05$。义符与具体性的交互作用不显著:$F_1(1,28) = 0.15, p > 0.05$; $F_2(1,9) = 0.04, p > 0.05$。词类、义符与具体性三者的交互作用不显著:$F_1(1,28) = 0.09, p > 0.05$; $F_2(1,9) = 0.01, p > 0.05$。

错误率的方差分析表明,词类的主效应不显著:$F_1(1,28) = 1.54, p > 0.05$; $F_2(1,9) = 0.46, p > 0.05$。义符的主效应显著:$F_1(1,28) = 17.99, p < 0.01$; $F_2(1,9) = 6.57, p < 0.05$。义符与词类一致的词错误率低。具体性的主效应被试分析显著,$F_1(1,28) = 5.34, p < 0.05$,高具体性的词的错误率低;项目分析不显著,$F_2(1,9) = 1.86, p > 0.05$。词类与义符的交互作用被试分析显著,$F_1(1,28) = 12.20, p < 0.01$;当义符与词义一致时动词的错误率低,当无义符标记时名词的错误率低;项目分析不显著,$F_2(1,9) = 2.18, p > 0.05$。词类与词频的交互作用不显著:$F_1(1,28) = 2.11, p > 0.05$; $F_2(1,9) = 0.31, p > 0.05$。义符与具体性的交互作用不显著:$F_1(1,28) = 0.19, p > 0.05$; $F_2(1,9) = 0.04, p > 0.05$。词类、义符与词频三者的交互作用不显著:$F_1(1,28) = 0.45, p > 0.05$; $F_2(1,9) = 0.06, p > 0.05$。因此,本研究表明,义符与词类一致的词的分类时间比无义符标记的词短,错误率低。词类与义符有一定的交互作用,义符对动词的影响更大些。高具体性的词分类快,错误率低。具体性与词类无交互作用,说明具体性对名词和动词分类都有影响。义符与具体性无交互作用,说明它们在分类中的作用可以叠加。

五、讨论

本研究通过3个实验考查了义符对中文名词和动词分类的影响。结果表明,义符与词类一致的词比无义符标记的词分类快,义符与词类相反的词分类最慢。义符对名词和动词分类都有影响,但对动词影响更大些。动词比名词分类快些,高频词分类比低频词快,高具体性的词分类比低具体性的词快,错误率亦低。义符作用对低频词影响更大,却不受具体性高低影响。这些结果可以解释如下。

(一)关于义符效应(词形结构效应)

张积家和彭聃龄(1993)曾用柯林斯和洛夫特斯(1975)的"两个网络系统"理论,结合麦克利兰和鲁姆哈特(1988)的"平行激活扩散"思想,解释义符在中文词语义提取中的作用。这种解释同样适用于本实验的结果。他们认为,语义提取涉及两个不同的网络系统:词汇网络和概念网络。词汇网络贮存词的外部特征,包括词形结构特征和词音韵律特征,概念网络贮存语义。语义提取须先进入词汇网络,再进入概念网络。和拼音文字不同,中文词的两个网络系统之间存在着以形声字义符为中介的联结。视觉输入引起的汉字部件(义符)的激活可在词通达前平行地扩散到语义网络,激活与义符有关的概念结点。义符不是简单的构字部件,它有意义:不仅表征事物的范畴或定义特征,还表征事物的物质组成或动作器官或动作工具。由于中文名词和动词结构上具有这种特点,所以在多次接触之后,被试就进行了某种内隐学习,义符也就获得了一定的"语法意义",有标示词类的作用。这种内隐学习是中文读者的正字法意识的重要组成部分。虽然人们并不一定意识到,却影响对词的反应。此时,义符已经不仅是标明词所代表的事物的范畴或定义特征的符号,也成为标明词的语法种类的符号。义符也就成为认知的"块"(Chunk)。这种"块"不仅是结构"块",也是语义"块",还是语法"块"。这是中文区别于拼音文字的重要特点。长期以来,人们认为英文名词和动词在结构上有明显的区分,存在着明显的"语法块",如"-tion、-sion、-ment"等名词后缀,"-ed、-ate"等动词后缀,中文词没有专一的、在词形结构上指明语法种类的标记。事实上,中文词在词形结构上也存在着标明语法种类的标记,这就是形声字的义符。但是,过去人们只看到义符的标记词的范畴或定义特征的语义功能,未看到义符的语法功能。

由于被试长期接触汉字,所以对义符敏感。他们不仅外显地学到了义符的语义知识,也内隐地学到了义符的语法知识。在决定词的语法类别时,这种内隐知识会自动激活,影响被试对中文词的语法分类。当含有义符的词呈现时,词形输入直接激活了词汇网络中的义符表征,进而激活概念网络中与义符有关的结点,如词的上属或定义特征,义符的语法属性等。当词识别后再作语法分类时,概念网络中词的语法种类的结点已被激活,此时只需较少的激活就可以做出决定。无明显义符标记的词,词形中无标示词的语法种类的义符,加工时就必须先由词形输入激活语音,再由语音表征激活语义表征,包括词的语法意义。所以反应时就长,错误率也高。对义符与词类相反的词,义符同样可以激活概念网络中语法范畴的结点,但这是一种反方向的激活。由于激活总能量有限,反方向的激活提高正确反应的阈限,使正确的语法范畴更难激活,所以对这类词反应时就长,错误率也陡然增加。

义符对中文名词和动词分类的影响表明,义符作为汉字结构的一部分,是汉字加工的一个层次单元。这和多伊奇等(1988)对希伯来语词根的研究结果一致。

义符不仅是中文名词的加工单元,也是中文动词的加工单元。义符在中文词语法分类中具有心理现实性。发现义符具有某种标示词的语法种类的功能为中文教学提供了重要依据。在教学时,可以突出义符标示词类的作用,帮助学习者尤其是外国学习者在学习繁多的汉字时掌握"见字知类"的策略,使他们能够较快地掌握中文的名词和动词。与此同时,也应该特别注意词类与义符不一致的情况,教学时对这些词下更大功夫,以免学生出现"过度概括"的现象。

(二)关于动词的相对优势

在三个实验中,总的来看,动词比名词分类快,错误率亦低。但动词并未在所有的实验条件下显示出优势。在本实验条件下,动词的相对优势受义符影响,即在没有义符作用(促进或干扰)条件下,动词分类的反应时并不比名词快,甚至慢于名词,但差异不显著。这意味着,与对名词分类比,义符对动词分类影响更大些。所以如此,与如下原因有关:

(1)中文中标示动词的义符比标示名词的义符数量少。这和希伯来语中词根的情况相似。中文动词主要标记动作器官或动作工具。动作器官只有少数几种,如"手(扌)""足(辶)""口""鼻""目""耳""身""心(忄)"等。动作工具的种类也不多,如"刀(刂)""火""绳"等。据对2500常用字的初步统计,在汉字义符中,具有明显名词倾向的义符数量约是具有明显动词倾向的义符的2倍。而且,具有动词倾向的义符所构成的汉字比名词性义符所构成的汉字多(平均约为1:0.81)。所以,当有标动作义符的动词呈现时,被试能够较快地从内部词典中提取出相应词条并进行反应。与之对照,由于有名词性倾向的义符数量多,被试搜索目标义符的反应时也必然长。

(2)与实验材料有关。为了凸显义符区分词的句法范畴的作用,在实验中设置了"无义符标记"条件。对这一条件的操作定义是"没有明显的、标明构成事物的物质的义符"。但是,由于材料选择的限制,并未完全排除汉字中有其他义符。如"岛"的义符是"山","盆"的义符是"皿"。这些义符虽然不标志事物的物质组成,却标示事物的物质属性,它们也是名词性的。或许是由于这一原因,导致"义符与词类一致"的词与"无义符标记"的词的反应时与错误率的差异在有的实验中差异不显著,进而导致义符对名词分类的作用不如对动词大。事实上,在汉字义符中,标示词的语义范畴的义符也是名词性的,如"女、虫、艹"等,这些问题有待于在今后研究中进一步探索。

(三)关于频率和具体性效应

词频对词汇认知有重要影响(McDonald & Shillcock,2001;高定国,钟毅平,曾丽娟,1995)。根据连接主义模型,输入模式愈是常见,对这种模式愈是熟悉,辨认这种模式的阈限就愈低。"两个网络系统"理论也认为,由于总激活能量有限,如词汇网络加工占用了较多的容量,用于语义加工(包括语法意义)的容量必然少。高频词的熟悉性高,觉察阈限低,只需要较少的容量便可以激活,因此用于语义加工的容量便多,词类决定必然迅速;低频词的熟悉性低,觉察阈限高,需要较多的容量才能够激活,用于语义加工的容量便少,词类决定时间便长,错误率也高。

本研究表明,义符和词频有交互作用,义符对低频词分类影响大。所以如此,是因为频率掩盖了义符的作用。高频词的认知阈限低,被试熟悉高频词的词形和语法意义,在词形和语法意义之间建立了较强的联系,因此分类时采取了更有效的加工策略,即词形输入→语法意义输出。在快速加工的情况下,义符虽然有提示词类的作用,但已经小多了。低频词的认知阈限高,加工时更依赖于词形的清晰辨认。此时,义符标示词类的作用就凸显出来。也有研究者认为,高频词和低频词的提取机制不同。高频词倾向于整词提取,低频词更可能走特征分析的道路(Seidenberg,1985)。果真如此,对高频词分类时,义符加工就可能受到限制;对低频词分类时,由于更多地进行从部分到整体的加工,义符表征就可能被充分激活,这种表征进而激活概念网络中与义符有关的意义结点,包括语法意义结点,从而促进或干扰分类。在加工无义符标记的低频词时,由于加工需要经由语音转录,因而所需时间就长,错误也多。在实验2中,在无义符标记条件下,词类与词频之间有一定交互作用。动词在高频时分类时间比名词短,但在低频时分类时间反而比名词长。所以如此,可能的原因有二:一是与动词和名词的心理表征不同有关。动词表征的动作由身体部位发出。表征动作的词与自身运动如频繁地共同出现,词与身体运动就建立了稳固的联系。当动词以视觉形式呈现时,能够很快激活被试头脑中的动作表征,因而能够很快地做出反应。名词表征的信息通常以视觉或听觉的形式呈现,只有在视觉或听觉刺激的作用下才能够引起相应的回忆,不可能得到其他信息的帮助,因而搜索过程要比既得到视觉信息又得到动作信息支持的动词要慢。对低频动词而言,由于还未同身体运动建立稳固的联系,所以就无这方面的优势。二是与词的情境可通达性有关。词的情境可通达性指词所代表的事物能在多少情境中出现,亦即词汇能激活的世界知识的多少,它亦能够影响词汇认知(Schwanenflugl & Shoben,1983)。在实验2中,虽然各类词的具体性分数相同,但高频动词的情境可通达性可能大于高频名词,而低频动词的情境可通达性可能比低频名词低。这一问题有待于进一步研究。

具体性也影响中文词认知(陈宝国,彭聃龄,1998)。佩里奥(Paivio)认为,抽象词与具体词在记忆中都有语言编码,但具体词还有形象编码(Paivio,1969)。具体词的加工受两方面信息的帮助。Schwanfluge 等(1983)认为,具体词比抽象词更少依赖于语义背景。当单独呈现时,具体词比抽象词有更多的语境信息可以利用。具体性和义符不存在显著的交互作用。这是因为具体性和义符在中文词认知中作用不同。具体性标示事物或动作概念的形象性,义符标示词的语义范畴和语法种类。无论是有义符标记的词还是无义符标记的词,它们所代表的概念都有形象性不同,因而具体性对这两类词加工都有影响。在中文名词和动词分类中,义符的作用和具体性的影响可以叠加。

六、结论

(1)中文名词和动词有不同于拼音文字的结构特点。中文名词大多用义符标记事物的物质组成,中文动词大多用义符标记动作发出的器官或完成动作的工具。义符在中文名词和动词分类中具有重要作用。它提供了词的语法种类信息。当义符与词类一致时,会促进对词的语法意义的认知;当义符与词类相反时,会干扰对词的语法意义的认知。

(2)中文动词的分类时间比名词短。这可能与标示动词的义符比标示名词的义符数量少、义符对动词的分类比对名词影响大和实验材料的选择有关。

(3)高频词的分类时间比低频词短,错误率亦低。具体性高的词分类时间比具体性低的词短,错误率也低。义符对低频词分类影响大,但和具体性没有交互作用。

义符的句法倾向性及对形声字词类判断的影响[①]

义符的句法倾向性是指义符在句法上的倾向性水平。本研究通过3项研究探讨汉字义符的句法倾向性。研究1统计2500常用字中的形声字,考察具有不同义符的汉字的词类分布。结果表明,义符具有明显的句法倾向性。在161个义符中,129个义符具有明显的表示词类功能,占80.12%。研究2要求汉族大学生对161个义符的句法倾向赋值,并考察主观评定结果与客观统计结果的一致程度。结果表明,大学生对义符的表词类功能评定与对2500常用字中形声字的客观统计结果相关显著,说明义符的句法倾向性具有心理现实性。研究3操纵义符的句法倾向性水平,发现义符的句法倾向性影响汉语母语者对动词与名词的分类,具有高句法倾向性义符的词被更快地确定为动词或名词,表明义符的句法倾向性影响对汉字词句法意义的提取。

一、引言

汉字是意音文字,具有见形知义的特点。形声字是汉字的主体。在《现代汉语词典》7000常用字中,形声字占81%(Li & Kang,1993)。形声字由一个表意部件和一个表音部件组合而成,表意部件叫作"义符"或"形符""意符",又称"形旁",是与被构字有语义联系的部件;表音部件叫作"声符"或"音符",又称"声旁",是与被构字有语音联系的部件(如"们"的义符是"亻"表示人,"门"表示发音"mén")。从部件功能的角度划分,形声字的两个部件分别称为"义符"和"声符";从部件构形的角度划分,这两个部分分别称为"形旁"和"声旁"。自形声字产生起,其数量不断突破,汉字也不断地向形声结合的方向发展。这是因为形声造字

[①] 本文原载于《华南师范大学学报》(社会科学版)2019年第5期,第80~91页。
本篇作者:张积家,王斌,刘红艳。

法简捷,识读有规律可循,理据性强,能够增强形似字与音同字的区分度,便于理解和识记,也便于集中学习(如按形旁集中识字和按声旁集中识字)。因此,研究汉字,不能不研究形声字;研究汉字认知,应该将形声字及其认知作为主要研究对象。研究形声字及其认知,重点是研究义符的表意功能和声旁的表音功能,因为这是形声字的理据和规律所在。长期以来,学术界对形声字及其认知的研究,大都集中在这两个方面。其中,由于大部分声符是独体字,具有独立的读音和语义,在数量上也比义符更具优势,而多数义符不是独体字,使得研究者对声符研究较多,结果也较为充分、一致(迟慧等,2014;Hsu, Tsai, Lee & Tzeng,2009;Lee, Tsai, Huang, Hung & Tzeng,2006;王协顺,吴岩,赵思敏,倪超,张明,2016;Zhang, Zhang & Kong,2009)。对义符研究相对少,争议也较大(Hung, Hung, Tzeng & Wu,2014;Williams,2012;Williams & Bever,2010)。

对义符表意功能的量化研究是从20世纪80年代才开始的。这是因为缺乏严格的分析标准。费锦昌和孙曼均(1988)将义符对整字的表义度采用1~10分的赋值方式来考察义符的表义度,发现义符只能够提供笼统、粗疏的语义,但在汉字学习和使用中仍然具有重要的作用。与之相类似,文武(1987)将义符义与整字义的关系分为近似相等、种属、直接联系、间接联系、象征、没关系6类,并据此划分义符的表义度,得出义符的实际预示力为0.28。李燕、康加深、魏迈和张书岩(1992)将义符的表义度分为三级:完全表义、基本表义和不表义,计算出义符表义度为43.4%。张翔(2010)系统考察了现代汉语7000个通用字中的形声字,总结义符与被构字的类型关系,发现在5400多个形声字中,义符有表意功能的有4800多字,占全部形声字的89%。施正宇(1992)考察了3500常用字中2522个形声字,发现共享义符167个,义符不表意的有440个字(占17%),义符间接表意的有103个字(占4%),义符直接表意的有1979个字(占79%),义符的总体有效表义率为83%。李蕊(2005)分析了《高等学校外国留学生汉语教学大纲·汉字表》,发现形声字占68.6%,义符表意的占62.3%。威廉姆斯和贝弗(2010)的统计显示,通过义符推测整字的语义,正确率能够达到60%~80%。从以上研究中可见,研究者采用不同的材料和分类标准来考察义符的表义度,其结果也存在着较大的差异。

20世纪90年代以来,研究者开始探讨义符在汉字词认知中的作用。义符在形声字语义提取中的作用是关注的重点。张积家、张厚粲和彭聃龄(1990,1991)研究义符在汉字词类别语义提取中的作用,发现义符对汉字形声字语义提取具有重要作用:当义符与词的上属一致时,能够促进汉字词的类别语义的提取,反之,干扰对汉字词的类别语义的提取。这一结果也得到了威廉姆斯和贝弗(2010)研究的证实。对以汉语为第二语言的外籍学习者身上,也发现了义符对汉字词的类别语义提取的影响(Williams,2013)。张积家和彭聃龄(1993)研究义符在汉字词的特征语义提取中的作用,发现义符能够促进汉字词的定义特征语义的提取(如鸟类的"有羽毛"),却不影响汉字词的特有特征语义(如鸟类的"会唱歌")的提取。在汉字词动作语义的认知中,当义符与动词的动作器官或工具一致时,促进对动词的动作器官或动作工具语义的认知;当义符与动词的动作器官或动作工具无关时,阻碍对动词的动作器官或工具语义的认知(张积家,陈新葵,2005)。余贤君和张必隐(1997)采用启动下的词汇判断法,发现当义符义与整字义一致时,出现了正启动效应;当义符义与整字义不一致时,出现了负启动效应。当启动字与目标字的义符一致、义符位置相同且与整字语义相关时,存在着正启动效应;当启动字与目标字义符一致但语义不相关时,存在着负启动效应(Feldman & Siok,1999)。刘燕妮、舒华和轩月(2002)采用语义相关判断考察儿童和成人在汉字加工中是否存在着义符的语义激活,目标字是语义透明字(即形声字与其义符语义有关联,如"姐"),启动字是两种与目标字语义无关的字,一种是义符相同但语义不透明的字(如"始"),一种是无关控制字(如"收")。结果发现,与无关控制字相比,儿童和成人对相同义符字的否定出现了延迟,说明义符被分解加工,其语义被激活。

  义符除了具有表意功能外,还有一定的句法功能。汉字的一个重要特点是很多字在语法上兼类,如"花"既是名词,指植物一部分;也可以是动词,如"花钱"。英文词具有明显的语法标记,"-tion、-sion、-ment"等是名词后缀,"-ed、-ate"等是动词后缀,汉字却没有。虽然汉字没有明显的语法标记且语法兼类,却具有一定的句法倾向性,要么在大部分情况下表示名词,要么在大部分情况下表示动词。汉语的名词和动词也具有一定的结构规律。名词大多用义符标记事物属于某一类别(belongs to something),如表示与草有关的词大多从"艹",如"苗、芽",表示与土地有关的词大多从"土",如"地、坡";或者用义符表示事物的物质组成(be made from something or be made of something),如表征由金属组成的事物大多从"钅",如"铁、铜",表征由木头组成的事物大多从"木",如"板、柜",表征由水组成的事物大多从"氵",如"江、海"。汉语动词大多用义符表示动作的动作器官或动作工具,如表征用脚完成动作的动词大多从"辶"或从"足",如"跑、逃";表征用嘴完成的动作的动词大多从"口",如"吃、叼";表征用手完成的动作动词大多从"扌",如"打、挠";表征用刀完成的动作动词大多用从"刂"或"刀",如"划、切"。因此,义符不仅可以揭示汉字词的语义,也蕴含着汉字词的句法信息,使读者能够"见字知类",不仅知语义的类,也知语法的类。张积家、方燕红和陈新葵(2006)探讨义符在汉字名词和动词分类中的作用,发现义符在中文名词和动词的分类中具有重要作用。当义符与词类一致时,能够促进对词的句法意义的认知;当义符与词类相反时,能够干扰对词的句法意义的认知。义符对动词句法分类的影响大于对名词,对低频词句法分类的影响大于对高频词。这表明,义符不仅提供了词的语义信息,也提供了词的语法信息。

事实上,不仅汉字兼类,义符本身也兼类。由同一义符构成的汉字的词类不够明确,很多义符既可以表征动词,也可以表征名词。例如,义符"亻"表征"人",既可以形成名词"仆、仙",也可以形成动词"依、作",还可以形成量词,如"位、件",以至于数词,如"俩、仨";"扌"表示用手发出的动作,既可以形成动词"打、扑",也可以形成名词"技、拇",还可以形成数词,如"捌、拾"。可见,义符在句法上也兼类。但是,仔细研究发现,有一些义符大多表示名词,较少表示动词、形容词、副词或其他词类,如"艹、女、木、土"等;有一些义符大多表示动词,较少表示名词、形容词、副词或其他词类,如"扌、辶、忄、目"等。即,不同义符的句法倾向性不同。义符的这种句法倾向性是否影响中文名词和动词的分类?这是义符研究中一个非常关键的问题。对这个问题,目前只有初步的研究(方燕红,张积家,陈新葵,2007)。这主要是因为很难确定义符兼类的操作性定义以及每一义符的兼类程度。在本研究中,笔者把义符兼类的情况定义为义符句法倾向性水平。

为了解决上述问题,拟通过三个研究来探讨义符的句法倾向性。首先统计《现在汉语常用字表》中2500个常用字中形声字义符的句法倾向性;然后通过问卷调查义符句法倾向性的心理现实性;最后通过实验考察义符的句法倾向性水平对中文动词和名词分类的影响。

二、研究1 2500常用字中形声字义符的句法倾向性统计

(一)方法

为了解汉字义符的句法倾向性,笔者统计了2500常用字中形声字的义符的句法倾向性。步骤如下:

(1)根据在线新华字典统计《现在汉语常用字表》(国家语言文字工作委员会

汉字处,1998)中 2500 个常用字的字源信息。其中,象形字 211 个,指事字 37 个,会意字 452 个,另有"肾"和"亮"两个汉字的字源信息不明,其余 1798 个字均为形声字(兼形声字的也纳入其中)。

(2)根据在线新华字典列出 1798 个形声字的义符,统计义符的个数,共涉及 161 个义符。

(3)将 1798 个形声字以句法功能为标准,分为 11 类:名词、动词、形容词、副词、数量词、连词、介词、助词、象声词、语气词和代词。考虑到汉字词句法兼类,对句法兼类的字,采用加权法。将一个字表征句法倾向(词类)的能力赋值为 1。如果一个字只表示一种词类,就给这个词类赋值为 1。如果一个字表示两种词类,根据词类的重要性,分别赋予不同的值:如果一个词类的解释条目多于另一类,前者赋值为 0.67,后者赋值为 0.33;如果两者的解释条目相当,均赋值为 0.50;如果一个字表示三种词类,对较重要、解释条目较多的词类赋值为 0.5,其他两个词类分别赋值 0.25;如果一个字表示四种词类,对较重要、解释条目较多的词类仍然赋值为 0.50,对后三者分别赋值为 0.1667。一般来说,一个字最多兼四种词类。如果一个字多音,分别统计每一字音的情况,再将每个字音的统计结果相加,求出平均数。据此方法,查出 1798 个常用形声字中每一汉字在每一词类上的赋值,输入 Excel 表格。在 Excel 表中,计算出每一义符的所有字在每一词类上赋值的平均数(见表1)。数据采用 SPSS18.0 进行分析(下同)。

(二)结果与分析

根据统计结果,接下来的工作是确定义符的句法倾向性。

(1)确定分类标准。由于在 2500 常用字的形声字中名词和动词所占的比例最高,因此,确定义符的句法倾向性时划分为三类:①名词性义符。该类义符在大多数情况下表征名词。②动词性义符。该类义符在大多数情况下表征动词。③句法倾向性不明显的义符。由该类义符构成的汉字的兼类程度明显,词类倾向不明显。

(2)由于大多数义符兼类,因此,认为义符的句法倾向性不是"全或无"的类别变量,而是具有量的差异的连续变量。根据差异程度决定义符的句法倾向性。为此,采用不同的划分标准,来观察不同义符的句法倾向性。

①严格标准:如果某一义符在某一词类上赋值的平均数高于在其他词类上赋值的平均数 0.30 以上,则定义这一义符具有表征这一词类的作用;如果某一义符在不同词类上赋值的平均值差值小于 0.30,则定义该义符的句法倾向性不明显。

例如,"厂"在名词上赋值为0.6518,明显高于在动词(0.2263)和形容词(0.1218)上的赋值(>0.30),则"厂"被确定为句法倾向性高的名词性义符;"方"在名词、动词、形容词上的赋值分别为0.3333、0.2233和0.3333,在任意两个词类赋值平均值的差值均小于0.30,则"方"被确定为句法倾向性不明显的义符。根据统计结果,确定的名词性义符、动词性义符和句法倾向不明显的义符见表1。

表1 义符的句法倾向性分类表(严格标准,$N=161$)

义符的句法类型	义符
名词性义符 (58个,占36.20%)	厂、匚、阝(右)、几、工、土、艹、口、巾、山、彡、犭、广、女、子、王、木、瓦、牛(牜)、毛、气、片、斤、父、月、殳、文、户、衤、皿、钅、矢、禾、瓜、鸟、礻、皮、史、戉、虫、聿、缶、竹(⺮)、舟、米、羽、豸、卤、雨、林、男、齿、鬼、音、鹿、里、黍、黑
动词性义符 (40个,占24.84%)	刂、冫、讠、廴、大、扌、小、亻、辶、亏、歹、戈、攴、曰、水、手、攵、爪、欠、风、心、反、示、目、罒、生、覀、耒、死、舛、肉、旨、釆、多、足、身、釆、角、非、食
句法倾向不明显的义符 (63个,占39.13%)	匕、亻、阝(巳)、人、乙、儿、巳、阝(左)、刀、力、又、厶、士、小、エ、口、彳、忄、门、氵、宀、尸、弓、纟、马、幺、犬、车、日、贝、见、方、火、斗、灬、壬、夭、长、石、田、白、扩、立、穴、丘、疋、耳、页、光、老、衣、羊、糸、走、酉、言、辛、青、隹、金、舍、革、喜

由表1可见:句法倾向性高的名词性义符有58个,占36.02%;句法倾向性高的动词性义符有40个,占24.84%。二者合计,句法倾向性高的义符共有98个,占60.87%,句法倾向性低的义符有63个,占39.13%。

②次严格标准:如果某一义符在某一词类上赋值的平均数高于在其他词类上赋值的平均数0.20以上,则定义这一义符具有表征这一词类的作用;如果某一义符在不同词类上赋值的平均数差值小于0.20,则定义为该义符的句法倾向不明显。根据统计结果,所确定的名词性义符、动词性义符和句法倾向不明显的义符见表2。

表2 义符的句法倾向性分类表(次严格标准,$N=161$)

义符的句法类型	义符
名词性义符 (66个)	厂、匚、匕、阝(右)、几、工、土、艹、口、巾、山、彳、彡、犭、忄、广、宀、女、子、王、木、瓦、牛(牜)、毛、气、片、斤、父、月、殳、文、户、衤、田、皿、钅、矢、禾、白、瓜、鸟、礻、皮、丘、史、戉、虫、聿、缶、竹(⺮)、舟、米、羽、糸、豸、卤、雨、林、男、齿、鬼、音、鹿、里、黍、黑

续表

义符的句法类型	义符
动词性义符 (52个)	刂、巳、冫、氵、刀、力、辵、大、扌、小、口、忄、辶、亏、歹、戈、支、曰、水、贝、手、攵、爪、欠、风、心、反、壬、长、示、目、罒、耳、覀、耒、死、舛、肉、旨、采、多、走、足、身、釆、角、非、舍、食、喜
句法倾向不明显的义符 (43个)	亻、卩(㔾)、人、乙、儿、阝(左)、又、厶、士、小、工、门、氵、尸、弓、纟、马、幺、犬、车、日、见、方、火、斗、灬、夭、石、疒、立、穴、页、光、老、衣、羊、酉、言、辛、青、隹、金、革

由表2可见,名词性义符有66个,占40.99%,动词性义符有52个,占32.30%,二者合计,句法倾向明显的义符共有118个,占73.29%。句法倾向不明显的义符有43个,占26.71%。与表5比较,名词性义符增加了8个:亻、忄、宀、田、白、丘、虫、纟,动词性义符增加了12个:巳、刀、力、口、贝、壬、长、疋、耳、疋、耳、走、舍、喜。新增加的20个义符的句法倾向性较高。相应地,句法倾向不明显的义符减少了20个。

③温和标准:如果某一义符在某一词类上赋值的平均数高于在其他词类上赋值的平均数0.10以上,则定义这一义符具有表征这一词类的作用;如果某一义符在不同词类上赋值的平均数差值小于0.10,则定义为该义符的句法倾向不明显。根据统计结果,所确定的名词性义符、动词性义符和句法倾向不明显的义符见表3。

表3 义符的句法倾向性分类表(温和标准,$N=161$)

义符的句法类型	义符
名词性义符 (71个)	厂、匚、匕、阝(右)、几、工、土、艹、口、巾、山、彳、彡、犭、忄、广、门、宀、弓、女、子、王、木、瓦、见、牛(牜)、毛、气、片、斤、父、月、殳、文、户、礻、石、田、皿、钅、矢、禾、白、瓜、鸟、立、衤、皮、丘、史、戊、虫、聿、缶、竹(⺮)、舟、米、羽、纟、豸、卤、雨、林、男、齿、鬼、音、鹿、里、黍、黑
动词性义符 (58个)	刂、巳、冫、氵、刀、力、辵、大、扌、小、口、忄、辶、尸、亏、歹、戈、支、曰、水、贝、手、攵、爪、欠、风、火、灬、心、反、壬、长、示、目、罒、穴、生、疋、耳、覀、耒、死、舛、肉、旨、采、多、走、酉、足、身、釆、角、言、非、舍、食、喜
句法倾向不明显的义符 (32个)	亻、卩(㔾)、人、乙、儿、阝(左)、又、厶、士、小、工、氵、马、幺、犬、车、日、方、斗、夭、疒、页、光、老、衣、羊、辛、青、隹、金、革

321

由表 3 可见,名词性义符有 71 个,占 44.10%,动词性义符有 58 个,占 36.02%,二者合计,句法倾向明显的义符共有 129 个,占 80.12%。句法倾向不明显的义符有 32 个,占 19.88%。与表 6 比较,名词性义符增加了 5 个:门、弓、纟、见、石、立,动词性义符增加了 6 个:力、尸、火、灬、穴、酉。这 11 个新增加的义符的句法倾向又要弱些。相应地,句法倾向性不明显的义符减少了 11 个。

综合表 1、表 2 和表 3,将按照严格标准划分的名词性义符和动词性义符的句法倾向性确定为一级水平,将按照次严格标准划分的名词性义符与动词性义符的句法倾向性确定为二级水平,将按照温和标准划分的名词性义符与动词性义符的句法倾向性水平确定为三级水平,结果见表 4。

表 4　义符的句法类型与句法倾向性($N = 161$)

句法类型	句法倾向性	数量	义符
名词性义符 (71 个,占 44.10%)	一级水平	58	厂、匚、阝(右)、几、工、土、艹、口、巾、山、彡、犭、广、女、子、王、木、瓦、牛(牜)、毛、气、片、斤、父、月、殳、文、户、礻、皿、钅、矢、禾、瓜、鸟、衤、皮、史、戌、虫、聿、缶、竹(⺮)、舟、米、羽、豸、卤、雨、林、男、齿、鬼、音、鹿、里、黍、黑
	二级水平	8	彳、忄、宀、田、白、丘、虫、纟
	三级水平	5	门、弓、见、石、立
动词性义符 (58 个,占 36.02%)	一级水平	40	刂、冫、讠、廴、大、扌、小、忄、辶、亍、歹、戈、支、曰、水、手、攵、爪、欠、风、心、反、示、目、罒、生、覀、耒、死、舛、肉、旨、釆、多、足、身、采、角、非、食
	二级水平	12	巳、刀、力、口、贝、壬、长、疋、耳、走、舍、喜
	三级水平	6	力、尸、火、灬、穴、酉
句法倾向不明显的义符(32 个,占 19.88%)			亻、卩(㔾)、人、乙、儿、阝(左)、又、厶、士、小、工、氵、纟、马、幺、犬、车、日、方、斗、夭、疒、页、光、老、衣、羊、辛、青、隹、金、革

三、研究 2　汉字义符句法倾向性的心理现实性

从对 2500 常用字中 1798 个形声字义符的句法倾向性的统计结果可见,义符具有句法倾向性。在 161 个义符中,只有 32 个义符没有明显的句法倾向性(词类之间赋值平均数一样或差异小,不足 0.10),只占总数的 19.88%。这是对 2500 常用字的义符的统计结果。在实际的汉字识字和阅读中,人们是否利用了义符的这一特点?换言之,义符的句法倾向是否具有心理现实性?如果有,人们对这些义

符的句法倾向性的评定就应该与对2500常用字的义符的句法倾向性的统计结果相关显著。为了回答这一问题,进行了问卷测量。

(一)被试

64名汉族大学本科生,男女各半,半数被试来自文科类专业,半数被试来自理工类专业,平均年龄为20.5岁。

(二)材料

将161个义符编成一个问卷,让被试思考问卷左边的义符可以表示右边哪一词类或哪些词类,并且根据表示程度进行0~5分的赋值。例如,如果认为"瓦"总是用来表示名词,就在名词处写上5;"厂"有时用来表示名词,较少用来表示动词,可以在名词下写3,在动词下写2。每个义符的总分是5分。总共发出86份问卷,回收86份问卷,有效率为100%。

(三)施测

发放问卷给被试,单独施测,时间不限。

(四)数据处理

把每一义符在所有词类的评定等级叠加,算出被试对每一义符评定的平均数。然后,将评定结果和统计结果做相关分析。由于汉语的主要词类是名词和动词,名词和动词所占比例最高,其他词类占比小。为此,只做了两份量表中名词和动词的相关分析。

(五)结果与分析

结果见表5。

表5 161个义符的句法倾向性的词典统计值与评定值的相关分析

词类	赋值方式	M	S	r
名词	义符的词典统计	0.46	0.25	0.732**
	义符的经验评定	0.48	0.18	
动词	义符的词典统计	0.34	0.25	0.764**
	义符经验评定	0.25	0.13	

注:* 代表 $p<0.05$,** 代表 $p<0.01$。

皮尔逊相关分析表明,义符在词典中的句法倾向统计值和汉族大学生对它们的评定赋值相关显著。大学生对161个义符的名词赋值结果和统计值相关为$r=0.732,p<0.01$,相关显著;对161个义符的动词赋值结果和统计值的相关为$0.764,p<0.01$,相关亦显著。这说明,在汉语母语者的头脑中,确实存在着义符的句法倾向性的心理表征。

四、研究3 义符句法倾向性的实验研究

研究2表明,义符的句法倾向性具有心理现实性。然而,被试对义符的句法倾向性评定属于显性评价。在实际的汉字词认知中,义符的句法倾向性及其水平是否真的有影响?具体说,在对中文词做词类判断时,汉语母语者是否会潜意识地使用义符的句法倾向性表征?张积家等(2007)的研究只是证实义符的句法倾向性与整词词类的一致性对中文名词与动词分类的影响,并未实际地操作义符的句法倾向性水平。因此,研究3操纵义符的句法倾向性水平,考察被试在进行词的句法分类时是否受句法倾向性水平影响。

(一)被试

60名本科生,平均年龄$19.4±0.76$岁,男生32名,女生28名,视力或矫正视力正常。

(二)设计及材料

2(义符的句法倾向性水平:高/低)×2(词类:名词/动词)被试内设计。根据对2500常用字中形声字义符的句法倾向的统计结果,将"义符的句法倾向性水平高"定义为义符在某一词类上的赋值显著高于在其他词类上的赋值(差值大于0.30),即表4中句法倾向性高的一级水平义符。将"义符的句法倾向性水平低"定义为义符在某一词类上的赋值与在另一词类上的赋值相差不大(差值小于0.10),即表4中句法倾向性不明显的义符。因变量为被试对汉字词词类判断的反应时和正确率。在每一水平下有15个汉字,共有60个汉字。实验材料的统计信息如表6所示。

表6　实验材料统计信息表(*M*)

词类	材料举例	笔画数	字频	具体性	语义透明度	义符主观熟悉性
义符句法倾向性水平高的名词	袍,城,枝,胸,莲	9.20	220	3.42	3.90	4.37
义符句法倾向性水平高的动词	谈,追,指,恨,盼	9.47	199	3.17	4.04	4.42
义符句法倾向性水平低的名词	额,星,绒,疤,院	9.73	213	3.08	3.81	4.24
义符句法倾向性水平低的动词	伸,泼,骑,转,袭	10.27	214	3.14	3.95	4.27

注:词频单位为每百字中出现该字的次数,选自北京语言学院编《现代汉语频率词典》1988年版。

(二)程序和仪器

采用 E-Prime 系统编程。60 个刺激随机呈现,每一被试接受所有实验材料。在实验前,被试通过练习熟悉实验程序。被试端坐在计算机前,左手食指放在 F 键上,右手食指放在 J 键上,要求被试既迅速又准确地判断屏幕上呈现的词是动词还是名词。对一半被试,如果认为是名词,按下 F 键;如果认为是动词,按下 J 键。对另一半被试要求相反。在正式实验时,首先在计算机屏幕中央呈现"+"注视点 500ms,空屏 500ms,然后在注视点位置呈现刺激。计算机自动记录从刺激呈现到被试做出反应的时间间隔以及正确率。计时单位为 ms,误差为 ±1ms。被试共需要做 60 次判断。

(三)结果与分析

反应时分析时删除 $M ± 2.5SD$ 之外的数据(2.9%)及低于 300ms 和高于 2000ms 的数据(6.4%)。被试对各种类型汉字词类判断的反应时和错误率如表 7 所示。

表7　被试词类判断的平均反应时(ms)和平均错误率(%)

词类	义符的句法倾向性			
	义符句法倾向性高		义符句法倾向性低	
	反应时	错误率	反应时	错误率
名词	966(180)	9.05(9.70)	1049(201)	10.41(7.95)
动词	873(141)	8.83(7.06)	961(166)	7.95(7.86)

反应时的重复测量方差分析表明,义符的句法倾向性的主效应显著:$F_1(1,$

58)$=61.71, p<0.001, \eta_p^2=0.52, 95\% \text{ CI}_1=[63.85,107.52]; F_2(1,56)=8.37$, $p=0.005, \eta_p^2=0.13, 95\% \text{ CI}_2=[23.58,129.73]$。均数比较表明,由句法倾向性高的义符构成的汉字的反应时显著快于由句法倾向性低的义符构成的汉字,$p<0.001$。词类的主效应显著:$F_1(1,58)=37.27, p<0.001, \eta_p^2=0.39, 95\% \text{ CI}_1=[60.94,120.40]; F_2(1,56)=9.02, p=0.004, \eta_p^2=0.14, 95\% \text{ CI}=[26.49,132.63]$。均数比较表明,对动词判断的反应时显著短于对名词判断的反应时,$p<0.001$。义符的句法倾向性与词类的交互作用不显著:$F_1(1,58)=0.01, p>0.05; F_2(1,56)=0.001, p>0.05$。错误率的重复测量方差分析表明,各种主效应与交互作用均不显著,$ps>0.05$。

因此,研究3表明,由句法倾向性高的义符构成的汉字的反应时显著比由句法倾向性低的义符构成的汉字短,表现出明显的反应优势。同时,动词也比名词表现出反应优势。

五、讨论

通过三个研究,探讨了汉字义符的句法倾向性及其对形声字词类判断的影响。研究1统计了2500个常用字中形声字的义符的句法倾向性,发现句法倾向明显的义符所占比例高;研究2通过问卷调查了义符句法倾向性的心理现实性,发现通过词典统计的义符的句法倾向性与通过被试评定的义符的句法倾向性相关较高而且显著,说明义符的句法倾向性具有心理现实性;研究3通过实验发现,由句法倾向性高的义符构成的汉字的词类判断反应时显著短于由句法倾向性低的义符构成的汉字,证实义符的句法倾向性影响汉字的词类判断时间,而且还发现了动词加工比名词加工的反应优势。下面就对研究结果做一些讨论。

(一)关于2500常用汉字的义符句法倾向的统计结果

对2500个常用字的形声字统计发现:有一些义符倾向于表示名词,如表征类别或表征物质的义符,"艹、土、巾、女"等;有一些义符倾向于表示动词,如表征人体器官或工具的义符,"扌、足、辶、刂"等。在161个义符中,句法倾向性高的名词性义符(词类赋值差值大于0.30)有58个,占36.02%,句法倾向性高的动词性义符有40个,占24.84%;句法倾向性较高(词类赋值差值介于0.10～0.30)的名词性义符有13个,占8.07%,句法倾向性较高的动词性义符有18个,占11.18%;句法倾向性不明显(词类赋值差值小于0.10)的义符有32个,占19.88%。总体来看,句法倾向性较高及以上的义符总共有 129 个,占 80.12%,即约占 4/5。可见,大部分义符均具有较明显的句法倾向性,说明义符在一定程度上可以预示汉字的语法种类。

义符之所以具有明显的句法倾向性,与义符的来源有关。李国英(1996)对 72 个高频义符做过义类分析,72 个高频义符被分为人和物两大类;人又分为人自身(人、尸、女、疒)和人体,人体包括手(手)、足(足、彳、走)和其他器官(骨、肉、心、力、歹);物又分为自然物与人造物,自然物包括动物(马、牛、羊、犬、鹿、鸟、虫、鱼、羽、角)、植物(艹、木、竹、禾)、矿物(金、石)、天象(日、雨)、地文(山、田、土、阜、水),人造物包括衣(衣、巾、糸)、食(食、米、酉)、住(邑、厂、广、宀、穴、门)、行(车)、用(示、刀、弓、贝、革、瓦、网、火、黑)。由此可见,义符主要由名词构成,反映具体的事物及其类别,只有少量的义符源于动词,如"走、死、喜"等。然而,事物不仅具有属性,还具有功能。于是,一些可以用作动作器官和动作工具的事物名称便具有了表示动作的功能,进而转化为动词性义符,如人体器官名称(手、口、目、心、耳等)、某些矿物名称(金等)、某些自然物名称(贝、火、风等)、某些人造物名称(戈、刂、刀等)。那些不可能成为动作器官和动作工具的人体或物体名称自然就更多地保留了表征事物属性及类别的功能,成为名词性义符。这就是义符句法倾向性的来源。因此,义符在中文名词和动词的分类中也就有了重要作用。

义符之所以具有句法倾向性,也与汉语的性质和汉民族的思维方式有关。有学者认为,汉语具有空间特质,汉民族对世界的认知是空间重于时间。因此,汉语非常注重能够体现事物空间信息的名词,汉语的大多数动词衍生于名词。汉语也常常借用体现空间的名物来表达具有时间性的行为或动作。在汉语中,许多动词也由名词义延伸而来。汉字起源于象形文字。由于事物比行为更容易用图画来表示,所以最初的象形文字也大都表达名物。甲骨文大都刻画太阳、月亮、星星、人、动物等事物,这些后来都演化成名词。现代汉语仍然以名词为中心,很多动词源于名词,甚至与名词词形相同(何清强,王文斌,2015;王文斌,2013a;王文斌,2013b;张冠芳,2011)。汉族人的思维也具有具象性、关联性与整体性的特点(孙邦金,2004)。名与物联系在一起。因此,同一汉语词汇,在表达事物的属性或类别时就成为名词,如"黑"作为名词时表示一种颜色;在表达事物的功能和作用时就成为动词,如"黑"作为动词时可以表示变暗的过程,人们表达天色变暗时常说"天黑了"。汉语的这一特点不仅在词汇水平上是如此,在亚词汇(如义符)水平上也是如此。

(二)关于动词的相对名词的优势

本研究表明,被试对不同词类的分类反应时存在着显著差异,对动词的词类判断显著快于对名词的词类判断。这与张积家等(2006)关于义符在汉字语义分类中的作用的研究结果一致。李思齐(2017)也用脑电实验证实了这一结果,发现在词类判断中动词比名词引发了更大的 P600 波幅,说明在晚期的语法整合过程中,义符体现出标示词类的作用。动词性义符的句法倾向性更明确,与所构形声字的词性一致程度更高,更容易反映句法功能。之所以如此,与义符的数量有关。在汉语中,标示动词的义符比标示名词的义符数量少。根据研究 1 对 2500 个常用字中的形声字的统计结果,名词性义符的数量是动词性义符的 1.22 倍(名词性义符有 71 个,动词性义符有 58 个)。同时,名词性义符构成的汉字比动词性义符构成的汉字数量多(名词性义符构成的汉字有 812 个,动词性义符构成的汉字有 676 个,平均为 1∶0.83)。因此,当判断词性时,被试就能够更容易、更快地从心理词典中提取出关于动词的信息。相反,由于名词性义符数量多,被试获取相应信息的时间就更长。这种现象在其他语言中也存在。例如,在希伯来语中,也是名词词根多,动词词根少。多伊奇等(1998)研究希伯来语名词和动词的词根与词形模式在词汇通达中的作用,发现动词词根比名词词根更容易通达。

(三)关于句法倾向水平高的义符的反应优势

目前,研究者对义符的语义功能研究得较为充分,对义符的句法功能的探究较少。张积家等(2006)发现,义符在中文名词和动词分类中有重要作用:当义符与整词词类一致时,能够促进对词的句法意义的认知;当义符与整词词类相反时,会干扰对词的句法意义的认知。这说明,义符作为汉字结构的一部分,是汉字加工的一个层次,义符提供了重要的语法种类信息。研究 3 发现,在词类判断中,由句法倾向性水平高的义符构成的汉字比由句法倾向性水平低的义符构成的汉字的反应时短,这不仅进一步证实了义符具有一定的句法意义,也说明义符具有句法倾向性水平的差异,这种差异影响汉语母语者对形声字的词类判断,即影响对形声字的句法信息加工。

张积家等(1993)在柯林斯和洛夫特斯(1975)的"两个网络系统"理论基础上,适当地吸收了"平行分布加工模型"中"平行激活扩散"的思想(McClelland & Rumelhart,1988),提出汉字形声字加工的"两个网络系统模型"。该模型认为,汉字词加工涉及两个网络系统:词汇网络系统和语义网络系统。词汇网络系统贮存词的笔画、部件、词素和整词等词形结构特征,语义网络系统贮存词的语义,包括概念结点、类别结点和语法结点。在两个网络系统之间,存在着以义符为中介的联结。汉字词呈现引起的义符激活可以沿着网络间的联结通路到达语义网络,激活义符所代表类别结点、概念结点和语法结点。当词汇识别之后再做语义判断或词类判断时,由于相关的结点已经处于激活状态,此时只需要较少的激活就可以打通联结通路,从而较快地做出判断(张积家,彭聃龄,1993;张积家,王娟,陈新葵,2014)。之所以形成这样的加工机制,与人们的汉语阅读经验有关。人们在长期的识别汉字的过程中,形成了关于义符的内隐知识,内隐地掌握了义符的各种意义,从而影响对汉字词的反应。张积家等(2006)认为,正是通过内隐学习,汉语使用者掌握了义符的语法意义,使义符不仅能够表征事物的类别、定义特征、物质组成,又能够表征动作的动作器官和动作工具,因而也能够表征词的语法种类。义符便成为汉字认知的"块",这种"块"不仅是结构的"块",也是语义的"块",还是语法的"块"。这也是中文区别于拼音文字的重要特点之一。英文词具有表示名词和动词的后缀,汉字词则有表明句法种类的义符。英文与中文这两种语言的结构形式不同,在句法加工中却有异曲同工之妙。

综合地看,在"两个网络系统模型"中,由于包含汉字的外部特征信息和语义信息,可以解释义符的语义功能和部分语法功能。但是,这一模型未考虑义符的句法倾向性及其水平,不能够合理地解释义符的句法倾向性水平对形声字词类判断的影响。因此,在两个网络系统模型基础上,笔者提出针对义符句法倾向性在汉字词类判断中作用的"三个网络系统模型",如图1所示。

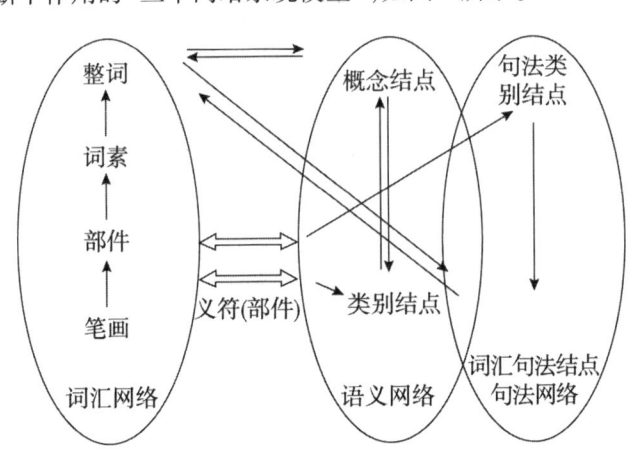

图1 三个网络系统模型

"三个网络系统模型"认为,在汉语讲话者的头脑中,存在着三个网络系统:词汇网络、语义网络和句法网络。句法网络贮存词的句法属性。由词汇呈现引起的激活进入词汇网络以后,依次激活词汇网络中的笔画、部件、词素和整词结点,到达语义网络和与之并行的句法网络。在词汇网络与语义网络、句法网络之间,均存在着以义符为中介的联结。由汉字词呈现引起的义符激活可以沿着网络间的联结通路到达语义网络和句法网络,在语义网络激活与义符有关的类别结点和概念结点,从而影响词汇的语义决定;在句法网络激活与义符有关的句法类别结点和词汇句法结点,从而影响词类判断。由于由句法倾向性高的名词性义符构成的汉字大多是名词,由句法倾向性高的动词性义符构成的汉字大多是动词,名词性义符和动词性义符便与句法网络中的句法类别结点建立了较强的联系。因此,当句法倾向性高的义符激活从词汇网络平行扩散到句法网络时,就能够容易地激活义符的句法类别结点,进而激活具有该义符的词汇句法结点。当词汇句法结点被来自词汇网络的整字激活流激活以后,句法网络中义符的句法类别结点、词汇句法结点均已经处于激活状态,此时只需要少量的激活就可以打通句法通路,所以反应时便短;句法倾向性低的义符未与特定的句法类别结点建立起联结或者建立的联结较弱,义符激活平行扩散到句法网络时,不能够较快地激活义符的句法类别结点,或者激活了众多的句法类别结点,而这些句法类别结点之间的激活程度差异不显著,此时需要在词汇网络实现整词通达以后再激活句法网络中的词汇句法结点和句法类别结点才能够进行判断,反应时因而便延长了。

　　总之,义符的句法倾向性水平对形声字词类判断的影响表明,义符作为汉字的重要"一半",不仅是汉字词语义加工的层次单元,也是汉字词句法加工的层次单元。揭示这种加工单元的存在及其作用,对汉字研究具有重要的理论意义,对汉字词的学习与运用也具有重要的实践价值。

六、结论

　　(1)对2500个常用字中形声字义符句法倾向性的统计表明,大多数义符具有明显的句法倾向性,或者更多地构成名词,或者更多地构成动词。

　　(2)对汉语使用者而言,对义符的表词类功能评定与对2500个常用字中形声字的统计结果相关显著,说明义符的句法倾向性具有明显的心理现实性。

　　(3)义符的句法倾向性高低影响对形声字的词类判断时间,义符的句法倾向性水平高,由它们所构成的词汇的词类判断时间短。

义符启动范式下义符的语义和语法激活的时间进程[①]

本研究采用义符启动范式,探讨义符的语义、语法信息的激活进程。结果表明,就义符总体而言,义符的语义激活从启动早期一直持续到启动晚期,义符的语法信息未见有激活。然而,对不成字义符和成字义符分析发现,不成字义符和成字义符的语义、语法激活存在着差异。不成字义符的语义激活只在启动中期出现,语法信息则未见有激活;成字义符的语义信息一直处于激活状态,并且在启动晚期,语法信息也得到了激活。义符的语义、语法信息的激活进程和顺序是由义符的功能决定的。

一、引言

汉字是一种意音文字。在《现代中文词典》7000 常用字中,形声字占 81%(Li & Kang,1993)。形声字由表义的义符(形旁)和表音的声符(声旁)构成。虽然汉字不像拼音文字那样有明确的形音对应规则,但在汉字认知中,亚词汇部件也有表征和加工(Wu,Mo,Tsang & Chen,2012;吴岩,王协顺,陈恒之,2015;Zhou,Peng,Zheng,Su & Wang,2013)。

义符作为表义部件是汉字独特性的体现,也是探讨汉字认知的切入点。表义是义符的首要功能,义符的语义功能是义符研究中探讨最深入、成果也最为丰富的领域。20 世纪 90 年代初,张积家、张厚粲和彭聃龄(1990)考察了义符在汉字单字词类别语义提取中的作用,发现当义符与词的类别一致时(如"姐")促进词的语义分类,不一致时(如"婿")干扰词的语义分类。张积家、彭聃龄和张厚粲(1991)发现,义符在汉字双字词的类别语义提取中依然起作用,但义符的数量和

[①] 本文原载于《心理学报》2016 年第 9 期,第 1070~1081 页。
本篇作者:张积家,章玉祉。

位置对语义提取无显著影响。义符影响汉字词类别语义提取在外籍汉语学习者身上也得到了证明(Williams,2013)。张积家和彭聃龄(1993)发现,义符在汉字词定义特征语义提取中具有重要作用:当义符与词义一致时,有利于汉字词定义特征语义的提取,但对汉字词特有特征语义提取无明显作用。张积家和陈新葵(2005)发现,当义符标明动作发出器官或完成动作的工具时,促进对汉语动作动词的动作器官或动作工具语义的提取;当义符与动作的动作器官或工具无关或不一致时,抑制对汉语动作动词动作器官或工具意义的提取。刘燕妮、舒华和轩月(2002)采用语义相关判断法考察汉字加工中形旁的语义激活,发现儿童和成人在否定共有形旁字时出现了延迟,说明形旁被从整字中分解出来,语义被激活。成人对形旁亚词汇的加工达到了高度自动化的地步,儿童的亚词汇加工系统还在发展中。

在义符语义激活的时间进程及与整字的交互作用上,费尔德曼和塞克(1999a,1999b)发现,义符的词形激活发生在加工早期,语义激活发生在加工晚期。陈新葵和张积家(2008)采用启动词汇判断任务考察义符熟悉性对高频形声字认知的影响,发现义符激活与整字激活存在着动态的交互作用:在加工早期,整字的语义激活了,义符的词形激活了;在加工中期,整字的语义激活仍然很明显,义符的语义开始起作用;在加工晚期,整字的语义仍然激活,义符的语义激活消失,表明词汇通达完成了。义符熟悉性影响形声字的通达。义符熟悉性高,词形启动发生得早,在整字语义激活之后,义符仍然有语义启动效应。义符熟悉性低,词形启动不明显,但在加工中期,义符也有语义启动效应。陈新葵和张积家(2012)考察了义符熟悉性对低频形声字词汇通达的影响,发现义符加工与整字加工存在着动态的交互作用:在加工早期,低频形声字的整字语义未激活,高熟悉义符出现了语义启动,低熟悉义符的启动作用不明显;在加工晚期,低频形声字的整字语义激活了,高、低熟悉的义符均出现了语义激活,且与整字语义的激活呈现出竞争的模式。在整字的语义通达之后,义符的词形也出现激活(陈新葵,张积家,2010)。

相对于语义功能,研究者对义符的语法功能探讨较少。这有几方面的原因:首先,中文词语法兼类。如"花"既可作名词表示花朵,也可作动词,如"花钱""花时间";"绿"既可作名词指一种颜色,也可作形容词,如"绿叶",还可作动词,如"他的脸绿了"。语法兼类给义符的语法功能研究带来一定的难度。其次,中文词的字形无明显的语法标记。在英语中,有"-tion、-sion、-ment"等后缀便知是名词,有"-ed、-ate"等后缀便知是动词。但调查表明,中文词虽然语法兼类,却有一定的语法倾向性,某些词更多地作名词,某些词更多地作动词。中文名词和动词的词形也有"语法标记"。名词多用义符标记事物的类别或表明与某事物相关,如表女性或与女性相关的词多从"女";或用义符标记事物的组成,如凡表征用木做的事物的名词多从"木"。动词多用义符标记动作发出器官或完成动作所需要的工具,如表征由手发出动作的动词多从"扌",表征用刀完成动作的动词多从"刀"或"刂"。这一类字占了形声字的绝大多数。因此,汉字可"见字知类",不仅可以知语义的类,还可以知语法的类。

张积家和刘红艳统计了2500常用字中义符的语法倾向性,发现不同义符有不同的语法倾向,如"扌""刂"动词倾向明显,"钅""木"名词倾向明显。在145个义符中,语法倾向明显的有130个,约占90%,说明义符对中文词的语法分类具有一定的预测力(张积家,方艳红,陈新葵,2006)。张积家等(2006)考察了义符在名词和动词分类中的作用,发现当义符与整字的词类一致时,促进词的语法分类;义符与整字的词类相反时,干扰词的语法分类。义符对动词语法分类的影响比对名词大,对低频词语法分类的影响比对高频词大。这说明,义符提供了词的语法信息。综上所述,义符既影响汉字的词汇判断,也影响汉字的语义判断,还影响汉字的词性判断。义符携带了字形、语义、语法多种信息:义符不仅是汉字识别的"块",也是汉字语义的"块",还是汉字语法的"块"。

已有研究对义符的语义功能和语法功能进行了探讨,但仍然有一些问题值得研究。首先,既然义符包含了汉字的语义和语法信息,那么,在汉字认知的过程中,语义信息与语法信息的激活孰先孰后?其次,以往研究采用整字启动范式或整字语义决定范式,这些范式不可避免地会引入了整字的"污染"。例如,用"始"启动"姐",既存在着义符"女"对"姐"的影响,也存在着整字"始"对"姐"的影响,虽然可以通过实验设计分离义符的作用,但义符与整字的作用仍然难以决然分离。为了更加纯正地探讨义符的语义与语法激活过程,拟采用义符启动范式。

二、方法

(一)被试

123名大学生,男生40人,女生83人,平均年龄21.5岁,视力或矫正视力正常。

(二)设计

2[启动类型:义符启动/控制启动]×3[汉字类型:语义一致、语法一致

(S+G+)/语义一致、语法不一致(S+G-)/语义不一致、语法一致(S-G+)]×3[SOA:57ms/157ms/314ms]混合设计,SOA 和启动类型(义符启动63名被试,控制启动60名被试)为被试间变量,汉字类型为被试内变量。SOA 的选择参照已有研究(如张金桥,2011),反映汉字加工早、中、晚期的情况。汉字类型是指汉字与义符的语义、语法关系。以"讠"为例,在语义上"讠"代表与言语相关;在语法上58.67%由"讠"构成的汉字是动词,因此"讠"的语法倾向是动词。在由"讠"构成的汉字中,"训"既与言语相关又是动词,属于语义一致、语法一致(S+G+);"词"与言语相关但非动词,属于语义一致、语法不一致(S+G-);"让"与言语无关但是动词,属于语义不一致、语法一致(S-G+)。实验逻辑:如果义符启动引起义符的语义和语法激活,那么,在义符启动下,各类汉字的反应时就应该有差异;在控制启动下,各类汉字的反应时就应该无差异。比较不同 SOA 下各类汉字的反应时,就可以探讨义符的语义和语法激活的时间进程。以 S+G+汉字为控制条件,与 S+G-汉字和 S-G+汉字比较,如果在某 SOA 下 S+G-汉字与 S+G+汉字反应时差异显著,差异就由语法造成,表明义符的语法信息激活了;如果在某 SOA 下 S-G+汉字和 S+G+汉字反应时差异显著,差异就由语义造成,表明义符的语义信息激活了。通过比较,就能够了解义符的语义和语法激活的时间进程。

(三)材料

包括义符及由义符构成的汉字。首先,根据语义明确性好和语法倾向性高两个特点挑选出11个义符。义符的语义明确性由事先调查得出。20名大学生参与了调查。只呈现义符,要求填写义符的语义,挑选答案一致程度高的义符。对11个义符,被试一致填写出代表的语义,如"艹"与草木、植物有关,说明11个义符的语义明确度高、熟悉性高。义符的语法倾向根据张积家等(2006)的统计。11个义符的语法倾向均在45%以上。从逻辑上讲,每一义符都应该有与之相关的 S+G+、S+G-、S-G+和 S-G-四类汉字。但是,在挑选材料时,发现很多义符不存在或很少存在 S-G-汉字,如义符"月、艹、纟"等。因为义符的主要功能是表义,义符的语法功能统计又显示义符具有一定的语法倾向,因此,大部分由义符构成汉字(特别是由语法一致性高的义符构成的汉字)大多属于 S+G+汉字。为此,将 S+G+作为控制条件和 S+G-及 S-G+比较,探讨义符的语义信息和语法信息的激活进程。首先,语法差异建立在 S+水平上,因此,S+G-与 S+G+条件比较具有现实基础。其次,如果 G 的差异被 S+因素覆盖,也说明在大部分情况下,被试未激活语法信息。因此,通过 S+G+、S+G-和 S-G+比较,就可以发现义符的语义和语法激活规律。根据义符和义符构成汉字的语义和语法关系挑选S+G+、S+G-、S-G+三类汉字。30名大学生对汉字做语义透明度评定(1为非常模糊,7为非常透明,语义透明度指义符义和整字义的一致程度)和词性调查(给出汉字,要求写出词性),同时匹配三组汉字的词频和笔画数,最终确定每组汉字各20个,材料信息见表1。分析表明,三组汉字的平均笔画数和平均字频差异不显著,$F_{笔画}(2,57)=0.17,p>0.05;F_{字频}(2,57)=0.01,p>0.05$。三组汉字的平均语义透明度差异显著,$F_{透明度}(2,57)=266.13,p<0.05$。分析表明,S-G+和S+G+及S+G-的语义透明度差异显著,$p<0.05$,S+G+和S+G-的语义透明度差异不显著,$p>0.05$。汉字与义符的语法一致性评定表明:S+G+汉字和S-G+汉字与义符语法倾向的一致性达到100%和99%,S+G-汉字和义符语法倾向一致性为0.5%。匹配三类汉字声旁的成字可命名性,S+G+汉字有成字声旁17个,不成字声旁3个;S+G-汉字有成字声旁20个,不成字声旁0个;S-G+汉字有成字声旁18个,不成字声旁2个。$\chi^2=4.51,p>0.05$,三类汉字声旁的成字可命名性无显著差异。通过Windows自带软件Truetype制造60个假字作为填充刺激。在实验中,刺激重复呈现两次,计有240个试次,分为3个区间。

表1 实验材料信息统计表(M)

汉字类型	语义透明度	汉字词性和义符语法倾向的一致性	笔画数	字频(百万分之一)
S+G+	5.97	100%	8.30	25.83
S+G-	5.54	0.5%	8.70	24.04
S-G+	2.32	99%	8.55	22.03

注:词频选自北京语言学院编《现代汉语频率词典》1988年版。

(四)仪器与程序

IBM台式机,采用E-Prime 1.0软件编程。实验程序是:首先在计算机屏幕中央呈现注视点300ms,然后出现义符启动或控制启动"***",启动刺激的呈现时间由SOA确定,分别为57ms、157ms和314ms;随后出现目标刺激,要求被试对目标刺激做真假字判断,真字按F键,假字按J键,按键方式在被试间平衡。如被试在1500ms内未反应,系统自动记录为错误反应。目标刺激消失后,呈现300ms的空屏缓冲,然后进入下一试次。计算机自动记录反应时与反应正误,计时单位为ms,误差为±1ms(下同)。实验流程见图1。

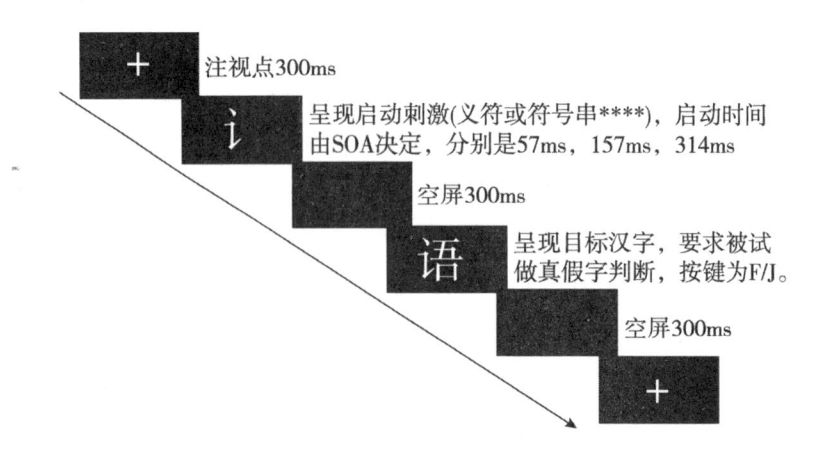

图 1 实验 1 流程图

(五)结果与分析

1. 反应时与错误率分析

只分析对真字的反应。反应时在 $M \pm 2.5SD$ 之外的反应不纳入统计。结果见表 2。

表 2 目标字词汇判断的平均反应时(ms)与平均错误率(%)

启动类型	汉字类型	SOA=57ms RT	SOA=57ms ER	SOA=157ms RT	SOA=157ms ER	SOA=314ms RT	SOA=314ms ER
义符启动	S+G+	522(53)	2.62(3.01)	525(54)	5.71(4.19)	561(66)	6.90(6.84)
	S+G−	521(53)	3.10(3.87)	531(52)	7.62(8.57)	565(66)	9.52(6.31)
	S−G+	538(50)	4.40(4.87)	549(50)	7.86(8.26)	577(69)	8.21(8.88)
控制启动	S+G+	560(42)	3.75(2.50)	564(59)	2.38(3.39)	536(40)	4.75(3.53)
	S+G−	557(40)	6.25(3.49)	561(55)	3.25(3.15)	538(38)	5.25(3.97)
	S−G+	562(45)	5.13(5.47)	568(55)	3.50(4.09)	539(43)	5.38(2.96)

注:括号内的数字为标准差,下同。

在义符启动下,各类汉字的净启动量见表3。

表3 义符启动下各类汉字的净启动量(ms)

汉字类型	SOA		
	57ms	157ms	314ms
S+G+	1	-6	-4
S-G+	-16**	-24***	-16***

注:*$p<0.05$,**$p<0.01$,***$p<0.001$,下同。

反应时的方差分析表明:汉字类型的主效应被试分析显著,$F_1(2,234)=23.40$,$p<0.001$,$\eta_p^2=0.16$;项目分析不显著,$F_2(2,57)=1.72$,$p>0.05$。均数比较表明(Bonferonni 校对,下同):S-G+汉字的反应时($M=556$ms)长于S+G+汉字($M=545$ms),$p<0.001$;S+G-汉字($M=546$ms)与S+G+汉字的反应时差异不显著,$p>0.05$。汉字类型和启动类型的交互作用被试分析显著,$F_1(2,234)=10.71$,$p<0.001$,$\eta_p^2=0.08$;项目分析不显著,$F_2(2,114)=2.56$,$p>0.05$。简单效应分析表明,在义符启动下,S-G+汉字的反应时($M=555$ms)长于S+G+汉字($M=536$ms),$p<0.001$,S+G-汉字($M=539$ms)与S+G+汉字的反应时差异不显著,$p>0.05$。在控制启动下,三类汉字的反应时差异均不显著,$p>0.05$。启动类型和SOA交互作用显著,$F_1(2,117)=4.77$,$p<0.05$,$\eta_p^2=0.08$;$F_2(2,114)=197.69$,$p<0.001$,$\eta_p^2=0.78$。简单效应分析表明:SOA=57ms 时,义符启动的反应时($M=527$ms)短于控制启动($M=560$ms),$p<0.05$;SOA=157ms 时,义符启动的反应时($M=535$ms)与控制启动($M=564$ms)差异边缘显著,$p=0.07$,义符启动的反应时短;SOA=314ms 时,义符启动($M=568$ms)与控制启动($M=538$ms)的反应时差异边缘显著,$p=0.07$,义符启动的反应时长。在3种SOA下,义符启动和控制启动的反应时差异均显著,说明义符启动的效果真实存在。但在三种SOA下,义符启动的作用方向不同:SOA 为57ms 和157ms 时,义符启动促进目标字的识别;SOA=314ms 时,义符启动干扰对目标字的认知。这说明,SOA=314ms 时,义符激活已经十分深入了,不仅激活了与整字相关的信息,也激活了众多的与整字不相关的信息,进而对目标字的识别起了干扰作用。

为了探讨在不同条件下各类汉字的启动状况,分别对2种启动条件的反应时做3(汉字类型)×3(SOA)方差分析。结果表明,在义符启动下,汉字类型的主效应显著：$F_1(2,120) = 27.26, p < 0.001, \eta_p^2 = 0.31; F_2(2,57) = 3.09, p < 0.05, \eta_p^2 = 0.10$。均数比较表明：S－G＋汉字与 S＋G＋汉字的反应时差异显著，$p < 0.001$；S＋G－汉字和 S＋G＋汉字的反应时差异不显著，$p > 0.05$。SOA 的主效应显著：$F_1(2,60) = 3.17, p < 0.05, \eta_p^2 = 0.09; F_2(2,114) = 89.43, p < 0.001, \eta_p^2 = 0.61$。均数比较表明：SOA = 57ms 的反应时短于 SOA = 314ms，$p < 0.05$；SOA = 157ms 与 SOA = 314ms 的反应时差异边缘显著，$p = 0.07$，SOA = 157ms 时反应时短；SOA = 57ms 和 SOA = 157ms 的反应时差异不显著，$p > 0.05$。汉字类型与 SOA 交互作用显著：$F_1(2,60) = 7.07, p < 0.01, \eta_p^2 = 0.29; F_2(2,114) = 20.55, p < 0.001, \eta_p^2 = 0.61$。简单效应分析表明，当 SOA 为 57ms、157ms 和 314ms 时，S－G＋汉字和 S＋G＋汉字的反应时差异均显著，p 值小于 0.001 或 0.01，启动量分别为 －16ms、－24ms 和 －16ms；S＋G－汉字和 S＋G＋汉字的反应时差异不显著，$p > 0.05$。在控制启动下，主效应和交互作用都不显著，$ps > 0.05$。这说明，在义符启动中，在不同 SOA 下各类汉字的反应时差异的确是由义符启动引发的。启动效应表明，从义符启动的早期（SOA = 57ms）到晚期（SOA = 314ms），义符的语义都显著激活，在中期（SOA = 157ms）达到最大，语法信息却未见有激活。

错误率的方差分析表明：汉字类型的主效应被试分析显著，$F_1(2,234) = 6.14, p < 0.05, \eta_p^2 = 0.05$；项目分析不显著，$F_2(2,57) = 1.01, p > 0.05$。均数比较表明：S＋G－汉字和 S－G＋汉字的错误率高于 S＋G＋汉字，$p < 0.01$；S＋G－汉字和 S－G＋汉字的错误率差异不显著，$p > 0.05$。启动类型的主效应显著：$F_1(1,117) = 5.41, p < 0.05, \eta_p^2 = 0.04, F_2(1,57) = 6.28, p < 0.05, \eta_p^2 = 0.10$。义符启动的错误率高于控制启动。SOA 的主效应显著：$F_1(2,117) = 3.43, p < 0.05, \eta_p^2 = 0.06; F_2(2,114) = 13.46, p < 0.001, \eta_p^2 = 0.19$。均数比较表明，SOA = 314ms 的错误率高于 SOA = 57ms，$p < 0.01$。启动类型和 SOA 交互作用显著：$F_1(2,117) = 5.11, p < 0.05, \eta_p^2 = 0.08; F_2(2,114) = 18.56, p < 0.001, \eta_p^2 = 0.25$。简单效应分析表明：SOA = 57ms 时，控制启动和义符启动的错误率差异不显著，$p > 0.05$；SOA 为 157ms 和 314ms 时，义符启动的错误率显著高于控制启动，p 值小于 0.01 和 0.05。

2. 对不成字义符和成字义符的进一步分析

在材料中，义符包含了不成字义符（如"讠"）和成字义符（如"木"）。不成字义符和成字义符启动是否存在着差异？为了回答这一问题，以义符的成字性为变量，将总体数据拆分成成字义符启动和不成字义符启动的数据。分析不成字义符启动和成字义符启动的反应时。为了避免干扰,先分析包含不成字义符和成字义符的汉字的笔画数和词频。包含不成字义符的三类汉字的平均词频为33.4、32.7和27.2,差异不显著,$F(2,36)=0.05,p>0.05$;平均笔画数为8.08、9.00和8.62,差异不显著,$F(2,36)=0.53,p>0.05$。包含成字义符的三类汉字的平均词频为8.30、6.24和12.36,差异不显著,$F(2,18)=0.77,p>0.05$;平均笔画数为8.71、8.14和8.43,差异不显著,$F(2,18)=0.14,p>0.05$。结果见表4—表7。

表4　不成字义符字词汇判断的平均反应时(**ms**)

启动类型	汉字类型	SOA 57ms	SOA 157ms	SOA 314ms
义符启动	S+G+	521(50)	522(59)	561(64)
	S+G-	518(52)	526(52)	549(64)
	S-G+	530(53)	542(50)	571(63)
控制启动	S+G+	555(46)	561(59)	532(39)
	S+G-	554(41)	555(58)	530(41)
	S-G+	555(45)	561(58)	537(41)

表5　不成字义符字的净启动量(**ms**)

汉字类型	SOA 57ms	SOA 157ms	SOA 314ms
S+G-	3	-4	12
S-G+	-9	-20***	10

表6　成字义符字词汇判断的平均反应时(**ms**)

启动类型	汉字类型	SOA 57ms	SOA 157ms	SOA 314ms
义符启动	S+G+	523(61)	530(51)	560(72)
	S+G-	527(60)	540(60)	595(79)
	S-G+	554(52)	561(60)	588(85)
	S+G+	570(43)	571(62)	543(42)

续表

启动类型	汉字类型	SOA 57ms	SOA 157ms	SOA 314ms
控制启动	S+G-	564(43)	572(56)	554(37)
	S-G+	574(49)	580(55)	544(54)

表7 成字义符字的净启动量(ms)

汉字类型	SOA 57ms	SOA 157ms	SOA 314ms
S+G-	-4	-10	-35**
S-G+	-21**	-31**	-28*

对不成字义符启动,反应时的方差分析表明:汉字类型的主效应被试分析显著,$F_1(2,234)=11.61$,$p<0.001$,$\eta_p^2=0.09$;项目分析不显著,$F_2(2,36)=1.32$,$p>0.05$。均数比较表明,S-G+汉字($M=549$ms)和S+G+汉字($M=542$ms)的反应时差异显著,$p<0.01$,S+G-汉字($M=539$ms)与S+G+汉字的反应时差异不显著,$p>0.05$。汉字类型和启动类型的交互作用被试分析显著,$F_1(2,234)=4.31$,$p<0.05$,$\eta_p^2=0.36$;项目分析不显著,$F_2(2,36)=0.83$,$p>0.05$。简单效应分析表明,在义符启动下:S-G+汉字($M=548$ms)与S+G+汉字($M=535$ms)的反应时差异显著,$p<0.001$;S+G-汉字($M=531$ms)与S+G+汉字的反应时差异不显著,$p>0.05$。在控制启动下,三类汉字的反应时差异不显著,$p>0.05$。启动类型和SOA交互作用显著:$F_1(2,117)=4.50$,$p<0.05$,$\eta_p^2=0.71$;$F_2(2,72)=140.23$,$p<0.001$,$\eta_p^2=0.80$。简单效应分析表明:SOA=57ms时,义符启动($M=523$ms)和控制启动($M=555$ms)的反应时差异显著,$p<0.05$,义符启动的反应时短;SOA=157ms时,义符启动($M=523$ms)和控制启动($M=537$ms)的反应时差异边缘显著,$p=0.06$,义符启动的反应时亦短;SOA=314ms时,义符启动($M=560$ms)和控制启动($M=533$ms)的反应时差异边缘显著,$p=0.06$,义符启动的反应时长。在3种SOA下,义符启动和控制启动的反应时差异均显著,但方向不同:在加工的早期与中期,义符启动促进目标字识别,在加工晚期,义符启动干扰目标字识别。

对两种启动下的反应时做 3(汉字类型)×3(SOA)两因素方差分析。在义符启动下:汉字类型的主效应被试分析显著,$F_1(2,120)=12.50$,$p<0.001$,$\eta_p^2=0.17$;项目分析不显著,$F_2(2,36)=1.61$,$p>0.05$。均数比较表明:S-G+汉字和 S+G+汉字的反应时差异显著,$p<0.001$;S+G-条件和 S+G+条件的反应时差异不显著,$p>0.05$。SOA 的主效应被试分析边缘显著,$F_1(2,60)=2.85$,$p=0.07$,$\eta_p^2=0.87$;项目分析显著,$F_2(2,72)=57.98$,$p<0.001$,$\eta_p^2=0.62$。均数比较表明:SOA=57ms 时,S+G+汉字与 S+G-汉字、S-G+汉字的反应时差异不显著,$p>0.05$;SOA=157ms 时,S+G+汉字与 S-G+汉字的反应时差异显著,启动量为 20ms,$p<0.01$;与 S+G-汉字的反应时差异不显著,$p>0.05$;SOA=314ms 时,S+G+汉字与 S+G-汉字、S-G+汉字的反应时差异均不显著,$p>0.05$。在控制启动下,各种主效应和交互作用都不显著,$ps>0.05$。

因此,对不成字义符,语法信息一直未见有激活,语义信息只是在义符启动的中期(SOA=157ms)才见有激活。

对成字义符启动,反应时的方差分析表明:汉字类型的主效应被试分析显著,$F_1(2,234)=15.65$,$p<0.001$,$\eta_p^2=0.12$;项目分析不显著,$F_2(2,18)=1.11$,$p>0.05$。均数比较表明,S+G+汉字($M=550$ms)与 S-G+汉字($M=567$ms)、S+G-汉字($M=559$ms)的反应时差异显著,p 值小于 0.001 和 0.01。汉字类型和启动类型的交互作用被试分析显著:$F_1(2,234)=8.21$,$p<0.001$,$\eta_p^2=0.07$;项目分析显著,$F_2(2,18)=3.50$,$p=0.05$,$\eta_p^2=0.28$。在义符启动下,S+G+汉字与 S-G+汉字、S+G-汉字的反应时差异均显著,$p<0.001$。在控制启动下,三类汉字两两间的反应时差异均不显著,$ps>0.05$。汉字类型和 SOA 的交互作用被试分析显著,$F_1(4,234)=4.36$,$p<0.01$,$\eta_p^2=0.07$;项目分析显著,$F_2(4,36)=2.57$,$p=0.05$,$\eta_p^2=0.22$。简单效应分析表明:SOA=57ms 时,S+G+汉字与 S-G+汉字的反应时差异显著,$p<0.01$;SOA=157ms 时,S+G+汉字与 S-G+汉字的反应时差异显著,$p<0.001$;SOA=314ms 时,S+G+汉字与 S-G+汉字的反应时差异显著,$p<0.05$;S+G+汉字与 S+G-汉字的反应时差异显著,$p<0.001$。启动类型和 SOA 交互作用显著:$F_1(2,117)=4.99$,$p<0.01$,$\eta_p^2=0.08$;$F_2(2,36)=60.66$,$p<0.001$,$\eta_p^2=0.77$。简单效应分析表明:SOA=57ms 时,义符启动($M=535$ms)和控制启动($M=569$ms)的反应时差异显著,$p<0.05$,义符启动的反应时短;SOA=157ms 时,义符启动($M=544$ms)和控制启动($M=574$ms)的反应时差异边缘显著,$p=0.07$,义符启动的反应时亦短;SOA=314ms

时,义符启动($M = 581\text{ms}$)和控制启动($M = 48\text{ms}$)的反应时差异显著,$p < 0.05$,义符启动的反应时长。

对两种启动条件下的反应时做3(汉字类型)×3(SOA)方差分析。在义符启动下,汉字类型的主效应被试分析显著,$F_1(2,120) = 18.01$,$p < 0.001$,$\eta_p^2 = 0.23$;项目分析不显著,$F_2(2,18) = 2.82$,$p > 0.05$,$\eta_p^2 = 0.24$。均数比较表明:S − G + 汉字与S + G + 汉字的反应时差异显著,$p < 0.001$;S + G − 汉字与S + G + 汉字的反应时差异显著,$p < 0.01$。SOA的主效应显著:$F_1(2,60) = 3.36$,$p < 0.05$,$\eta_p^2 = 0.10$;$F_2(2,36) = 35.03$,$p < 0.001$,$\eta_p^2 = 0.66$。均数比较表明:SOA = 57ms 与 SOA = 157ms 的反应时差异不显著,$p > 0.05$;SOA = 57ms 与 SOA = 314ms 的反应时差异显著,$p < 0.05$;SOA = 157ms 与 SOA = 314ms 的反应时差异显著,$p < 0.05$。汉字类型和SOA的交互作用被试分析显著,$F_1(4,120) = 2.71$,$p < 0.05$,$\eta_p^2 = 0.08$;项目分析不显著,$F_2(2,36) = 1.76$,$p > 0.05$。简单效应分析表明:SOA = 57ms 时,S + G + 汉字与 S − G + 汉字的反应时差异显著,启动量为21ms,$p < 0.01$;SOA = 157ms 时,S + G + 汉字与 S − G + 汉字的反应时差异显著,启动量为31ms,$p < 0.01$;SOA = 314ms 时,S + G + 汉字与 S − G + 汉字的反应时差异显著,启动量为28ms,$p < 0.01$,S + G + 汉字 S + G − 汉字的反应时差异也显著,启动量为35ms,$p < 0.001$。在控制启动下,各种主效应和交互作用均不显著,$ps > 0.05$。

因此,对成字义符启动的分析表明,从义符启动的早期到晚期,义符的语义激活一直都存在,语法信息的激活只在启动晚期才出现。将成字义符和不成字义符比较,可以发现,在被试的心理词典中,成字义符和不成字义符的心理表征存在着差异。

三、讨论

采用义符启动范式探讨义符的语义和语法的激活进程,发现对义符总体而言,从启动的早期一直到晚期,义符的语义都显著激活了,语法信息未见有激活。对不成字义符和成字义符的分析发现,不成字义符的语义只在启动的中期才激活,语法信息则未见有激活;成字义符的语义从启动的早期一直到晚期都有激活,语法信息只有在启动的晚期才出现明显的激活。

(一)关于义符在形声字语义通达中的作用

与拼音文字不同,汉字亚词汇加工不仅是语音事件,也是语义事件(武宁宁,舒华,1999)。因为在汉字构件中,很大一部分声旁和义符可以独立成字,即使是担当汉字部件,其语音和语义也会自动地激活(张积家,2007;周晓林,鲁学明,舒华,2000)。因此,汉字的词汇加工和亚词汇加工在本质上类似,两者可以平行地进行。

作为表义部件,义符是汉字亚词汇研究的切入口。以往研究围绕着义符语义激活及义符语义和整字语义的关系展开。结果发现,义符在汉字词的类别语义(张积家等,1990,1991)、定义特征语义(张积家,彭聃龄,1993)、动作动词意义提取(张积家,陈新葵,2005)中发挥重要作用。在语义不透明的汉字中,义符的语义也激活,但受整字频率的限制:低频语义不透明字的义符语义容易激活,高频语义不透明字的义符语义容易被整字语义覆盖(Zhou et al.,2013)。在词汇判断中,模糊的义符带来的干扰要大于模糊的声旁,义符在汉字识别中具有重要作用(Williams & Bever,2010)。近年来,学者运用新兴技术探讨义符的认知功能。有的探讨了义符重复性对汉字同义判断的影响,在行为数据上发现了义符重复性效应,在 MEG 指标上不明显(Hung,Hung,Tzeng & Wu,2014)。有的采用同音干扰范式研究了形声字词汇和亚词汇(义符和声旁)的语音激活进程,发现在部件水平上同音干扰引发 N170、P200 和 N400 的差异,在整字水平上只能引发 N400 的差异,说明部件的语音激活早于整字的语音激活(Zhou,Fong,Minett,Peng & Wang,2014)。以上研究加深了对义符加工进程的认识,但也有局限性:它们都在整字情境下来推断义符的作用。整字呈现虽然与正常的阅读过程相似,但也存在问题,最大问题是在探讨义符的认知功能时混入了整字的干扰。

为了更加纯粹地探讨义符作用,采用义符启动范式。如果义符是汉语母语者头脑中表征语义的模块,以它为启动项会直接激活义符的语义,义符的语义又与包含它的汉字的语义联结,引发对后续呈现汉字的预期。如果汉字的语义和义符的语义相关,符合预期,反应就快,不符合预期,反应就慢。诚然,采用义符启动范式,符合条件的义符又有限(11 个),可能导致义符的作用被凸显,但由于义符的凸显作用对每类汉字都一致,比较三类汉字,仍然可探测义符的语义信息和语法信息激活的进程。研究表明,就义符总体而言,在 57ms、157ms、314ms 三个时间窗内,义符的语义都得到了激活,说明长期的汉字学习和阅读使人对义符的语义功能非常清晰,汉语母语者具有"形旁索义"的意识,这一过程是自动化的。义符的语义容易激活。

义符的语义何时激活?前人也探讨过。费尔德曼和塞克(1999a)表明,义符的语义激活只出现在启动的晚期。陈新葵和张积家(2008,2012)发现,义符熟悉性和整字频率都影响义符语义激活的时间进程。对高频汉字,高熟悉义符和低熟悉义符的语义都在启动的中期激活,高熟悉义符的语义激活时间长,一直持续到加工晚期,低熟悉义符的语义激活消退得快。对低频汉字,高熟悉义符的语义激活处于加工早期,并一直持续着;低熟悉义符的语义在加工晚期才激活。本研究结果与已有的发现基本一致。义符的语义激活时间早,持续时间长,有两个原因:首先,研究选用的都是高熟悉义符,语义激活容易;其次,实验采用义符启动范式,有效地避免了整字的语义干扰。并且,义符作为一个独立的模块呈现,使其作用放大、凸显,使人们可以直接关注义符的各种功能。

张积家等人提出的"两个网络系统模型"(张积家,彭聃龄,1993;张积家,王娟,陈新葵,2014)认为,形声字加工涉及两个网络系统,一是词汇网系统,二是语义网络系统。词汇网络系统中包含笔画、部件、词素和整词的加工节点,语义网络系统中包括概念节点和类别节点。在两个网络系统之间,存在着以义符为中介的联结。在加工形声字时,既可以通过完成词汇网络内加工进入语义网络实现对词的识别,也可以以义符为中介,在词汇网络加工进展到部件层时直接进入语义网络,激活义符表征的概念结点和类别结点,启动自上而下的加工,实现对词的识别。这一理论同样适用于解释义符启动下义符语义激活及与整字的交互关系。在义符启动时,首先加工义符的词形,随后,直接进入与义符联结的语义网络,激活和义符相关的类别语义和概念语义。当呈现汉字时,与义符语义类别一致的汉字(S+G+,S+G-)已经处于激活状态,它们的激活阈限低,对它们反应快,与义符语义不一致的汉字(S-G+)需要更多的能量去激活,对它们反应就慢。因此,不同类型汉字的反应时就出现了差异。"两个网络系统模型"也可以解释为什么在义符启动下,随着SOA变长,目标字的反应时反而变长。根据激活扩散理论,当义符启动时间短时,由义符语义激活的汉字数量少,对每一汉字的激活量大;当义符启动时间长时,义符语义激活的汉字数量多,聚集到每一汉字上的激活量就小。随着义符启动的时间延长,一些与义符语义无关的意义也激活了,无关义的激活干扰对目标字的识别。

(二)关于义符在形声字语法通达中的作用

以往研究表明,汉字亚词汇和词汇的加工无本质差异。在合体字加工中,义符既有语义激活,也有语音激活(Zhou et al.,2013);声旁既有语音激活,也有语义激活(张积家,2007)。有关汉字或亚词汇加工中语法激活研究却少见。张积家和石艳彩(2009)采用图词干扰范式发现,无论单个名词命名还是名词短语命名,SOA = -100ms 时都出现了词类干扰效应,在名词干扰条件下图片命名长于在动词干扰条件下,表明词类信息已经激活。然而,目前尚缺乏在词汇识别中语法激活的研究。这是由汉字的特性造成的。首先,汉字词语法兼类;其次,汉字缺乏表语法类别的词形特征。即使如此,研究者也试图从汉字构件中寻找汉字语法表征的规律。例如,张新艳(2012)探讨汉字构件对语法信息表达的作用,发现不同词性的义符对确定形声字的词性有影响,动词性义符与形容词性义符更容易与所构形声字的词性一致,名词性义符构成的形声字的词性复杂,因为名词性义符多是表示人或物体的指称字,人或物体具有相应的性质、状态、特征、动作,还可以与其他物体发生关系,所以构成字的语法也复杂。张积家等人(2006)对常用字义符语法倾向的调查表明,90%的义符具有明显的语法倾向,义符在一定程度上可以预测汉字的语法分类。义符在汉字名词和动词分类中的确具有重要的作用(张积家等,2006)。

在义符启动下,义符的语法信息能否激活?如果能够激活,激活的时间进程又如何?本研究表明,如果以义符总体来分析,从启动的早期一直到晚期,都未发现有义符的语法特征激活。但是,如果将义符拆分为成字义符和不成字义符,就能够发现新的事实:成字义符的语法表征在启动晚期出现了显著激活,不成字义符未出现语法表征激活。为什么张积家等人(2006)发现义符在形声字语法分类中具有重要作用,本研究发现的义符语法信息激活却较弱?这是由于任务的加工深度不同造成的。张积家等人(2006)采用直接针对义符语法功能的动词、名词分类任务,本研究采用加工深度浅的词汇判断任务。汉字词的语法特征内隐且复杂,而且在长期的汉字学习中,缺乏直接针对义符语法特征的学习。

因此,义符的语法信息提取就不同于语义提取。义符的语义提取是一个自动化的过程,义符的语法信息提取只有在有针对性的任务中才容易实现。本研究采用义符启动范式,在不成字义符启动下,由于难以确定义符构成字是什么词类,贸然激活义符构成字的语法信息不是一个聪明的选择,即使不成字义符的语法倾向性很明显时也是如此。例如,"纟"的语法倾向偏向名词,"纺、绣"却是动词,"扌"的语法倾向偏向动词,"拇、技"却是名词。成字义符却不同。成字义符所以在启动的晚期出现了语法激活,是由于成字义符既有亚词汇表征,主要激活语义,又有词汇表征(独体字),它所激活的不仅是语义,也包含语法信息。在义符启动范式下,如果启动的时间短,激活主要指向义符构成字;如果启动的时间长,独体字自身也激活。由于独体字(如"女""石"等)具有词类信息,所以,如果加工的时间足够长,词类信息也被激活。但由于研究既包含成字义符,也包含不成字义符,导致义符的某些激活被平均了,使得义符的语法激活无法显现。

(三)关于不成字义符与成字义符在形声字词汇通达中的表征差异

根据《现代常用字部件及部件名称规范》,在514个部件中,成字部件有312个,占60.7%(王汉卫,苏印霞,2012)。由于成字部件的优势地位,大部分汉字认知模型(Ding,Peng & Taft,2004,陈新葵,张积家,2012)和汉字亚词汇研究(Zhou et al.,2013)均建立在成字部件的基础上。张积家等(2014)有关义符的加工模型虽然包含不成字义符,也未对成字义符和不成字义符作具体的区分。不成字义符和成字义符的表征和加工机制是否存在着差异?

章睿健、高定国、丁玉珑和曲折(2005)探讨部件语音信息对中文假字和非字判断的影响。将部件的语音信息定义为部件可发音或能作为其他真字的声旁。部件可发音即成字部件,能成为其他真字的声旁指不成字声旁。结果发现,部件可发音和部件可作为真字声旁都影响对人造字判断:判断部件可发音的假字难于判断部件不可发音的假字,判断部件可作声旁的假字难于判断部件不可作声旁的假字。这表明,即使声旁不成字,也携带了语音信息,只是它的语音信息与词汇水平关联;成字声旁的语音信息不仅与词汇水平关联,也与亚词汇水平关联。李等(Lee,Tsai,Su,Tzeng & Hung,2005)在汉字命名中发现,形声字的一致性与词频存在着交互作用,这一交互作用不因声旁是否成字变化。这两个研究表明,成字声旁和不成字声旁的表征及功能并无很大的差异。但在义符启动范式下,义符的语义激活和语法激活研究却得出了不同的结论。不成字义符的语义只在加工中期才激活,成字义符的语义激活从加工早期一直持续到晚期。不成字义符的语法信息未激活,成字义符的语法信息在加工晚期出现激活。

丁等(2004)在大量汉字研究的基础上,提出了形声字的认知加工模型。形声字的认知包括4个水平:首先是特征水平,主要指笔画;其次是部件或独体字水平;再次是合体字水平;最高层是概念水平。汉字加工过程是从底到顶的认知过程。在这一模型中,部件水平指成字部件,当加工到部件水平时,它不仅可以上行,激活与之联结的合体字,实现对合体字认知,也可以直接通达到部件(独体字),实现对部件的认知。陈新葵和张积家(2012)在丁等(2004)的模型基础上,吸收了"两个网络系统模型"的思想,建立了包含成字义符和不成字义符的义符在词汇通达中作用的模型。该模型认为,汉字认知包含四个层次,由下而上分别是特征水平、义符水平、合体字水平和概念水平。前三个水平属于词汇网络系统的变量,概念水平属于语义网络系统的变量。义符联结两个网络系统,为整字的语义通达提供了特殊通道。在识别汉字时,既可以通过特征义符整字概念的通道,也可以在到达义符水平时直接激活与义符联结的概念,启动自上而下加工。在这一模型中,与义符联结的概念主要是义符的类属概念。

结合丁等(2004)和陈新葵,张积家(2012)的汉字加工模型,可以对成字义符和不成字义符的表征差异做初步的探讨。根据陈新葵和张积家(2012)的模型,不论是成字义符,还是不成字义符,都可以激活与之联系的概念层,即义符的类属概念。根据丁等(2004)的模型,成字义符不仅可以激活类属概念,还可以激活与之对应的独体字概念。例如,义符"手"不仅可以激活用手完成的动作,如"打",还可以激活手本身的含义,义符"扌"却只能激活与手有关的动作;义符"言"不仅可以激活与言语有关的词汇,还可以激活言语本身的语义,而"讠"却只能激活与言语有关的词汇。因此,成字义符的语义存在着类属义和本身义的双重激活,不成字义符却只有类属义的激活。所以,在义符启动下,成字义符的语义激活时间长,表现稳定;不成字义符的语义激活晚,持续时间短。相对于语义表征,义符的语法表征更为隐蔽、复杂,加工难度更大:首先,语法信息主要和字、词关联,义符虽然存在语法倾向,却较内隐,需要阅读者的长期经验积累及任务相对明确;其次,在汉语语境下,即使是汉字词的语法也存在模糊、多变的特征。因此,语法信息激活在词汇层面或亚词汇层面必然难于语义激活。本研究采用义符启动下的词汇判断任务,虽然让义符的各种功能得到了凸显,但任务对语法表征并无明确指向性,因为义符毕竟以表义为主。对成字义符而言,它具备部件和汉字的双重特征,在汉字水平上,成字义符与语法表征存在直接关联,因此,成字义符的语法信息激活比不成字义符容易,但对比语义激活又显得困难得多。因此,只是在成字义符加工的晚期,语法信息才激活。不成字义符主要承担语义功能,虽然具有内隐的语法信息,但需要明确任务的激活,因此,在整个词汇判断过程中都未显现出语法信息的激活。

成字义符与不成字义符的语义与语法信息激活的差异具有明显的实践价值。在汉字简化过程中,简化偏旁是汉字简化的组成部分;简化一个偏旁,就简化了成批的字。但是,一些偏旁如"讠、忄、钅、纟"只在作左偏旁时简化,作其他部位的偏旁时不能类推。这种简化方式对于汉字的学习与识别是否有益?本研究的结果提供了某些启示。

四、结论

(1)在义符启动范式下,就义符整体而言,语义激活从加工的早期一直持续到晚期,语法信息则未见有激活。

(2)不成字义符和成字义符的语义激活和语法激活进程存在着差异:不成字义符的语义激活只出现在加工中期,语法信息则未见有激活;成字义符的语义一直处于激活状态,语法信息也在加工晚期获得了激活。

(3)在汉语母语者的心理词典中,不成字义符和成字义符存在着表征差异。不成字义符主要激活语义类别的信息,成字义符激活语义类别和独体字的信息。

任务性质、家族大小和词类一致性对义符语法信息激活的影响[①]

本研究采用义符启动范式,考察任务性质、家族大小和词类一致性对义符语法信息激活的影响。实验1通过词汇判断任务和词性判断任务的比较,发现义符的语法信息激活具有任务特定性:只有在直接针对词类的词性判断任务中,义符的语法信息才比较容易显现。实验1的结果为实验2的任务选择奠定了基础。实验2考察在词性判断任务中,义符的家族大小和词类一致性对义符语法信息激活的影响,发现家族大小和词类一致性都是影响义符语法信息激活的重要变量,具体表现为大家族义符和高词类一致性义符在语法信息激活上具有促进效应。

一、前言

词类是指词的语法类别,是语法分析的基础。在语言理解中,个体能够正确地、迅速地提取词类信息,对语言加工至关重要。在拼音语言研究中,词汇的语法信息能否独立激活一直是一个争论不休的话题(Bedny & Caramazza,2011;Crepaldi,Berlingeri,Paulesu & Luzzatti,2011;Crepaldi et al.,2013;Pulvermüller,Mohr & Schleichert,1999)。然而,有相当多的证据支持语法信息能够独立激活的观点。弗拉维娅和希姆娜(Flavia & Simona,2016)采用图词干扰范式,通过4个实验逐步排除了语义干扰和语音干扰,证明语法信息在词汇产生中具有独立的作用。

卡罗莱娜、阿尔贝托、费兰度和曼纽尔(Carolina, Alberto, Fernando & Manuel,2016)以西班牙语中同词根的动词和名词作为实验材料,采用ERP技术考察了词汇加工中词类信息和语义信息的激活进程,发现词类信息的激活开始于词汇呈现后的200ms,一直持续到800ms;语义信息的激活出现在400ms左右,再次证明语

[①] 本文原载于《心理学报》2019年第10期,第1091~1101页。
本篇作者:章玉祉,张积家。

法加工是相对独立于语义加工的一种属性。

与拼音语言相比,汉语是典型的缺乏形态变化的语言。一个汉语词在不改变语音和正字法的情况下,可以具有多种词类的语法功能。例如,"绿"既可以做名词,是一种颜色名称;又可以做形容词,如"绿苹果";还可以做动词,如"他的脸绿了""春风又绿江南岸"。因此,在汉语中,存在着大量的语法兼类词,这给汉字词的语法研究带来了相当的难度。在汉语词典编纂中,也不标注词汇的词类。即便如此,研究者仍然从不同的角度(言语理解、言语产生、发展研究、神经机制)和不同的语言层次(句子、成语、双字词)对汉字词的语法特性进行了探索(白利莉,陈宝国,2011;韩迎春,莫雷,2010;洪冬美,钟毅平,2008;冯浩,冯丽萍,2016;刘涛,马鹏举,于亮,刘俊飞,杨亦鸣,2011;张积家,石艳彩,段新焕,2009;张金桥,2011;张金桥,2012)。例如,张金桥(2011)采用启动下的词汇判断任务,考察双字复合词的语义、词类和构词法激活的时间进程,发现在双字复合词识别中,最早激活语义信息,接着激活词类信息,最后激活构词法信息。白利莉和陈宝国(2011)采用词类判断任务,考察汉语单字词的习得年龄对词类信息加工的影响,发现汉字词的习得年龄对词类判断的反应时具有显著的预测作用,被试更容易提取早期习得的汉字词的词类信息。上述研究都是在词汇或词汇以上的层面进行的,如果以亚词汇作为切入点,能否给汉字词的语法研究带来新的启发?

形声字由义符和声旁构成,占常用汉字的81%。其中,义符是汉字特色的重要体现。已有研究侧重于探索义符的表意性,发现义符和整字的语义关系影响汉字词的范畴语义(Williams,2013;张积家,彭聃龄,张厚粲,1991;张积家,张厚粲,彭聃龄,1990)、定义特征语义(张积家,彭聃龄,1993)、动作器官或动作工具语义(张积家,陈新葵,2005)的提取,影响儿童和成人对汉字词的识别和理解(陈新葵,张积家,2008,2012;刘燕妮,舒华,轩月,2002;孟祥芝,舒华,周晓林,2000;王娟,张积家,胡鸿志,2015),义符家族字的类别一致性影响义符的语义信息的激活以及义符家族效应的作用方向(王娟,张积家,2016;章玉祉,张积家,2017)。作为汉字的亚词汇构件,义符不仅可以表征词汇的语义,还可以表征词汇的语法。首先,在义符语义中包含有一定的语法信息:当形声字的义符表征事物的类别或者构成成分时,词汇多为名词,如由"女"构成的"姐、妈、姨",由"木"构成的"杨、柏、松";当形声字的义符表征发出动作器官或工具时,词汇多为动词,如由"口"构成的"吐、喷、吃",由"刂"构成的"刎、割、划"。因此,在长期的学习和使用汉字的过程中,个体自动习得了义符的隐性的语法规律。其次,虽然汉字词存在着语法兼类现象,但是,不同的义符具有不同的语法倾向,或者更多地构成名词,或者更多地构成动词。对2500常用字统计发现,不同的义符具有不同的语法倾向,如"扌""刂"的动词倾向明显,"钅""木"的名词倾向明显。在145个义符中,语法倾向明显的义符有130个,约占90%(张积家,方燕红,陈新葵,2006)。

张积家等(2006)通过整字识别范式考察了义符在中文动词和名词分类中的作用,发现义符提供了重要的语法信息:当义符的语法倾向与整字的词类一致时,词汇分类快,当义符的语法倾向与整字的词类相反时,词汇分类慢。杜洪飞(2007)采用图词干扰范式考察了汉字单字产生中语法信息的激活,发现只有在干扰汉字存在着明显的表语法的形态结构(如义符"扌"和"木")时,干扰字的语法信息才对目标图片的语音激活产生影响。这说明,义符在汉字词语法信息的激活中具有重要的作用。王娟(2012)采用词类一致性判断任务,考察对R＋G＋(义符相同、词类一致)、R＋G－(义符相同、词类不一致)、R－G＋(义符不同、词类一致)、R－G－(义符不同、词类不一致)四类汉字对的词类一致性判断发现:在"是"反应中,R＋G＋字对比R－G＋字对反应时短,错误率低,体现出义符的词类一致性的促进作用;在"否"反应中,R＋G－字对比R－G－字对错误率高,体现出义符的词类一致性的抑制作用。但是,张积家和章玉祉(2016)采用词汇判断任务考察在义符启动范式下义符的语义信息和语法信息激活的时间进程时,却并未发现义符总体的语法信息激活。

由此产生的问题是,义符的语法信息激活是否具有任务特定性？其次,已有的义符语法信息激活研究并未控制汉字的语义透明度,这导致在考察义符的语法信息激活中混入了语义信息的干扰。最后,已有的汉字词语法信息激活研究大多采用了整字启动范式,整字启动范式符合个体的阅读习惯,却也存在着整字通道和亚词汇通道相互影响、不能够决然分离的问题。义符启动范式具有凸显亚词汇路径、直观地展现义符相关信息激活状况的功能(章玉祉,张积家,2017)。因此,实验1将在控制汉字的语义透明度的前提下,采用义符启动范式考察在词汇判断任务和词类判断任务中义符的语法信息的激活,以探查义符的语法信息激活是否具有任务特定性。

在义符的认知功能研究中,家族大小和家族成员的一致性(类别一致性和词类一致性)是两个重要的影响变量。义符家族是指由同一义符构成的汉字集合,集合内的成员多,家族就大,集合内的成员少,家族就小。被试对大、小家族汉字的反应差异即为义符的家族效应。费尔德曼和塞克(1997)首先发现,大家族义符汉字在词汇判断上具有优势,但这种优势效应只存在于左形右声结构的汉字中。后续研究又在不同任务(词汇判断、语义判断、类别一致性判断)中发现了义符家族效应与字频、语义透明度、义符的类别一致性之间的交互作用(Feldman & Siok,1999;Hsiao,Shillcock & Lavidor,2007;钱怡,张逸玮,毕鸿燕,2015;Su & Weekes,2007;王娟,张积家,2016;张积家,姜敏敏,2008)。

义符的类别一致性是指由同一义符构成汉字的语义集中程度:义符的类别一致性 = 与义符语义一致的义符家族成员数/义符家族成员总数(章玉祉,张积家,2017)。由同一义符构成的汉字的语义集中即类别一致性高,由同一义符构成的汉字的语义分散即类别一致性低。陈和威克斯(2004)发现,义符的类别一致性对汉字的语义归类具有重要影响,但其效应与义符的家族大小和汉字的语义透明度之间存在着交互作用。王娟和张积家(2016)在语义透明度判断中,同样发现义符的类别一致性和汉字的语义透明度之间存在着交互作用。章玉祉和张积家(2017)采用义符启动范式,系统考察了义符的家族大小和类别一致性在不同加工任务中对义符语义激活的影响:在词汇判断任务中,主要发现了义符家族大小的影响;在语义相关判断任务中,主要发现了义符类别一致性的影响。

以往有关义符家族性和一致性的研究主要集中在语义层面。在语法层面,王娟(2012)发现,义符的家族大小影响形声字的词类加工,义符的家族越大,汉语母语者对形声字的词类加工越倾向于采用形旁推理策略。然而,对义符家族的词类一致性对汉字语法信息加工的影响,却鲜有研究涉及。义符家族的词类一致性是王娟(2012)在张积家等(2006)义符语法倾向性统计基础上所做的划分,类似于类别一致性,它表征义符家族汉字的词类一致程度。对义符的词类一致性在汉字词认知中作用的考察有助于证明义符表征语法的心理现实性。因此,实验2将在实验1确定任务类型的基础上,继续考察义符的家族大小和词类一致性对义符语法信息激活的影响。

二、实验1 加工任务对义符语法信息激活的影响

(一)实验1a 词汇判断任务中义符语法信息的激活

1. 被试

母语为汉语且汉语熟练的汉族本科生27名,男生13名,女生14名,平均年龄为19.5岁,视力或矫正视力正常。

2. 设计与材料

2(启动类型:义符启动/控制启动)×2[汉字类型:汉字的词类与义符的语法倾向一致(G+)/汉字的词类与义符的语法倾向不一致(G-)]两因素被试内设计。因变量为被试词汇判断的反应时和错误率。

研究者通过7点评定,选择了32个熟悉性高的义符,16个义符的语法倾向为名词,16个义符的语法倾向为动词。义符的语法倾向来自对2500常用字的义符词类统计。每一义符后匹配一个语法一致汉字(G+)和一个语法不一致汉字(G-)。其中,语法倾向为动词的义符,选择名词作为G-汉字,语法倾向为名词的义符,选择动词作为G-汉字,使G+汉字和G-汉字的动词和名词的数目一致,最终的目标汉字为64个。匹配两类汉字的词频、笔画数和语义透明度。语义透明度由未参与实验的20名汉族大学生通过7点评定得出。材料信息见表1和表2。填充同等数量的假字构成"否"反应。假字由非目标字拆开后重新组合而成。方差分析表明,G+汉字与G-汉字在字频、笔画数及语义透明度上差异均不显著,$F_{字频}(1,62)=0.01$,$F_{笔画数}(1,62)=0.66$,$F_{语义透明度}(1,62)=0.36$,$ps>0.05$。

表1 实验1a的材料信息(M)

启动义符	义符熟悉性	义符的语法倾向	汉字与义符的语法一致性	字频(百万分之一)	笔画数	汉字语义透明度
如"氵"	4.89	动词	G+,如"流"	161.23	9.19	5.29
			G-,如"汁"	173.33	9.75	5.21

注:字频选自北京语言学院编《现代汉语频率词典》1988年版(下同)。

表2 实验1a目标汉字的词类匹配

启动义符	义符的语法倾向	目标汉字的词类	
		G+汉字	G-汉字
32个义符	动词倾向义符16个	16个动词	16个名词
	名词倾向义符16个	16个名词	16个动词

3. 仪器与程序

实验仪器为IBM计算机,采用E-Prime1.0系统编程。实验程序包括义符启动和控制启动,每一部分都包括练习和正式实验。练习与正式实验的要求相同,包括11个刺激,这些刺激不出现在正式实验中。义符启动和控制启动的实验流程完全一致,刺激不同。实验流程:首先在屏幕中央呈现注视点300ms,随后呈现启动刺激(义符或****)300ms,空屏300ms,最后出现目标字,要求被试又快又准地判断目标字是真字还是假字,真字按F键,假字按J键。按键方式在被试间平衡。如果被试在1500ms内未反应,刺激消失,空屏300ms后进入下一试次,反应记录为错误。实验流程见图1。

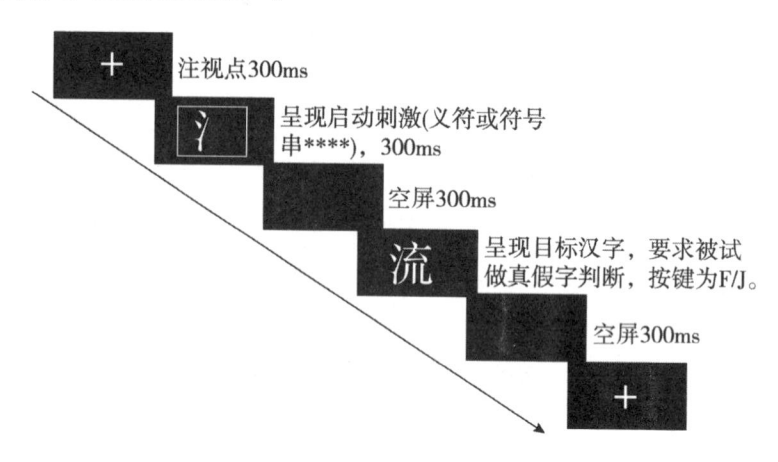

图1 实验1a流程图

4. 结果与分析

只分析对真字的反应时和错误率。反应时分析剔除错误反应及 $M \pm 3SD$ 之外的数据。被试在不同条件下词汇判断的反应时和错误率见表3。

表3 被试做词汇判断的平均错误率(%)和平均反应时(ms)

启动类型	G+汉字		G-汉字	
	平均错误率	平均反应时	平均错误率	平均反应时
义符启动	3.76(2.65)	554(48)	2.78(2.72)	553(45)
控制启动	2.78(2.72)	565(58)	2.43(2.46)	560(61)

注:括号内的数字为标准差,下同。

反应时及错误率的方差分析表明,各种主效应和交互作用均不显著,$ps > 0.05$。

5. 讨论

在义符启动和控制启动下,两类汉字的反应时和错误率都无显著差异。这一结果有两种解释:(1)在义符启动下,义符的语法信息没有激活;(2)义符的语法信息比较内隐,由于任务不要求被试作语法加工,故义符的语法信息难以显现。为了明确实验1的结果究竟是哪一种原因造成的,进行了实验1b。

(二) 实验1b 词类判断任务中义符语法信息的激活

1. 被试

母语为汉语且汉语熟练的汉族本科生27名,男生10名,女生17名,平均年龄为20.3岁,视力或矫正视力正常。

2. 设计与材料

设计同实验1a,材料为实验1a中的真字,因变量为词类判断的反应时和错误率。

3. 仪器与程序

基本同实验1a,只是任务改为词类判断,如果判断为动词,按F键,如果判断为名词,按J键,按键方式在被试间平衡。

4. 结果与分析

剔除2名错误率高于40%的被试。反应时分析时剔除错误反应及 $M \pm 3SD$ 之外的数据。结果见表4。

表4 被试做词类判断的平均错误率(%)和平均反应时(ms)

启动类型	G+汉字		G-汉字	
	平均错误率	平均反应时	平均错误率	平均反应时
义符启动	7.63(5.01)	645(81)	12.06(5.92)	662(77)
控制启动	7.81(4.98)	656(84)	12.00(6.50)	660(81)

反应时的方差分析表明:汉字类型的主效应被试分析边缘显著,$F_1(1,24) = 3.32, p = 0.07, \eta_p^2 = 0.12$;项目分析不显著,$F_2(1,124) = 2.25, p > 0.05$。G+汉字的反应时($M = 650.66$ms)显著短于G-汉字($M = 660.82$ms),95% CI = [-21.68, 1.36]。启动类型和汉字类型的交互作用被试分析边缘显著,$F_1(1,24) = 3.26, p = 0.08, \eta_p^2 = 0.12$,项目分析不显著,$F_2(1,124) = 0.90, p > 0.05$。简单效应分析表明:在控制启动下,两类汉字的反应时差异不显著,$p > 0.05$;在义符启动下,G+汉字的反应时显著短于G-汉字,差值为17ms,$p = 0.02$,95% CI = [2.94, 29.68]。

错误率的方差分析表明,汉字类型的主效应显著:$F_1(1,24) = 31.40, p <$

$0.001, \eta_p^2 = 0.57; F_2(1,124) = 7.47, p = 0.007, \eta_p^2 = 0.06$。G+字的错误率($M = 7.72\%$)显著低于G-字($M = 12.03\%$),$p < 0.001, 95\% CI = [0.71, 2.96]$。其余的主效应和交互作用不显著,$ps > 0.05$。

5. 讨论

实验1b通过词类判断任务考察义符的语法信息激活。结果发现,在控制启动下,反应时和错误率的结果出现了分离。G+汉字的错误率显著低于G-汉字,说明即使没有义符启动,受实验任务(词类判断)驱动,被试也在整字加工中提取了义符的语法信息;但是,G+汉字却未体现出反应速度的优势。在义符启动下,不论是反应时还是错误率,G+汉字都优于G-汉字,说明义符启动结合词类判断任务可以稳定地激活义符的语法信息。

实验1考察了任务性质对义符启动范式下义符语法信息激活的影响。结果发现:在词汇判断任务中,义符的语法信息未见有激活;在词类判断任务中,义符的语法信息获得了稳定的激活。这说明,即使有义符启动作为先导,义符的语法信息也需要配合有针对性的词类判断任务才能够较容易地显现,说明义符语法信息的激活具有任务特定性。这一发现给后续的义符语法信息激活的研究明确了实验任务。

三、实验2 家族大小和词类一致程度对义符语法信息激活的影响

(一)实验2a 义符家族大小对义符语法信息激活的影响

1. 被试

母语为汉语且汉语熟练的汉族本科生26名,男生14名,女生12名,平均年龄为18.9岁,视力或矫正视力正常。

2. 设计与材料

2(义符家族大小:大家族/小家族)×2(汉字类型:G+/G-)两因素被试内设计。因变量为词类判断的反应时和错误率。

根据王娟(2012)对汉字义符家族大小的划分,选取了大家族义符10个,具有动词倾向的义符4个,具有名词倾向的义符6个,选取了小家族义符12个,具有动词倾向的义符6个,具有名词倾向的义符6个,平衡两类义符的词类一致性和熟悉性。为每一启动义符挑选了不等数量的目标汉字(G+/G-)。最终,大家族义符启动的G+汉字和G-汉字各有22个;小家族义符启动的G+汉字和G-汉字各有22个;每一类汉字中各包括11个动词和11个名词。20名未参与实验的汉

族大学生对义符熟悉性和汉字语义透明度做7点评定。实验材料的信息见表5。方差分析表明,两类义符的熟悉性差异不显著,$F_{熟悉性}(1,20)=0.74,p>0.05$;四类字的平均字频、笔画数和语义透明度的差异均不显著,$F_{字频}(3,84)=0.41,p>0.05,F_{笔画数}(3,84)=0.83,p>0.05,F_{语义透明度}(3,84)=0.59,p>0.05$。

表5 实验2a材料(M)

义符家族大小	义符熟悉性	汉字与义符的语法一致性	字频(百万分之一)	笔画数	语义透明度
大家族义符	4.96	G +	160.59	9.23	4.96
		G -	158.62	10.45	4.86
小家族义符	4.71	G +	98.01	10.45	5.00
		G -	128.48	10.55	4.79

3. 仪器与程序

实验仪器及数据收集方式同实验1b,实验程序基本同实验1b,启动项只包括义符启动。

4. 结果与分析

反应时分析剔除错误反应及反应时在$M±3SD$之外的数据。被试做词类判断的平均反应时和平均错误率见表6。

表6 被试做词类判断的平均错误率(%)和平均反应时(ms)

义符类型	G + 汉字 平均错误率	G + 汉字 平均反应时	G - 汉字 平均错误率	G - 汉字 平均反应时
大家族义符	9.53(8.06)	733(75)	17.05(7.93)	751(81)
小家族义符	12.85(8.23)	735(77)	14.07(8.23)	745(87)

反应时的方差分析表明,只有汉字类型的主效应被试分析显著,$F_1(1,25)=7.08,p=0.01,\eta_p^2=0.22$;项目分析不显著,$F_2(1,84)=2.43,p>0.05$。G + 汉字的反应时($M=734ms$)显著短于G - 汉字($M=748ms$),$p=0.01,95\%\,CI=[3.17,24.84]$。其余的主效应和交互作用均不显著,$ps>0.05$。

错误率的方差分析表明,义符家族大小的主效应不显著,$F_1(1,25)=0.05,p>0.05;F_2(1,84)=0.01,p>0.05$。汉字类型的主效应被试分析显著,$F_1(1,25)=17.38,p<0.001,\eta_p^2=0.41$,项目分析边缘显著,$F_2(1,84)=3.70,p=$

0.06,$\eta_p^2 = 0.04$。G + 汉字的错误率(M = 11.19%)显著小于 G – 汉字(M = 15.56%),$p < 0.001$,95% CI = [2.21,6.53]。义符家族大小和汉字类型的交互作用被试分析显著,$F_1(1,25) = 7.85$,$p = 0.01$,$\eta_p^2 = 0.24$,项目分析不显著,$F_2(1,84) = 1.92$,$p > 0.05$。简单效应分析表明:在大家族义符启动下,G + 汉字的错误率显著小于 G – 汉字,差值为 7.52%,$p < 0.001$,95% CI = [4.34,10.70];在小家族义符启动下,两类汉字的错误率差异不显著,$p > 0.05$。

5. 讨论

在反应时上,义符的家族效应不显著。在错误率上,义符家族大小和汉字类型的交互作用显著:仅在大家族义符启动下,G + 汉字的错误率显著小于 G – 汉字。结合反应时和错误率的结果,实验 2a 表明,大家族义符在语法信息激活上更稳定也更具有优势。

(二)实验 2b 义符的词类一致程度对义符语法信息激活的影响

1. 被试

母语为汉语且汉语熟练的汉族本科生 30 名,男生 10 名,女生 20 名,平均年龄为 18.6 岁,视力或矫正视力正常。

2. 设计与材料

2(义符的词类一致性:高/低)×2(汉字类型:G + /G –)两因素被试内设计。因变量为词类判断的反应时和错误率。

在对义符构成汉字词类赋值的基础上,王娟(2012)将义符的词类一致性分为高、中、低三个水平。词类一致性高是指义符在某一词类上赋值明显高于在其他词类上赋值(n1 – n2 > 0.30);词类一致性低是指义符在某一词类上的赋值与它在另一词类上的赋值相差不大(n1 – n2 < 0.10);如果义符在某一词类的赋值与在另一词类上的赋值间差异在 0.10 和 0.30 之间(0.10 < n1 – n2 < 0.30),该义符的词类一致性属于中等水平。选取词类一致性高的义符 9 个,具有动词倾向的义符 5 个,具有名词倾向的义符 4 个;词类一致性低的义符 8 个,具有动词倾向的义符 4 个,具有名词倾向的义符 4 个;平衡两类义符的家族大小和熟悉性;为每一启动义符挑选了不等数量的目标汉字(G + /G –)。最终,词类一致性高的义符启动的 G + 汉字和 G – 汉字各有 26 个;词类一致性低的义符启动的 G + 汉字和 G – 汉字各有 26 个;在每类汉字中各包括 13 个动词和 13 个名词。未参与实验的 20 名大学生对义符熟悉性和汉字语义透明度进行 7 点评定。材料信息见表 7。方差分析表明,两类义符的熟悉性差异不显著,$F_{义符熟悉性}(1,15) = 0.12$,$p > 0.05$;四类汉字的平均字频、平均笔画数和平均语义透明度差异均不显著,$F_{字频}(3,100)=0.80$,$F_{笔画数}(3,100)=1.07$,$F_{语义透明度}(3,100)=1.01$,$ps>0.05$。

表7 实验2b 材料(M)

义符词类 一致程度	义符熟悉性	汉字与义符的 语法一致性	字频 (百万分之一)	笔画数	语义透明度
高	5.00	G+	244.15	8.42	5.41
		G-	325.70	9.85	5.11
低	4.84	G+	201.00	9.08	5.34
		G-	161.75	9.31	4.96

3. 仪器与程序

同实验1a。

4. 结果与分析

反应时分析剔除错误反应以及反应时在 $M±3SD$ 之外的数据。被试做词类判断的平均反应时和平均错误率见表8。

表8 被试做词类判断的平均错误率(%)和平均反应时(ms)

义符类型	G+汉字		G-汉字	
	平均错误率	平均反应时	平均错误率	平均反应时
高词类一致性义符	5.51(4.45)	694(82)	29.10(11.65)	773(89)
低词类一致性义符	13.85(6.97)	730(88)	17.88(8.48)	745(85)

反应时的方差分析表明,义符的词类一致性的主效应不显著,$F_1(1,29)=0.54$,$F_2(1,100)=0.03$,$ps>0.05$。汉字类型的主效应显著,$F_1(1,29)=54.71$,$p<0.001$,$\eta_p^2=0.65$,$F_2(1,100)=39.54$,$p<0.001$,$\eta_p^2=0.28$。G+汉字的反应时($M=712ms$)显著短于G-汉字($M=759ms$),$p<0.001$,95% CI=[34.11,60.18]。义符的词类一致性和汉字类型的交互作用显著,$F_1(1,29)=22.27$,$p<0.001$,$\eta_p^2=0.43$;$F_2(1,100)=19.86$,$p<0.001$,$\eta_p^2=0.17$。简单效应分析表明:在高词类一致性义符启动下,G+汉字的反应时显著短于G-汉字,二者的差值为78.50ms,$p<0.001$,95% CI=[57.77,99.23];在低词类一致性义符启动下,两类汉字的反应时差异不显著,$p>0.05$。

错误率的方差分析表明,义符的词类一致性的主效应不显著,$F_1(1,29)=$

$1.72, F_2(1,100) = 0.35, ps > 0.05$。汉字类型的主效应显著,$F_1(1,29) = 156.53$,$p < 0.001, \eta_p^2 = 0.84, F_2(1,100) = 32.31, p < 0.001, \eta_p^2 = 0.24$。G+汉字的错误率($M = 9.68\%$)显著小于G-字($M = 23.49\%$),$p < 0.001, 95\% \text{CI} = [11.56, 16.07]$。义符的词类一致性和汉字类型的交互作用显著,$F_1(1,29) = 66.23, p < 0.001, \eta_p^2 = 0.70; F_2(1,100) = 16.18, p < 0.001, \eta_p^2 = 0.14$。简单效应分析表明:在高词类一致性义符启动下,G+汉字的错误率显著小于G-字,二者的差值为$23.59\%, p < 0.001, 95\% \text{CI} = [19.48, 27.70]$;在低词类一致性义符启动下,G+汉字的错误率也显著小于G-汉字,二者的差值为$4.03\%, p = 0.01, 95\% \text{CI} = [1.71, 6.37]$。在高词类一致性义符启动下G+汉字与G-汉字的错误率差异更大。

5. 讨论

实验2b表明,不论是反应时,还是错误率,高词类一致性的义符都体现出语法信息激活的优势。这说明,义符的词类一致性是影响义符语法信息激活的重要因素。由词类一致性高的义符构成的汉字,语法类别集中,语法信息容易激活;由词类一致性低的义符构成的汉字,语法类别分散,语法信息激活困难。

四、综合讨论

采用义符启动范式考察任务性质、义符的家族大小和词类一致性对义符语法信息激活的影响。实验1表明,义符语法信息的激活具有任务特定性,在有针对性的词类判断任务中,义符的语法信息比较容易显现。这一发现为影响因素的考察明确了任务类型。实验2在实验1的基础上考察了义符的家族大小和词类一致性对义符语法信息激活的影响。结果发现,家族大小和词类一致性是影响义符语法信息激活的重要变量,表现为大家族义符和高词类一致性义符的在语法信息激活上具有促进效应。

(一) 关于任务性质对义符语法信息激活的影响

实验1考察在义符启动范式下任务性质对义符语法信息激活的影响发现:在词汇判断任务中,义符的语法信息未见有激活;在词类判断任务中,义符的语法信息获得了稳定的激活。这说明,义符语法信息的激活确实具有任务特定性。在已有研究中,研究者大多采用针对词类的任务,如词类判断任务和词类一致性判断任务(王娟,2012;张积家等,2006),发现义符具有表征语法的功能。杜洪飞

(2007)采用针对词类的图词干扰任务,同样发现义符在汉字词语法信息的激活中具有重要作用,该研究只选用了由义符"扌"和"木"构成的汉字,这两个义符都属于词类一致性非常高的义符,其结果难以推广到义符总体。张积家和章玉祉(2016)考察在义符启动范式下词汇判断任务中义符的语义和语法的激活进程,发现对义符总体而言没有明显的语法信息激活。因此,系统地考察义符语法信息激活的加工任务要求,对于义符语法性质的研究具有重要意义。本研究统一采用了义符启动范式,考察词汇判断和词类判断两类任务对义符语法信息激活的影响,再次证实了在有针对性的词类判断任务中,义符的语法信息比较容易激活,说明义符的语法信息激活确实具有任务特定性。

章玉祉和张积家(2017)考察在义符启动范式下任务性质对义符语义信息激活的影响,发现在词汇判断任务和语义判断任务中,义符的语义信息都可以激活,只是相关影响因素(家族大小和类别一致性)的作用有不同。义符的语义信息、语法信息的激活对任务加工深度的不同要求,说明了义符的语义和语法的心理表征具有一定的差异。表意是义符的首要特征,义符表意具有直接性。义符或者本身就是汉字,如"木";或者是汉字的变形,如"扌"。其"形—义"联结十分稳定和外显。因此,不论是词汇判断任务还是语义判断任务,都能够有效地激活义符的语义特征。但是,义符的语法特性却不同。首先,汉字存在着大量的兼类词,探讨语法特性具有很大的难度。其次,与重视形式、低语境的印欧语言不同,汉语是高语境语言,词汇的语法特性要根据语境来确定。例如,"死"作为名词是指丧失生命,与"生"相对;作为动词是指死亡过程(如"死得惨");作为形容词或副词是指不顾生命(如"死士")、固执或坚持到底(如"死心踏地")、无知觉(如"睡得很死")、缺乏变化(如"认死理""死脑筋")、不通达(如"死胡同")、极(如"乐死人")、不变化(如"说死""定死")。汉字也不像拼音文字那样,具有明显的表语法的词缀而且在使用中强调词汇的语法特征。最后,义符的语法特性的确定往往是基于统计结果,是个体在日常汉字学习和使用中内隐地获得的知识,属于启发式,而不是明确的语法规定。鉴于以上特征,义符的语法特征在具有针对性的词类加工任务中才能够得到明显的激活,这符合认知经济的原则。同时,从宏观的语言使用和交际的角度来看,词汇语义的激活是首要前提,而词汇的语法特性则是在语言使用中对词汇的聚合关系和组合关系认知之后才获得的。因此,词类信息的激活便难于语义信息的激活。即便如此,本研究仍然证实了义符的表语法功能,说明义符的语法特征具有心理现实性。

(二)关于词类加工任务中义符语法信息激活的影响因素

在实验1的基础上,实验2继续考察了义符的家族大小和词类一致性对义符语法信息激活的影响,发现大家族义符比小家族义符的语法信息更容易激活,词类一致性高的义符比词类一致性低的义符的语法信息更容易激活。

1. 关于家族大小对义符语法激活的影响

实验2a主要考察了在词类判断任务中义符的家族大小对义符语法信息激活的影响,以启动义符之后的两类汉字(G+/G-)的反应差异作为义符语法激活的指标。结果发现:在反应时上,未发现大、小家族义符的语法信息激活有差异;在错误率上,发现了大家族义符的语法信息激活的优势,大家族义符的语法信息获得了显著的激活,小家族义符的语法信息则未见激活。因此,大家族义符在语法信息激活上具有优势。

义符的家族大小表征一个义符构成汉字的多少。义符的语法倾向性表征义符家族字的典型词类,典型词类可以通过统计得到,由频次最高的词类来表征。从概念上看,义符的家族大小和典型词类之间没有直接的关联。义符的典型词类受义符家族字的词类一致性影响:词类一致性高,典型词类的代表性就强,激活就容易;词类一致性低,典型词类的代表性就弱,激活就困难。词类一致性通过义符家族字的聚类来体现。家族大小会影响被试对义符的熟悉性感知。义符家族大,由该义符组成的汉字的呈现率就高,被试对该义符的熟悉性自然就高。研究表明,在形声字认知中,义符的主观熟悉性是重要的影响变量,不仅影响高频形声字的认知,亦影响低频形声字的认知,高熟悉义符的词形启动比低熟悉义符早,语义启动亦早(陈新葵,张积家,2008,2012)。相应地,义符的语法信息激活也应该早。因此,在控制了义符的词类一致性的前提下,被试对大家族义符的典型词类就更具有熟悉感,故而在义符的语法信息激活中就体现出家族性的作用,大家族义符比小家族义符更具有语法信息激活的优势。

2. 关于义符的词类一致性对义符语法信息激活的影响

已有研究表明,义符的类别一致性是影响义符语义信息激活的重要因素(王娟,张积家,2016;章玉祉,张积家,2017)。受类别一致性概念的启发,本研究考察了义符的词类一致性对义符语法信息激活的影响,发现义符的词类一致性是影响义符语法信息激活的重要因素。

义符的类别一致性表征义符家族字的语义集中程度,义符的类别一致性 = 与义符语义一致的义符家族成员数/义符家族成员总数。其中,义符的语义和义的家族成员数都可以明确地界定。与此不同,义符的词类一致性是一个更加复杂的概念。因为在汉语中,语法(词类)具有模糊性。在亚词汇层次上,如何有效地考察义符所携带的语法(词类)信息值得探讨。为了探索汉字亚词汇层次的语法特性,研究者(张积家等,2006;王娟,2012)对义符的词类一致性进行了合理建构。首先通过义符家族汉字的词类赋值确定频次最高的词类为义符的语法倾向(典型词类),然后通过典型词类与其他词类赋值之间的差异比较,确定义符词类的一致程度(高、中、低)。因此,义符的词类一致性的概念虽然不如义符的类别一致性的概念客观、明确,但基本上表征了义符家族汉字词类的分布状况。

义符的词类一致性和义符的语法倾向具有直接的联系。根据操作定义:义符的词类一致性高,说明在义符家族中,属于典型词类的汉字显著多于属于其他词类的汉字,义符的语法倾向性就更加明显;义符的词类一致性低,说明在义符家族中,属于典型词类的汉字只是略多于属于其他词类的汉字,义符的语法倾向就不明显。所以,在平衡了义符的家族大小之后,在高词类一致性的义符启动下,就能够容易激活义符的语法信息(典型词类),从而使符合预期的 G+汉字的反应时缩短,错误率降低;与预期相冲突的 G-汉字的反应时延长,错误率升高。而在低词类一致性的义符启动下,义符的语法信息(典型词类)激活不明显,从而使 G+汉字和 G-汉字的反应差异变小。

(三)关于义符语法信息激活的作用机制

根据本研究及已有研究的结果,结合王娟和张积家(2016)提出的义符影响形声字语义加工的调节模型,笔者提出义符影响形声字语法加工的调节模型,见图 2。

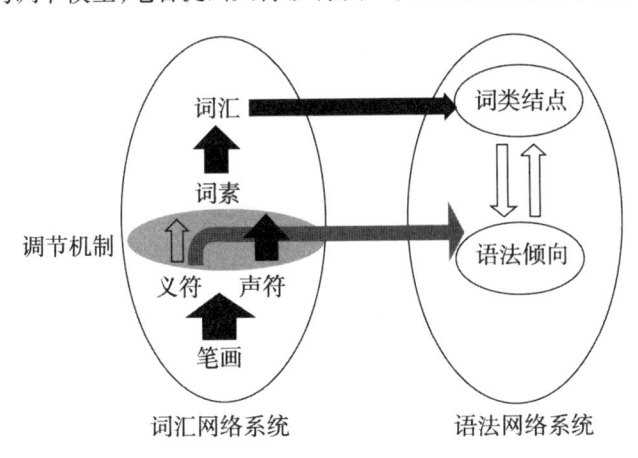

图 2 义符影响形声字语法加工的调节模型

该模型认为,在针对形声字语法特征的任务中(词类判断任务或词类一致性判断任务等),形声字的词类信息被激活,激活的扩散涉及两个网络系统。在词汇网络中,包括笔画、部件(义符和声符)、词素和词汇四个层级;在语法网络中,包括词类结点和语法倾向结点。形声字的语法加工既可以通过词汇网络中的笔画、部件、词素到词汇的逐层上升激活,最终通达语法网络的词类结点,也可以在部件层直接通过义符通达语法网络的语法倾向结点,通过自上而下和自下而上的双路径对接,最终实现对形声字词类的判定。义符的家族大小、词类一致性作为影响因素,调节着整词词类判断中整词路径和义符路径的作用:当义符家族大、词类一致性高时,义符路径容易通达,系统会将更多的资源运用于整词通达,而且在整词通达之前,语法网络中的词类结点已经被来自义符语法倾向结点的激活所激活,形声字的词类判定自然容易;当义符家族小、词类一致性低时,义符的语法倾向较难以激活,义符路径较难以起作用,形声字的词类判定就主要依靠整词路径,反应自然就困难些。总的来看,义符的家族大小和词类一致性共同作为汉字语法信息加工的重要调节因素在起作用,而二者均是汉语母语者在汉字使用中内隐地获得的关于汉字的重要知识。因此,义符启动范式人为地将义符路径凸显、放大,以清晰地显示义符在形声字词类识别中的重要作用。在义符启动后,义符路径被迅速通达,从而激活了语法网络中的语法倾向特征。如果义符的家族大、词类一致性高,语法倾向特征的激活能量就非常大。当整词呈现以后,系统主要将资源供给整词路径,通过词汇网络的层层激活,最终对接了语法网络的词类结点。如果是 G+汉字,已经激活的语法倾向就可以显著地促进整词路径的词类激活,缩短形声字词类识别的时间;如果是 G-汉字,整字路径和义符路径形成了冲突,义符路径的能量又非常大,最终导致形声字词类识别的时间延长。当义符家族小、词类一致性低时,义符路径的激活能量小,对整字路径的影响就小。

总之,本研究不仅证实了义符语法倾向的心理现实性,还揭示了影响义符语法信息激活的调节因素,即任务性质、家族大小和词类一致性对义符语法信息激活的影响。研究结果丰富了汉字认知心理学的知识,对汉字学习与汉字教学亦具有重要的启发意义。

五、结论

(1)义符语法信息激活具有任务特定性,只有在直接针对形声字词类的任务中,义符的语法信息才能够获得显著的激活。因此,任务性质是影响义符语法激活的重要因素。

(2)义符的家族大小和词类一致性影响义符的语法信息激活,表现为义符家族大和词类一致性高的促进效应。

参考文献

白利莉,陈宝国.汉字习得的年龄对词类信息加工的影响[J].心理科学,2011,34(2):343-347.

北京语言学院语言教学研究所.现代汉语词频辞典[M].北京:北京语言学院出版社,1986.

蔡厚德,齐星亮,陈庆荣,等.声旁位置对形声字命名规则性效应的影响[J].心理学报,2012,44(7):868-881.

陈宝亚.意音文字存在的民族语言文化条件[J].思想战线,2002,28(1):110-114.

陈宝国,彭聃龄.汉字识别中的形音义激活时间进程的研究(I)[J].心理学报,2001,33(1):1-6.

陈宝国,彭聃龄.词的具体性对词汇识别的影响[J].心理学报,1998,30(4):387-393.

陈宝国,王立新,彭聃龄.汉字识别中形音义激活时间进程的研究(Ⅱ)[J].心理学报,2003,35(5):576-581.

陈宝国,尤文平,周会霞.汉语词汇习得的年龄效应:语义假设的证据[J].心理学报,2007,39(1):9-17.

陈传锋,黄希庭.结构对称性汉字视觉识别特定的实验研究[J].心理学报,1999,31(2):154-161

陈殿玺.论以形说义[J].辽宁师范大学学报(社会科学版),1995(3):19-21.

陈俊,张积家.小学低年级学生对陌生形声字的语音提取[J].心理科学,2005,28(4):901-905.

陈新葵,张积家.义符熟悉性对高频形声字词汇通达的影响[J].心理学报,2008,40(2):148-159.

陈新葵,张积家.义符熟悉性对低频形声字词汇通达的影响[J].心理学报,2012,44(7):882-895.

陈新葵,张积家.影响汉语动词、名词识别因素的回归分析[J].心理科学,2010,33(1):60-63.

陈栩茜,张积家.注意资源理论及其进展[J].心理学探新,2003,23(4):24-27.

陈永明,彭瑞祥.汉语语义提取的初步研究[J].心理学报,1985,17(2):50-57.

迟慧,闫国利,许晓露,等.声旁语音信息对形声字加工的影响——来自眼动研究的证据[J].心理学报,2014,46(9):1242-1260.

崔占玲,张积家.汉?英双语者言语理解中语码切换的机制——来自亚词汇水平的证据[J].心理学报,2010,42(2):173-184.

党怀兴.重新审视声符[J].陕西师范大学学报(哲学社会科学版),2007(6):122-126.

董性茂.论形声字"声符"表意的复杂性[J].福建师范大学福清分校学报,2002(3):81-87.

杜洪飞.汉语单字产生过程中关于发类别信息的激活[D].广州:华南师范大学,2007.

方燕红,张积家.汉字词和图片命名与分类的比较[J].心理学报,2009,41(2):114-126.

方燕红,张积家.义符、熟悉性和典型性对汉字词和图片命名与分类的影响[J].井冈山大学学报(社会科学版),2012,33(4):81-88.

费锦昌,孙曼均.形声字形旁表义度浅探.汉字问题学术讨论会论文集[M].北京:语文出版社,1988:212-213.

冯浩,冯丽萍.不同任务下汉语言语产出中词类信息的激活研究[J].世界汉语教学,2016,30(3):419-432.

冯丽萍.对外汉语教学用2905汉字的语音状况分析[J].北京师范大学学报(社会科学版),1998(6):94-101.

冯丽萍.汉字认知规律研究综述[J].世界汉语教学,1998(3):97-101.

冯丽萍.对外汉语教学用2905汉字的语音状况分析[J].北京师范大学学报(社会科学版),1998(6):94-101.

冯丽萍.外国留学生汉字正字法意识及其发展研究[J].云南师范大学学报(对外汉语教学与研究版),2006,4(1):12-17.

冯丽萍,卢华岩,徐彩华.部件位置信息在留学生汉字加工中的作用[J].语言教学与研究,2005(3):66-72.

高兵,高峰强.汉语字词识别中词频和语义透明度的交互作用[J].心理科学,2005,28(6):358-1360.

高定国,钟毅平,曾铃娟.字频影响常用汉字认知速度的实验研究[J].心理科学,1995,18(4):225-229.

高家莺,范可育,费锦昌.现代汉字学[M].北京:高等教育出版社,1993.

高立群.外国留学生规则字偏误分析——基于中介语语料库的研究[J].语言教学与研

究,2001(5):55-62.

管益杰,方富熹. 我国汉字识别研究的新进展[J]. 心理学动态,2000,8(2):1-6.

管益杰,李燕芳,宋艳. 汉字字形加工的关键特征模型[J]. 山东师范大学学报(人文社会科学版),2006,51(2):126-129.

郭桃梅,彭聃龄,卢春明,等. 汉语词汇产生中的义、音信息提取时间进程的ERP研究[J]. 心理学报,2005,37(5):569-574.

郭小朝. 汉字识别早期知觉过程中的整体优先效应[J]. 心理科学,2000,23(5):576-580.

国家语言文字工作委员会汉字处. 现代汉语常用字表[M]. 北京:语文出版社,1998.

韩布新. 汉字部件信息数据库的建立:部件和部件组合频率的统计分析[J]. 心理学报,1994,26(2):147-152.

韩布新. 汉字识别中部件组合的频率效应[J]. 心理学报,1996,28(3):232-237.

韩布新. 汉字识别中部件的频率效应[J]. 心理科学,1998,21(3):193-195.

韩迎春,莫雷. 汉语动/名词词类歧义消解初探[J]. 心理科学,2010,33(6):1338-1343.

郝美玲,刘友谊,舒华,等. 汉语图片命名中获得年龄的作用[J]. 心理与行为研究,2003,1(4):268-273.

何清强,王文斌. 时间性特质与空间性特质:英汉语言与文字关系探析[J]. 中国外语,2015(3):42-49.

洪冬美,钟毅平. 言语产生中汉语词类信息的加工进程[J]. 心理科学,2008,31(4):883-886.

季益静. 形声字的拆分及在汉字教学中的实践[J]. 北方工业大学学报,2003(4):70-79.

江新. 外国学生形声字表音线索意识的实验研究[J]. 世界汉语教学,2001(2):68-72.

金家恒. 从静态与动态相结合的角度看待汉字[J]. 文字改革,1985(5):13-15.

黎红,陈烜之. 汉字识别中的部件加工:错觉性结合实验的证据[J]. 心理科学,1999,22(3):213-217.

李国英. 论汉字形声字的义符系统[J]. 中国社会科学,1996(3):186-193.

李娟,傅小兰,林仲贤. 学龄儿童汉语正字法意识发展的研究[J]. 心理学报,2000,32(2):121-126.

李蕊. 对外汉语教学中的形声字表义状况分析[J]. 语言文字应用,2005(2):104-110.

李思齐. 义符对中文动词和名词加工的促进与抑制[D]. 昆明:云南师范大学,2017.

李燕,康加深. 现代汉语形声字声符研究[M]//陈原. 现代汉语用字信息分析. 上海:上海教育出版社,1993:96.

李燕,康加深,魏迺,等. 现代汉语形声字研究[J]. 语言文字应用,1992(1):72-83.

李运富,张素凤.汉字性质综论[J].北京师范大学学报(社会科学版),2006(1):68-76.

廖才高.现代形声字的表义表音功能研究述评[J].零陵学院学报,2004(4):51-54.

林泳海,张必隐.中文阅读中的语音类似效果[J].心理学报,1999,31(1):21-27.

刘涛,马鹏举,于亮,等.汉语名-动兼类效应的神经机制研究[J].心理科学,2011,34(3):546-551.

刘燕妮,舒华,轩月.汉字识别中形旁亚词汇加工的发展研究[J].应用心理学,2002,8(1):3-7.

鲁忠义,高志华,段晓丽,等.语言理解的体验观[J].心理科学进展,2007,15(2):275-281.

鹿士义.母语为拼音文字的学习者汉字正字法意识发展的研究[J].语言教学与研究,2002(3):53-57.

罗艳琳,王鹏,李秀军,等.汉字认知过程中整字对部件的影响[J].心理学报,2010,42(6):683-694.

孟祥芝,舒华,周晓林.汉字字形输出过程中儿童的汉字结构意识[J].心理科学,2000,23(3):260-264.

宁宁.现代常用形声字声符系统研究[D].天津:天津师范大学,2007.

彭聃龄,郭瑞芳,PERRY C.汉字部件及其位置的发展研究[J].心理与行为研究,2006,4(1):1-4.

彭聃龄,舒华,陈烜之.汉语认知研究的历史和研究方法[M]//彭聃龄,舒华,陈烜之.汉语认知研究.济南:山东教育出版社,1997:3-34.

彭聃龄,王春茂.汉字加工的基本单元——来自笔画数效应和部件数效应的证据[J].心理学报,1997,29(1):9-17.

钱怡,张逸玮,毕鸿燕.汉字识别中的形旁家族效应[J].人类工效学,2015,21(3):25-30.

曲方炳,殷融,钟元,等.语言理解中的动作知觉:基于具身认知的视角[J].心理科学进展,2012,20(6):834-842.

施正宇.现代形声字形符表义功能分析[J].语言文字应用,1992(4):76-83.

施正宇.现代形声字形符意义的分析[J].语言教学与研究,1994(3):83-104.

佘贤君,张必隐.形声字心理词典中义符和音符线索的作用[J].心理科学,1997,20(2):142-145.

沈模卫,李忠平,朱祖祥.部件启动对合体汉字字形识别的影响[J].心理科学,1997,20(3):206-210.

沈模卫,朱祖祥.整体汉字字形识别过程探索[J].应用心理学,1995,1(2):43-48.

舒华,程元善,张厚粲.235个图形的命名一致性、熟悉性、表象一致性和视觉复杂性评定[J].心理学报,1989,21(4):389-396.

舒华,曾红梅.儿童对汉字结构中语音线索的意识及其发展[J].心理学报,1996,28(2):160-165.

舒华,张厚粲.成年熟练读者的汉字读音加工过程[J].心理学报,1987,19(3):182-190.

舒华,周晓林,武宁宁.儿童汉字读音声旁一致性意识的发展[J].心理学报,2000,32(2):164-169.

苏得权,钟元,曾红,等.汉语动作成语语义理解激活脑区及其具身效应:来自fMRI的证据[J].心理学报,2013,45(11):1187-1199.

苏振华."右文说"浅论[J].钦州学院学报,2009(1):102-105.

孙邦金.中国古代的关联性思维与主体的责任[J].温州大学学报(自然科学版),2004(4):67-71.

谭力海,彭聃龄.快速呈现条件下语境与词频对中文语词识别的影响[J].心理科学,1989,12(2):1-6.

唐兰.中国文字学[M].上海:古籍出版社,1979.

陶云,王晓曦,马谐,等.义符促进类别归纳推理的ERP证据[J].心理学探新,2017,37(2):17-124.

文武.关于汉字评价的几个基本问题[J].语文建设,1987(2):7-12.

吴岩,王协顺,陈烜之.汉字识别中部件结合率的作用:ERP研究[J].心理学报,2015,47(2):157-166.

伍丽梅,莫雷,王瑞明.有关运动的语言理解的知觉模拟[J].心理科学进展,2007,15(4):605-612.

武宁宁,舒华.汉字亚词汇加工研究[J].心理科学,1999,22(6):537-540.

王斌,李智睿,伍丽梅,等.具身模拟在汉语肢体动作动词理解中的作用[J].心理学报,2019,51(12):1291?1305.

王春茂,彭聃龄.合成词加工中的词频、词素频率及语义透明度[J].心理学报,1999,31(3):266-273.

王丹,王婷,秦松,等.部件启动范式下可成字部件的位置效应[J].心理学报,2019,51(2):25-38.

王贵元.汉字与文化[M].北京:中国人民大学出版社,2005.

王汉卫,苏印霞.关于部件命名的三个问题[J].河北师范大学学报(哲学社会科学版),2012,35(2):97-100.

王惠萍,张积家,张厚粲.汉字整体和笔画频率对笔画认知的影响[J].心理学报,2003,

35(1):17-22.

王继红.汉字文化学概论[M].上海:学林出版社,2006.

王继瑛,叶浩生,苏得权.身体动作与语义加工:具身隐喻的视角[J].心理学探新,2018,38(1):5-19.

王建勤.外国学生汉字构形意识发展模拟研究[J].世界汉语教学,2005(4):5-17.

王娟.义符的家族大小和一致性对汉字形声字认知加工的影响[D].广州:华南师范大学,2012.

王娟,马雪梅,李兵兵,等.汉字形声字识别中义符和声符的家族效应[J].心理学报,2019,51(8):857-868.

王娟,张积家.义符的类别一致性和家族大小影响形声字的语义加工[J].心理学报,2016,48(11):1390-1400.

王娟,张积家,胡鸿志.小学生义符一致性意识的发展研究[J].心理科学,2015,38(5):1136-1140.

王甦,汪安圣.认知心理学[M].北京:北京大学出版社,1992.

王文斌.论英语的时间性特质与汉语的空间性特质[J].外语教学与研究,2013(2):163-173.

王文斌.论英汉表象性差异背后的时空性——从Humbodt的"内蕴语言形式"观谈起[J].中国外语,2013(3):29-36.

王协顺,吴岩,赵思敏,等.形旁和声旁在形声字识别中的作用[J].心理学报,2016,48(2):130-140.

向多林.形声字四大形符分类试说[J].玉溪师专学报,1987(2):44-47.

肖二平,张积家,和秀梅.言语产生中同音词的心理表征:模型和证据[J].大理学院学报,2012,11(2):31-35.

肖奚强.外国学生汉字偏误分析[J].世界汉语教学,2002(2):79-85.

闫国利,亚金根,胡晏雯,等.当前阅读的眼动研究范式述评[J].心理科学进展,2010,18(12):1966-1976.

闫国利,许晓露,夏莹,等.声旁语音信息对形声字加工的影响——来自眼动研究的证据[J].心理学报,2014,46(9):1242-1260.

杨珲,彭聃龄,PERFETTI C,等.汉字阅读中语音的通达与表征(Ⅰ)——字水平与亚字水平的语音及其交互作用[J].心理学报,2000,32(2):144-151.

叶浩生,曾红.镜像神经元、具身模拟与心智阅读[J].南京师大学报(社会科学版),2013(4):97-104.

殷炳江.小学生心理健康教育[M].北京:人民教育出版社,2003.

印丛,王娟,张积家.汉语言语产生中语音、字形启动的位置效应[J].心理学报,2011,

43(9):1002-1012.

喻柏林. 汉字字形知觉的整合性对部件认知的影响[J]. 心理科学,1998,21(4):306-309.

喻柏林. 劣化部位对汉字识别的影响[J]. 心理学报,2000,32(2):139-143.

喻柏林,曹河圻. 汉字识别中的笔画数效应新探[J]. 心理学报,1992,24(2):120-126.

喻柏林,曹河圻,冯玲,等. 汉字形码和音码的整体性对部件识别的影响[J]. 心理学报,1999,22(3):232-239.

喻柏林,冯玲,曹河圻,等. 汉字的视知觉——知觉任务效应和汉字属性效应[J]. 心理学报,1990,22(2):141-147.

张道新,董宏. 汉语肢体动作动词的方向语义特征及其衍生义位[J]. 辽宁工业大学学报(社会科学版),2017,19(5):63-66.

张厚粲,舒华. 汉字读音中的音似与形似启动效应[J]. 心理学报,1989,21(3):284-289.

张冠芳. 论汉语的空间性与英语的时间性[J]. 现代语文旬刊,2011(10):104-105.

张积家. 命题网络模型和ACT理论[J]. 心理科学进展,1991,9(1):1-7.

张积家. 整体与部分的意义关系对汉字知觉的影响[J]. 心理科学,2007,30(5):1095-1098.

张积家,陈俊. 语言表达方式对科学概念语义提取时间的影响[J]. 心理科学,2001,24(3):306-308.

张积家,陈俊. 语言表达方式对自然概念语义提取的影响[J]. 心理科学,2002,25(1):40-42.

张积家,陈新葵. 汉字义符在汉语动作动词意义认知中的作用[J]. 心理学报,2005,37(4):434-441.

张积家,崔占玲. 藏-汉-英双语者字词识别中的语码切换及其代价[J]. 心理学报,2008,40(2):136-147.

张积家,董昌锋. 范畴变量对虚假记忆的影响[J]. 心理学报,2006,38(3):324-332.

张积家,方燕红,陈新葵. 义符在中文名词和动词分类中的作用[J]. 心理学报,2006,38(2):159-169.

张积家,姜敏敏. 形旁家族、声旁家族和高频同声旁字对形声字识别的影响[J]. 心理学报,2008,40(9):947-960.

张积家,刘丽虹,谭力海. 语言关联性假设的研究进展——新的证据与看法[J]. 语言科学,2005(3):42-56.

张积家,彭聃龄. 汉字词特征语义提取的实验研究[J]. 心理学报,1993,25(2):140-147.

张积家,彭聃龄,张厚粲. 分类过程中汉字的语义提取(Ⅱ)[J]. 心理学报,1991,23(2):139-144.

张积家,盛红岩. 整体与部分的关系对汉字的知觉分离影响的研究[J]. 心理学报,1999,31(4):369-376.

张积家,石艳彩. 汉语言语产生中词类信息的激活[J]. 心理科学,2009,32(1):118-121.

张积家,石艳彩,段新焕. 汉语言语产生中词类信息的激活[J]. 心理科学,2009,32(1):118-121.

张积家,王斌,刘红艳. 义符的句法倾向性及对形声字词类判断的影响[J]. 华南师范大学学报(社会科学版),2019(5),80-91.

张积家,王惠萍. 声旁与整字的音段、声调关系对形声字命名的影响[J]. 心理学报,2001,33(1):193-197.

张积家,王惠萍,张萌,等. 笔画复杂性和重复性对笔画和汉字认知的影响[J]. 心理学报,2002,34(5):449-453.

张积家,王娟,陈新葵. 义符研究20年:理论探讨、实验证据和加工模型[J]. 心理科学进展,2014,22(3):381-399.

张积家,王娟,刘鸣. 英文词、汉字词、早期文字和图画的认知加工比较[J]. 心理学报,2011,43(4):347-363.

张积家,王娟,印丛. 声符和义符在形声字语音、语义提取中的作用——来自部件知觉眼动研究的证据[J]. 心理学报,2014,46(7):885-900.

张积家,张厚粲. 汉字认知过程中整体与部分关系论[J]. 应用心理学,2001,7(3):57-62.

张积家,张厚粲,彭聃龄. 分类过程中汉字的语义提取(Ⅰ)[J]. 心理学报,1990,22(4):397-405.

张积家,章玉祉. 义符启动范式下义符的语义和语法激活的时间进程[J]. 心理学报,2016,48(9):1070-1081.

张洁尉,王权红. 文字加工中的正字法家族效应[J]. 心理科学进展,2010,18(6):892-899.

张金桥. 汉语双字复合词识别中语义、词类和构词法信息的激活[J]. 心理科学,2011,34(1):63-66.

张金桥. 汉语成语产生中的语法结构启动效应[J]. 心理科学,2012,35(4):852-856.

张钦,丁锦红,郭春彦,等. 名词与动词加工的ERP差异[J]. 心理学报,2003,35(6):753-760.

张清芳,杨玉芳. 影响图画命名时间的因素[J]. 心理学报,2003,35(4):447-454.

张清芳,杨玉芳. 汉语词汇产生中语义、字形和音韵激活的时间进程[J]. 心理学报,2004,36(1):1-8.

张清芳,杨玉芳. 汉语词汇产生中词汇选择和音韵编码之间的交互作用[J]. 心理学报,2006,38(4):480-488.

张武田,冯玲. 关于汉字识别加工单位的研究[J]. 心理学报,1992,24(2):379-385.

张新艳. 汉字构件对汉语语法信息的表达[J]. 中州学刊,2012(4):197-199.

张翔. 现代汉字形声字义符表义功能类型研究[J]. 青海师范大学学报(哲学社会科学版),2010,32(1):132-136.

章玉祉,张积家. 义符启动范式下家族大小和类别一致性对义符语义激活的影响[J]. 心理学报,2017,49(8):1041-1052.

章玉祉,张积家. 形声字的语义透明度和结构类型对义符语音激活进程的影响[J]. 心理与行为研究,2018,16(5):612-617.

章睿健,高定国,丁玉珑,等. 部件的语音信息对于中文假字和非字判断的影响[J]. 心理学报,2005,37(6):714-722.

赵婧,毕鸿燕,王艳梅. 汉字声旁家族效应与一致性效应的发展特点[J]. 人类工效学,2011,17(1):1-4/14.

中国社会科学院语言研究所词典编辑室. 现代汉语词典[M]. 北京:商务印书馆,2002.

周有光. 汉字声旁便查[M]. 长春:吉林人民出版社,1980.

周有光. 纳西文字中的"六书"——纪念语言学家傅懋勣先生[J]. 民族语文,1994(6):12-19.

周有光. 周有光语言学论文集[M]. 北京:商务印书馆,2005:308.

周有光. 比较文字学初探[M]. 北京:语文出版社,1998:1-37.

周晓飞. "右文说"概述[J]. 河北经贸大学学报(综合版),2009,9(4):67-70.

周晓林. 语义激活中语音的有限作用[M]//彭聃龄,舒华,陈烜之. 汉语认知研究. 济南:山东教育出版社,1997:159-194.

周晓林,鲁学明,舒华. 亚词汇水平加工的本质:形旁的语音激活[J]. 心理学报,2000,32(1):20-24.

周晓林,MARSLEN-WILSON W. 汉字形声字声旁的语义加工[J]. 心理学报,2002,34(1):1-9.

周新林,曾捷英. 汉字早期字形加工中的部件数效应[J]. 心理学报,2003,35(4):514-519.

周晓林,庄捷,吴佳音,等. 汉语词汇产生中音、形、义三种信息激活的时间进程[J]. 心理学报,2003,35(6):712-718

周新林,曾捷英. 汉字早期字形加工中的部件数效应[J]. 心理学报,2003,35(4):

514-519.

朱鸿凯. 时态对汉语句子理解中动作—句子相符效应的影响[D]. 保定:河北大学,2018.

朱晓平. 汉语句子语境对单词识别的效应[J]. 心理学报,1991,23(2):145-152.

庄捷,周晓林. 言语产生中的词长效应[J]. 心理学报,2001,33(3):214-218.

ALVAREZ B,CUETOS F. Objective age of acquisition norms for a set of 328 words in Spanish [J]. Behavior Research Method,2007,39:377-383.

ANDERSON J R,BOWER G H. A propositional of recognition memory [J]. Memory &Cognition,1974,2:406-412.

ANDREWS S. Frequency and neighborhood effects on lexical access: Activation or search? [J]. Journal of Experimental Psychology: Learning, Memory, and Cognition, 1989, 15 (5): 802-814.

ANDREW S. Frequency and neighborhood effects on lexical access:Lexical similarity or orthographic redundancy [J]. Journal of Experimental Psychology:Learning,Memory,and Cognition, 1992,18(2):234-254.

ANDREWS S. The effect of orthographic similarity on lexical retrieval:Resolving neighborhood conflicts [J]. Psychonomic Bulletin and Review,1997,4(4):439-461.

AU T K,DAPRETTO M,SONG Y. Input vs. constrains:Early word acquisition in Korean and English [J]. Journal of Child Language,1994,33:567-582.

AZIZ-ZADEH L,DAMASIO A. Embodied semantics for actions:Findings from functional brain imaging[J]. Journal of Physiology-Paris,2008,102(1-3):35-39.

BACHOUD A,LEVI C,DUPOUX E,et al. Where is the length effect ? A cross linguistic study of speech p roduction [J]. Journa l of Memory and Language,1998,39(3):331-346.

BALOTA D A,CHUMBLEY J I. Are lexical decisions a good measure of lexical access? The role of word frequency in the neglected decision stage [J]. Journal of Experimental Psychology: Human Perception and Performance,1984,10:340-357.

BARBER H,VERGARA M,CARREIAS M. Syllable-frequency effects in visual word recognition:Evidence from ERPs [J]. Neuroreport,2004,15(3):545-548.

BARSALOU L W. Language comprehension:archival memory or preparation for situated action? [J]. Discourse Processes,1999,28(1):61-80.

BARSALOU L W. Perceptual symbol system [J]. Behavioral and Brain Science,1999,22: 577-660.

BARSALOU L W,SIMMONS W K,BARBEY A K,et al. Grounding conceptual knowledge in modality-specific systems[J]. Trends in Cognitive Sciences,2003,7(2):84-91.

BEAUCHAMP M S,LEE K E,HAXBY J V,et al. Parallel visual motion processing streams for manipulable objects and human movements [J]. Neuron,2002,34(1):149-159.

BEAUCHAMP M S,LEE K E,HAXBY J V,et al. fMRI responses to video and point light displays of moving humans and manipulable objects [J]. Journal of Cognitive Neuroscience,2003,15(7):991-1001.

BEAUVILLAIN C,DORÉ K,BAUDOUIN V. The 'center of gravity' of words:Evidence for an effect of the word-initial letters [J]. Vision Research,1996,36(4):589-604.

BEDNY M,CARAMAZZA A. Perception,action,and word meaning in the human brain:the case from action verbs[J]. Annals of New York Academy of Sciences,2011,1224(1):81-95.

BEDNY M,CARAMAZZA A,GROSSMAN E,et al. Concepts are more than percepts:the case of action verbs [J]. Journal of Neuroscience,2008,28(44):11347-11353.

BENTIN S, FROST R. Morphological factors in visual word identification in Hebrew. // FELDMAN L B. (Ed.), Morphological aspects of language processing. Hillsdale, Nj: Erlbaum, 1995:1271-1292.

BIRD H,HOWARD D,FRANKLIN S. Why is a verb like an inanimate object? Grammatical category and semantic category deficits [J]. Brain and Language,2000,72(3):246-309.

BONIN P,CHALARD M,MEOT A. Are age of acquisition effects on object nam ing due simply to differences in object recognition? Comments on Levelt. (2002) [J]. Memory&Cognition, 2006,34(5):1172-1182.

BORGHI A M,RIGGIO L. Sentence comprehension and simulation of object temporary, canonical and stable affordances [J]. Brain Research,2009,1253:117-128.

BORGHI A M,SCOROLLI C. Language comprehension and dominant hand motion simulation [J]. Human Movement Science,2009,28(1):12-27.

BOULENGER V,ROY A C,PAULIGNAN Y,et al. Cross-talk between language processes and overt motor behavior in the first 200msec of processing [J]. Journal of Cognitive Neuroscience,2006,18(10):1607-1615.

BRANSFORD J D,JOHSON M K. Contextual prerequisites for understanding:Some investigations for comprehension and recall [J]. Journal of verbal learning and verbal behavior,1972,11(6):717-726.

BRYDEN M P, RAINEY C A. Left-right differences in tachistoscopic recognition [J]. Journal of Experimental Pychology,1963,23:445-458.

BRYSBAERT M,DE'YDEWALLE G. Tachistoscopic presentation of verbal stimuli for assessing cerebral dominance:Reliability data and some practical recommendations[J]. Neuropychologia,1990,28(5):443-455.

BRYSBAERT M, WIJNENDAELE V I, DEYNE D. Age of acquisition effects in semantic processing tasks[J]. Acta Psychologica, 2000, 104: 215-226.

CARAMAZZA A, HILLIS A E. Lexical organization of nouns and verbs in the brain[J]. Nature, 1991, 349(6312): 788-790.

CARAMAZZA A, LAUDANNA A, ROMANI C. Lexical access and inflectional morphology[J]. Cognition, 1988, 28(3): 287-332.

CARDONA J F, KARGIEMAN L, SINAY V, et al. How embodied is action language? [J]. Neurological evidence from motor diseases. Cognition, 2014, 131(2): 311-322.

CAROLINA Y, ALBERTO D, FERNANDO C. The time-course of processing of grammatical class and semantic attributes of words: Dissociation by means of ERP [J]. Psicológica, 2016, 37: 105-126.

CARRASCO-ORTIZ H, MIDGLEY K J, GRAINGER J, et al. Interactions in the neighborhood: Effects of orthographic and phonological neighbors on N400 amplitude[J]. Journal of Neurolinguistics, 2017, 41: 1-10.

CHEN B G, LIU Y, WANG L X, et al. The timing of graphic, phonological and semantic activation of high and low frequency Chinese character: An ERP study[J]. Progress in Nature Science, 2007, 17(13): 62-70.

CHEN M J, WEEKES B S. Effects of semantic radicals on Chinese character categorization and character decision [J]. Chinese Journal of Psychology, 2004, 46: 181-196.

CHEN Y. Informantion analysis of usage of characters in Modern Chinese. Shanghai: Shanghai Education Publisher, 1993.

CHIARELLO C, LIU S, SHEARS C, et al. Differential asymmetries for recognizing nouns and verbs: where are they? [J]. Neuropsychology, 2002, 16(1): 35-48.

COHEN J. A power primer [J]. Psychological Bulletin, 1992, 112(1): 155-159.

COLé P, SEGUI J, TAFT M. Words and morphemes as units for lexical access [J]. Journal of Memory & Language, 1997, 37(3): 312-330.

COLLINS A M, LOFTUS E F A. A spreading activation theory of semantic processing [J]. Psycholgical Review, 1975, 82(6): 407-428.

COLLINS A M, QUILLIAN M R. Retrieval time from semantic memory [J]. Journal of verbal learning and verbal behavior, 1969, 8(2): 240-248.

COLTHEART M. Reading, phonological recoding, and deep dyslexia [M]// COLTHEART M, PATTERSON K & MARSHALL J C (Ed.), Deep dyslxia. London: Routjedge & Kegan Paul, 1988: 197-226.

CONEY J R. Word frequency and the lateralization of lexical processes [J]. Neuropsychologia,2005,43(1):142-148.

CREPALDI D,BERLINGERI M,CATTINELLI I,et al. Clustering the lexicon in the brain:a meta-analysis of the neurofunctional evidence on noun and verb process[J]. Frontiers in Human Neuroscience,2013,7(1):1-15.

CREPALDI D,BERLINGERRI M,PAULESU E,et al. A place for nouns and a place for verbs? A critical review of neurocognitive data on grammatical class effects[J]. Brain and Language,2011,116:33-49.

DAMIAN M F,BOWERS J S. Effects of orthography on speechproduction in a form-preparation paradigm[J]. Journal of Memory and Language,2003,49:119-130.

DEESE J. On the structure of associative p roduction:An analysis of speech data[J]. Journa of Verbal Learning and Verbal Behavior,1962,20:611-629.

DELL G S. A spreading activation model of retrieval in sentence production[J]. Psychological Review,1986,93(3):283-321.

DELL G. Connectionist models of language production:Lexical access and grammatical encoding[J]. Cognitive Science,1999,23:517-542.

DEUTSCH A,FROST R. Verbs and nouns are organized and accessed differently in the mental lexicon:evidence from Hebrew [J]. Journal of Experimental Psychology Learning Memory & Cognition,1998,24(5):1238-1255.

DING G S,PENG D L,TAFT M. The nature of the mental representation of radicals in Chinese:A priming study [J]. Journal of Experimental Psychology:Learning,Memory,and Cognition,2004,30(2):530-539.

DING G S,TAFT M,ZHU X. The representation of radicals that can be used as characters[J]. Acta Psychologica Sinica,2000,32(Suppl),21-26.

DONG Y,NAKAMURA K,OKADA T,et al. Neural mechanisms underlying the processing of Chinese words:An fMRI study[J]. Neuroscience Research,2005,52(2):139-145.

DRUKS J. Verbs and nouns——a review of the literature[J]. Journal of Neurolinguistics,2002,15:289-315.

DUDSCHIG C,SOUMAN J,LACHMAIR M,et al. Reading "sun" and looking up:the influence of language on saccadic eye movements in the vertical dimension [J]. Plos One,2013,8(2):1-7.

DUNN B M,KAMIDE Y,SCHEEPERS C. Hearing "moon" and looking up:Word-related spatial associations facilitate saccades to congruent locations[J]. Proceedings of the Annual Meeting of the Cognitive Science Society,2014,36(36):433-438.

FANG S P,HORNG R Y,TZENG O J L. Consistency effects in the Chinese character and pseudocharacter naming tasks [M]// KAO H S R,& HOOSAIN R(Eds.),Linguistics,pychology, and the Chinese language. Center of Asian Studies,University of Hong Kong,1986:11 – 12.

FAUST M,BABKOFF H,KRAVETZ S. Linguistic processes in the two cerebral hemipheres: Implications for modularity vs interactionism [J]. Journal of Clinical and Experimental Neuropychology,1995,17:171 – 192.

FELDMAN J,NARAYANAN S. Embodied meaning in a neural theory of language [J]. Brain and Language,2004,89(2):385 – 392.

FELDMAN L B. Beyond orthography and phonology:differences between inflections and derivations [J]. Journal of Memory & Language,1994,33(4):442 – 470.

FELDMAN L B,ANDJELKOVIC D. Morphological analysis in word recognition[M]// KATZ L & FROST R. (Eds.), Orthography, phonology, morphology, and meaning: An overview. Amsterdam:Elsevier,1992:343 – 360.

FELDMAN L B,SIOK W W T. The role of component function in visual recognition of chinese characters[J]. Journal of Experimental Psychology: Learning, Memory, and Cognition, 1997, 23(3):776 – 781.

FELDMAN L B,SIOK W W T. Semantic radicals contribute to the visual identification of Chinese characters[J]. Journal of Memory and Language,1999,40(4):559 – 576.

FELDMAN L B,SIOK W W T. Semantic radicals in phonetic compounds:Implications for visual character recognition in Chinese [M]// WANG J,INHOFF A W,&CHEN H. – C. (Eds), Reading Chinese script. Mahwah,NJ:Erlbaum,1999:19 – 35.

FEDERMEIER K D,SEGAL J B. Brain responses to nouns, verbs and class – ambiguous words in context [J]. Brain,2002,123(12):2552 – 2566.

FERNANDINO L,BINDER J,DESAI R,et al. Concept representation reflects multimodal abstraction:A framework for embodied semantics [J]. Cerebral Cortex,2016,26(5):2018 – 2034.

FLAVIA D S,SIMONA C. The picture – word interference paradigm:Grammatical class effects in lexical production [J]. Journal of Psycholinguistic Research,2016,45(5):1003 – 1019.

FORST K I. Computational modeling and elementary process analysis in visual word recognition[J]. Journal of Experimental Psychology Human Perception & Performance,1994,20(6):1292 – 1310.

FORST K I,CHAMBERS S M. Lexical access and naming time [J]. Journal of Verbal Learning and Verbal Behavior,1973,12(6):627 – 635.

FORST K I,SHEN D. No enemies in the neighborhood:Absence of inhibitory neighborhood effects in lexical decision and semantic categorization [J]. Journal of Experimental Psychology:Learning,Memory & Cognition,1996,22(3):696? 713.

FORST R, KATZ L, BENTIN R S. Strategies for visual word recognition and orthographic depth: A multilingual comparison [J]. Journal of Experimental Psychology: Human Perception and Performance, 1987, 3(1): 104 – 115.

FREUD S. The unconscious [M]//FREUD S &FREUD A(Eds.), The essentials of Psycho – analysis. London: the Hogarth Press Ltd, 1986.

GANIS G, KUTAS M, SERENO M. The search for "common sense": An electro – physiological study of the comprehension of words and pictures in reading [J]. Journal of Cognitive Neuroscience, 1996, 8(2): 89 – 106.

GALLESE V, SINIGAGLIA C. What is so special about embodied simulation? [J]. Trends in Cognitive Sciences, 2011, 15(11): 512 – 519.

GALLESE V, SINIGAGLIA C. Response to de bruin and Gallagher: Embodied simulation as reuse is a productive explanation of a basic form of mind – reading [J]. Trends in Cognitive Sciences, 2012, 16(2): 99 – 100.

GIUDICE M D, MANERA V, KEYSERS C. Programmed to learn? The ontogeny of mirror neurons [J]. Developmental Science, 2009, 12(2): 350 – 363.

GLASERW R. Picture naming [J]. Cognition, 1992, 42: 101 – 105.

GLASERW R, GLASER M O. Context effects in Stroop – like word and pictured processing [J]. Journal of Experimenta l Psychology: General, 1989, 118: 13 – 42.

GLENBERG A M. What memory is for [J]. Behavior and Brain Science, 1997, 20(1): 1 – 19.

GLENBERG A M, KASCHAK M P. Grounding language in action [J]. Psychonomic Bulletin & Review, 2002, 9(3): 558 – 565.

GOPNIK A, CHOI S. Do linguistic difference lead to cognitive difference? A cross – linguistic study of semantic and cognitive development [J]. First Language, 1990, 10: 199 – 215.

GRAINGER J. Word frequency and neighborhood frequency effects in lexical decision and naming [J]. Journal of Memory and Language, 1990, 29(2): 228 – 244.

GRAINGER J, SEGUI J. Neighborhood frequency effects in visual word recognition: A comparison of lexical decision and masked identification latencies [J]. Perception and Psychophysics, 1990, 47(2): 191 – 198.

GROSSMANN M, KOENING P. Neural basis for verb processing in Alheimer's disease: An FMR I study [J]. Neurophychology, 2003, 17(4): 658 – 674.

GROSSMANN M, KOENING P, GLOSSER G, et al. Neural basis for semantic memory difficulty in alzheimer's disease: an fmri study [J]. Brain, 2003, 126(2): 292 – 311.

HALD L A, DE NOOIJER J, VAN GOG T, et al. Optimizing word learning via links to perceptual and motoric experience [J]. Educational Psychology Review,2016,28(3):495-522.

HARBAUGH R. Chinese characters:A genealogy and dictionary [M]. New Haven:Com and Yale Far Eastern Publications,1998.

HAUK O,PULVERMüLLER F. Effects of word length and frequency on the human event-related potential [J]. Clinical Neurophysiology,2004,115(5):1090-1103.

HAUK O,&PULVERMüLLER F. Neurophysiological distinction of action words in the fronto-central cortex [J]. Human Brain Mapping,2004,21(3):191-201.

HAUK O,JOHNSRUDE I,PULVERMüLLER F. Somatotopic representation of action words in human motor and premotor cortex [J]. Neuron,2004,41(2):301-307.

HO,C S H,CHAN D W,LEE S H,et al. Cognitive profiling and preliminary subtyping in Chinese development dyslexia [J]. Cognition,2004,91:43-75.

HOFF G E. Object labels in early lexicons. Paper presented at the 60 th biennial meeting of the Society for Research in Child Development,1993.

HOOSAIN R. Psycholinguistic implications for linguistic relativity:A case study of Chinese. Hillsdale,NJ:Lawrence Erlbaum Associates,Inc,1991.

HOROUFCHIN H,BZDOK D,BUCCINO G,et al. Action and object words are differentially anchored in the sensory motor system [J]. Scientific Reports,2018,8(1):1-11.

HSIAO J H. Visual field differences in visual word recognition can emerge purely from perceptual learning:Evidence from modeling Chinese character pronunciation [J]. Brain & Language,2011,119(2):89-98.

HSIAO J H,LIU T Y. Position of phonetic components may influence how written words are processed in the brain:Evidence from Chinese phonetic compound pronunciation[J]. Cognitive,Affective,&Behavioral Neuroscience,2010,10:552-559.

HSIAO J H,SHILLCOCK R. Analysis of a Chinese phonetic compound database:Implications for orthographic processing [J]. Journal of Psycholinguistic Research,2006,35(5):405-426.

HSIAO J H,SHILLCOCK R,LAVIDOR M. A TMS examination of semantic radical combinability effects in Chinese character recognition [J]. Brain Research,2006,1078(1):159-167.

HSIAO J H,SHILLCOCK R,LAVIDOR M. An examination of semantic radical combinability effects with lateralized cues in Chinese character recognition [J]. Perception & Psychophysics,2007,69(3):338-344.

HSIAO J H,SHILLCOCK R,LEE C. Neural correlates of foveal plitting in reading:Evidence from an ERP study of Chinese character recognition [J]. Neuropsychologia,2007,45:1280-1292.

HSU C H,TSAI J L,LEE C Y,et al. Orthographic combinability and phonological consistency effects in reading Chinese phonograms:An event-related potential study [J]. Brain and Language,2009,108(1):56-66.

HUNG Y H,HUNG D L,TZENG O J L,et al. Tracking the temporal dynamics of the processing of phonetic and semantic radicals in Chinese character recognition by MEG [J]. Journal of Neurolinguistics,2014,29:42-65.

HUNTSMAN L A,LIMA S D. Orthographic neighborhood structure and lexical access[J]. Journal of Psycholinguistic Research,1996,25(3):417-429.

JOORDENS S,MERIKLE P M. Independence or redundancy? Two models of conscious and unconscious influences [J]. Journal of Experimental Psychology:General,1993,122:462-467.

JUáREZ F P,LABRECQUE D,FRAK V. Assessing language-induced motor activity through event related potentials and the grip force sensor,an exploratory study [J]. Brain and Cognition, 2019,135:1-10.

KEMMERER D,CASTILLO J G. The two-level theory of verb meaning:An approach to integrating the semantics of action with the mirror neuron system [J]. Brain and Language,2010,112 (1):54-76.

KERSTEN A. A division of labor between nouns and verbs in the representation of motion[J]. Journal of Experimental Psychology General,1998,127(1):34-54.

KEYSERS C,PERRETT D I. Demystifying social cognition:A Hebbian perspective [J]. Trends in Cognitive Science,2004,8(11):501-507.

KLEPP A,EISSLER H,NICCOLAI V,et al. Neuromagnetic hand and foot motor sources recruited during action verb processing[J]. Brain and Language,2014,128(1):41-52.

KOUNIOS J,HOLCOMB P J. Concreteness effects in semantic processing:ERP evidence supporting dual-coding theory [J]. Journal of Experimental Psychology:Learning,Memory,and Cognition,1994,20(4):804-823.

KUMCU A. Looking for language in space:Spatial simulations in memory for language [D] . University of Birmingham,2019.

KUO T B J,YANG C C H. Frequency domain analysis of electrooculogram and its correlation with cardiac sympathetic function [J]. Experimental Neurology,2009,217(1):38-45.

LAI C,HUANG J T. Component miragration in Chinese characters:Effects of priming and context on illusory conjunction[M]// LIU Y M,CHEN H C,&CHEN M J. (Eds.),Cognitive aspects of Chinese language. Hongkong:Asian Research Service,1988:57-67.

LAUDANNA A,BURANI C. Distributional properties of derivational affixes:Implications for processing[M]//Feldman L B (Ed.),Morphological aspects of language processing. Hillsdale, Nj:Erlbaum,1995:345-364.

LAW S P,YEUNG O,WONG W,et al. Processing of semantic radicals in writing Chinese characters:Data from a Chinese dysgraphic patient [J]. Cognitive Neuropsychology,2005,22(7):885-903.

LEE C Y,TSAI J L,CHAN W H,et al. Temporal dynamics of the consistency effect in reading Chinese:An event-related potentials study [J]. Neuroreport,2007,18(2):147-151.

LEE C Y,TSAI J L,SU E C I,et al. Consistency,regularity,and frequency effects in naming Chinese characters [J]. Language and Linguistics,2005,6:75-107.

LEE C Y,TSAI J L,HUANG H W,et al. The temporal signatures of semantic and phonological activations for Chinese sublexical processing:An event-related potential study [J]. Brain Research,2006,1121:150-159.

LEVELT W J M,ROELOFS A,ANTJE S. A theory of lexical access in speech p roduction [J]. Behavioral and Brain Sciences,1999,22:1-75.

LEVELT W J M,ROELOFS A,METER A S,et al. An MEG study of picture naming [J]. Journal of Cognitive Neuroscience,1998,10(5):553-567.

LEVINSON S C,KITA S,HAUN D B M,et al. Returning the tables:language affects spatial reasoning [J]. Cognition,2002,84(2):155-188.

LEVEY S,CRUZ D. The first words produced by children in bilingual English/Mandarin Chinese environments[J]. Communication Disorders Quarterly,2003,24(3):129-136.

LI Y,KANG J S. Analysis of phonetics of the ideophonetic characters in modern Chinese. // CHEN Y. (Ed.), Information analysis of usage of characters in modern Chinese. Shanghai:Shanghai Education Publisher,1993:84-98.

LIN N,LU X,FANG F,et al. Is the semantic category effect in the lateral temporal cortex due to motion property differences? [J]. NeuroImage,2011,55(4):1853-1864.

LIU C,TARDIF T,MAI X,et al. What's in a name? Brain activity reveals categorization processes differ across languages [J]. Human Brain Mapping,2010,31(11):1786-1801.

LIU Y,PERFETTI C A. The time course of brain activity in reading English and Chinese:An ERP study of Chinese bilinguals [J]. Human Brain Mapping,2003,18:167-175.

LIU Y,PERFETTI C A,HART L. ERP evidence for the time course of graphic,phonological,and semantic information in Chinese meaning and pronunciation decision [J]. Journal of Experimental Psychology:Learning,Memory,and Cognition,2003,29(6):1231-1247.

LLOYD-JONES T J,NETTLEMILL M. Sources of error in picture naming under time pressure [J]. Memory &Cognition,2007,35:816-836.

LUO C R. How is word meaning accessed in reading? Evidence from the phonologically mediated interference effect [J]. Journal of Experimental Psychology:Learning,Memory,and Cognition,1996,22:883-895.

MACKAIN K,STUDDERT - KENNEDY M,SPIEKER S,et al. Infant intermodal speech perception is a left - hemisphere function [J]. Science,1983,219(4590):1347 - 1349.

MANDLER J M. How to build a baby [J]. Psychological Review,1992,99 (4):587 - 604

MARKMAN A B,WISNIEWSKI E J. Similar and different:the differentiation of basic - level categories[J]. Journal of Experimental Psychology Learning Memory and Cognition,1997,23(1):54 - 70.

MARTIN A. The representation of object concepts in the brain [J]. Annual Review of Psychology,2007,58(1):25 - 45.

MAURER U,BRANDEIS D,MCCANDLISS B D. Fast,visual pecialization for reading in English revealed by the topography of the N170 ERP response [J]. Behavioral & Brain Functions,2005,1:1 - 13.

MCCANDLISS B D,COHEN L,DEHAENE S. The visual word form area:Expertise for reading in the fusiform gyrus [J]. Trends in Cognitive Sciences,2003,7:293 - 299.

MCCLELLAND J L,RUMELHART D E. An interactive activation model of context effects in letter perception:Part l. An account of basic findings [J]. Psychological Review,1981,88(5):375 - 407.

MCCLELLAND J L, RUMELHART D E. Explorations in parallel distributed processing: A handbook of models,programes,and exercises [M]. Cambridge,MA:M IT Press,1988.

MCDONALD S A,SHILLCOCK R C. Rethinking the word frequency effect:the neglected role of distributional information in lexical processing [J]. Language and Speech, 2001, 44 (3):295 - 322.

METEYARD L,VIGLIOCCO G. Verbs in space:Axis and direction of motion norms for 299 English verbs[J]. Behavior Research Methods,2009,41(2):565 - 574.

MILTNER W H R,KRIESCHEL S,HECHT H,et al. Eye movements and behavioral responses to threatening and nonthreatening stimuli during visual search in phobic and nonphonic subjects [J]. Emotion,2004,4(4):323 - 339.

NELSON K. Structure and strategy in learning to talk[J]. Monograph of the Society for Research in Child Development,1973,38 (1 - 2):1 - 135 .

NELSON D L,REED V S,MCEVOG C L. Learning to order pictures and words:a model of sensory and semantic encoding [J]. Journal of Experimental Psychology: Human Learning and Memory,1977,3:485 - 497.

NIETO A,SANTACRUZ R,HERNáNDEZ S,et al. Hemispheric asymmetry in lexical decisions:the effects of grammatical class and imageability[J]. Brain & Language,1999,70(3):421 - 436.

NING N. The systematic study of phonetic signs in modern Chinese frequently - used pictophonetic characters [D]. Tianjin:Tianjin Normal University,2007.

NISWANDER E,POLLATSEK A,RAYNER K. The processing of derived and inflected suffixed words during reading [J]. Language and Cognitive Processes,2000,15(4-5):389-420.

ÖZGEN E,DAVIES I R L. Acquisition of categorical color perception:a perceptual learning approach to the linguistic relativity hypothesis [J]. Journal of Experimental Psychology:General, 2002,131(4):477-493.

PAIVO A. Imagery and verbal process [M]. Hillsdale,NJ:Erlbaum Associates,1971.

PAIVO A. The empirical case for a dual coding,imagery,recognition and memory [M]. Hillsdale,NJ:Erlbaum,1983.

PAIVO A,CSAPO K. Concrete image and verbal memory codes[J]. Journal of Experimental Psychology,1969,80(2p1):279-285.

PENG D L,LI Y P. Orthographic information in identification of Chinese characters. Paper presented to the 7th international conference on cognitive aspects of Chinese language[M]. University of Hong Kong,1995.

PERFTTI C A,LIU Y,FIEZ J,et al. Reading in two writing systems:Accommodation and assimilation in the brain's reading network [J]. Bilingualism:Language and Cognition,2007,10 (2):131-146.

PERFTTI C A,ZHANG S. Very early phonological activation in Chinese reading[J]. Journal of Experimental Psychology:Learning,Memory and Cognition,1995,21:24-33.

PERFTTI C A,LIU Y,FIEZ J,et al. Reading in two writing systems:Accommodation and assimilation in the brain's reading network [J]. Bilingualism:Language and Cognition,2007,10: 131-146.

PERANI D,CAPPA S F. The neural correlates of verb and noun processing:A PET study [J]. Brain,1999,122(12):2337-2344.

PEREA M,POLLATSEK A. The effects of neighborhood frequency in reading and lexical decision [J]. Journal of Experimental Psychology:Human Perception and Performance,1998,24(3): 767-779.

PICKERING M J,FRISSON S. Processing ambiguous verbs:Evidence from eye movements[J]. Journal of Experimental Psychology:Learning,Memory,and Cognition,2001,27:556-562.

PINE N,HUANG P A,HUANG R S. Decoding strategies used by Chinese primary school children [J]. Journal of Literacy Research,2003,35:777-812.

POTTER M C,OULCONER B A. Time to understand pictures and words [J]. Nature,1975, 253:437-438.

PULVERMÜLLER F, HARLE M, HUMMEL F. Walking or talking? Behavioral and neurophysiological correlates of action verb processing [J]. Brain and Language, 2001, 78(2): 143 – 168.

PULVERMÜLLER F, LUTZENBERG W, PREISSL H. Nouns and verbs in the intact brain: Evidence from event – related potentials and high – frequency cortical responses [J]. Cerebral Cortex, 1999, 9(5): 497 – 506.

PULVERMÜLLER F, MOHR B, SCHLEICHERT H. Semantic or lexico – syntactic factors: What determines word – class specific activity in the human brain? [J]. Neuroscience Letters, 1999, 275(2): 81 – 84.

RAYNER K, DUFFY S A. Lexical complexity and fixation times in reading: Effects of word frequency, verb complexity, and lexical ambiguity [J]. Memory & Cognition, 1986, 14(3): 191 – 201.

RICHARDSON D C, SPIVEY M J, BARSALOU LW, et al. Spatial representations activated during real – time comprehension of verbs [J]. Cognitive Science, 2003, 27(5): 767 – 780.

RICHARDSON D V, SPIVEY M J, EDELMAN S, et al. "Language is spatial": Experimental evidence for image schemas of concrete and abstract verbs[M]. Proceedings of the 23ed annual meeting of the cognitive science society. Mawhah, NJ: Eelbaum, 2001: 873 – 878.

RIPS L J, SHOBEN E J, SMITH E. Semantic distance and the verification of semantic relations [J]. Journal of verbal learning and verbal behavior, 1975, 12(1): 1 – 20.

ROBERT A J, CHRISTOPHER B. Age of acquisition effects in the semantic processing of pictures [J]. Memory &Cognition, 2005, 33(5): 905 – 912.

ROELOFS A. Attention and gaze control in picture naming, word reading, and word categorizing [J]. Journal of Memory and Language, 2007, 57(2): 232 – 251.

RODRIGUEZ A D, MCCABE M L, NOCERA J R, et al. Concurrent word generation and motor performance: Further evidence for language – motor interaction[J]. Plos One, 2012, 7(5): 1 – 8.

RUMELHART D E, MCLLELLAND L J. Interactive processing through spreading activation [M]//LESGOLD A M, & PERFETTI C A. (Eds.), Interactive processes in reading, by Lawrence Erlbaum Associates, Inc, 1981: 37 – 60.

SAITO H, MASUDA H, KAWAKAMI M. Form and sound similarity effects in kanji recognition[J]. Reading and Writing: An Interdisciplinary Journal, 1998, 10: 323 – 357.

SCHREUDER R, BAAYEN R H. Prefix stripping re – revisited [J]. Journal of Memory and Language, 1994, 33(3): 357 – 375.

SCHWANENFLUGEL P J, HARNISHFEGER K K, STOWE R W. Context availability and lexical decisions for abstract and concrete words [J]. Journal of Memory & Language, 1988, 27(5): 499 – 520.

SCHWANENFLUGEL P J, HENDERSON R L. Developing organization of mental verbs and theory of mind in middle childhood: Evidence from extensions [J]. Developmental Psychology, 1998, 34:512 – 524.

SCHWANENFLUGEL P J, SHOBEM E J. Differential context effects in the comprehension of abstract and concrete verbal materials [J]. Journal of Experimental Psychology: Learning, Memory, and Cognition, 1983, 9(1):82 – 102.

SEIDENBERG M S. The time course of phonological code activation in two writing systems [J]. Cognition, 1985, 19(1):1 – 30.

SERA M D, ELIEFF C, FORBES J, et al. When language affects cognition and when it does not: an analysis of grammatical gender and classification [J]. Journal of Experimental Psychology: General, 2002, 131(3):377 – 397.

SERENO J A. Hemispheric differences in grammatical class [J]. Brain & Language, 1999, 70(1):1 – 28.

SIROIS M, KREMIN H, COHEN H. Picture – naming norms for Canadian French: name agreement, familiarity, visual complexity, and age of acquisition [J]. Behavior Research Methods, 2006, 38(2):300 – 306.

SLOBIN D I. Crosslinguistic evidence for the language marking capacity [M]//SLOBIN D I. (Ed.), The cross – linguistic study of child language development. Hillsdale, NJ: Erlbaum, 1985: 1157 – 1256.

SMITH E E, SHOBEN N T, RIPS L J. Structure and process in semantic memory: A feature model for semantic decisions [J]. Psychological Review, 1974, 81(3):214 – 241.

SNODGRASS J G, VANDERWART M. A standardized set of 260 pictures: norms for name agreement, image agreement, familiarity, and visual complexity [J]. Journal of Experimental Psychology: Human Learning & Memory, 1980, 6(2):174 – 215.

STANFIELD R A, ZWAAN R A. The effect of implied orientation derived from verbal context on picture recognition [J]. Psychological Science, 2001, 12(2):153 – 156.

STELLALIU C C. Differential asymmetries for recognizing nouns and verbs: where are they? [J]. Neuropsychology, 2002, 16(1):35 – 48.

STROZYK J V, DUDSCHIG C, KAUP B. Do I need to have my hands free to understand hand – related language? Investigating the functional relevance of experiential simulations [J]. Psychological Research, 2017, 2:1 – 13.

SU I F, WEEKES B S. Effects of frequency and semantic radical combinability on reading in Chinese: An ERP study [J]. Brain and Language, 2007, 103(1 – 2):111 – 112.

TAFT M. Recognition of affixed words and the word frequency effect [J]. Memory & Cognition,1979,7:263-272.

TAFT M. Morphological decomposition and the reverse base frequency effect [J]. The Quarterly Journal of Experimental Psychology,2004,57A(4):745-765.

TAFT M,GRAAN F V. Lack of phonological mediation in semantic categorization task[J]. Journal of Memory and Language,1998,38(2):203-224.

TAFT M,ZHU X P. Submorphemic processing in reading Chinese [J]. Journal of Experimental Psychology:Learning,Memory,and Cognition,1997,23(3):761-775.

TAFT M,ZHU X P,PENG D L. Positional specificity of radicals in Chinese character recognition [J]. Journal of Memory and Language,1999,40:498-519.

TALER V,PHILLIPS N A. Event-related brain potential evidence for early effects of neighborhood density in word recognition [J]. Neuroreport,2007,18(18):1957-1961.

TAN L H,HOOSAIN R,PENG D L. Role of early presemantic phonological code in Chinese character identification [J]. Journal of Experimental Psychology:Learning,Memory and Cognition,1995,21:34-42.

TAN L H,HOOSAIN R,SIOK W W T. Activation of phonological codes before access to character meaning in written Chinese [J]. Journal of Experimental of Psychology:Learning,Memory and Cognition,1996,22(4):865-882.

TAN L H,LIU H L,PERFETTI C A,et al. The neural system underlying Chinese logograph reading [J]. NeuroImage,2001,13:836-846.

TAN L H,SPINKS J A,GAO J-H,et al. Brain activation in the processing of Chinese characters and words:A functional MRI study [J]. Human Brain Mapping,2000,10:16-27.

TARDIF T. Nouns are not always learned before verbs:Evidence from mandarin speakers' early vocabularies [J]. Developmental Psychology,1996,32(3):492-504.

TRUESWELL J C,TANENHAUS M K,KELLO C. Verb-specific constraints in sentence processing:Separating effects of lexical preference from garden-paths [J]. Journal of Experimental Psychology:Learning,Memory,and Cognition,1993,19:528-553.

TVERSKY A,KAHNEMAN D. Availability:A heuristic for judging frequency and probability [J]. Cognitive Psychology,1975,5(2):207-232.

TYLER L K,RUSSELL R. The neural representation of nouns and verbs:pet studies [J]. Brain,2001,124(8):1619-1634.

VOSS J L,FEDERMEIER K D. FN400 potentials are functionally identical to N400 potentials and reflect semantic processing during recognition testing [J]. Psychophysiology,2010,48(4):532-546.

WANG X,MA X,TAO Y,TAO Y,et al. How semantic radicals in Chinese characters facilitate hierarchical category – based induction [J]. Scientific Reports,2018,8(1):1 – 9.

WANG X X,PENG M,WU Y,et al. Semantic radicals contribute more than phonetic radicals to the recognition of Chinese phonograms:Behavioral and ERP evidence in a factorial study [J]. Frontiers in Psychology,2017,8:1 – 9.

WEEKES B S,CHEN M J,LIN Y B. Differential effects of phonological priming on Chinese character recognition [J]. Reading and Writing,1998,10:201 – 222.

WEEKES B,SHU H,HAO M,et al. Predictors of timed picture naming in Chinese[J]. Behavior Research Methods,2007,39:335 – 342.

WILLIAMS C. Emerging development of semantic and phonological routes to character decoding in Chinese as a foreign language learners [J]. Reading and Writing,2012,26(2):293 – 315.

WILLIAMS C,BEVER T. Chinese character decoding:A semantic bias? [J]. Reading and Writing,2010,23(5):589 – 605.

WINKIELMAN P,NIEDENTHAL P M,WIELGOSZ J,et al. Embodiment of cognition and emotion [J]. Mario Mikulincer,2015,(4):151 – 175.

WU H,MAI X,TANG H,et al. Dissociable somatotopic representations of Chinese action verbs in the motor and premotor cortex [J]. Scientific Reports,2013,3(1):1 – 12.

WU Y,MO D Y,TSANG Y K,et al. ERPs reveal sub – lexical processing in Chinese character recognition[J]. Neuroscience Letters,2012,514(2):164 – 168.

WU H Y,TANG H H,GE Y,et al. Object words modulate the activity of the mirror neuron system during action imitation [J]. Brain and Behavior,2017,7(11):1 – 13.

WYDELL T N,BUTTERWORTH B,PATTERSON K. The inconsistency of consistency effects in reading:The case of Japanese Kanji [J]. Journal of Experimental Psychology:Learning,Memory,and Cognition,1995,21(5):1155 – 1168.

YANG T F. Image schemas in verb – particle constructions:Evidence from a behavioral experiment [J]. Journal of Psycholinguistic Research,2016,45(2):379 – 393.

YANG M J,CHENG C M. Hemisphere differences in accessing lexical knowledge of Chinese characters[J]. Laterality,1999,4(2):149 – 166.

YANG J,SHU H. Embodied representation of tool – use action verbs and hand action verbs:Evidence from a tone judgment task [J]. Neuroscience Letters,2011,493(3):112 – 115.

YEH S L,LI J L. Sublexical processing in visual recognition of Chinese characters:Evidence from repetition blindness for subcharacter components [J]. Brain and Language,2004,88(1):47 – 53.

ZHANG Q,ZHANG J X,KONG L Y. An ERP study on the time course of phonological and semantic activation in Chinese word recognition [J]. International Journal of Psychophysiology,

2009,73(3):235-245.

ZHOU L,FONG M C-M,MINETT J W,et al. Pre-lexical phonological processing in reading Chinese characters:An ERP study [J]. Journal of Neurolinguistics,2014,30:14-26.

ZHOU X L,PENG G,ZHENG H Y,et al. Sub-lexical phonological and semantic processing of semantic radicals:A primed naming study [J]. Reading and Writing,2013,26(6):967-989.

ZHOU X L,MARSLEN-WILSON W. The nature of sublexical processing in reading Chinese characters [J]. Journal of Experimental Psychology:Learning, Memory, and Cognition, 1999,25(4):819-837.

ZWAAN R A. Embodied cognition,perceptual symbols,and situation models [J]. Discourse Processes,1999,28(1):81-88.

ZWAAN R A. The immersed experiencer:toward an embodied theory of language comprehension [J]. Psychology of Learning & Motivation,2004,44(1):35-62.

ZWAAN R A. Embodiment and language comprehension:Reframing the discussion [J]. Trends in Cognitive Sciences,2014,18(5):229-234.

ZWAAN R A,MADDEN C J. Grounding cognition. The role of perception and action in memory,language,and thinking. New York:Cambridge University Press,2005.

ZWAAN R A,YAXLEY R H. Lateralization of object-shape information in semantic processing [J]. Cognition,2004,94(2):B35-B43.

跋

斗转星移,时光荏苒。从1985年我到北京师范大学读研究生时算起,至今已经过去35年。彼时,恩师张厚粲先生与荆其诚先生联手将认知心理学引入中国,迅速在中国大地上掀起了一股认知心理的研究热潮,其中,用认知心理学方法研究字词认知是一个重要研究领域。张厚粲先生在国内率先招收了认知心理方向的研究生,我有幸来到了先生门下学习。1986年,张先生去美国访学期间,由彭聃龄先生负责认知心理方向研究生的学习。彭先生组织大家一起学习了心理语言学,并在此基础上编写了国内第一本《语言心理学》。在读研期间,我就对汉字词的语义提取感兴趣。因此,在毕业论文选题时,我就将汉字词的语义提取作为研究方向。从那时起,我开始关注汉字形声字的义符,因为汉字表意,研究汉字词的语义提取不能不研究汉字的重要结构特征——有标示类别的义符。在导师的指导下,我完成了硕士论文《分类过程中汉字的语义提取》,论文后来发表在《心理学报》1990年第4期和2001年第2期上。在答辩时,该论文受到了答辩委员会主席、北京大学心理学系王甦先生的高度评价。此后,语言认知心理就一直是我致力研究的方向。

1988年,我从北京师范大学毕业后,先后在烟台师范学院、华南师范大学工作过。2012年,我调入了中国人民大学心理学系。工作单位虽然发生了几次变化,但对义符认知功能的研究却一直持续着。研究的路径可以归纳如下:2000年以前主要关注义符在汉字词语义提取中的作用,包括义符在汉字词范畴语义、特征语义提取中的作用;2000年以后,在关注义符在汉语动作动词动作器官和动作工具语义提取中的作用的同时,开始关注义符在汉字词识别中的作用,系统考察了与义符有关的变量对汉字词识别的影响,如义符的主观熟悉性、义符的家族大小、义符与整字的类别一致性、义符家族的类别一致性等,也关注义符的句法倾向性对汉字词语法分类的影响,即义符在汉字词的语法意义提取中的作用。在探讨义符作用的同时,也考察了义符同词频、典型性、具体性、语义透明度、部件位置等变量之间的交互作用。我们先后提出了几个有关汉字词认知的模型,从"两个网络系统模型"到"三个网络系统模型"。这些内容都在序言中介绍过,在此就不再赘述。

本书是我们团队三十年研究成果的总结,它是集体智慧的结晶。在这其中,有张厚粲先生和彭聃龄先生的精心指导,是他们将我引入了语言认知领域,并教会了我做学问的态度与方法;有我的学生和合作者的贡献,在这一领域,先后产生了陈新葵(2006)、姜敏敏(2008)、王娟(2012)和章玉祉(2016)的四篇博士论文,她们亦是本书的主要贡献者,方燕红博士、王丹博士、博士生王斌也都做了许多的工作。在本书中,原则上保持了这些论文的原貌,只是统一了格式并对文字做了少量的校勘和修订。

汉字的主体是形声字。说义符是汉字的"重要的一半"一点也不过分。义符不仅是汉字的结构的"块",也是汉字的语义的"块",是汉字的识别的"块",还是汉字的语法的"块"。正是由于义符的存在,才使得汉字词认知体现出不同于拼音文字认知的特点,并进而影响了中文使用者的认知方式和思维方式。因此,义符研究不仅是打开汉字认知心理的"钥匙",透过义符的认知功能,还可以管窥中国人思维方式和文化心理。虽然经过了三十多年的努力,我们在义符认知功能研究上取得了一些成果,但这仅仅是一个开端,好比孩童在海滩上捡到了几块漂亮的鹅卵石,更多的奥秘还有待于后学者去做进一步的探讨。

三十五年的时间,对一个研究者而言,也算是足够长。取得了这些成果,虽然谈不上令人自豪,却深觉做学问不易。本人并非聪明过人之人,却肯旷日持久地、孜孜不倦地、持之以恒地去做好一件感兴趣的事,喜欢长时间地思考一个领域的问题。一个人的思维如果长期集中在一个研究领域,日积月累,总是会有一些心得的。这就好比聪明人一眼就可以看出的道理,愚钝者多看几遍或许也会有所感悟一样。一个学者如果见异思迁、跟风、赶潮流,很难在科学上有所发现。

做人应该感恩。一个不知道感恩的人,无论从政还是做学问、做生意,都不会取得扎实的成果,都容易栽跟头。在此书即将付梓之际,我特别怀念那些在过往岁月中教导过、帮助过、关心过我的前辈学者们。我的博士论文答辩委员会主席荆其诚先生,我的硕士论文答辩委员会主席王甦先生,中国科学院心理研究所的匡培梓先生、林仲贤先生,在我的研究过程中,都给过我许多支持和鼓励。他们都先后离我们而去了,但他们的音容笑貌仍然时不时地浮现在我的脑海中。我还非常感激我的两位恩师——张厚粲先生和彭聃龄先生,他们永远是我做人、做学问的典范,我也在教学中将他们教给我的东西传授给我的学生,这既是一种学术的传承,更是一种精神的弘扬。我也非常感谢中科院心理研究所的陈永明先生、张武田先生、杨玉芳先生,他们在专业上都给过我许多指导和帮助。我还要感谢中国心理学界的最高刊物——《心理学报》,在本书辑录的22篇文章中,有17篇发表在《心理学报》上。每一篇论文的发表,都经过了审稿专家和编委会认真严格的评审,专家们对论文提出了许多宝贵意见,使论文变得更加完善。《心理学报》编辑部的老师们也为这些论文的发表倾注了心血。在此一并向他们表示深深的谢意。在另外的5篇中,1篇发表在《心理科学》上,1篇发表在《心理与行为研究》上,1篇发表在《华南师范大学学报》(社会科学版)上,这些刊物也都是非常好的CSSCI期刊。因此,本书中的论文的发表刊物级别是很高的,说明了学界对这些研究成果的重视。我的博士生王斌、张航、冯晓慧和硕士生付雅、匡玉英和叶灿参与了本书的编辑工作。在此一并向他们表示谢忱。

每一个时代都有它的时代精神。一个时代的科研成果也有着那个时代的痕迹和印记。本书的观点只反映了我们当前对义符认知功能的认识,相信未来在义符认知功能研究上会出现更多、更有洞见力的发现。我们翘首以待。

是作跋。

张积家
2020年5月6日写于励耘书屋